杨渡 著

缺席的岛屿故事

从头开始说台湾

Simplified Chinese Copyright © 2022 by SDX Joint Publishing Company.
All Rights Reserved.
本作品中文简体版权由生活·读书·新知三联书店所有。
未经许可，不得翻印。

图书在版编目（CIP）数据

缺席的岛屿故事：从头开始说台湾／杨渡著．—北京：生活·读书·新知三联书店，2022.1（2025.1 重印）
ISBN 978−7−108−07312−9

Ⅰ．①缺⋯　Ⅱ．①杨⋯　Ⅲ．①台湾−地方史−通俗读物　Ⅳ．① K295.8-49

中国版本图书馆 CIP 数据核字（2021）第 228327 号

特邀编辑	吴　彬
责任编辑	王　竞
装帧设计	薛　宇
责任校对	曹秋月
责任印制	董　欢
出版发行	生活·讀書·新知 三联书店
	（北京市东城区美术馆东街 22 号 100010）
网　　址	www.sdxjpc.com
经　　销	新华书店
印　　刷	北京隆昌伟业印刷有限公司
版　　次	2022 年 1 月北京第 1 版
	2025 年 1 月北京第 4 次印刷
开　　本	880 毫米 × 1230 毫米　1/32　印张 17.5
字　　数	351 千字　图 65 幅
印　　数	11,001−13,000 册
定　　价	59.00 元

（印装查询：01064002715；邮购查询：01084010542）

台湾少数民族平埔人女孩和她的母亲

台湾淡水河畔大稻埕码头是清代重要的贸易口岸

早期移居台湾的汉族人用竹子编墙造屋、开山垦荒,与平埔人混居并同化

"唐山过台湾"的早期移民所建的闽南式房舍,是为定居的表征

"牡丹社事件"是日本意图侵略台湾的一次试探

清朝末年在台北街头做小生意的儿童

一八九五年，原台湾巡抚唐景崧办公的布政使司被日军占领，成为日本总督桦山资纪的临时指挥部以及日本对台湾进行殖民统治初期的总督府

一九二三年,日本颁布"治安警察法",总督府以此为据扣押四十一人,蒋渭水、蔡培火等多人入狱。他们入狱和出狱那天,均被民众当作英雄喝采和欢迎

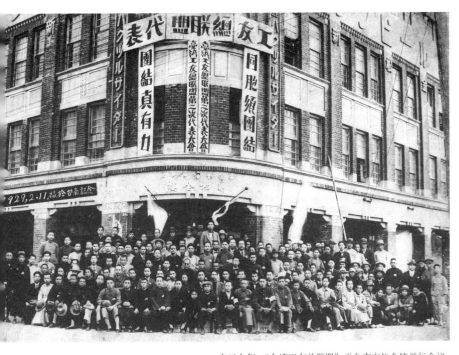

一九二九年,"台湾工友总联盟"于台南市松金楼举行会议。蒋渭水(第二排坐者左起第五人)以顾问身份参加。悬挂的两条著名大标语,即出自蒋渭水之口

台湾农民运动与日本农民组合串联，这是日本律师布施辰治来台帮农民打官司兼巡回讲演

台湾农民运动的两位推动者简吉（左）与李应章（右），他们一位是教师，一位是医生

台湾共产党创始人之一谢雪红(左后)"二二八事件"之后前往大陆,一九四九年十月一日参加中华人民共和国开国大典

台湾农民运动的参与者杨天生,在农村组织读书会宣传反殖民统治。这是参与读书会的青年们的合影

一九二八年年底,农民组合召开第二次全岛大会,有两千多农民与知识分子参加,会上声援被日本当局镇压的日本农民组合

"雌吧哖事件"牺牲者的女儿简娥(左三),长大后参与抗日农民运动,一生充满传奇色彩

日本殖民统治下的台湾农民,被迫种甘蔗并只能由日本制糖会社收购,被称为"农业的无产劳动者"

日本殖民者对台湾少数民族进行血腥残酷的镇压,此为砍头示众。
图片来自日本人的写真集

抗战期间,台湾人在大陆组织台湾义勇队,这是孩子们组成的台湾少年团

一九四〇年代初期,张我军在北京北海公园白塔下的留影。此时他正致力于介绍、引进大陆和日本的进步文学,期待发展出台湾的新文学

一九四四年，美军"跳岛反攻"，对台湾的港口和城市展开轰炸

庆祝台湾光复——中国战区台湾受降典礼

一九四五年,日本在台北市公会(即今天的中山纪念馆)向"二战"同盟国投降

押运黄金来台的押运人员在点收装在木桶里的黄金

一九四八年，中研院第一届院士中，百分之二十五来台，百分之七十五留在大陆

这是台湾发生"二二八事件"后,版画家黄荣灿创作的版画作品:散落的烟和贫苦的卖烟妇女跃然纸上。版画家本人在白色恐怖时期被以"匪谍"罪名判处死刑

一九五〇年代的台湾是农业社会,女性承担着全部家务劳动

台湾土地改革是以当局所属企业的股票作为征收土地的补偿,发放给地主

一九五〇年三月,蒋介石宣布在台湾掌权

蒋介石为换取"美援",在美国直接干预下委任吴国桢为台湾省政府主席

朝鲜战争爆发后,麦克阿瑟登陆仁川

一九五〇年,台湾白色恐怖时代来临,这是中共地下党员朱枫(女)与投身革命的台湾"国防部参谋次长"吴石就义前

吴石的副官聂曦被押赴马场町刑场

一九五一年,"美军顾问团"成立

一九五三年,时为美国副总统的尼克松访问台湾

一九五八年,蒋介石参加胡适就任"中研院"院长仪式

一九五八年"八二三炮战"后的金门岛

《石室之死亡》是诗人洛夫在"八二三炮战"中写于坑道里的诗集

在台湾的"戒严时代",诗人只能写"看不懂的诗"以躲过检查者。图为本书作者访问《创世纪》三元老洛夫、痖弦、张默,谈当年的故事

一九五七年发生的"刘自然事件",成为一场抗议美军暴行的活动。
图右为反美示威活动中的高中生陈映真

一九六〇年代台湾工业化开端时期的纺织厂女工

年轻女工被誉为"台湾经济奇迹的奥秘"。图为装配钨丝的灯泡厂女工

参与出口加工业的家庭妇女,当时的口号是"家庭即工厂"

台湾中小企业员工的工作场所

夏天的台风,是台湾人共同的成长记忆

开始有电视机的一九六○年代,黄俊雄的布袋戏《史艳文》风靡全台

一九七一年台湾爆发"保卫钓鱼岛运动"

民歌运动中的年轻人赵树海、侯德健、胡德夫等

一九七〇年代,林怀民回台创办"云门舞集",倡导"中国人跳自己的舞,给中国人看"。图为正在排练中的《薪传》

一九七九年十二月十日，高雄"美丽岛事件"现场，举火把者为姚嘉文

一九八〇年，"美丽岛事件"审判现场

一九八〇年代,"党外"杂志引发了杂志界的战国时代

一九八七年"反杜邦运动"时,鹿港小镇的一景 杨渡摄影

林园石化工业区旁的农民还没有防污染的意识,依旧在这里晒小鱼干　杨渡摄影

"反杜邦运动"推动了台湾的环保运动,民众到"总统府"前抗议　蔡明德摄影

RCA造成污染害死女工的索赔案,一路诉讼到二○一○年都还没有解决

《人间》杂志代表着一九八○年代台湾的社会良心,"汤英伸案"的报道与呼吁抢救,召唤了对弱势群体的关怀　蔡明德摄影

陈映真带领《人间》杂志同人走上街头　蔡明德摄影

一九八七年,"大家乐"赌博风行,暴露了台湾经济起飞后的社会矛盾

一九八九年，房价狂飙下买不起房的小市民，组织起来到最贵街区的马路上睡一晚，以示抗议

一九八二年,台湾发生首宗抢银行案,抢匪是开计程车的老兵李师科

两岸分隔三十几年后,隔海相望的亲人已到暮年,台湾"外省人返乡探亲促进会"用"想家"二字去融化隔绝两岸的寒冰

两岸通航

一九九九年,台湾"九二一"地震,扭曲变形的大地仿佛预示着巨变的来临　蔡明德摄影

地震后,这尊巨大的佛像凝视着劫后的台湾大地 蔡明德摄影

目 录

序曲　7

1　"南岛人"的遗骸和台湾的起源　10
2　古老的传说与史书的记载　18
3　十七世纪台湾海峡的争霸之战　24
4　郑芝龙建立的中国第一个跨国商团　32
5　"开台圣王"郑成功　41
6　"思想起——唐山过台湾"　49
7　鸦片战争和中法战争中的台湾　58
8　刘铭传——台湾现代化第一人　67
9　战争的号角——"牡丹社事件"　73
10　那一天,他们"交割"了台湾　78
11　镰刀对枪炮的血战以及厦门之危　84
12　意图暗杀袁世凯的台湾青年　92
13　最后的武装起义——"噍吧哖事件"　95
14　警察统治与"二等公民"　99

15 日本帝国主义殖民统治下的台湾　104

16 新一代的台湾医生　110

17 林献堂的请愿　115

18 东京上空的传单与台湾文化协会　119

19 乡村医生的摩托车与第一次农民反抗　125

20 带着小提琴的革命家——简吉　130

21 铁轨上的养女与台湾共产党的成立　135

22 水牛般的男子汉李天生　140

23 反抗与镇压·阿里山的小屋　145

24 雾社事件——赛德克人的血祭　150

25 台湾的"日本兵"　157

26 在祖国抗日的"台湾义勇队"　162

27 一曲《雨夜花》，台湾的心声　168

28 台湾新女性　173

29 弹钢琴的手敲响了发报机　180

30 台湾光复的那一刹那　187

31　巨变瞬间的人间容颜　194

32　大开眼界的"劫收"　204

33　"内幕"重重　209

34　一个卖烟妇女引发的事件　213

35　"二二八"悲剧　220

36　"二二八"后的故事　225

37　消失的四年成为夹缝中的历史　230

38　蒋介石的危局部署　236

39　黄金大搬运和国宝大迁徙　239

40　离开北平的最后一班飞机　247

41　乱世儿女　251

42　新台币与土地改革　256

43　台湾命运的转折点——朝鲜战争　261

44　白色恐怖下的人性扭曲　267

45　一九四九年的渡海传灯人　274

46　牛肉面和"美援"　279

47　蒋家天下蒋家军　　284

48　"自由民主"的幻梦　　288

49　胡适的最后一声叹息　　295

50　一首歌的变形记——《台湾小调》的故事　　300

51　奇怪的"八二三炮战"　　308

52　《绿岛小夜曲》的故事　　315

53　写一首"看不懂的诗"　　325

54　投宿山中的蒋经国　　332

55　"经济奇迹"的奠基者　　340

56　《孤女的愿望》与农村的没落　　349

57　明星咖啡馆里的"叛逆青春"　　354

58　"一只皮箱"的企业精神　　361

59　从棒球到歌仔的电视机时代　　367

60　女工的青春与"经济奇迹"　　373

61　蒋经国的时代来临　　378

62　隐隐轴线的源头——"保钓运动"　　385

63　唱自己的歌——台湾民歌运动　　391

64 "办一份社会主义的杂志"　402

65 自我认同的追寻——乡土文学论战　407

66 蒋介石逝世后的风云激荡　413

67 陈若曦对话蒋经国·台湾的"世纪大审判"　422

68 小书摊·尘封的作品·"阅读"电影　426

69 最后一批"老政治犯"　430

70 转型的阵痛　437

71 妈祖庙里烧香的人们　442

72 疯狂"大家乐",住者无其屋　451

73 呼吁"重新互相关怀"的《人间》杂志　456

74 想家的老兵打开两岸的大门　461

75 蒋经国开启了一段历史　467

76 "爱拼才会赢"的消费时代来临　473

77 台湾"经济奇迹"的背后　478

78 开放的两岸,崭新的一页　485

79 大地震,大重建　491

80 终章:在亚细亚的风中　496

序 曲

火车穿过长长的幽暗的隧道，敲打铁轨"咔哒咔哒"的声音，像时间恒久的节奏，在狭窄的车厢里回荡。

列车穿出隧道的刹那，阳光射落下来，车厢一片刺眼的明亮。

你眯上眼睛，才能看见阳光下的景物。

窗外，蔚蓝的太平洋向你迎面扑来。

无垠的天空，无边的海洋，云柔软得像绵绵的白纱，在风中飘浮。海浪在岸边拍打，水汽蒸腾上升。空气中有海洋的味道，微咸微黏的风。

粗犷而原始的岩石，沿着海岸伸展。

这是台湾的东海岸。这里是太平洋。

沿着东海岸向南旅行，你可以看着海无目的地漫游。走过花莲，搭上巴士，往南漂泊。直到接近秀姑峦溪出海口，在美丽的长虹桥，忽然被一阵歌声吸引。那遥远的歌声，仿佛是一群人的大合唱，唱着阿美人的传统歌谣。山与海的合唱，会带着你下车，寻找歌声的来源。

在一个靠山的小学操场上，静浦部落正在举行一年一度的丰年祭。

这是阿美人在过年。不分男女老少，围着操场跳舞歌唱，为今年的丰收感恩，为来年祈福。部落的年轻人都回来了，穿着传统的服饰，上场跳舞歌唱。部落有个规定，凡是上了场，进入跳舞的大圆圈，手拉着手，就得一直跳下去，谁也不许离开。

有人累了，旁边的年轻女子会用竹筒做的杯子，奉上一杯米酒，让他边跳边喝；或者奉上一颗槟榔，让他解渴。

夜晚十点多，丰年祭结束了，才想起今夜该住在什么地方？和一个年轻人商量，可不可以借住小学教室。他想了想说，教室有蚊子，你跟我去吃饭，回头去我家吧。

喝过酒，吃了秀姑峦溪里抓来的新鲜毛蟹，拖着疲乏的身体回到部落里。年轻人随手拿上母亲手织的毯子，说："屋子里太热了，我们去海边。"

踏着月光，沿着部落小路到达海边时，一轮圆满的月亮已经在辽阔的海面洒下银白的光泽。

月光遍照海面，一颗颗鹅卵石泛着青光。附近的哨所偶尔打来一束孤独的光柱，在海岸上扫过；除此之外，似乎还有三三两两的人睡在海边，香烟的微渺火星在闪烁。

风像一个孩子，从中央山脉和海岸山脉的中间、从秀姑峦溪的出海口那边跑了出来，带着山中的凉意，在海边游荡。

太平洋已退到远远的地方，仿佛退到时间与潮汐都静止的地方。太平洋变得又温柔又伤感，从最远的地方把海浪送到眼前，把海洋的节拍送到心里，让人无端地想起古代的鱼正在深海里唱歌。太平洋用它的方式在说话，生命在水底一分一寸地涌动，千百年来未曾改变。

侧身躺在海滩上，坚硬的石头让人无法入睡。脸颊贴着地面，望着海洋的水平线，望着月光，那海浪晃呀晃的，月光荡呀荡的，仿佛听见海浪摇荡的声音。

海洋，在时间的尽头，平平稳稳地放开肢体，像温柔的母亲张开怀抱。

感觉自己像一个孩子，躺在太平洋身边，弓着瘦小的背脊，侧睡在妈妈身边。

海浪轻轻拍打，孩子的身体轻轻摇晃。

海洋，轻拍岛屿的背脊，如同母亲。

仿佛感知着岛屿与海洋的血脉相连，你在石上久久地凝望、聆听。心中一片透明，直到沉入深深的睡梦。

第二天早晨，日出的光芒把你叫醒，金色光泽照亮整个海面。沿着海岸散步，耳中传来一阵欢快明朗的歌声。追随着歌声走去，看见一群年轻人在海中捕鱼。他们在海中翻滚，大声唱着传统的歌谣，把手中的网子，向海面撒开。网子收起的时候，如果有鱼，就随手抓起来，丢向岸边。丢得太近了，鱼又游回了海里，他们也不在乎。他们只是要唱歌，要和海洋嬉戏。

千百年来，生命原本就是这样。

那是我二十四岁的时候，一次单独的旅行。那是我第一次，用身体感受岛屿台湾，那摇篮般的感觉。

诉说台湾故事之前，我多么希望你有机会到东海岸，在太平洋的边上，躺下来，像个孩子，倾听海洋，感受大地，感受海洋轻拍岛屿，轻拍着岛屿的背脊，如同母亲。

I

"南岛人"的遗骸和台湾的起源

二○一一年,靠近福建省连江县马祖岛旁边的一个小岛——亮岛,发现了一具人骨,经过DNA测定,那是八千三百年前的"南岛人"。远比台湾发现的大坌坑文化早了三千年。这是全世界研究"南岛语系"起源的一个重大突破。

这个被命名为"亮岛人1号"的故事,竟是始于一九五一年的一场战争。当时海峡烽火正急,解放军与国民党军队正为争夺马祖外围小岛你来我往。亮岛是一个面积只有零点四平方公里的小岛,距离马祖和大陆,都约二十五公里。一九五一年七月,台湾当局派兵驻守。那里缺水缺电缺食物,只能靠补给船供应。

六十年之后的二○一一年,由当时"马祖县长"杨绥生率队,举办了一次登岛活动。六十年过去,孤岛生活一样艰苦,只在岛中央新辟一条道路,路两边还有高起的挖开的壁面。此时马祖已经和考古学者陈仲玉有合作,在附近小岛做研究。杨绥生对考古很感兴趣,看那路边的断面,贝壳一层一层,颇有古文明沉积的迹象,于是打电话请陈仲玉来看一下。

陈仲玉是一个喜欢做田野调查的学者，二话不说就来了。他在现场采得许多材料，临走时，想带一片化石回去化验，于是叫马祖文物馆的馆长潘建国去拿一片大一点儿的回来。潘建国在断层中找，看到下端有一片白色的物体，面积不小，于是慢慢挖了下来，交给了陈仲玉。陈仲玉一看，大惊说："这是人骨啊！"

怕现场被破坏，他们特别交代用防雨布盖起来。回去一测定，竟然是约八千年前的人骨。随后，陈仲玉带了考古队来，为了保护现场，他们干脆整个连土一起挖下来，带回马祖文物馆慢慢地清理。

清理好之后，完整的骸骨出现了。这是一个屈身葬的人形，与说属于"南岛语系"语言的"南岛人"丧葬习俗一样，就命名为"亮岛1号"。陈仲玉和中国医药大学教授葛应钦亲自携带骸骨前往德国国家马普研究院萃取DNA分析，以重建遗传系谱，最后终于证实这是早期"南岛语系"的人骨，约八千三百年前起源于福建沿海地区；换言之，"南岛人"的祖先是亮岛人母系家族。

这个发现证实了考古人类学者张光直的理论："南岛语系"起源于中国大陆东南沿海，再逐步由海路及沿海地区扩散而出。它比台湾发现的大坌坑文化约早了三千年。

三千年是什么概念？就是中国周朝到今天的时间。

在八千年的历史大洋里，"南岛语系"扩散的范围非常广。地理上跨越了太平洋和印度洋，主要分布于南太平洋群岛，包括中国的台湾岛和海南岛、越南南部、菲律宾、马来群岛，最东边到南美洲西方的复活岛，最西边到东非洲外海的马达加斯加岛，最南抵新西兰。台湾可能是"南岛语系"分化的源头。

至于台湾少数民族，从大历史看，各部族可能是不同时期，从不同地方，漂洋过海迁徙而来。

在发现"亮岛1号"的同时，旁边也发现了另一具被称为"亮岛2号"的人骨，时间约在七千六百年前。"亮岛2号"是个女性，混有由北方南下的蒙古人血统。这两个相距七百年的人骨，在同一个地方出现，见证了古文明的迁徙是多么复杂交错，又是多么有趣的课题。

"亮岛1号"被马祖人称为"海亮哥"，在他的耳孔中发现了"外耳道骨肿"症状，这又被称为"冲浪者之耳"，那应该是他生前在马祖忍受寒冷的冬天，靠潜水渔猎为生，所以耳朵有此种病状。

这一发现，是人类学界的大事。"亮岛人"改变"南岛人"起源的理论，已是国际学界认定的现实。

至今留在台湾少数民族起源传说中的许多故事，都和大海、迁徙有关。凯达格兰人的起源传说就特别有文学性。

不知道多久以前，有一个遥远的部落，名叫Sanasai，这里住着一群凯达格兰人，他们靠海而生，捕鱼、捡贝、种植，日子安适如同日月、恒久如同潮汐。直到有一天，他们不再做梦。

这地方出了一个妖怪名为"山魈"，它往往趁人睡觉的时候，剥去人们盖在身上的衣被，等到人们因为寒冷惊醒，它已销声匿迹。家家户户，夜夜被骚扰，人人无法安眠。

凯达格兰人非常担心，日夜警戒，不敢入睡，但还是无法杜绝这个爱搞恶作剧的妖怪。整个部落，像马尔克斯在《百年孤独》中描写的村子，在长期的失眠中陷入恍惚状态。所有人的记忆逐渐消失，昨天与今天、今天与明天，因为没有睡眠区隔，变得难以分辨。时间悠长，所有事情无法告一个段落，记忆变得模糊。

凯达格兰人的祖先无法承受了，遂合力伐木，制成一艘艘木船，整个民族带着失眠多时的恍惚和疲惫出海航行。因为太恍惚，一任他们的小船随洋流漂呀漂。

许多天以后，才看见陆地。他们大喜过望，登陆一看，是一大片茫茫旷野。榛莽丛林中，有牛羊野鹿在奔跑。他们知道，生存的土地到了，于是上岸，建立部落。这就是台湾北部的鞍番港，也就是现在的深澳这个地方。

无法安眠的凯达格兰人，终于来到一个可以睡眠做梦的地方。

那时天地宽阔，万物尚未命名，一切的自然与生命都等待记忆。那时还没有文字，人们只能用传说故事，向孩子解释天地风雷和万事万物的变化。

这是日本学者伊能嘉矩在一八九七年访问凯达格兰人所留下的口述历史。"南岛语系"迁徙的记忆，留在古老的传说中。不过在大陆留下的历史记载中，隋朝即有军队进入台湾的记录，即使并未写明与台湾平埔人的接触过程，但两岸之间一衣带水的联系，都明晰可寻。

明朝福建龙溪有一个人名叫张燮，他是那个时代很少数的爱旅行的人。万历二十三年（一五九五）中了举人后，他不想做官，朝廷几次征召他为官，他都不应命，反而带着家人，在福建、东南沿海到处旅行，写下当时眼中观察、耳中听闻的地理风俗、人文生活、民族传说。

他是不是到过东南亚呢？没有记载。但当时泉州与东南亚国家的贸易十分频繁，所以这是非常有可能的。他的著作《东西洋考》（写成于一六一七年）里还记载了菲律宾人被西班牙人剥削的惨苦处境。

张燮有没有到过台湾呢？也没有明确记载。但他却鲜活地记录了凯达格兰人的生活面貌。

凯达格兰人居住在台湾北部山岭沼泽间，这里没有君主，没有赋税徭役，他们是靠力量生存的民族，因此，家里子女多劳动力强的，就成了领导者。他们看重勇敢的人，赤脚走路也善于奔跑，脚底皮有几分厚，走在棘刺上都不会痛，追逐狩猎时，可以跑一整天都不会累。

男人把发髻绑在脑后，赤身裸体，过着天体生活。女人则比较含蓄，有的会结草裙来遮一遮身体。只有碰到老人的时候，为了表示尊重，要背过身体让路。碰到外来汉人的时候，为了表示体面，就会把家里和汉人交易换来的衣服，全部拿出来穿在身上。

怎么穿呢？像"后现代"的拼贴艺术家一样，把长的衣服穿在里面，稍短的再披上去，一层一层，直到最短的穿在最外面，有时家里衣服太多，会穿十来件。这样可以显示财富。这叫体面！

为了美观，男人要穿耳洞，女人在十五岁的时候，则要弄断嘴唇旁边的两颗牙齿，作为装饰。他们喜欢刺青文身，以此为美。文得越多，就表示越有钱。

这也是一个"女男平等"的世界。男人如果爱上了一个女子，就会送女子一对玛瑙，女子如果不接受，就表示她不爱你，自己一边凉快去。女子如果接受了，男子会在半夜去女子家里，弹口簧琴挑逗她。这种口簧琴，用薄铁制成，吹奏时发出铮铮的乐音。女子心弦跟着跳动了，就让男人进去，和她欢爱共眠。但这时两个人的关系是"花非花、雾非雾，夜半来，天明去"，天没亮就得走，还不能让女人的爸妈看见。偷情的味道颇为浓厚。

凯达格兰人仿佛特别了解"偷情容易怀孕"的道理，他们以这种方式强化民族的生育力。等到女子怀孕了，生下孩子，才能去男人家"迎娶女婿"。记住，是女人去迎娶。男人这才正式会见未来的"公婆"。

人类学上，这是一个母系社会，男人自此嫁入女家。

由于台湾物产丰盛，凯达格兰人并不热衷狩猎。平时与野鹿和平相处，只有在冬天的时候，进行一次围猎。整个部落约百来人，进入山中，大声敲打，放出狗群，驱赶野鹿，把鹿围在一起，用标枪、长镞加以射杀。一次捕获许多鹿之后，鹿皮晒干，以便和汉人交易，吃剩下的鹿肉也晒干，以便冬季食用。自此，鹿群和人又和平相处了。在鹿群发情繁殖的春天，是严禁狩猎的。

他们还有一个特殊的爱好，吃"百草膏"。那是从鹿身上取出的肠子里遗留的未消化完的青草汁液，经过鹿的酵素分解，成为液体状，那大约就是凯达格兰人的原始"精力汤"吧。

凯达格兰人生活的岛屿还未命名。这是一块原生的大地，许多"南岛语系"的族群从不同的地方漂流而来，各自生存，留下自己的神话与传说。

然而这个岛屿又是从何而来的呢？

台湾岛是亚欧大陆板块东缘的一个岛屿。东边是太平洋、北边是东海、南边是南海。

大约四千万年前开始的喜马拉雅运动，造成地壳受挤压成褶皱上升，形成台湾最初的山系。六百万年前，受亚欧板块与太平洋板块的挤压，中央山脉和西边的丘陵与平原形成；太平洋板块撞击的地方，因为挤压，就变成花东纵谷。而太平洋板块也因为挤压而隆起，成为海岸山脉。从地质年代来说，台湾岛只有六百万年历史，算是非常年轻的岛屿。近百万年来，台湾中央山脉每年约上升零点五厘米至一厘米，这么快的"长高"速度在全球可是极为罕见的。

移动的两个大陆板块互相挤压，让台湾岛处于不安定之中，常有地震发生。特别是在宜兰、花莲、台东，房子要足够牢固才能防地震。到了夏季，太平洋的台风从南方吹起，横扫台湾岛，再卷向香港、福建沿海等地区及日本，这几乎已成了生活的一部分。花东海岸总是首当其冲。这也养成了花东海岸人的一种特殊爱好，台风来临前，花莲的年轻人喜欢到海边观赏被强台风卷动起来、达两层楼高的惊涛巨浪。那种惊涛拍岸、壮阔危险的景象摄人心魄，几乎是花莲青年成长必经的洗礼。

而在太平洋海岸，望着无垠辽阔的天地，静静听着涛声，有如聆听海洋与天空恒久的对话，那是难以言喻的平静与神秘。

由于台湾的中央山脉向西疾斜，河川从发源地到出海口距离非常浅短，但海洋地形带来的夏季台风暴雨又使它必须在最短时间里排出大量水，所以台湾河川短而河道宽。夏季台风来临时，大雨滂沱，河水暴涨往往造成灾难。干旱季节则缺乏稳定水源，宽大的河床中竟只有涓涓细流。

许多农民就和老天爷赌运气，在这些干涸的沙质河道上种西瓜或蔬果。每年夏天，如果有台风来袭，发了大水，这些西瓜就会被冲走，一年辛劳付诸东流。农民会笑着说："我的西瓜被天公收去给大海吃了。"如果顺利收成，那就是赚到了。

台湾的生态造就了岛民的特殊性格：习惯地震，而不是安稳的大地；习惯风浪，而不是平静的日子；如河川般浅短而易受外在天候影响，岛民性格带着暴起暴落的极端，容易冲动哗变，也容易退缩逃避。

至于台湾岛何时开始有人居住？从何而来？对这个问题南岛语系学者有各种说法，理论依据各有不同，"慢船说""快车说"一直争论不清。直到"亮岛人"出现，终于证实学者张光直的理论是正确的。

张光直依据考古学与语言学数据，推论大陆华南的百越及百越以前的居民向南方移居者，成为日后"南岛人"之祖。目前台湾所发现的最早新石器时代文化，是年代在五六千年前的大坌坑文化。张光直推测大坌坑文化可能代表最早移居台湾的"南岛语系"人群，他们从大陆东南沿海迁徙到台湾，再从台湾扩散到东南亚和太平洋地区。

至于其他民族，主要是公元前五千年至三千年之间，从不同的地方迁徙而来的。民族来源不同，语言文化也有差异。

例如，在兰屿的达悟人的语言与菲律宾塔加洛语同源。曾有达悟人去远洋打鱼，在海上生病，被送到菲律宾治疗。他不会说英语，无法和医生沟通。正伤神之际，忽然听到医生和护士的对话，他竟听得懂大半，便用家乡语出声询问。双方一对之下，才恍然相认，系出同源。

2

古老的传说与史书的记载

宜兰有一种农特产：三星葱。宜兰人拿它做葱油饼、饺子、炒肉丝、炒虾仁等。

在一间卖三星葱饺子的小店里，几个台湾少数民族的青年工人正在喝啤酒。黄昏的光线透过小街的电线杆，照在一个工人的额头上。他赤裸着上身，干了一杯啤酒，转头看着电视说："明天不知道他会不会再出来投球？"

"还是你孩子最厉害，三振了好几个。"旁边一个也裸露着上身的青年说。

原来他们所讨论的那个孩子，是正在转播的二○一六年世界杯少年棒球锦标大赛中，台湾队的一个主投手。正在这里进餐的我们基于对棒球的兴趣，立即与他们聊了起来。对少数民族孩子来说，在教育资源缺乏的山上部落里，要靠考试升学来拼前途，注定是弱势，唯有体育，是他们的强项，而棒球更是可能的出路。像这个父亲，自己在工地上辛苦做工，却让孩子去世界杯打比赛。

那几位青年工人在附近的工地做建筑工，夏日炎热，汗流浃背地干了一整天,来此喝一杯,不改习惯地脱去上衣,尽兴畅饮。讨论到高兴处,那个投手的父亲说:"哈哈,你不要看我们最厉害的是哪一族,你知道吗?"

我一时答不上来。因为千百年来,各族群间为了生存而战斗,互相攻防杀伐,有许多不为外人道的矛盾,我还是不要下论断为好。他自豪地说:"日本人来的时候,打到最后都打不下来,还用大炮来轰的,是哪一族?"

这样说我就明白了:"太鲁阁人。"

那一场战争,已经是日本侵占台湾十九年之后的事了。可见历史之于人是多么微妙,一百零二年前那一场民族奋战的悲剧至今未曾消逝,变成集体的记忆,又化为后代的认同与尊严。即使在偏远的乡村小店,即使是一个平凡的工人,都会在历史中寻找自我的认同与尊严。

一八九五年"攻台战役"之后,日本殖民总督府为开发山地林野,有效统治花莲一带的少数民族,对太鲁阁人开始了一连串进攻,日本连续吃败仗,台湾总督大怒,视为心头大患。殖民当局遂构筑封锁太鲁阁人的"隘勇线",开凿道路、架设电信设备、敷设轻便车以备军火运输,还设临时病院与救护班。

历经长期准备,一九一四年五月十七日,由素有"理蕃总督"之称的台湾总督佐久间左马太担任讨伐军司令,发动大规模攻势,派出两万多名军警上山,用机关枪、山炮掩护军队攻打。太鲁阁人战士只有三千左右,却奋勇顽抗,利用险峻的山势地形反扑,以游击战不断突袭,战事激烈持续。可惜人数悬殊,太鲁阁人的火力与装备终究不及,最后宣告失败。

这是二十世纪台湾本岛最大的陆上战役。日本总督佐久间左马太于前线视察中，自断崖坠落，负伤后送医救治，于次年过世。

战争结束后，为了压制反抗力量，山上的太鲁阁人被强迫迁往平地，分散到各地居住，受到强势监控，无法联络起事。虽受到日本化教育，然而太鲁阁人的历史传承并未消失。他们一直自认是少数民族中自主性与反抗性最强者，跟泰雅人和赛德克人都不同，他们发展出自己的文化认同，要求正名，在二〇〇四年获得通过，正式成为台湾当局认正的第十二个少数民族。

然而，早期移入台湾的少数民族到底有多少？一直有不同说法。清朝以归顺与否为标准区分，有"生番""熟番"之别。一八九五年之后，日本学者土田滋以语言作为主要标准，将台湾的少数民族分成"高山族"和"平埔族"两大类。前者包括住在台湾山地和东部的九个族群：泰雅人、赛夏人、布农人、邹人、鲁凯人、排湾人、卑南人、阿美人和达悟人。后者则包括原居于台湾北部和西部平原，现已几近消失的十个族群：凯达格兰人、噶玛兰人、道卡斯人、巴宰人（巴则海人）、巴布拉人、猫雾捒人、洪雅人、邵人（水沙连）、西拉雅人和猴猴人。

一九九八年，"行政院原住民族委员会"成立后，开始制定认定办法。认定须提出申请，考究其族群存在的证据，以及有一定数量族人的署名。截至二〇一五年，已经完成认定十六个族群。

由于台湾是一个岛屿，生存空间狭小，历来各族群之间为了生存战争不断。

日本学者伊能嘉矩在一八九七年的调查报告中说：最初定居在如今名为"深澳"的凯达格兰人，因为族群的人口日渐繁衍，土地已不够养活这么多人，于是整个部落分为两半，取当地的草茎，抽签来决定命运。抽到长签的，可以永久居住在平地旷野；抽到短签的，就必须入深山峡谷居住。一经抽签，就不能后悔，互相还埋石块于地下发誓。最后抽得长签的成为平埔人，抽得短签的，就成为"生番"或"山番"。

然而，随着时间推移，平地居住的人口渐增，他们决定扩展生存领域，向山地推进。"山番"非常愤怒，认为既然平埔人都已经取得了平地，还不满足，想侵占山地，于是仇恨愈结愈深，凡是在山路遇见平埔人，就必定要杀之才会甘心，后来就慢慢演变为"馘首"，即将人杀死后砍下头颅并收集的风俗。

两族结怨日益加深之后，汉人逐渐从闽南、广东一带移民而来。凯达格兰人面临双重夹击，上有"山番"，下有汉人，在双重挤压下，他们只能选择一边。"最后我民族选择了归顺清廷。"这是口述历史者给的最后答案。

不仅是凯达格兰人，生存于台湾北部与西部平原的所有平埔人，最后都没有逃脱这样的命运，他们逐渐同化于不断移入的汉人之中。

在汉人的文字里，最早见诸史料者，当推《三国志·吴书·孙权传》及《隋书》。在吴国太守沈莹所著的《临海水土志》里，有关"夷州人"的记载，包括狩猎、饮食、婚嫁、死亡仪式等，与凯达格兰人的民俗非常相近。因此有学者认为，此即关于台湾的最早记录。

南宋楼钥所著的《汪大猷之行状》记载了毗舍耶人侵入平湖（现在的澎湖，闽南语音相同），担任泉州知州的汪大猷因此在乾道七年（一一七一）派遣军民到澎湖岛。

另一则是见之于十二世纪末南宋时赵汝适所写的《诸蕃志》，时间是淳熙年间（一一七四——一一八九），书的内容非常有趣。

故事是这样：在泉州外海有澎湖，澎湖再过去有"流求"国（今之台湾）与之烟火相望，城邦有三重沟堑、栅栏，并且有流水环绕，种植荆棘为藩篱，观察月亮的盈亏来判断时间。"流求"的旁边有一个毗舍耶国，当地人不穿衣服，赤身裸体，乘着可以折叠的轻便竹筏，带着武器，漂流渡海，入侵泉州。他们没别的嗜好，就是爱铁器，举凡铁做的东西，包括铁锅、镰刀、农具，都要抢去。泉州老百姓眼看不敌，躲入屋子里，他们也不攻打，只是把门柄上的铁环拼命地抽出来带走。连民间固定篱笆用的铁丝也要拔了带走。他们使用的镖要用绳子绑着，丢出去之后还要回收再用。老百姓知道这个习惯，被追打时，就沿路丢汤匙等铁制用具，以争取逃走的时间。

如此着迷于铁器，当然与毗舍耶人缺乏这种材料有关。毕竟铁制的武器比其他武器厉害多了！

至于毗舍耶国到底在什么地方，依据学者的研究，大约在今台湾西海岸的北港一带。他们可能是平埔人。

其后，元世祖忽必烈在两次攻击日本（第一次为一二七四年，第二次为一二八一年）失败后，于一二九二年派遣杨祥到"流求"试图招抚。但居民不理。元成宗（忽必烈之孙）于一二九七年再度派兵"流求"，于澎湖设置第一个地方行政机关"巡检司"。汪大渊的《岛夷志略》也记录：同一时期（约一三三五年至一三四〇年间），当地居民有一千六百多人，与泉州之间有商船数十艘往来频繁，贸易盛行。

这样看来，元代以后，台湾人与大陆之间逐渐有了贸易，而台湾也逐渐以较为清晰的面貌,出现在历史舞台上。

明代台湾曾有"三保太监"的传说,传播了郑和下西洋的故事。不过见诸史载的,只有《明会典》(万历十五年成书)记载郑和的远征军曾在赤崁(现在的台湾台南)补给用水。至于台湾云林北港曾有一间郑和庙,供奉"郑府圣侯"神像,则是两百多年前,郑氏的祖先从厦门的郑和庙分灵出去的。

明朝中叶以后,和台湾比较有关系的,反而是以"倭寇"之名出现于历史上的海盗集团。历史学者戴国辉认为,"倭寇"指的是十三世纪到十六世纪,活跃于日本、朝鲜、中国沿海的海盗和商团的总称。"倭"指日本没有疑义,但"寇"就比较复杂,比较像是日本、中国、朝鲜沿海居民的杂牌军。有商团、有盗匪、有海上交易的渔民等等。

"倭寇"又有前后期之分,前期倭寇活动于十四世纪,主要在朝鲜和中国山东沿海骚扰;后期在十五世纪后半叶到十六世纪,以长江三角洲地带至华南海域为中心进行骚扰。台湾便是在后期倭寇的活跃时期,成为其补给基地的。当然,要成为基地,势必要汉族农民来开垦,才能顺利补给各种粮米、菜肉供其所需,所以福建沿海的农民也开始移居台湾。台湾于是成为明朝海禁政策(禁止交通、贸易、渔业等)的一个漏洞,也逐步变成海上贸易的补给站。颜思齐、郑芝龙海上贸易集团与台湾的关系,就是一个最好的见证。

3

十七世纪台湾海峡的争霸之战

元朝最后一个皇帝元顺帝,曾派使臣去新统一的印度苏丹王国的都城德里,国王派遣一位旅行家巴图塔随他们回中国拜见元朝皇帝。此行巴图塔带了一千多随从。他们在印度名为卡利卡特(Calicut)的港口租中国船。他见到十三艘大帆船,船上可搭千人,有的有五层楼,高级客人可以有自己的舱房和卫浴设施,关上门可以和侍妾睡觉。当时中国的海船犹如现今的豪华邮轮,即使三百年后大航海时代的明朝船只也望尘莫及。

这样优良的造船技术,足以见证当时中国在东南亚的商业贸易之繁盛。如果不是商业贸易有此需要,怎么可能有如此多的船舶和大商船出入。当然,这也不是短时即成,而是宋朝之前已开始有了亚洲贸易航线。从泉州在唐朝(七五三)即建有清真寺,宋朝的伊斯兰教信仰者达数十万,即可知贸易交流之盛。当时中国商品已远及中东、欧洲甚至非洲。

然而,明朝皇帝朱元璋为了防范北方的倭寇实行了海禁,停止元朝曾经鼓励贸易的政策。明代海禁直到一五六七年才废除,但民间的海上贸易和航海技术，已经因商船久未建造、港口多年未用而衰落了。

福建、浙江一带的一些人在丧失海上交易生计无着后，远走海外去谋生路。其中一路向南到东南亚，另一路向北到日本。他们建立商埠、开垦农田，形成一波移民潮。一个民间的海上交易网也逐渐形成，只是碍于海禁，他们被视为非法。既然非法，缺乏政府保护，就只有自求多福，自己建立保卫武装，最后不免商寇难分了。

台湾命运的转折点，来自大航海时代，即所谓"第一波全球化"浪潮。

当十五世纪末葡萄牙绕过非洲好望角，开启东西方的海运与贸易，世界的版图就改变了。

如果台湾只是太平洋上偏处一隅的小岛，远在大洋之中，可能会一直过着葛天氏之民与自然共生、与海洋共存的自由自在日子。

然而台湾处于大陆边缘，台湾海峡又是亚洲航运要道，台湾岛北连日本、韩国，南连东南亚的菲律宾、马来西亚、印度尼西亚等，地处交通要道，这就注定它要走入历史的洪流。

台湾此时以少数民族为主，虽然靠近福建，开始有汉族人移民台湾开垦，但由于地处偏远，还未有大量的定居开垦者，大多人在收获季节结束即回家乡。也有商人带农具、衣服、饰物等，来与平埔人交易，但交易数量有限，最多就是与渔民之间的小额交易，数日即回。

十六世纪时，西班牙人以菲律宾为据点，建立从亚洲穿越美洲、直抵欧洲的黄金航线。他们从泉州、福建一带输入中国的丝绸、瓷器，引起欧洲其他国家的觊觎，于是相继来亚洲抢生意。荷兰、葡萄牙、英国陆续都来了。

在那个全球海洋秩序还未建立的时代，海上安全毫无保障，贸易的商船与海盗集团的战船没什么差别，都备有武器，既保护自己的财产，也抢劫其他的商船。海上的航行也不如今天方便，主要靠季风的吹拂，淡水与食物（特别是青菜）的补给非常重要，所以漳州、澎湖、香港、澳门等大陆边缘的半岛、小岛，就成为欧洲霸权的亚洲补给站。

这些霸权者之间，不仅做贸易，也靠武力在海上打劫。商船生意做成，自是可大赚一票，半路被抢劫了，也只能自认倒霉。谁抢到了好货，谁就发财。所以，他们不只抢商船，连进贡的船也抢，不仅抢中国的商船，欧洲各国之间也互抢。

欧洲国家中，葡萄牙在澳门建立基地，购买中国的丝绸、瓷器等，每一艘船运货物回到欧洲，都可以赚取四五倍的利润；西班牙则以菲律宾为根据地，购买东南亚的香料，也和泉州做生意；荷兰稍晚一点，选择了武力较弱的澎湖当据点，因为这里靠近泉州、漳州的交易航线，可就近出没劫掠。

当然，中国人也不是好欺侮的。在欧洲帝国来到之前，民间早就有武装的海上商盗集团。嘉靖年间，漳州人陈老"结巢澎湖"；广东人林道乾被官兵追剿，逃到澎湖，再"遁入魍港"。魍港，就是今天的台湾嘉义北港一带。

还有一个更强悍的人叫林凤。一五七四年，他被明朝的官兵追剿，逃到魍港正在休整兵马时，抓到两艘从马尼拉返航中国的帆船。除了劫获金银财宝外，还知道西班牙人已经占领马尼拉，但防备空虚，只有七十几个人。林凤立即集结七百多部下，打算打败西班牙占据马尼拉。

他的船队从台湾魍港出发，正面围攻马尼拉。然而，西班牙长枪是新式武器，林凤的传统冷兵器不是对手。几度冲锋，死了一百七十来人，也没能攻下，只好放弃了。他回到台湾魍港，又被明朝追打，于是再跑到东南亚其他国家，最后不知所终。林凤之后还有一些武装集团，如林辛老等，都是以台湾为根据地出没海上，有时当商船的保镖，有时打劫船只。这些被明朝视为海盗的集团，其实和欧洲海商一样，平时做生意，有机会就打劫，闽南语都叫"做买卖"。

当时的商业贸易虽然很兴盛，却也很不容易做。为了保护自己的生意，武装自己是一个办法，但如果有一个保护集团，交保护费就保证航行的安全，那岂不是更好？于是李旦、郑芝龙集团便诞生了。

李旦是泉州同安县人，起初去马尼拉做生意，但西班牙人侵占了他的财产，还把他放逐到船上当划船工。他后来逃到日本平户落脚，利用自己的中国关系，建立起人脉开始做生意。他的生意网络逐渐扩展，再加上他豪强的性格，慢慢地集结起自己的集团。传说他有二十六个结义兄弟，个个都是海上强人。他还和日本的松浦藩家族往来密切，与德川家康关系也不错，遂在日本累积了巨大的财富。

郑芝龙则是福建南安人，他早年去澳门投靠母舅，由于他有语言天分，学会了葡萄牙、荷兰等语言。后来帮舅舅到日本做生意，转到平户发展，投靠了李旦集团，由于语言能力而得到重用。

一六二四年，李旦做了两个重要的决定。

第一，他派郑芝龙到澎湖，去担任荷兰人的通译，一方面做明朝和荷兰之间的沟通者，另一方面，要他通过翻译的机会，打入荷兰人之中，说服荷兰退出澎湖，转到大员（位于今天的台南市），以避免和明朝发生战争。聪明的商人知道，一旦有战争，商人得靠边站，和荷兰的生意就不好做了。

第二，他派在家乡漳州杀了一个有权势者的家仆后逃到马尼拉再到日本投靠了李旦的颜思齐，率领手下到台湾魍港，打算长期经营，作为物资补给和整备军事力量的来源。

这应该是李旦集团经营南海的布局。如果荷兰以大员为贸易港，李旦则把邻近的魍港作为自己的基地，二港接近，方便贸易往来。而二者在当时都还没有占地盘的概念，只是建立一个海上经营据点，建立贸易伙伴关系，所以利益上并不冲突。

李旦颇有远见，从一六一五年起即开始在魍港建立补给、开垦据点，乃是意图将台湾建为长期基地，这样贸易版图不仅更完整，再加上颜思齐的武力，则可成为控制台湾海峡的势力。

一六二四年，郑芝龙作为通译，随着荷兰人的部队进入了大员。颜思齐率领大批手下也从北港溪上了岸。为了扩大基地，他请人回家乡以"三金一牛"（愿移民者每人银三两，三人牛一头）为条件，广招乡亲移民来台拓垦。

颜思齐在魍港的经营，不仅开启了云林、嘉义一带的拓垦史，也对台湾历史有着重大的影响。如果不是他的开垦和郑芝龙后来接替他的事业，郑成功就不会来台湾建立反清复明根据地，更不会有驱走荷兰人的军事行动，则台湾历史恐将改写。

虽然李旦、颜思齐、郑芝龙等被清朝称为"海盗集团"，但台湾人还是很感念他们。一九五九年，台湾地区政府在北港镇市中心圆环设立一座"颜思齐开拓台湾纪念碑",以纪念这位登岛开垦的壮士。

历史的转折往往不以人的意志为转移。开垦台湾的次年,一六二五年九月,颜思齐上山打猎时,染了恶疾(一说是疟疾,因山上蚊虫较多),不久病故,他的事业由几个主要的手下掷杯筊决定,最后由郑芝龙取得领导权。也正是这一年,李旦在日本平户过世。他分布在印度尼西亚、马来西亚的事业自有儿女继承,但他在亚洲和台湾海峡由颜思齐管理的贸易网与海上地盘,则一并由雄心勃勃的郑芝龙继承了。

郑芝龙的时代,以及郑氏父子三代人的故事,自此展开。郑芝龙的故事,我们稍后再来说。先回到大航海时代,来看看台湾海峡的群雄争霸战。

西班牙建立黄金航线,葡萄牙来到澳门,荷兰跟着来到亚洲。荷兰以澎湖为根据地,在海上到处打劫。西班牙不堪其扰,就与明朝商议,希望合力赶走荷兰。后来有明朝大将沈有容用计劝说,再加上有李旦让郑芝龙去卧底当通译,荷兰才退居到离澎湖不远的"大员"。

大员是古地名,位在台江内海,也有人称之为"一鲲鯓"。荷兰人来了之后,建"热兰遮城"(也就是今天台南市安平古堡)。大员,用闽南语发音,就是今天的台湾。

荷兰人退居台湾,却没有在海上争霸中缩手,反而更常出海做生意,他们利用台湾的地理优势,从大陆买瓷器、丝绸与糖等,与日本做转口贸易,大赚其钱。当然,也不会忘记到海上打劫西班牙、葡萄牙的商船。西班牙一气之下,决定派舰队攻打大员。

一六二六年，西班牙的远征军，由两艘大帆船率领十二艘中国帆船，带着二百多名士兵从菲律宾出发，准备打下大员。不料舰队到了台南，才发现荷兰有强大的阵容，不仅已经建成"热兰遮城"，部署大炮防守，还有整齐的军队，包括了从台湾平埔人和汉人中招来的农民工。

他们决定避开荷兰人，沿着台湾东海岸北上。船队到达北纬二十五度，看到了一个海角，他们决定以西班牙的首都，同时也是该军舰的名字来命名，称为"圣地亚哥"（Santiago，就是今天新北市的三貂角，用闽南语发音，就是"西班牙"一词的原音）。西班牙的野心当然不仅止于取得"圣地亚哥"，几天以后，他们进入可以容纳五百艘船的基隆港。基隆是一个三面环山、一面向海的岛屿，非常适合作为一个军港。随后西班牙人占领了社寮岛（今和平岛），并举行盛大的占领庆祝仪式。当然，他们也不得不防备荷兰人的战舰，决定在最险要的地方设置城堡、炮台，并且开始筑城，将城名取名为"圣萨尔瓦多城"，也就是"圣救世主"的意思。

西班牙的部队继续向外侵占。于一六二八年攻下了淡水（当时称"沪尾"），并且建立了非常著名的"圣多明尼哥城"（今天名为"淡水红毛城"）。淡水的"圣多明尼哥城"与和平岛上的"圣萨尔瓦多城"，是西班牙防守台湾最重要的两个犄角。

正是这个转折点，使台湾北部也进入大历史，成为海权争霸中具有决定性的关键港口。

西班牙人有心经营台湾，他们在基隆设学校，收容平埔人和汉人，教授天主教的神学、哲学和科学。当时，西班牙人长驻淡水约有二百人，基隆约有三百人，并且以基隆作为对中国大陆和马尼拉的转口贸易中心。全盛时期，曾有二十二艘西班牙货船、商船同时进入基隆港。西班牙人还编了凯达格兰人言语集，作为教学沟通之用，确实非常用心。

此时的台湾，北有西班牙，中有郑芝龙集团，南有荷兰，可谓三方争霸的所在。当然，居住在这一片土地上最多的仍是当初的少数民族。

从这些事实可以看出来，明朝末年，中国沿海民间商业集团的武力，在海上已足以和荷兰、日本、西班牙等抗衡。只是明朝后的清朝是一个草原民族，不了解海上贸易与海权的意义，终究失去大航海时代的历史机遇。这一错过，历史扭转，中国成为大航海时代被抛在后面的国家，而台湾则在清朝的边缘，成为被列强觊觎的战略要地。

4

郑芝龙建立的中国第一个跨国商团

历史虽是由大环境所形塑,构成一个大格局有其必然性,非个人可以逆转;但在历史的关键时刻,总是会有一个人物,掌握时势,乘势而起,改变历史。台湾命运的转变,也由于有这样一个关键人物:郑成功的父亲郑芝龙。

就在荷兰进占大员的次年,颜思齐、李旦相继过世,郑芝龙先接收颜思齐领导的台湾基地,又逐渐接收了李旦集团的海上地盘。

郑芝龙家族是一个在乱世中从中原迁徙到七闽的世家。传到郑芝龙父亲这一代,已经在南安居住数代,家道渐入小康。家族中人与其他闽南人一样,总是在海上寻出路、讨生活。家族的叔伯辈早已前往南洋发展,甚至有好几个人葬身在前往南洋、越南的海上。郑芝龙在年轻时就追随父辈的脚步,前往澳门投靠舅舅学做贸易。此时的他,借着贸易之便,习得葡萄牙语和荷兰语。

十八岁时,郑芝龙跟着商船转赴日本,与李旦结识后,借着翻译能力,成为他的得力助手。李旦死后,他的事业版图分裂为几块,东南亚的事业由儿子李国助继承,继续与福建方面进行贸易。

而郑芝龙则转回福建老家，一方面广招农民到台湾开垦，另一方面在老家安海（与南安一水之隔）建立海上贸易基地。以此为经营中心，购买大陆各地的丝绸、瓷器、白糖等，经由台湾，转往日本贩卖，建立起一个中国大陆、中国台湾与日本的三角贸易。即使此时明朝实行海禁，民间交易都是非法的，但它的规模仍在不断扩大。

郑芝龙的崛起，给原本就从事三角贸易的荷兰带来威胁，也给福建官方带来麻烦，于是荷兰就想勾结福建官方，合力消灭郑芝龙。一六二七年十月，荷兰司令德威特率领停在漳州湾的五艘快船和四艘载了荷兰人的中国帆船南下袭击郑芝龙。郑芝龙的船队受到袭击后，派出火船反击。这火船不大，船头备有火药，一旦碰上对方的船，即引火爆燃，烧毁对方船只。当时船都是木造的，再加上荷兰船上多有火药炮弹，容易引爆。郑芝龙再派出停泊于港湾的上百艘船一起出动，向荷兰船进攻。驻守台湾的荷兰长官没料到郑芝龙人马有此战力，大惊逃向外洋。

郑芝龙打了胜仗，声势大振。为了反官府，他又打着"劫富济贫"的旗号，吸引贫民、衣食无着者竞相投靠，人数已经到了上万人。

虽然取得胜利，但郑芝龙很清楚：在各方争霸中，荷、西、葡、英诸方都有国家武力当后盾，唯有他，不仅得靠自己作战，朝廷还当他是海盗，勾结外国势力来消灭自己。再加上中国海上的海盗集团还有好几个，人人争霸，互相攻打，要维持局面确实不易。他认为最好的方法，就是在陆上与官方合作，成为合法的武装，才是长久之计。

他利用积累起来的财富，收买地方官员。另一方面也承诺打击海盗，维护地方治安。地方官员收了好处，又见他势力壮盛，乃上奏"招安"。一六二八年,郑芝龙接受招安,名正言顺地穿上官服,担任"厦门海上游击"的职务,负责打击海盗以及进犯的倭寇。官位虽然不高,但有了正式名分,他就可以挥舞国家的令旗,合法发展武装力量了。

郑芝龙借官方身份,用他的武装船队,合法打击海盗,保护郑家商船,也向其他商船收取保护费,建立起自己的贸易王国,且日益兴旺。然而与郑氏集团竞争日本贸易的荷兰并不死心,有时纠合厦门的海盗,有时纠合郑芝龙的叛将,有时纠合另一股海盗,与郑芝龙打了好几场海战。海盗许素心、李魁奇、钟斌、刘香、李国助等,虽然在荷兰的快船协助下几度打击郑芝龙,但都陆续被他打败,特别是一六三三年六月至十月的厦门、金门岛海上大决战,荷兰动员所有兵力,要迫使明朝开放贸易。而福建巡抚邹维琏则调动兵力,集结在厦门一带,郑芝龙更向英国购买最新的大炮装配在船上。他还下令:"烧毁一艘快船,赏银二百两,取下一颗荷兰人头颅,赏银五十两。"决战之日,他的将士拼了性命,以火船直攻,火船与荷兰快船同归于尽,整个海域烧得通红,成为一片火海,令荷兰军队为之丧胆,而荷军指挥官普特曼斯则带着几艘快船,全力摆脱中国火船的攻击,向大员方向逃去。此一战役,让明朝的军力威震欧洲国家,再也不敢有人像荷兰这样,公然到中国沿海攻击劫掠。

其后再历经几场大战,一六三五年郑芝龙在打败海盗刘香后,终于成为中国东南海域最强大的军事、商业综合体。

郑芝龙是一个有谋略、有算计的人。他与荷兰的战争虽然是生死之战,但他知道自己灭不了荷兰,因此即使俘虏了荷兰官兵,也并不都处死。某些时候留有余地,把人扣在手上,好作为谈判的筹码。就这样，当他成为海上第一大势力时，荷兰终于屈服，开始和郑芝龙做生意了。

郑芝龙所建立的是一个中国历史上未曾有过的"跨国企业"。他的总部设在福建安海。交易对象遍及台湾的大员、北港，日本的长崎、平户，东南亚的诸城市，如孟加尔（印度洋西海岸）、万丹、旧港、巴达维亚、马六甲、柬埔寨、暹罗、大泥、淳尼、占城、吕宋等地。前往福建安海做生意的商人，有日本贵族商务代表，澳门的葡萄牙商人，基隆、马尼拉的西班牙人，荷兰的商务人员等。当然，更不用说从中国各地来的商贩了。

他把中国各地的采购系统以"五行"命名，依货物性质分为"金木水火土"五大系统；把海上外销系统以"五常"命名，分为"仁义礼智信"五部。采购系统深入内陆各地，成为他的商业与情报来源，而海上运销系统也是如此。它的资金流与物流也是惊人的。采办资金、外销收入、商船收税、挂旗保护费的收取、货物的进出港口等等，都建立在一个没有资本主义社会基础、缺乏数字管理文化的社会之上，而所有账目，即总体资金流的管理，则交由郑芝龙的母亲郑氏黄妈主管，她要负责指挥手下数百人，管理账目、核对进出，这也是非常了不起的工作，等于现代跨国企业的CFO（首席财务官）。

商业之外，还要建造商船与战舰、训练船员和士兵。各种军费支出，如兵马的养成与训练，海战的武器如火炮、先进大炮的购买等等，都不仅仅是一个跨国企业CEO的工作范围，而是闽南海军司令的职责。

郑芝龙以一己之力，打造出如此庞大的军工商业复合体，如果明朝朝廷善加运用，不仅可以为朝廷赚进大量白银，更可建成中国南方的商业大港，繁荣东南沿海经济，形成跨国贸易基础，还可以建立一个足以与列强势均力敌的海上王国。

可惜明朝崇祯皇帝没有这个远见，而中国社会的资本主义发展也还没有这个基础，更何况明朝国运已经走到尽头。崇祯皇帝与中国历代王朝一样，北方的战事兵败如山倒，李自成大军杀到，整个王朝就崩溃了。

郑芝龙不是没有想为倾颓的明朝皇室效忠，但在南京弘光小朝廷覆亡、他拥立唐王朱聿键即位后，即出现裂痕。唐王想西进，但郑芝龙认为应该下海抗清，以满族不熟悉的海战作长期对抗。双方最后势同水火，这让郑芝龙非常灰心。此时清朝派人来招抚，希望他归顺清廷。郑芝龙是一个靠自己打拼出来的战将，他或许以为如果归顺，仍可保有福建的经济命脉，让福建免于战火，又或许认为即使归顺，他仍可像当年归顺明廷一样，继续保有自己的海上王国，清朝招抚他的条件是：给他浙江、福建、广东三地的王爵。他的地盘其至更大了。

总之，在郑成功决绝的反对下，郑芝龙最后仍选择归顺清朝。

一六四六年，郑芝龙率领五百兵员赴福州投降清朝将领博洛。博洛对他非常礼遇，不时送来贵重礼物。等到要离开福州回北京时，许多福建人送行。博洛就乘机对送行的郑芝龙说："跟我去北京见皇上，由皇上亲自赐予高官厚禄吧。"被利益冲昏了头的郑芝龙，竟答应随行。等到一行人离开福州，没过几天，他就被拘禁在一个木头笼子里，手脚被绑起来，成为阶下囚，被带往北京。从此，永远离开了他的大海以及自己建立的海上王国。

清朝没有停止讨伐的攻势，清兵随即进击郑芝龙的家乡安海。他的日本妻子田川氏——这个好不容易才从日本来到安海与丈夫团聚的女人，被凌辱后自杀。

郑成功本是读书人，也没有兵将，虽然受到父亲的严格训练，可以使用洋枪、发射大炮，但带部队打仗却是未曾有过的。此时他决意打起反清复明的大旗，从此展开了长达几十年的反清之战。

而这时的台湾又是怎样的呢？

在郑芝龙将基地移回南安，主力退出台湾后，荷兰势力逐步掌控台湾南部，西班牙人掌控台湾北部。但西班牙人主要在马尼拉，台湾只是一个据点，人员不过数百。他们刚占领此地的时候，打死不少北部凯达格兰一些部落的人，凯达格兰人怀恨在心，不卖东西给西班牙军队，让他们尝到苦头，最后靠吃狗肉、老鼠肉度日，后来有汉人来卖东西，才稍稍好转。西班牙人只把淡水、基隆当转口贸易站，与大陆的交易有限，并没有多少利润，许多商人宁可直接跟马尼拉交易，所以生意不如预期。马尼拉的总部眼看无利可图，干脆削减了它的军费。结果是驻军减少，给了荷兰可乘之机。一六四二年，荷兰在探得西班牙驻军空虚后，派兵攻占淡水、基隆，西班牙自此退出台湾。

但荷兰人数也不过数百上千，人数最多的还是郑芝龙从福建、广东招来或者自动前来开垦的大批汉族农民。这种农耕技术熟练的农民也是荷兰、西班牙所欢迎的。有些汉人与平埔人通商久了，语言熟悉，比起平埔人，汉人仍是比较有能力的族群。特别是明朝末年，战火向南蔓延，导致大批闽南汉族人向台湾迁移。

一六五九年，据统计有两万五千到三万汉人定居台湾。人数一多，他们中间就产生了名为"头家"的阶层。他们带头与少数民族和荷兰交涉、做生意，有时也可协助处理土地的各种租约，是商人也是中介人。这个阶层让荷兰人不得不重视，因而成为大员当局施政的咨询对象。

荷兰人久居台湾，确实也有长期经营的打算。打通南北、设立议会、建立贡金制度、引进汉人开垦、收取渔业税、压制传统信仰、宣扬基督教、办学校教育等，但汉人迁入越多，政治的影响就越深远，他们对荷兰苛政重税的不满，会在经济不景气、农民无法生存时，化为反抗行动。发生于一六五二年的郭怀一事件，就是一个典型。

郭怀一本是农民，因蔗糖种植面积减少，农民没有工作，再加上荷兰当局课税，难以生存，遂起来反抗，集结了四五千人（约占当时台湾汉人的五分之一）攻打荷兰大员当局的所在地。可惜荷兰虽然人数少，但军火武器强大，农民只有竹竿上挂菜刀，根本无法对抗，又没军事经验，很快被彻底打败，死亡人数超过三千人。

因为反抗规模太大了，就有传言说幕后是郑成功在指使。这引起荷兰不满，在海上扣押郑成功的商船。郑成功则以断绝双边贸易作为反制。几年后，荷兰驻台湾长官揆一发现猛虎难敌地头蛇，跟郑成功决裂损失太大，就派了一个通译何斌，去厦门和郑成功谈判。

郑成功果然厉害，他答应了揆一恢复通商的要求，但谈判过程中，却把何斌收拢为自己的人马，让何斌暗中在台湾替他征税。也就是说，明里荷兰是台湾统治者，暗里郑成功已经开始征税。到了一六五九年，此事被揆一发现，正要找何斌算账，而何斌已经逃到厦门，投奔郑成功去了。

何斌一走，谣言四起，各地都传说郑成功即将攻打台湾，荷兰快走人了。有些汉人干脆逃走，回大陆去了。

何斌作为荷兰时期的通译兼头家，非常了解台湾，他力劝郑成功把部队移到台湾建立基地。"台湾沃野数千里，实霸王之区。若得此地，可以雄其国；使人耕种，可以足其食。上至鸡笼、淡水，硝磺有焉。且横绝大海，肆通外国，置船兴贩，桅舵、铜铁不忧乏用。移诸镇兵士眷口其间，十年生聚，十年教养，而国可富，兵可强。"他还同时献上台湾地图和台江内海的水路图，让郑成功可以充分制定攻台的战略。

郑成功听进去了。事实上，他在大陆的战事失利，为了反清复明，他倾全力攻打南京，却以轻敌宣告失败，大军撤退回厦门已零零落落，局面危机重重。此时重整旗鼓，打下台湾，确是良策。

荷兰人如果够聪明早该觉悟，在遍地都是汉人的台湾，他们仅仅凭着上千人的官员、军队加眷属，就算火力再先进，也难与数万的汉人抗衡；更何况郑成功是由何斌带路进攻，何斌熟门熟路，充分掌握荷兰军情和台江潮汐涨落，所以胜负早已注定。

一六六一年四月，郑成功发动攻击，从外海直攻台江内海，把荷兰长官揆一所在的"热兰遮城"围困起来。荷兰东印度公司的总部虽曾派人来救援，但碰上风暴，转眼就被郑成功军队俘虏。揆一被围了九个月之后，宣告投降。郑成功也信守诺言，让所有官员、军队与家属一千多人安全离开。

可怜的揆一，他回到巴达维亚（现为雅加达），立即被逮捕，以"失去公司重要财产"的罪名，被流放到班达群岛以西的艾一岛（Pulau Ai）。十二年之后，他的子女和朋友向荷兰国王陈情，并以两万五千荷兰盾为代价，才赎回揆一。他后来写了一本书为自己喊冤，认为不是自己战败，而是救援未至。但如看清形势，在数万汉人生活的台湾，郑成功拿下台湾只是早晚的事。

郑成功移军台湾是大陆战略情势使然。台湾无法摆脱亚洲与大陆的战略情势，任何一个地方的战争，都可能波及台湾，但台湾的命运最终仍会由地缘上最接近的大陆决定。

这段历史，差不多已显示出台湾命运的本质。

历史是强者的英雄碑，也是弱者的墓志铭。历史不一定记录真相，却也留下血迹斑斑的教训。

揆一的后代住在比利时，二〇〇六年，他的第十四世孙曾访问台湾，游览安平古堡等地，祭拜郑成功庙，感谢三百年前对他祖先的不杀之恩。

5
"开台圣王"郑成功

三十八，仿佛是台湾历史的神秘数字。荷兰人统治台湾三十八年；郑成功寿命三十八岁；一九四九年也是辛亥革命成功后的第三十八年，国民党政府从大陆撤退到台湾；国民党政府在台湾实施"戒严"三十八年。是巧合？还是天意？

郑成功来台湾打败荷兰之前，已和清廷交战了十七年，在闽南、广东、江浙一带转战，虽有胜有负，但已心力交瘁。

十七年前，他的父亲郑芝龙投降清朝，从小受到儒家思想教育的他极力反对。最后，他给父亲写了一封信："从来父教子以忠，未闻教子以贰，今吾父不听儿言，后倘有不测，儿只有缟素而已。"等于是和父亲决裂了。

清廷当然不会放过他的家族。郑芝龙投降不久，清军直入福建，打到了郑成功的老家南安。那儿有他的族人，特别是他的日本籍母亲田川松，田川被俘之后遭强奸，含恨切腹自杀。

郑成功有此国仇家恨，誓死报仇。他把平日所穿的儒巾儒服带到当地孔庙，高高举起，放一把火烧了，誓言自此之后，自己是一个武人，要为君父报仇。

他的家族在南海本有强大的贸易网，借此筹集军饷并不困难。但清廷干脆把福建沿海的交易港口封锁了。沿海居民被迫迁居。清廷用净空政策来对付郑成功的海上大军。

即使如此，郑氏家族仍是南海的一支强大的武装力量。郑成功在台湾听到西班牙人在菲律宾欺负华侨商人与劳工的时候，立即托了一位意大利人带信给驻菲律宾的西班牙总督，警告他要善待华侨，并向台湾纳贡，否则必定前去攻打。可惜他此时已病重，不久就过世了。

他为台湾治理打下基础，以台湾作为东都，将荷兰殖民者修筑的"赤嵌楼"改名为"承天府"，改"热兰遮城堡"为"安平镇"，北部设天兴县，南部设万年县，并在澎湖岛设安抚司，戍以重兵，完成一府二县一安抚司的行政规划。

然而打败荷兰的这一年，不利的事接二连三地来。他的父亲、叔叔和陪同父亲的弟弟，都被清廷杀害了。他转到菲律宾给西班牙总督的信，得到的是对华侨更大的迫害。

他的儿子郑经更麻烦。郑经本来和一个唐姓的世家女子结婚，可是二人感情不睦，不知为何就跟第四个弟弟的乳母陈氏私通，还生下私生子。此事他不敢让郑成功知道，就谎报是妻子唐氏生了孩子。郑成功当然很高兴。可是唐氏的父亲与郑成功是世交，就写了封信把事情的来龙去脉说了一通，还大骂郑成功"治家不严，何以治国"。

个性强悍耿直的郑成功受此大辱，气得不行。他治军以严格著名，每一次战役结束，都要检讨成败原因，造成失败者甚至被处死，也因此不小心杀错过人，让一些属下心怀恐惧，怨怼离开。

律人如此严格,怎么可以独容自己的孩子败德?他命令兄长郑泰把郑经和他的母亲连同陈氏和小孩一并杀了。

然而,这命令等于灭门,郑泰执行不下去。这让郑成功更为愤怒。父丧子乱伦,制裁又无效,自己却因病偏处海岛一隅,羞怒之下病情更为加重。他常常望着厦门方向,等待部下的回音。但回音竟是军令无效,众叛亲离。他知道自己不久于人世,此时又闻南明永历帝遇害,悲愤中抓着自己的脸,大哭道:"无颜见先帝于地下啊!"呼喊而逝。

一生为国仇家恨抛却一切,最后竟孤愤以终。

郑成功的悲剧英雄形象在台湾深入人心。他所开垦的屯田,他所走过的地方,甚至一些自然山川、奇特的风景,都附会成他的神迹。例如,传说他吃过的鱼与螺,被称作"国圣鱼""国圣螺",南投县有"国姓乡"。台中市的草屯区,就传说是因为郑成功的军队行军经过,下雨天泥泞满地,军队休息的时候把草鞋上所粘的泥土抖下来,堆成"草鞋墩",故草屯的旧名为"草鞋墩"。台中市大甲区的铁砧山上有一口剑井,传说是郑成功的大军经过时,缺饮用水,郑成功拔剑刺地,变成一口井,冒出甘泉。新北市莺歌区的山上有一块巨石,像一只老鹰,传说当年有老鹰在山中喷云吐雾为害百姓,郑成功下令军队用大炮把它轰死,怪鸟化为石头,就是现在的"莺歌石"。基隆市的仙洞,传说是军队经过的时候,缺乏食物,神仙感念他们辛劳,山洞自动流出白米,供应郑成功军队粮食,后因取米士兵偷懒,把山洞口挖大,从此不再有米流出。

这些传说故事,充分反映出台湾人将郑成功当成共同开拓台湾的始祖，所以用各种神话奇迹来加以追念。

郑成功过世后，他的儿子郑经在金门、厦门被荷兰与清朝联合进攻，战败后决定退守台湾。郑经得军师陈永华之助，收买大陆沿海渔民，靠走私维持亚洲贸易网，获得经济来源，支撑军事行动。他和德川幕府是贸易伙伴，又邀请英国东印度公司来台设点，建立贸易关系，同时向英军购买火炮等先进武器，训练士兵，增强台湾军力。他更在台湾设立文官制度，建文庙、倡教育，为台湾带来文化上的提升。

郑经不是一个苟安之人，反清复明之心不灭，趁着清朝三藩之乱，再度出兵金门、厦门一带，联合三藩，继续与清廷作战。然而三藩之乱终究被平定。清廷为了对付郑经，下达"迁界令"，用坚壁清野的方式，在福建沿海建立要塞，并要沿海居民退居海岸之后，切断了他的贸易网络。最终迫使他退回台湾，在台南郁郁而终，卒年才三十九岁。

平心而论，郑经是郑氏三代中治理台湾最久的一位。然而久悬海外，经济命脉被斩断，政治军事基础不足，终非清廷的对手。但他励精图治，也拥有一定的据台抗清实力。可惜的是，他生前交代手下大将刘国轩、冯锡范等人辅佐他的儿子郑克臧为"监国"的遗嘱未能实行。郑克臧即是前面说过的郑经与其弟之乳母所生的儿子，他在艰难的环境下成长，养成坚强正直的个性，临事有决断，颇有郑成功的风范。再加上他是陈永华的女婿，受到陈永华的用心调教，处事公正公平，颇得民心。当郑经为三藩之乱出征大陆时，他与陈永华留守台湾，治理得有条不紊，得到各方信赖。郑经失败回台，心灰意冷之际，也是靠他维持政务。

本来他是一个可以担当大任的人。可是冯锡范却别有私心。冯锡范是郑经另一个儿子郑克塽的岳父，权力欲特别大，他竟背叛了郑经的托付，在郑经刚过世两天后，就以郑成功夫人的名义召见郑克臧，以祖母的身份，指他不是郑经的骨肉，而是乳母的螟蛉子，要废了他监国的位子。郑克臧不从，竟被绑起来绞死（又一说是被冯锡范等人在门庭外刺杀）。史称"东宁之变"。

郑克塽即位时才十二岁，年幼无知，政务不懂，一切权力交给拥立有功的冯锡范。冯锡范权重一时，擅权横行，导致军心涣散，再加上弑君背信，民心分崩离析。

等到一六八三年，施琅率兵攻下澎湖，冯锡范派刘国轩赴澎湖应战不敌，大败退回台湾，整个郑家军的向心力已经没有了。最后，在刘国轩同意归降后，十二岁的郑克塽没有反抗的勇气，遂被劝降。

一六八三年九月二十三日，郑克塽率刘国轩、冯锡范、何佑、黄良骥等文武官员，站在海边恭迎，并依施琅的要求，全部剃发结辫，以示对清朝投降的诚意。施琅穿过鹿耳门海域的时候，船只必须经过曲曲折折的港湾，还互相碰撞，伤了十几只船。他才知道台湾并不易攻。如果不是郑家内讧、民心涣散，战争还有得打。

明朝最后的宗室宁靖王朱术桂，本来分封在荆州，为了躲避张献忠，进入福建依附郑成功，后又随郑经来台，定居在赤崁城旁。他拒绝降清，更不愿剃发，决心自杀。他把所有产业分给佃户以后，作绝命诗：艰辛避海外，总为数茎发。于今事毕矣，祖宗应容纳。

朱术桂的元配早逝,他让他的二妾袁氏、王氏及侍女梅姐、荷姐、秀姑各自离去,另择配偶过平民生活。但这五人全都选择追随他。她们更换新衣一起自缢。第二天,宁靖王冠服乘车,去会见郑克塽、刘国轩、冯锡范等人,做最后的告别,回宅后祭拜祖先,投环自缢。

后人感佩这五位贞烈的女子,在台南市南门城外魁斗山为她们建墓,墓前立一座"五妃娘娘庙",香火不绝,至今犹在。

施琅把郑氏家族全部转移到北京,军队的部将也迁移到大陆,以阻断反清民众的聚集。但有清一代,岛内的动乱依然未曾断绝。清朝对台湾"三年一小反,五年一大乱"的描述并不过分。朱一贵、林爽文事件,只是影响达三十万人以上的大事件。据统计,清朝治台时期共发生一百六十八件抗清事件。

从大历史观点看,郑氏四代对台湾的影响是决定性的。特别是郑芝龙,许多历史评价显然低估了他。虽然他最后降清,但在大航海时代,欧洲国家的东印度公司有帝国作为军事后盾,而明朝的国家武装力量未曾给郑芝龙任何军事上的保护与帮助,反而是郑芝龙在帮国家平定倭寇,与荷兰打仗,保卫了疆土以及海域。郑芝龙虽然是为了自己的海上霸业、贸易利益,但他建立起一个十七世纪亚洲的海上王国,成为超级跨国公司,与荷兰、日本等平等往来,也是非常了不起的功业。如果不是郑芝龙所建立的陆上、海上跨国贸易系统,就不会有后来郑成功打败荷兰的历史,更没有郑经出征大陆抗清的实力。历史是延续的,台湾史在郑芝龙手上改观,确是一个不争的事实。

颜思齐、郑芝龙移民上万来台屯垦,郑成功以二万五千大军打败荷兰,加上随郑经迁入者,约有五万人,再加上以前定居的十万人,以及后来福建来避难的数万人,这二十几万人,一面抗清,一面励精图治,初步开拓了南至今日恒春、中至彰化新竹、北至淡水河沿岸的据点。虽然它还只是点与线的屯田开垦,但在农田、制糖、盐业等各方面,有了相当的规模,确属不易。

就维护主权问题来看,郑成功也是历史的转折点。

虽然后来清朝仍有放弃与否的争论,但郑成功把台湾从荷兰手中夺回,避免它如东南亚国家那样受欧洲统治,则是不争的事实。可惜的是,清朝终究是一个马上的民族,不了解海洋与贸易的重要性,错失了大航海时代的机遇,终究在第一波全球化的时代里,成为闭关锁国的国家。

台湾民间信仰有一种来自庶民的朴素道义,人们并不以成败论英雄。一生为反清复明而奉献的郑成功,死后被台湾人奉为神明。即使清朝统治台湾初期全面禁绝祭祀郑成功,但台南一地,仍有民间私下供奉,为避免清廷追究,庙宇名为"开山王庙",敬拜的神即是郑成功。"山"指的就是台湾。一八七四年,因日本利用琉球人在台湾躲避台风被台湾少数民族杀害一事,意图吞并琉球而出兵台湾的"牡丹社事件",清廷派福建船政大臣沈葆桢为钦差来台。沈葆桢来台后,接受台湾府进士杨士芳、台湾道道员夏献纶与台湾知府周懋琦等人的禀请,上疏追谥郑成功、建立专祠与编入祀典中,名为"延平郡王祠"。

那么,全台湾有多少奉祀郑成功的庙呢?

二〇一六年,台湾郑成功庙宇联合会举办了春祭,邀请全台各庙宇中名为"开台圣王庙""国姓宫""开天宫""延平王庙"主祀郑成功的庙宇参加,这样的庙宇全台约有一百三十座;而庙里虽非主神(例如妈祖庙、观音庙等),但也有供奉郑成功的庙至少有三百座,二者合起来超过四百三十座。

台湾民间对郑成功的感念,既深且广,未曾动摇过。

6

"思想起——唐山过台湾"

一九七八年,云门舞集推出林怀民的经典舞剧《薪传》,一开场就是恒春民谣传人陈达的《思想起》:

> 思想起——,祖先坚心过台湾,不知台湾生做什么款啊。
> 思想起——,海水介深来反黑,在海山在浮漂,就心肝苦啊!
> 思想起——,黑水要过几层啊,心该定,碰到台风卷大浪啊;有的在抬头来看天顶啊,有的在想着来神明啊!
> 思想起——,神明保佑祖先来,海底千万不要来作风台啊。
> 台湾后来好所在啊,经过三百年后昭昭知……

那古老而质朴的歌声,像祖先的召唤,唤起人们想象着祖先从唐山过台湾,如何经过台湾海峡的"黑水沟",在如山的海浪中漂浮,在生死的边缘挣扎,在海底卷起如台风般的巨浪下翻滚,无望之时只能祈求神明来保佑。

清代从厦门到台湾要经过危险无比的"黑水沟",或称为"黑水洋"。

这是由于台湾海峡狭窄,黑潮等洋流为南北流向,受地形影响流速更迅疾。而从福建到台湾是东西向,一般轻型的风帆船受到巨浪横打,很容易翻船。"生死存亡,在须臾呼吸间。及天将明,每起一浪,即从半天而落。"(清代徐宗翰撰《浮海前记》)即使是今天,台湾渔民经过这一道黑水沟依然戒慎恐惧。

当他们经历黑水沟的死亡炼狱,终得看见台南鹿耳门和嘉义一带郁郁蓊蓊的林木,"东顾台山,烟云竹树,缀翠浮蓝。自南抵北,罗列一片,绝似屏障画图"。他们知道已经平安抵达,在心中欢呼着:"台湾到了,台湾到了!"那是何等激动的时刻。

郑克塽降清后,施琅把郑家军带去北京,但台湾各地还有两三万郑成功的军队留下来开垦,清廷担心他们在这里继续"生聚教训,徐图反攻",因此有意把所有汉人撤走,连根拔除。但台湾汉人实在太多,且已落地生根,开垦土地,生下后代,要大移民真不容易。所以施琅建议把台湾划归福建的一个府来管理。但清廷仍多所顾虑,就决定实施海禁,即禁止大陆沿海居民移居台湾。已在此定居的人,清廷意图让他们逐步移回大陆,所以也禁止眷属来台。

于是长此以往,台湾只有私渡来台的打工男,因为没有眷属,农闲时就聚在一起喝酒赌博、打架斗殴。为了台湾的社会安定,朝廷只好又开放海禁。就这样,清朝统治台湾期间,八禁八开、时严时弛,政策反复不定。

那时,私渡台湾是非常危险的。所有私渡者要交一笔私渡费用,越是海禁严格时期,费用越高。若是碰到黑心船主,那遭遇之凄惨,绝对百倍于陈达歌声之想象。

第一黑心,是收了钱,伪称船要开出港了,让大家躲入船舱,以避免被查获为由,用木板封死。等船开到外海,找一个小岛把船舱打开,谎称台湾到了。这些私渡者只是沿海的农民,不知道台湾长什么样子,只知道是一个小岛,就上了岸。不料这根本是海中的一个珊瑚礁。等到海水涨潮,珊瑚礁被淹没,所有人全部丧生海底。海上黑道,把这个叫"放生"。

第二黑心,是收了费用,却用一条不值钱的破船,开到海上,任由漂流,甚至在船底凿开小洞,船主自己坐小船逃跑,等到船舱进水,所有人葬身海底,无人生还。江湖黑话,这叫"灌水"和"饲鱼"。

第三黑心,是船到台湾,西海岸多泥沙,退潮时海泥烂如沼泽。有些船主伪称港口有人巡查,要偷渡客自己下船上岸,有人踩到泥泞里,脚拔不出来,就陷身在海边。此时如果有人来救还好,如果无人救援,又正逢涨潮,海水淹上来,人就只能葬身海底了。海上黑话,这叫"种芋仔"。

清代形容移民台湾的艰难是:"六死,三留,一回头。"意即十个人里面,六个死了,三个活着到台湾,一个最后还是回唐山了。

即使如此,由于东南沿海的战争、饥荒、贫穷,还是有大量移民流入台湾。清朝二百一十二年间,台湾汉族居民从早期三十万人增加到二百五十万人,而耕地面积则从一万八千甲(一甲约合十四点五亩),激增到七十五万甲。行政区域,起初以隶属福建省的一府三县开始,在开发的进展与防务的需要下,脱离福建,从台湾府升格为台湾省,管辖着三府、一直隶州、六厅、十一县。

台湾是一个移民社会,每个人都是从家乡漂泊出来的,独在异乡为客,只能靠自己的双手打拼。

每个人也都是平等的,一样从一无所有开始,一样拥抱着梦想和期待着未来。所以谁也不怕谁,都要靠拼搏才能生存。台湾歌《爱拼才会赢》就是这种精神的反映。

当时来台湾者往往是单独一人,无家可归,晚上就睡在庙宇外面,因为画有罗汉像的庙门上有屋檐,下面可以遮风避雨,所以台湾的一个俗称"罗汉脚仔",就是称呼这些单身汉的。

"罗汉脚仔"这个称呼,正是台湾移民史的见证。

"罗汉脚仔"都是单身汉,所以不少人和平埔人结婚。平埔人有母系社会(如凯达格兰人)风俗,结婚后可以有土地耕种,因此通婚非常普遍。台湾人流传着"有唐山公,无唐山嬷"(有唐山的祖父,无唐山的祖母)一说,而普遍的通婚也使平埔人与汉族的同化过程加快。

当时的台湾很像早期的美国,移民社会官方管理能力薄弱,无力维持社会秩序。清朝来的官员三年一任,不想多事,只想把土地拓垦权特许给自己人,赚一些钱,无心做长期的经营。所以清代的台湾,有如一个靠原始力量打拼的社会。为了灌溉的水权、垦地的地权、盖房子的地权(当时产权不清),还有建庙的权力以及抢夺地盘、争夺港口码头等,都可以爆发大冲突,地域团体、不同文化社群之间,更是特别容易爆发械斗。漳泉械斗、闽客械斗层出不穷。依据清朝记载,闽客械斗有近四十件;而漳泉械斗,有五十几件。打杀下来,死伤几百人是常事。

庙宇是解开台湾开拓史的原始密码。每一个庙宇供奉的神像,是从唐山的什么地方分灵而来,即代表那里的人来台开垦的历史。一座庙、一乡人、一群开拓者的聚集、一个地方开发的故事、一个乡镇发展的历程;一步一脚印,在在显示着台湾历史的原貌。

台北市最著名的龙山寺就是典型的故事。

清乾隆、嘉庆之后,汉人移民向北移动,淡水河成为移居重心,而凯达格兰人聚居的艋舺,就成为重要港口,以至于台湾有"一府二鹿三艋舺"的称号。台南是最早开发的港口,鹿港踵继其后,而艋舺则是后来居上,成为台湾第三大港。

当时最先落脚的移民是泉州三邑(即晋江、惠安、南安)人,住在靠淡水河港边,与泉州做贸易。一七三八年,台湾北部发生瘟疫,死了很多人,三邑人于是由晋江龙山寺分观音菩萨的香火,建成艋舺龙山寺。

泉州三邑商人多与泉州、福州等地贸易,因地属福建北边,被称为"顶郊"。同安人在福建也同属泉州范围,只因同安人主要跟厦门一带贸易,因此被称为"厦郊"或转音为"下郊"。他们奉祀的中心是霞海城隍庙,因未被纳入龙山寺的保护范围,无法内部协调,加上港口利益矛盾,所以不时发生冲突。而夹在中间的,则是福建安溪人,他们多在山区种茶,再运至艋舺码头销售出口,所居住营运的据点正夹在两者中间,他们信仰的是清水祖师庙。

艋舺龙山寺落成后,泉州三邑商人遂把行政中心设于该庙,既是信仰中心,有神明的庇护,又有庙宇为场地。顶郊三邑人拥有税金、团练,甚至在诸如道路辟建、义渡、义仓、赈灾、巡更等公共事务上,都可以参与。龙山寺成为三邑人的军政大本营。

这三间庙距离不远，就在今天万华的西园路、贵阳街一带，范围其实很小，所以会为了利益而火并。

一八五三年初，漳州、泉州一带有"天地会"民变，人心浮动。同安人开始对三邑人霸占龙山寺与艋舺码头感到不满，时有冲突。八月间，三邑人先发制人，率先进攻，双方不断在街头拼杀，甚至连朝廷设在艋舺的两处官署都被焚毁。冲突扩大以后，三邑人移民早、人数多，因此准备发动全面进攻，把同安人彻底击垮。可是双方之间夹着一大片沼泽地，只有借道清水祖师庙，才能去攻打下郊人。三邑人向中立的泉州安溪人威逼利诱，将清水祖师神像迁出，借道攻打同安人。

三邑人攻进去以后，焚毁房屋，见人就杀。同安人不得不放弃艋舺码头的地盘，仓皇败退，由同安大佬林佑藻率领，背着在混战中救出来的霞海城隍神像，逃往大稻埕。

同安人最后在大稻埕另辟商埠，也重建了霞海城隍庙——这就是今天台北迪化街那座著名的霞海城隍庙。

然而时移势易，淡水河泥沙逐渐淤积，船只不易开进艋舺停泊，改停下游的大稻埕。大稻埕反而逐渐取代艋舺，成为台湾北部的商业贸易中心。

一八七九年，台北府城正式开府，成为台湾首府。当时大稻埕以茶叶、稻米、樟脑、中药甚至鸦片等买卖为主，遍布洋行、店铺、商家，其茶叶、樟脑贸易已经远销到东南亚、欧洲、纽约。

一八九一年，台湾首任巡抚刘铭传筹建全台第一条铁路，经过了大稻埕，这更正式确立了大稻埕、迪化街的台北商业枢纽地位。

龙山寺、霞海城隍庙、清水祖师庙的故事，正印证了这一段移民的血泪史，也可以看出台湾性格中非常鲜明的特质。

迁移来台的汉人为了生存，从平地到山地，从城市到山区，不断寻找新天地。

清代后期，糖、茶、樟脑是台湾三大出口产品，占出口总值的百分之九十四，堪称台湾三宝。这三宝是如何产生出来的呢？

远在十七世纪初叶，郑芝龙与日本交易时，樟脑就是交易项目之一，这也是台湾文献首次记录樟脑交易。台湾少数民族本不采樟脑，郑成功收复台湾后，福建漳、泉一带的移民纷纷渡海来台。漳州本为中国樟脑业一大中心，流传于漳州的小灶法制脑技术就随同入台，奠立了台湾制脑事业的基础。

然而，一七二五年（雍正三年）起，清政府以樟树是建造战船所需的材料为名，严禁私人煎脑，只由"军工厂"经营，独占专卖。到了乾隆年间，由于樟脑事业有利可图，民间地下私煎者日益趋多，台湾樟脑进入盛产期。

坪林的樟脑在一位名叫林泳春的人带领下进行开垦，他为了获利，不愿意把樟脑交给清政府，就私自翻山越岭，到石碇把樟脑母料卖给外国商人，再转卖至东南亚，获得颇大的利益。他的跟随者众，聚集在山区，清政府派兵来剿就逃到深山中躲藏，兵一走就回来继续开垦，林泳春遂成为一方之霸。

直到一八六八年，英国军舰袭击安平港，才迫使清政府颁布《外商采买樟脑章程》，撤销了樟脑的官营。但是二十六年后，台湾巡抚刘铭传再度把樟脑收归官营。在刘铭传的辛勤经营下，樟脑与茶、糖同列为当时台湾的出口三大宗。

日本侵占台湾后，台湾樟脑产量仍占世界第一，当时由于照相底片、造船、火药原料等都需要樟脑母料，世界需求量极高。台湾樟脑因此享誉世界，年生产量占世界总产量的百分之七十，苗栗县更成为全世界公认的樟脑最大产地，执世界樟脑油、香茅油市场之牛耳，"樟脑王国"之名不胫而走。

糖业历史也非常悠久。

荷兰的《巴达维亚城日记》于一六二四年二月记载"萧垄产甘蔗"，显示台湾平埔人可能最晚在十四世纪时就已经知道种植及利用甘蔗。而清朝《番社采风图》的"糖廍"图中人物以汉人为主，似乎制糖技术为汉人所有，平埔人并未掌握制作蔗糖的技术。荷兰侵占台湾后，即鼓励农民种植甘蔗，使之成为重要的经济作物。在一六五〇年前后，台湾每年砂糖输出量多达七八万担，约四千八百吨，主要输往日本。

郑成功时代，由于军队缺粮，故鼓励民间种稻，糖产量一度下降，后来刘国轩受命从福建输入新种蔗苗，并且从泉、漳聘请制糖名师改良技术，台湾糖的年产量达到一万八千吨。此一时期台湾糖业的主要出口对象仍然是日本，台湾借此换取制造火器需要的铜、铅等金属。

清代制糖业持续发展，"糖廍"主要集中于今天的台南一带。相较于荷兰与郑成功时期对糖业采取政府掌控专卖的态度，清朝对于糖业的发展较为自由放任。此时台湾的糖，已进入大陆市场，往江苏、浙江等地贩卖，此外仍持续对日本出口。由于制糖业日渐兴盛，当时在台湾的一些通商口岸，形成了专门经营食糖买卖的郊商，如台湾府城三郊之一的糖郊李胜兴、笨南北港糖郊、鹿港糖郊金永兴等等。

至于茶叶就更不用说了，台湾山区适合种茶，质量优良的台湾乌龙茶早已营销到全世界。依据一八六八至一八九五年的海关资料，茶、糖、樟脑占台湾出口总值的百分之九十四。而茶就占了百分之五十三点八九，其营销地区已不限于亚洲，台湾茶之中的乌龙茶为美国消费者所喜爱，占了出口美国的大宗，可见其重要性。再就社会影响来看，茶的从业人口约三十万，而糖业的从业人口约十五万。

准此以观，清代晚期的台湾已经相当进步，物产丰盛，茶、糖、樟脑早已营销到全世界。日本在甲午战后要求清廷割让台湾，岂是随便说说的，通过长期的贸易，他们对台湾的战略地形、贸易据点、物产条件、民族习惯等各方面，早就做了充足的研究，刀子已经磨很久了！

7

鸦片战争和中法战争中的台湾

在基隆市的中正路上,有一座"法国公墓"。而在基隆附近的山上,仍留有当年开采煤矿所挖掘的许多山洞,如今这些地方成为观光的景点,名为九份、金瓜石。观光客在这里不只可以看见侯孝贤执导的电影《悲情城市》的场景,更可以遥想一百五十年前,它对中国历史的影响。

从十七世纪初大航海时代开始,台湾就进入一个新时代。荷兰把台湾当作战略据点,台湾即成为亚洲海上贸易、远程航行、战争补给的重要中继站。

风帆船的时代如此,到了蒸汽船时代更是如此。从欧洲、美国远航而来的船舰,最重要的补给是发动蒸汽机所需的煤以及食用的淡水。这些物品,基隆、淡水两港口都有,于是港口遂不免成为列强觊觎的目标。

台湾北部早在清初就已经发现煤矿,最初是由平埔人与移民自行在山上挖煤矿,下山出售。但清廷认为煤矿多在山上,容易聚集生事，特别是反清的势力如果靠煤矿生存，不易剿灭，遂下令禁止采煤，给出的理由也甚为荒谬，是怕"挖断龙脉"，贴出的公告上写着"挖煤者毙"。

但禁归禁，穷苦百姓为了生存，还是干冒得罪"龙脉"的危险，偷偷上山挖露天煤矿。一八三五年，台北的士绅们觉得不能这样破坏地脉，于是联名向淡水地区的官员请命。结果就下了第二次禁令。这一次可不是贴告示，而是把四个大字"挖煤者毙"刻在石碑上。但没用，穷人为了生存而冒风险自古皆然，这就有了一八四七年的第三次禁令。这次就不客气了，干脆抓了一个偷煤者砍头，想杀一儆百。

然而，全世界列强来亚洲都需要煤矿补给，市场所需让黑市交易盛行，谁还理会这种官员都懒得执行的禁令。最关键的是，清廷官员们不知道煤的重要性，列强的战舰可不会忘记。

影响台湾命运的中英鸦片战争，终于来临。

一八三八年底，清道光皇帝颁布禁烟令，由林则徐承担清查鸦片之重任。随着各地取缔鸦片的冲突不断发生，中英关系日趋紧张。一八四〇年，鸦片战争开始，英军首先攻打厦门，与厦门一海之隔的台湾立即提高警戒。台湾兵备道姚莹和台湾镇总兵达洪阿奉命严加戒备，加建了十七处炮礅与炮台，并下令各港口不许任何船只接近。六月间，英军曾试图进入鹿耳门，但因封港而无法进入。姚莹不仅戍兵一万四千人驻守各港口，还从民间征集乡勇民兵四万七千多人，进行密集训练。不能小看这四万七千多人的民兵。能动员如此庞大的民间武装，跟姚莹走遍全台湾、联合了各地士绅乡勇有关。清朝统治期间，不断有内战、海战，居民为了保护自己的生命财产，一直保有乡勇团练的传统，并且常常打仗，习惯战事。几个大家族，如中部雾峰林家、嘉义王得禄家，有财力、有土地、有能力练兵自保，现在为了保卫台湾，能出钱出力征集四万多人，一点都不意外。

一八四一年八月十三日，英国双桅军舰纳尔不达号（HMS Nerbudda）停泊鸡笼港（今基隆港）。八月十六日，纳尔不达号发重炮攻击基隆二沙湾炮台，清朝守兵立即还击，击伤英舰，迫使纳尔不达号撤出港湾。撤离中因不熟悉地形，误触暗礁，船体进水，多名船员落水溺毙。艋舺营参将邱镇功乘胜追击在海上漂浮的沉船，总计俘虏印度人一百三十三人、船上的英国军官十人，另有二十二名印度人丧命。

十月十九日，英国派军舰到基隆要求换回俘虏。清军迟迟不予答复。二十七日，英军再攻击二沙湾炮台，把炮台打坏后登陆二沙湾。守军先是开炮还击，无奈武器不行，打不过。但上岸的英军不熟悉地形，东追西跑，也很快被当地民兵"引君入瓮"，带入地形复杂的海岸，逐步分别歼灭。英军赶紧撤回海上，第二天中午退走。

打了败仗的英军不甘心，三个月以后派了阿恩号（HMS Brig Ann）开到梧栖港外海，伺机进攻。清朝水师自知海上战力不如人，通知淡水与鹿港等地的守兵不得出海与英国海战，决定借鉴基隆之战，诱敌上岸后决战。

一八四二年一月三十日，阿恩号东转西转，观察了几天，想从中部大安溪上岸。清军派出数艘渔船，绕着英船打转，再假装逃跑进入大安溪。诱使英舰追上来。台湾渔船较轻，在大安溪航行无碍，英军舰又大又重，又不谙地形，没开多远碰上礁石，在大安溪搁浅。渔船上立马跳下数百战士,潜水进攻。英军大炮无用武之地,对靠近来的蚂蚁雄兵只能开枪。而这些蚂蚁雄兵又使了绝招,把英军舰凿开一个洞致其沉没,数十名英国人被杀,还有十八名英国军官、一名印第安人、三十名印度人、五名广东人被俘虏。清军还掳获十一门大炮等兵器。

姚莹对抓到的英军俘虏并不是关押了事,而是亲自审问,着意调查英军与周边国家的关系、欧美国家的情势。这在清朝官员中非常少见,是姚莹了不起的地方,他能在鸦片战争中打赢"台湾之战",绝非侥幸。

四月五日,大安之役战果传到北京,朝廷赐达洪阿太子太保衔,赐姚莹"二品顶戴",还下令姚莹与达洪阿:除了船长及高级军官外,连同稍早基隆之役所俘虏的英国军人,全数斩首。

然而,作为主战场的大陆沿海,英军却节节胜利,连续攻下厦门、定海、宁波、上海、镇江等地。一八四二年七月下旬英国军舰打入南京江面,清廷大臣耆英、伊里布等赶到南京议和,签订了中国近代史上第一个不平等条约——《南京条约》。

条约签订后,英国人即要求清廷将在台湾的英国俘虏全数解往厦门。清廷怕和约生变,不敢说出俘虏大部分已经被处死了。九月,英人派船长尼夫(W. Nevil)携带英军统领文书到台湾要人,却只从台南载回九名战俘。他向英国负责《南京条约》的公使璞鼎查控诉台湾道姚莹杀害俘虏一事。双方交涉中,璞鼎查完全否认英国的两艘战舰首先攻击台湾,硬说台湾道姚莹杀害非军职的英国公民。姚莹以缴获的英军大炮、枪支等,证明英军对台湾的进犯,但清廷怕再起战端,只能接受英人的要求。一八四三年,闽浙总督怡良亲自到台湾,把姚莹与达洪阿以

"冒功"的罪名革职,押回北京。

鸦片战争全面溃败。台湾是鸦片战争中的"附属品",却罕见地打了胜仗,但悲哀的是,打胜仗的将领到头来反而成为替罪羊。

怡良到台湾时,上千台湾民众人人手持一炷香,在府衙前长跪不起,为姚莹抱屈。不过,道光皇帝对姚莹还是了解的。七个月后,姚莹被押送到北京关到刑部审讯,只关了十二天即释放,对外宣称降调四川,但实为升迁。一八四五年,他在西康、西藏等地实地考察,写成《康輶纪行》一书,介绍英、法、俄、印的历史地理情况和印度、尼泊尔、锡金入藏交通要道以及藏传佛教、天主教、回教源流等问题。一八五〇年,姚莹任湖北武昌盐法道,又升广西按察使,署湖南按察使。一八五三年卒于任上。

经过鸦片战争,英、美、法等国更认识到台湾的重要性。

一八四八年,英国海军中将戈尔顿来台,勘察基隆一带的煤层,发现质量非常优良,返回后上报英政府。清道光末年(一八五〇),英国驻北京的公使向清廷申请开采基隆煤矿,遭清廷回绝。翌年,英轮船开始在淡水、基隆请求互市,并愿意依照商船纳税。此外,美国水师提督彼尔理于清咸丰五年(一八五五)也来到台湾,且派人调查基隆的煤源,返国后发表公告,想要谋取采矿权。

拥有天然港口及煤矿资源的基隆,成为列强觊觎的目标。

一八六〇年英法战争后,中国和英法签订《天津条约》,基隆变成淡水的副港。海禁既开,基隆成为各殖民帝国的远东要道及通商口岸。

一八八三年,法国想取得越南主权,遂与宗主国清朝开战。

由于法国眼见清军在鸦片战争中不堪一击，颇有轻敌之心，不料战端一启，双方互有胜负。法国为了迫使清廷早日投降，决定学英国扩大战场，把战事延伸到整个大陆的东南沿海，攻占沿海城市，以逼迫北京。基于此，法国又相中了既有煤矿又有食物补给的基隆港。

一八八四年五月间，法国舰队波尔达号（Vo ta）突然驶入基隆港，要求供给煤炭，其舰长福尼亚（Fournier）致信说："对于急需的煤炭如果不立刻供给，将对基隆加以炮击！"清朝官吏迫不得已，只好供给一些煤炭，船舰才离开向北航行。

清廷了解法国的战略企图后，通令东南沿海各港口加强战备，其中当然包括台湾。台湾兵备道刘璈立即筑炮台、建堡垒、买新枪、置水雷，还把台湾分为前后北中南五个防区。战云密布中，清廷特别派刘铭传以福建巡抚兼钦差大臣的身份，来台督导军务。刘铭传在一八八四年七月十一日到台湾，十五日就进驻了台北城，增筑炮台，全面备战。

七月二十二日，法国副水师提督李士卑斯（Lespes）作为侵台的司令官，派遣乌伊拉尔号（Vilara）军舰先行侦察基隆港湾地形，同时将舰队兵分两路，一路侵占淡水港，一路进攻基隆港，并且准备让陆战队登陆基隆，会师于淡水。八月四日，李士卑斯率领舰队进入基隆港后，向清朝政府下最后通牒，要求割让基隆港，并限定在二十四小时之内答复。但清廷不理，谈判破裂。

八月五日，李士卑斯舰队开始全面进攻。

法军首先炮击基隆港口炮台，打垮主炮台后，派二百余名陆战队士兵由东部的二沙湾登陆，破坏海岸炮台。基隆守将提督苏得胜、章高元等不敌。次日，法军陆战队攻进了基隆市区，但遭到顽强的抵抗，只好退回船上。最后李士卑斯舰队退回马祖。

八月底，为了拿下台湾，法国把东京湾舰队和中国海舰队合并，成为远东舰队，任命孤拔为司令，派遣五艘战舰再度进攻台湾。这一次是志在必得。这一战，全台湾都动员起来了。台湾地方乡勇为了保卫家园，拼死抵御，其中最著名的则是雾峰林家的林朝栋率领台中、苗栗的民团加入战斗，刘铭传将他们编入狮球岭防线。

刘铭传的战略是等法军登陆，利用地形地势打游击战，在山后将法军包围，逐一歼灭。九月底，孤拔率五艘战舰赶来台湾，与原本停泊在基隆外海的六艘军舰会合，以十一艘军舰的火力，打算一举拿下台湾，让台湾成为进攻大陆东南沿海的根据地。

战事一开，强大的法军先攻占基隆，但只能占领局部，部队随即不断遭遇伏击。另一队主力战舰攻进淡水，派了六百名陆战队员登陆。但刘铭传早就把主力部署在淡水，三千清军加上民团利用地形打伏击。由于早有部署，清军战斗有序，法军被打得非常狼狈，死伤惨重，最后只好退回军舰。

这一仗打了十天，法军没占到便宜。特别是淡水一役，损失惨重。法军看占领全台湾无望，于是改为占据基隆，封锁台湾海岸，意图迫使台湾投降。然而台湾腹地广阔，受损的只有通过港口外销的茶叶、樟脑等生意，食物供给无虞，基本战力还保存得很好，而且为了保卫家园，各地民团不断增加，在基隆开始对法军实施反攻突击。法国为了增强战力，又从越南增兵三千人。至此，法军形成对越南、台湾两面作战，被台湾战场拖住了。

从十一月开始，法军再发动新一波攻势，想从基隆打进台北。但基隆与台北之间的通道易于防守，两军形成拉锯战。这一拉锯就是长期之战。法军虽然拥有武器优势，但打死一个少一个，清军虽然武器和船舰落后，但台湾团练越打人越多。白天法军打下的地盘，天黑以后一退，清军再占回来。法军日渐师老兵疲，补给和战斗力衰退。法国为了增加与清廷谈判筹码，希望孤拔打一场漂亮的胜仗。为此，特地再增援一千外籍兵团到台湾，法军兵力达到四千人。然而清军、民团却是打不完的。

从一八八四年九月打到来年的三月，七个多月时间磨尽了法军的士气。法国也不耐烦了，不再增兵基隆，反而要孤拔转攻澎湖。孤拔大军轻易拿下澎湖后，得知法军在越南战场失利，又准备调部队去增援。但五六月间，澎湖暴发瘟疫，孤拔也染上了赤痢。六月十一日，孤拔在马公岛病逝。

法军未曾料到台湾民间的反抗力量如此强韧；指挥法国远东舰队的大将孤拔，在台湾战役中被拖磨得如此狼狈，客死异乡。

当时，冯子材在谅山大捷，法国托英国向清廷求和，李鸿章不太了解台湾的军事形势，认为如果失去澎湖，台湾恐难保，应该借由谅山战胜之际与法国谈和，法国就不致需索无度。事实上，台湾之战，法军几度进犯淡水，都以失败告终，基隆战局来回反复，大耗元气，再加上法军水土不服，很多人罹患瘟疫死亡，连孤拔都病死澎湖，可见只要战争拖长，清廷有望获胜。可惜的是，李鸿章提出和议，更令人匪夷所思的是，法国居然在和议中要求派兵驻守基隆五年，所幸李鸿章没有应允，基隆才不至于在丧权辱国的和议中被牺牲。

至今，台湾基隆市中正路上，还留下埋葬法国七百军人的"法国公墓"。一九五四年所建的纪念碑上写着："基隆法军公墓内葬有于一八八四年至一八八五年间，为国殉职的法国海陆军官兵七百人,由中国官民妥为保护。"

纵观清末时期,基隆发展最重要的因素在于它拥有丰富的煤矿资源以及天然港湾。煤矿的不断开采,使得基隆每年可以运销福州、厦门等地的生煤约有十万吨至十四万吨。淡水的贸易已与全球接轨。

不过,从荷、英、法诸帝国都把台湾当成进攻大陆东南沿海的据点,台湾也因此不断卷入国际争端这一点上,就知道台湾确实具有重要的战略位置,谁也不能忽略。

清廷未曾料及的是,比邻而居的日本早就觊觎台湾了!

8

刘铭传——台湾现代化第一人

话说台湾要建铁路的时候,中国根本没人见过如此庞然大物,施工除了靠外国顾问还得有熟练工人才行。此时恰恰是从一八六五年开始的美国西部开拓的末期,一些在美国修建过铁路的福建、广东工人陆续回到中国,就应聘到台湾来修建台北到基隆的铁路。

一八九〇年的某一天,一个铁路工人下水打地基时发现水底有闪闪的金光。中国传统的农民工对水里有金子是缺乏经验的,但这个工人是从美国西部回来的,曾见识过美国旧金山一带的淘金热,于是趁着午休的时间,用简易工具试着去洗一洗沙子,没想到还真是洗出金子来了。他一高兴大声喊了出来,于是许多工人都跳到河里去淘金——台湾的金矿时代终于开始了。这个发现地点,据日本人后来的调查,应在八堵桥下游之七堵桥,也就是位于今日七堵变电所前横跨基隆河之大华桥下。

事实上,荷据时期的北部凯达格兰人,一直保守着产金地的秘密,他们诓称产金地在东海岸的哆啰满(Turuboan),荷兰派了军队去东部找，却遍寻不着。一六六〇年，荷兰人曾有"沉默贸易"（Silent trade）之说，即凯达格兰人将小金块、金砂置于约好的地点后离开，其他部落的人，将携来的物品如衣服等也置于此地，而将自认价值相等的金子带走，如此双方不谋面地完成了交易，所以称之为"沉默贸易"。

一六八二年，台湾东宁王朝时期，淡水通事李沧向官方表示可进入山地取金，但尚未到产金区，就与当地少数民族发生战斗，采金没有成功。金矿就此被遗忘了。没想到铁路建设工人却带来这意外的"金喜"。

自此，工人相率下水淘金，人数最多的时候，有三千多人从基隆河各个地方下水。清政府也很妙，或许河流太长、河面太广，不易管理，官员并不管理金砂，而是在某些河段对淘金人抽头儿。每人只要交银若干，就可以下水，没淘到金子算倒霉；淘到了赚多少都是你的。到一八九三年初又设了金砂局，名正言顺地对每人抽税银一角五。

或许刚刚发现时河里含金量颇高，根据统计，仅一八九二年十月十五日至十二月三十日这八十天之内，经由淡水关运出的金砂达四千五百一十九两（合二百八十二斤），值六万五千关银。这在当时也够厉害了。

找金子当然不会止步于下游，而是要不断往上游走，最后终于抵达了九份山上。一八九三年，一位潮州籍的李姓农民在九份山区附近发现了小金瓜金脉露头。不久，淘金客也在附近发现了大金瓜露头。"金瓜石"这个地名，即因为大小金瓜的山型貌似南瓜，也就是闽南语所说的"金瓜"而得名。原本寂静的基隆山，因着大小金瓜的露头而开始繁荣起来，九份和金瓜石矿业的辉煌岁月也从此开始。

日本据台后，金矿收归当局所有，民间禁止开采。自此，台湾黄金由日本垄断。

近百年之后，当金矿和煤矿都已开采一空，历史的争战与辉煌都已结束，只剩下静静的山城，人们才回头看见这历史的侧颜，从而带着怀旧的心重新回眸。侯孝贤执导的电影《悲情城市》《恋恋风尘》就是在这里拍摄的。如今它已成为台湾旅游的景点，博物馆里面放着一块大金子，让参观者看一下，缅怀往昔的辉煌。

回头看当时的历史，为什么在台湾会有建铁路之举？

历经鸦片战争、中法战争，清廷已认识到台湾是一块兵家必争之地，一八八五年，朝廷将台湾设置为行省，刘铭传以福建巡抚兼首任台湾巡抚。

在来台之前，刘铭传对如何建设台湾已胸有成竹，他认为海防与现代化建设是两大纲领，于是拟定防备、练兵、清赋、理番四大政策。虽然没有"现代化"这样的提法，但他的改革思路与政策作为完全是对现代化观念的实践。

清理田赋，可以知道土地资源有多少、税收有多少。理番，可以让汉族居民与山上少数民族和平相处，避免内斗，更好利用山地资源。练兵与防备都是为了应付外来侵略。

刘铭传还利用列强的矛盾，向德国买新式大炮，设在基隆、淡水、台南等地，请德国人担任顾问，指导炮兵射击，并进行军队现代化训练。为了避免在武器上倚赖外国列强，他在北门外设立台北机器局，兴办起军火工业，设军械所制造武器，设火药总局制造弹药，在基隆、淡水设水雷局保护海港。这种自立自强的决心与执行力是过去清朝官员未曾有的。

为了管理台湾山地，他在大嵙崁（今之桃园大溪）设立抚垦总局。有清一代，"番人"一直被视为化外之民，日本在"牡丹社事件"中敢于直接攻击，就是认为清朝管不着"番人"，他们才要出手。刘铭传等于是把主权收回了。他不仅弹压冲突，更在台北设立"番学堂"，请原本有冲突的部落首领和主要头目送儿子到番学堂上课，供应膳宿，让他们学习算术、汉文、官话、闽南语、礼仪等。这对增进了解、化解对立双方的误会有很好的作用。

在教育现代化方面，刘铭传也不遗余力。一八八五年，他在台北大稻埕的六馆街（今之永昌街）开设"西学堂"，教授英语、法文、地理、历史、数学、测量绘图等新学问，采用欧式教育，培养从事"洋务"的人才。一八八六年在大稻埕设立"电报学堂"。一八八八年在台北新建考棚，改革考场的弊病。

在交通的现代化方面，做得更多。他铺设从基隆至新竹的纵贯铁路，建设了全中国第一条官办民营的载客铁路。作为第一个做"官办民营"企业的官员，他向民间募集资金，再把铁路交由民间经营。铁路在一八八七年动工，以大稻埕为中心，计划从基隆建到台南，打通台湾西部的运输命脉。两年后，从台北到松山的铁路通车。当时的火车头叫"腾云一号"，由德国制造，坚固耐用，它原本行驶于上海与吴淞之间的铁路上，但这条铁路后被清廷从擅自兴建的英国人手里买回拆除，拆下来的火车头连同其他器材都被运到台湾，建成全中国第一条自修营运的铁路。

这辆火车头，目前还陈列在台北新公园里，当初打造火车零件的锻铁机器，也仍保存在台北中仑修车工厂里，成为对刘铭传功绩的纪念。

一八九一年，台北至基隆段铁路也通车，全长三十二公里，其中穿越狮球岭的隧道全长五百七十三米，工程非常艰巨，一八九三年铁路又延伸到新竹。

本文开头所说的"发现黄金"的故事，也许可以算是刘铭传建设台湾的意外礼物。

回到刘铭传的现代化大计。有鉴于中法战争时，法军试图围堵台湾海岸，大陆援军只能从台东上岸驰援，刘铭传又开通前后山道路，如台北至宜兰头围间的横断道路。为了加强海运，他于一八八六年六月设立商务局，订购了八艘新式轮船，航行于台湾、澎湖、上海、香港、新加坡、西贡、吕宋等地，使台湾对外贸易持续增长。

刘铭传也将西洋的近代科技引进台湾，一八八六年设立电报总局，由怡和洋行承建基隆经沪尾、台北、台南、安平到澎湖的电缆；更在沪尾到福州间，设置海底电缆，使两边电报线互通，避免像中法战争时出现无法得到准确军情的情况。

一八八七年，台北府首度出现电灯。主要街道装设的路灯取代了原本昏暗的煤油灯，这让台湾人感到无比惊讶。他也推广农业，鼓励种茶、棉、桑等经济作物，养蚕并拓展水利灌溉设施。

这样全面的现代化建设，从制度、教育到硬件，都需要大气魄！

说到底，刘铭传的政策，都符合现代化建设的理论与原则。这样的新思维，在中国传统知识分子之中不曾有过。传统知识分子即使谈改革，也多是在心性与思想方面，而不是从制度与技术方面着手。这些政策从教育、理番、军事、交通、通信、经济、土地、税赋等各方面，摆脱中国官场的浮于表面和平庸，试行了比较完整而彻底的改造。

但刘铭传的改革也得罪了不少既得利益者，他又素来与左宗棠派不合，背后难免有人告状，因此他在一八九一年被迫离职，告老还乡。而接任的邵友濂基本属于无为而治，他停止刘铭传时期绝大部分的新政建设，废止煤务局、矿油局、番学堂、西式学堂等建设，并明定以台北为省会。台湾就是这样从现代化的第一线被打回原形。

历史无法回头。但看到一代知识分子的理想，往往沉没在内部争斗之下，不免让人感慨。

台湾人没有忘记刘铭传。为了纪念他在台湾的功绩，以其名命名的机构包括台北市铭传大学、台北市大安区铭传小学，基隆市有"刘铭传路"和基隆市立铭传中学等。

9

战争的号角——"牡丹社事件"

　　台湾地处大陆东南沿海,它像大陆伸向海洋的一只手臂,每当帝国主义想发动对中国的侵略,这一只手总是先受到伤害。

　　鸦片战争、中法战争,帝国主义者都想拿下台湾当基地。还好,台湾就算武器落后,靠了地形和人多的优势,硬挺了下来,把英法都打退了。也许这与台湾人多是移民的后代有关,天性叛逆不怕死,又习惯海战、游击战,即便没有外人入侵,自己人也分派系打仗,总之特别爱打。不过,甲午之战后却连反抗的机会都没有,《马关条约》一签,台湾就被割让了。

　　甲午战争失败的原因讨论很多了,可参考的书籍汗牛充栋。此处姑且不谈,且说日本打败中国,为什么别的地方不要偏要台湾?很简单,日本人眼巴巴地觊觎台湾这一块肥肉很久了,比英法都久。

　　早在郑成功家族进行海上贸易的时代,日本就已经通过和荷兰、大陆的三角贸易,认识到台湾战略位置的重要。还曾有日人认为郑成功的母亲是日本人，所以郑成功是日本人后代，他们与台湾有特殊的关系。不料，郑成功不认这个亲戚，连入主中原的清朝都不认，何况日本，他只奉明朝正朔。

等到明治维新，日本诸侯时代结束，武士阶级没事可干，又意图有所作为，就想以外部冲突来解决内部矛盾，此时，就有人提出"征韩论"与"征台论"。征韩的计划太大，还未付诸实施，台湾就先出了事。这就是著名的"牡丹社事件"，日本则称之为"征台之役"或"台湾出兵"。

故事与清廷的台湾少数民族政策有关，还是从头说起吧。

话说清朝统治台湾，一直无法有效地管理住在山上的少数民族。随着汉族移民陆续增加，土地开垦逐步扩张，与山区少数民族的冲突也增多。清朝本应有效地管理，维护双边权益，避免山区少数民族土地被侵占，而汉族人也不致因开垦过度被杀害。但清廷没有这样做，他们把台湾少数民族视为"化外之徒"。最明显的是美国的"罗发号事件"。

一八六七年，美国商船罗发号（the Rover）从广东汕头港出发，预定开往广东牛庄港。途中，被暴风雨吹往台湾南端外海的水母岩（现名为七星岩）触礁沉没，船长韩特偕夫人及船员登上救生艇漂至海岸登陆。不幸全部被当地排湾人杀害，仅有一名广东籍厨师幸运逃到打狗（今之高雄），向衙门报告遭遇。

美国驻厦门领事李仙得（C. W. Le Gendre）特地去台湾想会见当地头目，希望保证海上航行的安全。他先照会台湾总兵刘明灯与兵备道吴大廷请求协助。可是这二人都说"生番凶悍不可理喻，且不归清廷管辖，故不可擅自进入以免滋事"云云，一推了事。李仙得自行前往台湾最南端，想会见酋长。但被当地排湾人拒绝了，只好悻悻然返回厦门。李仙得越想越不甘心，一气之下决定自己出兵。一八六七年六月，美国派军舰和一百八十几名兵员，到台湾南部攻打当地排湾人。但排湾人一向骁勇善战，美军遭遇顽强的抵抗，再加上地形不熟，屡屡遭遇伏击，最后铩羽而归。

李仙得生气了，态度转趋强硬。清廷怕得罪美国，在该年九月决议要与美军联合进兵，教训不听话的排湾人。总兵刘明灯亲自率兵勇五百开战，但也遭遇到顽强对抗，毫无办法。李仙得看到清军未必能胜，干脆带了通事备上礼物进入部落，与头目会面，最后达成协议。李仙得带回韩特夫妇等人的遗体，约定中外船只海上遇难，可以举红旗为标志求援，排湾人会加以救护。

李仙得借这个机会了解了排湾人，也深入了解了台湾的山地风俗，以至后来日本攻台特地聘请他担任军事顾问，为的就是借他建立与排湾人沟通的渠道。

一八七一年十月，一艘琉球王国的船，在回航时遭遇台风，漂流到台湾东南部八瑶湾，船上六十九名乘客，除溺死三人，有六十六人登陆。几天后五十四人惨遭"出草"（排湾人在战斗中砍人头的习俗），其余十二人逃过一劫，在当地汉人的帮助下前往台湾府（当时在台南），由清政府安排归国。当时这种事件按惯例都由中国政府抚恤，送回琉球王国，根本与日本政府无涉。

但一八七二年日本政府单方削琉球国号，设置"琉球藩"，把琉球纳入日本领土范围，问题就复杂了。琉球人海难事件两年后，日本政府外务卿向清朝总理各国事务衙门提起此事。从时间点上看，琉球人出事的次年日本才单方面把琉球纳入版图，又隔一年后，再来追究两年前的事件，借机生事的意图非常明显。所以，清朝大臣毛昶熙答复说："二岛（琉球与台湾）俱我属土，属土之人相杀，裁决固在于我，我恤琉人，自有措置，何预贵国事，而烦为过问？"

日本以被害者中有四位日本小田县渔民为由，追问："贵国既然已知抚恤琉球民，为何不惩办台番？"不料毛昶熙以"杀人者为化外之地的生番"来回应。日方就说："生番害人，贵国置之不理，我国有必要问罪岛人，因与贵国盟好，特先来奉告。"此时，毛昶熙竟做了一个莫名其妙的回答："（台湾）生番系我化外之民，问罪与否，听凭贵国办理。"

这个说法正中日本的下怀，立即准备向"无主番界"出兵。

日本派大隈重信任"台湾番地事务总裁"，陆军中将西乡从道（西乡隆盛的弟弟）为"番地事务都督"，向英、美租用轮船，雇用李仙得担任军事顾问，并事先派遣桦山资纪、水野遵来台调查，准备出兵。

不料在出兵前夕，英美两国可能感觉日本有意侵占台湾，对他们不利，因此突然转变态度，声明中立，拒绝租借船舰给日军。日本政府感受到外交压力，决定停止此次行动，下令罢兵。但西乡从道以"已经准备妥当"为由，拒不受命，悍然率领三千六百官兵，出兵台湾。

此例一开，日本军国主义军官那种"军事先行，政治追认"的原型（prototype）即告确立。从十九世纪到二十世纪发动世界大战，悲剧的模式越走越深，直到两颗原子弹打醒天皇的帝国梦。日本著名小说家司马辽太郎曾评论这次出兵完全是无名之师，可称为"官制的倭寇"。

一八七四年五月八日，日军在社寮（今屏东县车城乡社寮村）登陆。刚开始几天，日军陆战队不谙地形，虽然武器先进，但排湾人剽悍善战，运用地形，神出鬼没，打得日军颇为狼狈。后来有一组日本陆战队员攀上峭壁，居高临下用机关枪扫射，情势才得以逆转。排湾人大败撤兵，牡丹社头目阿禄古父子在战斗中身亡。

日军兵分三路扫荡牡丹社、高士佛社、女仍社等地，占领后即进行扫荡、焚烧村屋，但仍不敢久留，迅速撤回。

日军未曾料到的是，台湾南部的气候五月已经很炎热，热病开始盛行，痢疾、疟疾对来自北方的日本人来说，变成难以承受的灾难。这次侵台共计两个多月，日本派出约三千六百名的士兵，最后只剩下不到六百名，其中两千多名士兵死于疟疾。日本无法再撑下去，就央求英国出面帮忙谈判，达成协议后赶紧退兵。

"牡丹社事件"之后，清廷终于意识到台湾的重要性，转而积极治理，除增设府县，还对台湾东部及少数民族地区以"开山抚番"的名义，进行更多开发，并打通台湾东西部的越岭古道。

因为对台湾东部的开发，才有胡适的父亲胡铁花被派去台东任"代理台东直隶州知州，兼统镇海后军各营屯"。现在，台东还有一条"铁花路"是纪念他的。

10

那一天,他们"交割"了台湾

一八九五年三月二十四日,李鸿章乘坐轿子前往谈判地春帆楼,与日方全权代表伊藤博文谈判,此时一名极右派的刺客小山六之助突然从街道围观的人群中冲过来,近距离向李鸿章开枪,击中其左脸。李鸿章满身鲜血,当场昏倒。随行的医师马上替李鸿章进行急救,所幸子弹未击中要害。

甲午战争大败后,日本像一只咬到猎物的狼,撕咬着不放,他们打定主意要掠夺殖民地,以作为扩张的基础,因此《马关条约》的谈判中,除了要求巨额的赔偿,更要求清廷放弃作为朝鲜的宗主国、割让辽东半岛以及台湾澎湖……

一八九五年初,《马关条约》还没签署,李鸿章也还没去日本谈判,日本军部就开始策划攻台方案,准备进犯辽东半岛和台湾澎湖。只要拿下台湾澎湖,彻底打垮清廷在南海的军事力量,日本将可以控制福建海域,再以台湾澎湖为根据地,独霸南海。

鉴于英法两度战争,都在台湾打了败仗,日本于是改为绕道台湾南方海域，去攻打澎湖。拿下澎湖为据点，以此攻打台湾南部，自然容易多了。一八九五年一月，日本开始组织海陆军的混成联队，三月十五日，以松岛旗舰为首，日军南方派遣舰队自佐世保军港出发。与此同时，澎湖守军在日军出发当天，也接获巡抚指示说日军已从九州岛出发，将要进攻澎湖。三月二十日，日军抵达八罩岛（今称望安岛）旁的将军澳屿南方停泊。

三月二十三日攻下澎湖南方岛屿，二十四日攻打马公城，二十五日就攻下全岛，总共只花了三天时间，没遭遇多少抵抗即占领澎湖。清廷空有六千多士兵镇守，却不堪一击。

日军攻打澎湖的时候，正值李鸿章在日本遇刺，伊藤博文唯恐和谈冻结，将招致俄、奥、德、英、美、法等列强干涉。三月二十八日告知李鸿章，日方愿意停战，随即完成停战谈判。但后续的谈判却进行得很艰难。

日本要求割让辽东与台湾澎湖，李鸿章持反对态度，但伊藤博文态度强硬。

李："台湾全岛，日兵尚未侵犯，何故强让？"

伊："此系彼此定约商让之事，不论兵力到否。"

李："我不肯让，又将如何？"

伊："如所让之地，必须兵力所到之地，我兵若深入山东各省，将如之何？"

这就是强权的逻辑。还有一段对话是这样的：

李："赔款还请再减五千万，台湾不能相让。"

伊："如此，当即遣兵至台湾。"

李："索债太狠，虽和不诚。我说话甚直，台湾不易取，法国前次攻打，尚未得手。海浪涌大，台民强悍。"

伊:"我水师兵弁,不论何苦,皆愿承受。去岁,北地奇冷,人皆以日兵不能吃苦,乃一冬以来,我兵未见吃亏,处处得手。"

李:"台地瘴气甚大,从前日兵在台,伤亡甚多,所以台民大概吸食鸦片烟,以避瘴气。"

伊:"但看我日后据台,必禁鸦片。"

……

说白了,日本人对台湾是兵临城下,你认不认都要拿下。弱国,特别是战败的弱国,没有讨价还价的筹码。这不是悲哀,是教训。

四月十七日,《马关条约》签订,主要是:确认朝鲜独立,清朝向日本赔偿军费库平银二万万两;向日本永久割让台湾岛、澎湖群岛与台澎附属各岛屿,以及辽东半岛……

台湾割让的消息一传来,台湾官民义愤填膺,充满被遗弃的悲愤、伤心、激动和对未来的疑虑。台湾巡抚唐景崧立即上书,表示"台湾民众不服,其约可废"。可是五月八日,《马关条约》获清政府批准正式生效。五月十日,日本就擢升海军中将桦山资纪为大将,任命为首任台湾总督。

清廷将台湾割让给日本的决定,在台湾民众中引起了轩然大波。五月十五日,巡抚唐景崧与台湾士绅密谈,会后发表《台民布告》如下:

……我台湾隶大清版图二百余年。近改行省,风会大开,俨然雄峙东南矣。乃上年日本肇衅,遂至失和。朝廷保兵恤民,遣使行成。日本要索台湾,竟有割台之款。事出意外,闻信之日，绅民愤恨，哭声震天。虽经唐抚帅电奏迭争，并请代台绅民两次电奏，恳求改约，内外臣工，俱抱不平，争者甚众，无如势难挽回。绅民复乞援于英国，英泥局外之例，置之不理。又求唐抚帅电奏，恳由总理各国事务衙门商请俄、法、德三大国并阻割台，均无成议。呜呼惨矣！

此时，台湾人有如被遗弃的孤儿，想方设法自救。

五月十九日，一艘法国巡洋舰抵达基隆，法国军官在二十一日拜访唐景崧巡抚时，表示如果是为清政府取回土地，相当困难；但如果是为台湾保护人民，比较容易援手。为了得到法国军舰的支持，原本犹豫不决的唐巡抚在五月二十五日宣告"独立"，并发布"台湾民主国独立宣言"。"宣言"中说：

> 永清元年 五月二十五日
>
> 吾等如甘受，则吾土吾乡归夷狄所有。如不甘受，防备不足故，断难长期持续。屡与列强折冲，无人肯援，台民唯有自主。台民愿人人战死而失台，绝不愿拱手而让台。台民公议自立为"民主之国"。决定国务由公民公选官吏营运。为达计划且抵抗倭奴侵略。新政府机构中枢必须有人主持，确保乡里和平。素敬仰巡抚承宣布政使唐景崧，会议决定推举为"台湾民主国大总统"。

这一份宣言还译成外国语送至各国驻台领事馆。二十五日上午九时举行"独立典礼"，宣布成立"台湾民主国"。唐景崧被推为"大总统"；丘逢甲为"副总统兼团练使"，领导义勇军；刘永福被推为大将军。另制定蓝地黄虎的"黄虎旗"为"国旗",制刻有"民主国宝印"文字的国玺以及建年号为"永清",定台北为"首都"。

然而这一切都已太迟。法国军官只是口惠实不至。日本近卫师团的主力部队与桦山总督在冲绳会合后于五月二十九日在澳底(今新北市贡寮区境内)登陆。

六月二日,清廷代表李经方(李鸿章养子)来到台湾办理交接。但据传他不想到台湾岛上交接,因为"台湾岛民群情激愤"。于是日本派出小舰艇,把李经方接上横滨丸号军舰,在基隆外海靠三貂角的海面上,将《交接台湾文据》交到日本代表、首任台湾总督桦山资纪的手上,完成交接仪式。李经方正式告知唐景崧不得抵抗,立即进京陛见,命所有文武官员内渡。

这个仪式的重要性在于,它是台湾主权属于清朝的证明。如果不属于清朝,何来"交割"?不属于清朝的土地,怎么需要交割?

悲哀的是,驻台湾的清廷官兵在内渡要求下根本无抵抗意志,一遇日军即溃散,反而回到台北城内劫掠,各自卷款私逃。

六月三日,在日军炮火的猛烈攻击下,狮球岭炮台与基隆相继陷落,"民主国"正规军战死者在二百人以上。

六月四日傍晚,当军队来到官邸,要求唐景崧为提高士气亲自出征之际,他却带着儿子从后门逃离。此时距离他当上"民主国总统"才十天,所以他又被称"十日总统"。

六月六日,唐景崧搭上德国商轮"鸭打号"(Arthur),从淡水到达厦门。"副总统"丘逢甲得知唐景崧离开,自己成了日军"头号"通缉要犯后,一边大骂一边也逃离台湾。

六月七日至十四日,日军在无抵抗的状况下占领台北,清廷的残兵败将全被肃清。六月十四日日本驻台湾总督桦山资纪,于日暮细雨之中进入台北城。

虽然只攻下台北,但桦山为了让世界注目,六月十七日下午,即在台北城外举行阅兵式,随即在巡抚衙门(地点在今日中山堂)举行"总督府始政典礼"。此后每年以此日为"台湾始政纪念日"。但台湾人皆称为"耻政纪念日"。

虽然清廷的官兵都败走,但台湾人民的反抗,那"竹竿挂菜刀"的全民战斗,史称"乙未之战",才刚刚拉开序幕。

II

镰刀对枪炮的血战以及厦门之危

　　历史的动荡带来巨变，巨变带来机会，机会常会留给敢于冒险的人。但稍有不慎，耻辱的烙印也随历史长传。一八九五年台湾人民反抗日军的大战乙未战争之际，有一个卑微的贫民因缘际会，崛起成为巨富，而他的后代，则是开启两岸两会谈判的代表——一代儒商辜振甫。

　　让我们话说从头。

　　"台湾民主国大总统"唐景崧逃回大陆后，"副总统"丘逢甲也逃往彰化，台北处于无政府状态，顿时陷入混乱。清军多来自湘勇、广（广东）勇，此时眼见饷银无着、返乡无门，只能自谋生路，就在城内打劫财物、公然行抢。原本台北城就有不少英法洋行加上台湾行商，此时为求自保纷纷组织自卫队。但眼见混乱加剧，无奈决定派人出城向日军求援。

　　此时，一个身无分文的罗汉脚（光棍）辜显荣跃上了历史舞台。

　　辜显荣的先人亦非无名之辈，曾祖父辜礼欢自中国福建下南洋,成为槟城富商及侨领,是槟城第一位华人甲必丹。辜礼欢次子辜安平是清道光年间进士,曾为林则徐幕僚,后又调至台湾,官至道台;辜安平有独子辜琴,娶妻薛面。辜琴长年卧病在床,英年早逝,次子辜显忠也早逝,只留下独子辜显荣。辜显荣由母亲薛面一手养大。少年时期,曾追随鹿港进士黄玉书读过书,但在鹿港素有浮浪子之名,后浪迹台北,当苦力、轿夫,再后开了一间杂货店。

当台北城陷入混乱之际,一些富商眼见无政府状态不是办法,就和欧洲洋商合议,清廷既已弃台湾不顾,想请欧洲白人出面,请日军入城维护治安。辜显荣知道这个消息,就自告奋勇,跑到水返脚(今之汐止)日军所在地,向他们报告台北城商人希望日军进城。可是日军显然不太信任这个梳着清朝小辫子、身高一米八,看起来像混混的壮汉,怀疑他是刺客,就将其抓起来审问。

此时,宣称受台北大稻埕士绅们委托而来的三位外国人士,也来到水返脚传达同样的消息。他们是美国《前锋论坛报》记者戴维森(Davidson)、英国商人梅森(Themson)及德国商人欧利(Ohly)。这三位洋人衣着华丽、乘坐马车,还带着几名保镖。这才让日本人相信辜显荣的话是真实的了。

日军未遇任何抵抗便进入台北城。辜显荣因为带日军进城有功,得到丰厚的奖赏。但台北之外的台湾民众早已成立义民军,开始用最原始的方式反抗。

八月间,日本近卫师团继续向南攻打,台湾抗日民众沿路抵抗,辜显荣随着日本部队,因协助剿杀抗日民众有功,遂作为台湾绅士到东京接受日方赐予叙勋六等、授"单光旭日章",还被委以"台北保良局长",创立保甲总局并实施连坐法。这对压制台湾民众的反抗,起了非常关键的作用。辜显荣因此获得各种特殊的专卖利益(如鸦片、盐),遂从一个罗汉脚,成为台湾巨富。

一九二三年,当台湾民族运动的先驱林献堂推动"议会设置请愿运动",为台湾文化启蒙奋斗之际,辜显荣却受日本殖民当局之托,组成"公益会",召开"有力者大会",去日本各大报刊登广告,宣称台湾人并非都如林献堂一般。辜显荣如此甘当殖民当局的打手,台湾人怎么可能原谅?这历史的耻辱,永世都无法摆脱。

时间回到一八九五年六月,日军攻下台北城,办了"始政纪念日"的两天后,就渡过淡水河,继续挥师南下,进攻桃园、新竹。但是,这些地区的地方士绅、武秀才、垦户、头人等,凝聚成一股同仇敌忾的力量。客家烈士吴汤兴(苗栗铜锣人)、姜绍祖(新竹北埔人)、徐骧(苗栗头份人)等人率领义勇军展开游击战,利用地形与气候的优势,即使是"竹竿挂菜刀"这样的原始兵器,依然使日军备感艰辛。此外,在三角涌的隆恩埔、分水仑等地,日军也分别遭到当地义勇军的包围伏击,死伤多达数百人。

这是日本人始料未及的。他们原以为已缔约取得台湾,就可顺利接收,却没有想到台湾人如此顽抗。美国随军记者戴维森说,日军在台湾打了一场比在中国北方更艰苦的仗。原本日本将台湾总督府定位为"民政"官衙,但在遭到顽强的抵抗后,便宣布改行"军政",将台湾的接收定位为战争,并且向本国要求军队增援。

随着日军不断扩增,义民军的装备劣势显现出来,日军逐渐形成包围,最后在彰化八卦山正面会战。八卦山之役,退守的义民军几乎全军覆没。但他们也让日军付出了沉重代价,元气大伤。

七月间，逃回彰化老家的"台湾民主国副总统"丘逢甲见事不可为，乃于七月二十五日奉父母之命内渡大陆。行前写下六首著名的《离台诗》，其一："宰相有权能割地，孤臣无力可回天。扁舟去作鸱夷子，回首河山意黯然。"充满了悲愤和无奈。

八月正是台湾的雨季，日军一方面等增援师团来台，一方面重编战斗部署，兵分三路：一路继续往南推移，二路则走海路，由恒春半岛登陆往北打，三路由嘉义布袋港登陆。三路夹攻当时的台南。

台南，是"台湾民主国"最后的基地了。

台湾南部的防务尚有刘永福的黑旗军防守。六月二十六日，台南拥立"民主国大将军"刘永福为第二任"大总统"，迁都台南，号称南都，设"总统府"于大天后宫。为筹措军费，刘永福甚至曾经发行钞票。然而等到日军增派的混成第四旅团及第二师团，分别从三个方向进攻台湾南部各城，刘永福的部队就溃散了。

刘永福见大势已去，于十月十九日乔装成老妇，抱着只小狗搭英轮逃亡。十月二十一日，日军由小南门进入台南城。最可怜的是刘永福留下的八千多黑旗军。他们征战各地，武器配备齐全，曾打赢过中法战争，却被主帅抛弃，唯有放下武器，任日本海军陆战队宰割。日人记录：黑旗军因拒交财物、武器，被日军屠杀一千余人，饥饿病死一百一十六人。十月二十三日，日军将饱受虐待的五千一百名俘虏遣送福建金门，但这些一无所有的战士最后有多少生还者已无记录。

八卦山之役激战中阵亡的吴汤兴之妻黄贤妹投水自尽，被救回之后仍绝食而死。一门忠烈，至今为台湾人深深崇敬感念。

唐景崧内渡后，清廷命其退休返乡。晚年他隐居桂林，创办体用学堂，亲自编写剧本、促进桂剧艺术的发展，并支持康有为的变法维新。光绪二十九年（一九〇三），卒于桂林，享年六十三岁。

刘永福在光绪二十八年（一九〇二），任广东碣石镇总兵。辛亥革命后，以七十二岁高龄被推为广东民团总长，后告老回家。一九一五年，日本向袁世凯提出"二十一条"，刘永福要求重上战场遭拒。一九一七年一月，病卒于家中。

虽然日军攻下台南，宣告"台湾民主国"瓦解，但台湾义民军的反抗还在继续。他们会从台湾每一个树林、竹丛、山路、荒野的角落里突然杀出，又突然隐没，消失无迹。

日军侵入台南几天后，日本政府突然宣布，日军近卫师团司令官北白川宫能久亲王于十月二十八日因疟疾死于台南，逝年四十九岁。北白川宫能久亲王生于京都，是伏见宫邦家亲王第九子，仁孝天皇的侄子，代表皇室"出征"台湾，却死于台湾，这可不是体面的事。

日本说亲王死于疟疾，台湾人可不是这么说的，各地都传说：当北白川宫能久骑马渡过曾文溪，从沤汪的番仔寮骑马至萧垄（今在台南佳里）时，有一个义民，用竹竿绑上镰刀，躲在日军要经过的路上，他看准身穿白衣、骑白马的人必定是要人，从树林中突然伸出长刀，割向北白川宫能久亲王的脖子，顿时血喷如泉，日军立即送其至台南厝就医，但因失血过多，救治无效而死。抗日杀手则趁乱逃入林中，遁迹无踪。

日军见皇室亲王被杀，开始疯狂报复，在台南萧垄一带，不论男女老少，枪射刀砍，杀死村民两千余人，并把村庄焚烧夷平。

事后乡民回忆这一段历史说:从今天的台南省立北门农工职业中学边的萧垄溪至文瑞桥之间,约有四五公里的河水全部都是血,真正的血流成河……

乙未战役虽然结束,但从一八九五年底到一九一五年的二十年间,从台北到最南端的屏东,从闽南人、客家人到台湾少数民族,台湾义民军的反抗不绝。

一位曾参加乙未战役的日军士兵日记里,记载说北白川宫能久曾告诉士兵,"征台战役"可在三个月内结束,但当他看见倒下的义军尸体很多是妇女时,才知道他的预期是神话。另外一名日本战地记者也记录下当时台湾人民不分男女老幼参与战斗的景象:"我们从潜伏处暗中窥视敌人的动静。只见每二十人或三十人成群聚集在那里,其中还有妇女执枪的,粮秣多由妇女在搬运。"

日军四处残杀包括老幼妇孺的台湾平民百姓,抗日义民军的攻击对象也就不再限于军警,延伸至包括眷属的全部日本人。

这也是在后来的"雾社事件"中,赛德克人对在场的日本男女老少全部杀掉的原因。

总计起来,日本人在战场上或战后屠村中杀死的平民,以及逮捕、处死等各种方式杀害的人,至少有二十万以上。

这种民不畏死的血战,历史上还真是少见。

侵占台湾后,日本的野心更大了,他们把觊觎的目标盯向福建,而厦门是欲染指的第一块肉。他们向清政府施压,以"保持台湾安全"为由,于一八九八年四月订立了"福建省不割让条约",也就是福建不能变成其他国家染指台湾的基地,也等于宣告只有日本对中国华南有入侵权。这个条约终于引起了英、美、俄、法等列强的注意,他们认为这是日本意图吞并中国的前奏。

果不其然,一九〇〇年一月,日本更进一步新设立"对岸事务挂",统辖和福建、广东有关的政务。二月,清政府在日本的压力下,将从淡水逃抵厦门的台湾"抗日三猛"之一的简大狮逮捕,以日本国之"匪徒"为由,接受殖民当局的引渡,将简大狮递解台北,三月十一日简大狮被绞死于台北监狱。

一九〇〇年五月,八国联军攻占天津、北京。这时,日本认为中国北方告急,无暇顾及厦门,就由内阁总理大臣山县有朋、陆军大臣桂太郎、台湾第四任总督儿玉源太郎及民政长官后藤新平四人设计攻打厦门的计划。一九〇〇年八月二十三日,台湾民政长官后藤新平航渡厦门,第二天,厦门东本愿寺布教所,半夜发生纵火事件。放火者是日本僧侣高松誓。高松誓年轻时,拥护西乡隆盛的"征韩论",西乡兵败后,转为东本愿寺僧侣。东本愿寺在台北和彰化开设别院,高松誓被选派为彰化别院主宰,致力于日式佛教在台"皇化"的普及。高松誓又宣称将日本佛教推展到华南,在厦门设立东本愿寺华南布教总监部,主宰东本愿寺厦门别院。他以寺庙为掩护,暗地里干着特务的勾当,时常来往于台湾与厦门之间。

根据高松誓所写的报告,半夜一点左右,中国暴徒冲进厦门东本愿寺纵火。着火时,他自己背着阿弥陀佛本尊,避难鼓浪屿。但是,据当时美国驻厦门领事的报告,在事发当天,僧侣们早已把贵重物品全部运出去,当夜住宿本愿寺的,只有住持和尚一人,他在子夜一点跑到日本领事馆,报告中国暴徒放火烧寺,但除了住持和尚的说辞之外,没有人看到暴徒,只看到中国士兵与民众帮忙灭火。

这时，日本军舰"和泉"已停泊在厦门，舰上的海军陆战队也先行登陆，从台湾派出的日本海军陆战混成部队，也已开往厦门，并将期限定在八月三十日攻下厦门。

此时厦门已是风声鹤唳、乱作一团。居民看到日军到来，预感战事来临，纷纷外逃，各国使领馆也不断向本国报告。

于是厦门的英国领事联合美、德领事，向日本政府严重抗议。英、美、德也各派一艘军舰，到厦门向日本示威。日本枢密院议长伊藤博文看到情势严峻，反对日军强行出兵厦门。他命令厦门领事、台湾总督中止占领计划，为了怕命令无法贯彻，还特地命令厦门领事上野立刻回国报告。从台湾派去的军队，也在厦门港外折回。日本占领厦门的计划在最后一刻，硬生生打住了。

最悲哀的当然是中国，在自己土地上，竟是靠着列强的"恐怖平衡"，才免于被侵占领土的命运。

12

意图暗杀袁世凯的台湾青年

一九一一年,辛亥革命在台湾点燃新的反抗火苗,台湾的反抗者士气大振,期待中国强大起来,同时革命的火种也延烧到台湾。

一九一二年,苗栗青年赖来跟朋友秘密到上海,目睹辛亥革命后的情势,受到极大鼓舞,自此心怀壮志,以解救同胞反抗日本为己任。次年回到台湾,他计划组织群众首先袭击东势角支厅,再直捣台中、大湖、苗栗等地,最后攻取台中再发展至全岛。一九一三年十二月二日拂晓,赖来召集十余同志,杀进东势角支厅,在击杀日本警察二人及台湾巡查补一人后,不幸被埋伏的警察所杀,起义军旋即溃散。

一九一三年五月,总督府保安当局探悉新竹厅的罗福星有一个组织,受到辛亥革命的影响而觉醒,正在扩散漫延;后来又获知有位叫李阿齐的在准备攻打关帝庙;十月中,发现在新竹厅大湖支厅的仓库内丢失六支枪。保安当局大为紧张,指挥警察与保甲进行全岛大搜索,在大湖天后宫捕获了被指控为革命党员的八人。总督府也扩大搜捕范围,严密检举抗日分子。自一九一三年十月至一九一四年一月之间，台湾抗日民众共有五百三十五人被捕。

这些抗日志士怀抱着革命理想，希望建设强盛的国家，做一个堂堂正正的中国人。罗福星遗留有著作《苗栗部共和党机关失败风潮纪念》一书和在狱中所作的诗。其中有一首"绝命诗"：

> ……勇士飞扬唱大风，黔首皆悲我独雄。三百万民齐奋力，投鞭短吐气如虹。青年尚武奋精神，睥睨东夷肯让人。三岛区区原弱小，莫怕日本大和魂。军乐扬扬列队过，天朗风清感慨多。男儿开口从军乐，同唱台疆报国歌……

一九一〇年，年轻而有志的台湾学生杜聪明，就读于台湾总督府医学校，和同样有抱负的同学蒋渭水、翁俊明、李根盛等，为了让台湾复归祖国，以"复元社"的名义捐钱，汇给当时的"革命同志"戴季陶，作为孙中山的革命经费，并加入"中华革命党"，希望光复台湾。

后来，孙中山将大总统职位让与袁世凯，而袁世凯竟鼓吹帝制。这些台湾青年立即召集紧急会议，决定采取实际行动，暗杀袁世凯。他们公推杜聪明和翁俊明去采取行动。

杜聪明和翁俊明在医学系二年级时，时常到总督府卫生部细菌学研究室去研究细菌学，知道细菌培养的方法，所以决定用细菌来暗杀袁世凯。

他们面临的难题是：医学系的学生没理由去申请护照。于是决定从日本转道，经东北再潜入天津、北京。他们从细菌室偷出霍乱菌和培养基，一路上小心翼翼地带着。

一九一三年，他们经神户、大阪、大连，辗转几个地方，终于潜入天津，几天后又潜入北京，但马上发觉自己在北京人生地不熟，语言不通，也找不到下手的机会。他们每天在北京的街头徘徊，想侦察袁世凯从哪里出入而不可得，终于明白即使贸然行动，也不一定能成功甚至会伤及无辜。最后，只能放弃暗杀计划，到上海乘船回台湾。

一九一五年，翁俊明从医学校毕业后离开台湾，回到祖国厦门开业。后转赴上海开设俊明医院。一九四三年，他回到福建漳州，开设中正医院，实际上是在日本人眼皮下，秘密筹设国民党台湾党部。想不到在这一年十一月十八日晚间，因为饮酒后中毒骤然病逝，终年五十二岁。有人认为，这是日本人下的毒手。翁俊明的孙女，即是非常有名的歌手翁倩玉。

而杜聪明则成为在日据时期第一个获得博士学位（医学）的台湾人。

13

最后的武装起义——"噍吧哖事件"

那是一个闷热的夏天。黄昏的时候,蝉儿开始鸣叫,位在台南噍吧哖的派出所里,所长坂井下了班,正悠哉悠哉地摇着扇子,带着他的九岁左右的孩子玩耍。这时,一个姓张的少年工友从外面跑进来,神色慌张地说:"所长哪,外面有人包围了派出所,而且人数不少,看起来怪怪的。"

那张姓少年工友大约十五岁,父亲早逝,妈妈再嫁给一个名叫简宗烈的汉文老师,生了一个妹妹叫简娥。他在派出所当工友有一段时间了,平日只是帮忙打扫办公室,烧烧水,收发一点文件。

这个坂井所长来台湾有一段时间了,娶了一个阿里山邹人的妻子,姓汤,长得漂亮又善良,她和当地的汉人相处得很好。他们生了一个孩子,约莫十岁。长相像妈妈,清秀俊朗。

坂井所长带孩子走到门口一看,大惊失色,只见几十人拿着武器,已经从各个方向包围派出所。他回头把张姓少年叫到跟前,吩咐道:"我拜托你,赶快背上这孩子,往外冲,能跑多远就跑多远。你要救这孩子一命啊!"

张姓少年背起了孩子，赶紧往外跑。没跑多远，听到一阵喊声，一串枪响，震惊全台湾的"噍吧哖事件"就这样打响了。

一九一五年夏天，日本侵占台湾二十年后，台湾最大的一场武装抗日之战在台南噍吧哖开始。

"噍吧哖事件"的主导者是余清芳，他正是这个张姓少年的继父简宗烈的学生。他为了抗日而出家，建立了西来庵，以宗教为掩护聚集信徒并募款秘密购买武器。当时有不少台湾人往来两岸之间，因生病或意外死于大陆后，余清芳就协助家属让他们回台安葬。也趁这个时机把武器枪械藏在棺材里，偷偷运回埋在庙后的荒冢山林里。

然而机密逐渐泄漏，日本警方开始派密探监视余清芳。而他和江定、罗俊等人密谋建立"大明慈悲国"的计划，也因派去大陆购买武器的人被逮捕不慎泄露了。一九一五年六月二十九日，罗俊被逮捕。七月九日，余清芳发动起事。他带着反抗军转战台南、高雄一带，以建立"大明慈悲国"为号召，承诺革命成功后，要把日本人占去的公有地全数发放给参与革命的人，还要减免税捐，让农民过上有尊严的日子。一时间参与的人越来越多。

然而，余清芳的队伍武器太过薄弱，只有两门旧的大炮和几杆枪，其他都是镰刀、锄头、斧头等农具，如何能与装备新式武器的日军对抗？因此一开始虽然气势强盛，但到了八月六日左右，日本台南守备队的步兵、炮兵、宪兵倾巢而出，双方在噍吧哖决战。余清芳的部众死了几百人，而日军更用重炮把村庄的街道、房屋轰成断垣残壁，一片狼藉。

但余清芳没有退却，他借着山区的隐秘地形和农民的掩护，继续转战各地。日本当局一边派出大军搜山，一边用重赏劝降。

八月二十二日，一个隐藏在起义军中的农民设宴邀余清芳共饮，不料酒酣耳热之际突然袭击，把余清芳捆绑起来交给了日军。一代英豪，竟命丧于自己人之手。

日本人在"噍吧哖事件"中死伤惨重，因此报复手段特别残忍。当地许多村庄的青年男子被集中起来，日本人以一根约莫一百二十厘米长的竹竿，量他们的身高，凡是超过的一律砍头或者枪杀。

"噍吧哖事件"当天背着一个日本小孩逃走的张姓少年，回到家，把事情原委告诉妈妈。他妈妈知道那日本小孩如果还穿着和服，一定没命。就赶紧给他换了衣服假装是自己孩子，保了他一命。因为这个缘故，后来日本人开始报复性地屠杀这些地方男孩子的时候，张姓少年是唯一身高超过竹竿而活下来的。此后十四五岁的他，竟是全村庄最高的男子。

他的继父简宗烈随余清芳起义，转战各方再也没有回来过。他的母亲每每一看到"百姓公""万人冢"之类的小庙，就会泪流不止。因为对噍吧哖这个地方太伤心了，他们离开此地去了高雄。

那个日本警察的孩子跟了妈妈的姓，叫汤德彰。曾回到日本读书当律师，但因为被歧视，愤而回台湾，在二十世纪四十年代末发生的"二二八事件"中被杀。

日本人有多恨噍吧哖呢？他们屠杀青年男子还不够，甚至将它改名为"玉井"。玉井是当时东京风化区的地名，他们这样做就是要羞辱、诅咒这个地方的女性和后代。

二〇一四年，台南新化在建设工程中发现一处无名荒冢，里面竟有白骨三千多具。经过考证，才明白那应是一九一五年"噍吧哖事件"时被杀害者的万人冢，而且这只是被害者中的一部分而已。

"噍吧哖事件"一案由日本当局的台南临时法庭审判，共有一千九百五十七人依"匪徒刑罚令"被告发，其中被起诉者一千四百一十三人，被判死刑者八百六十六人、有期徒刑四百五十三人。后因判决过于苛刻，引起日本某些议员的非议，因此在杀害九十五人之后，其余死刑犯改判无期徒刑。余清芳被捕后在九月二十三日被杀害。

"噍吧哖事件"是台湾最后一次武装起义，此后台湾的反抗开始走上文化启蒙之路，台湾从武装起义时代，走向了社会运动的时代。

14
警察统治与"二等公民"

台湾坐牢最久的政治犯、受过日本教育的林书扬说过一个故事：小时候，同班同学有一个台湾孩子在路上，对着五月的天气说："才五月啊，这台湾的天气怎么就这么热！"旁边一个日本同学就用非常鄙夷的口吻，斜视着那台湾同学说："你台湾人，还敢嫌弃这种天气。"意思是说，日本人才有权利嫌弃台湾，台湾人连抱怨的权利都没有。

即使是在公交车上，也如此。台湾孩子坐在日本人旁边，他们会用一种轻视的眼神看人，"仿佛在看一种低等动物"，林书扬一生都无法忘记，那被人当成低等动物时的自卑和愤怒。

事实上，从未有过殖民经验的日本，占领台湾后，将如何实施统治，是他们首先要面对的问题。有没有能力治理台湾？日本不是因为资本主义发达而走向帝国主义，反而是资本主义还未成熟，却想用殖民统治来催生资本主义，所以日本经济学者矢内原忠雄称之为"早熟的资本主义"。

日本内部对如何定位台湾，也有双重考虑。一种是依照法国治理阿尔及利亚的同化政策，所有法律皆等同于日本，逐渐把台湾同化于日本，称之为"内地延长主义"。另一种是英国统治印度的殖民地模式，另设殖民地专法。

一八九六年三月，日本国会在两边争执不下中采取调和的方案，即统治初期先设一个特别法"应于台湾施行法令相关之法律"，三年后取消，通过的法令是日本国会第六十三号，故称为"六三法"。它的核心是："台湾总督在其管辖区域内，得发布具有法律的效力之命令。"也就是将行政和立法权集中于总督，故而是一种殖民地专法。它宣告了台湾所实施的是区别对待的歧视政策。三年后，"六三法"本应废止，但殖民当局继续延长，一直延长到一九〇六年，也就是实行了十一年，才被取代。

在治安上，一八九五年时，殖民当局用"台湾人民军事犯处分令"及"台湾住民刑罚令"，对反抗者或一般百姓就地格杀，称之为"临机处分"。到一八九八年，儿玉源太郎就任总督，更把此定为法律，乃设立"匪徒刑罚令"。"刑罚令"将所有反抗者视为"匪徒"，根据这个刑罚令，如果涉及"对抗官吏、军队，破坏建筑物、车船、桥梁、通信设施，掠夺财物、强奸妇女"等，全部处以死刑，即使未遂犯、帮助犯也视同正犯，全部处以死刑。这还只是被捕后判刑的，死于现场屠杀叫"临机处分"的死者无法计数。

一九〇六年，殖民当局公布法律第三十一号以代替"六三法"，简称为"三一法"。它与"六三法"差别不大，"六三法"仍然有效。台湾依然是一个由特别法统治的占领地、一个典型的警察统治占领地。日本殖民统治初期，台湾并无固定的行政制度，最初是依清朝的旧制设县厅制，后来改设为二十厅，一九二〇年又实行州厅制。厅之下设支厅，掌管州厅的各种事务。关键不在制度，而是管理者全部由警察担任，职员全部为警察官员。所以总督府之下虽然有各种州厅名目，但真正管事的就是警察。包括地方行政、税务、卫生、农政等，全由警察执掌。一般与老百姓生活有关的政府权力，就是警察。

一九〇二年，日军镇压台湾游击战结束后，除了二十厅的警察课之外，九十七个支厅，下有九百九十二个派出所，警部一百七十七人，警部补二百七十一人，巡查三千二百三十四人，巡查补（由台湾人担任）一千五百二十四人。这是个什么概念？就是所有行政、治安、民间生产事务等，全都靠警察解决。所以警察可以强迫民间种植甘蔗，否则加以各种刁难。一九二五年，彰化二林的农民因为不甘心甘蔗被日本会社便宜收购，加以抵制。这本是关于民间利益的纠纷，但日本会社动用警察，带人去农田里强行收割。农民并排站在蔗田边阻止，日本警察竟拔出武士刀加以威胁。几个农民趁其不备，夺取了武士刀，日本警察大怒，双方爆发冲突，终而酿成农民运动，即"二林事件"。

日本警察常常威胁台湾百姓"如果你不听话，就拘留二十九天"，意指警察有权力拘留任何人长达二十九天。许多无辜者在这二十九天内，在警察局被重刑逼供，甚至重伤致死。

日本帝国主义殖民统治下的台湾，警察权力无限，台湾人是二等公民，殆无疑义。

日本殖民统治台湾之初，即明确了解，为了推动符合日本利益的现代化，需要受过教育的人，所以从教育着手，改造台湾人的文化、生活习惯、信仰风俗，乃至于通过学习日语，使台湾年轻人日本化。

一八九八年七月，总督府颁布"台湾公学校令"，设立六年制公学校，自此公学校成为最重要的教育机关。然而，台湾传统的书房（私塾）、义塾仍有不少，所以明令这些私塾教授日语、算术等，把它纳入管理。

然而公学校的推动非常缓慢。到一九一五年，就学率还不到百分之十，很多学生因贫困而中途辍学。到了一九三五年，就学率才达到百分之四十一。而日本人的就学率早已超过百分之九十九点六。台湾人一再呼吁的六年义务教育，直到日本发动全面侵略战争之后的一九三九年才制定。

当然，要增设公学校，师资光靠日本人是不够的。从殖民统治台湾的第二年开始，台北设立了"台北第一师范学校"，以及"台湾总督府国语学校"；一八九九年，又设立台中师范学校与台南师范学校。总督府的师范教育秉承同化原则，最初以日籍教师为主，台湾本地教师为辅，所以台湾人很难考进学校，录取率（一九二二年至一九四〇年）平均只有百分之五点一。日本人更不愿让台籍教师与日籍教师同工同酬，于是在制度上预设限制，使得台籍教师的资格低于日籍教师。同样是师范毕业的台籍教师仅能任"训导"，讲习所或"国语"学校出身的日籍教师则可任"教谕"其或"校长"。即使如此，对一个台湾贫困农村的子弟而言，能够毕业于师范学校，担任公学校教师，已是很难得的机会。当小学老师，可以戴一顶大盘帽，腰佩长剑，相当于文官。这在当时已是不容易的事。

在中学方面，台湾人与日本人的录取率也有天壤之别。一九二二年至一九四〇年的平均录取率，台湾人是百分之十五点九，日本人是百分之五十一点五，差了三倍多。相较于台人和日人的人口比例，等于差了四十倍。

基于殖民统治所需，殖民当局设了工业、商业、农业学校各一所。不过，工业与商业学校，台湾人只占三分之一，都是日本人为主。而农林方面则是台湾人占多数。这正是配合日本"工业日本，农业台湾"的殖民政策。

更上一层的高等教育，差别就更大了。一九二〇年以后，台湾有台北高等学校、台北帝国大学和工业、商业、农业等专门学校，但台湾人很难进入，只占了四分之一，其余都是日本人。于是台湾的中上阶层子弟就干脆舍台湾而去日本直接就学，反而更容易。

综合各种数据显示，日据下台湾人赴日留学生高达二十万，而大专毕业生有六万多人，远高于殖民统治下的台湾。然而，这一代读书人受到和传统汉学不同的新式教育后，通过日语学习到新知识、新思维，看见一个和传统文化完全不同的辽阔世界。虽然是通过日文而学习到的二手知识，但更为丰富，也更符合年轻一代的需要。他们要用新知识追求新的未来。

这一代青年的反抗已经不是借由宗教、民间团体和冷兵器的武装起事，他们的武器是新思想、新文化、新启蒙以及一九一七年苏联十月革命后卷动世界的社会主义大潮。

台湾人的新时代反抗，就是从日本留学生开始的。

15

日本帝国主义殖民统治下的台湾

一九二七年,东京大学教授矢内原忠雄来台湾调查访问,他在校园里教"殖民地政策研究",让学生读的参考书是列宁的《帝国主义论》以及马克思主义学者罗莎·卢森堡的著作,带有对日本的帝国主义批判的意味,因此他在学生中非常受欢迎。台湾学生蔡培火想去他课堂旁听,提早二十分钟去都找不到座位。在台湾,他也大受台湾民众欢迎。行程的最后,他从屏东、台南、嘉义、彰化等一路北上,由蔡培火安排,在庙埕、三合院晒谷场、学校集会场上演讲。民众一来就是一千四五百人,连各式小吃、摊贩都闻声赶来了。那种热闹的景况,让他大吃一惊。但台湾人在政治高压下的极端苦闷,矢内原忠雄很难体会。

即使是日本知名学者,他的公开演讲也遭到日本警察的监视。回到日本后,他将调查所得写成著作《日本帝国主义下的台湾》,把殖民统治下台湾的现代化归结为"资本主义化",以此逐一剖析台湾社会结构与民族运动的未来。此书相当锐利地分析台湾经济结构与社会矛盾,因此只能在日本出版,在台湾是被查禁的。总体而言,他认为西方帝国主义是"通过夺取领土,在殖民地建立经济、政治霸权",是资本主义最后阶段的显现。而日本的帝国主义却是"早熟的"。因为日本向外侵略不是为了国内生产过剩、急需海外市场与原料,而是因为日本唯有占领台湾,利用台湾资源,扶植日本企业,催生其尚未成熟的资本主义经济,才能发展为帝国主义。

这些皆可从总督府在台湾利用政策补助刺激资本家的措施中看到。例如糖业,三个主要的财团——三井、三菱、日糖几乎垄断了整个制糖产业。除此之外,米业、矿业、樟脑业等产业也被日本资本所垄断。这印证了日本帝国主义"早熟的"本质,要靠着向外侵略、殖民的过程才能逐渐成熟。

以此观之,台湾的现代化即是日本"资本主义化"的一环。它的战略目标是要配合日本的需要。而日本既要向工业化转型,台湾自然而然成为其工业原料、农业原料的供应基地,糖业、樟脑业、林业等,莫不如此。而所有的基本建设也是为了便于把台湾的原料资源输往日本岛。

要在台湾达此目的,首先就需要计算台湾到底有多少可用资源,这就需要详细的调查。调查包括了人口、土地、河川、山地林野、矿藏、生产原料、风俗习惯等,这就是所谓"台湾现代化"的开端。有人谓日本的殖民经营家后藤新平是"台湾现代化的奠基者",他确实进行了许多建设,但他的目的是抽取台湾的血,养大日本母体,这个目的绝对不能忘记。因为,所有现代化建设归结起来,并不是为了台湾,而是为了日本。

不过,日本殖民当局的确引进了新的管理方法。用黄仁宇的观念说,现代化首先是"数目字管理"。殖民统治之初,殖民当局做了几项"数目字管理"工作。

一、普查人口与建立户籍制度：一九〇五年，日本总督府对台湾及澎湖进行了第一次临时户口调查。为了克服据台初期"全岛实情犹如在黑暗中"的困境，经过了约五个月的规划之后，从十月一日零时起开始，展开三天全面普查。总计投入七千四百五十人次在台、澎地区深入调查，统计出全岛户口数为四十八万七千三百五十三户，平地人口包括平埔人在内计有三百零三万九千七百一十五人，而当时被称为"生番"的山地少数民族则没有计算在内。

户口普查意味着日本要用现代化的方法来管理台湾的人口与资源，同时借由人口普查收到镇压反抗之效。

二、土地调查：实行土地调查的目的，失内原忠雄说"是为了制定单一而明了的所有权，确定纳税和交易。这是近代资本主义在任何殖民地所首先着手的工作"。日本殖民当局先调查西部田园，再调查山地林野，将公有林野与私有林野区分，殖民当局可支配的土地与资源便清楚了。而且台湾在历史上移民的过程中，土地总是互相转让变更，所有权不清楚，土地调查使许多地权不清的私有土地变成了公有土地，增加了殖民当局的可支配土地。总体而言，土地调查可以对台湾可使用的土地资源进行数目字管理，整理出来的隐田，可增加土地使用面积，吸引日本资本家来投资。同时，借此了解台湾的地理地形，让反抗力量难以躲藏，而立即可见的效果则是税收的增长。

三、"旧惯调查"：为了更有效地管理台湾，特别是山地林野，殖民当局展开"旧惯调查"。人类学者、社会学者、法律学者等相继来台投入调查，并整理出相当多的资料。当时所出版的杂志与文书，都成为后来研究台湾的重要史料。当然，不该遗忘的是：日本派出人类学者去调查少数民族的语言风俗习惯，恰恰是为了利用他们熟悉森林与土地资源的优势，弄清楚台湾山地林野的资源，以便于开发利用。

四、度量衡与货币的统一：为了把台湾纳入日本体制，乃改变清朝旧制，重新统一度量衡。同时将货币逐步与日本的流通货币统一，便于日本资本的进入。

五、建设铁路与港口：殖民当局花了十年时间（从一八九九年至一九〇八年），建设从基隆至高雄的纵贯铁路，并建设基隆港与高雄港，使南北的货物易于到达港口，然后直通日本。当时为便于甘蔗与糖的运送，还设了许多支线小火车，这是台湾"糖业帝国"借以确立的硬件设施。而为了利用台湾森林资源，也开设了运送木材的森林铁道。如今阿里山的铁道，当年就是为了运送"神木"下山，再转送去日本"神社"的。北部的太平山还有这一类森林火车的遗留。南北二港口的建设更不必说了，它除了运输功能，后来在日本发动太平洋战争时，更是南进的基地。

从人口、土地、林野、货币、度量衡、风俗习惯，到"货畅其流"的交通建设，这一切"数目字上的管理"，都是清朝未曾有过的。它既是科学管理的基础，更是为台湾资本主义化做准备。殖民者总体的发展战略则是"工业日本，农业台湾"。如此，日本从"早熟的帝国主义"走向具有侵略实力的帝国主义、走向军国主义，继而发动第二次世界大战，就不是可讶异的事了。

需要说明的是，土地的整理也对台湾农民造成伤害。台湾本有许多土地，属于早期移民者共同开发，既不属于私人，也不属于清朝管辖,其中又以河川地与山地林野最多。如今全部收归当局,不许民间砍伐种植,许多靠此为生的农民难以生存,他们只能起而反抗。最有名的,是北埔事件和林杞埔事件。

前面说过,台湾有丰富的原始樟树林,是樟脑的最佳产地,许多移民深入山地,冒险采集。日本据台后,一些日本资本家看中这一块大饼,就向殖民当局要求特许一些"公有地"让其开采。"贺田组"就是其中的一个。他们要求总督府撑腰,意图砍伐少数民族地区内的樟树并独占樟脑事业。但总督府还没有这个能耐深入少数民族生活的山林,他们就找人带路进入山区。

一九〇七年,日本第五代台湾总督佐久间左马太把开发范围深入到少数民族生存的大嵙崁(今桃园大溪镇)一带,侵夺他们的土地与资源,终于引起反抗,殖民当局称之为"讨伐作战"。但日军不谙山林地形,遭到反击,伤亡颇多。总督府为减低日军伤亡,就想征调新竹北埔的客家隘勇。此时,居住在北埔支厅月眉庄的蔡清琳,平日早有反抗之心,认为反抗的最佳时机来了。二十七岁的蔡清琳认为,少数民族与汉族隘勇一向和平相处,如今是殖民当局侵犯了人家的生存领域,更何况,"生番"和汉族都是被欺负的台湾人,我们怎么可以帮助"四脚仔"(本意指狗,日据时期的台湾人用以指称日本人)来互相杀戮呢?他暗中联合上百汉族人和大嵙崁的赛夏人,一起攻入北埔支厅,杀了支厅长、警察及家眷和日本居民。

殖民当局大为震怒,派出大军镇压,把蔡清琳队伍逼入山中。又通过保甲制度,让乡民检举,否则屠杀全村。村人在威逼下,被迫交出名单。最后起义者八十一人被杀,十人自杀,被捕者一百余人。这就是著名的北埔事件。

同样的冲突还有林杞埔事件。林杞埔是位于南投、云林、嘉义靠山一带的地区，有占地颇广的连绵竹林。这里的农民以在竹林中砍竹子、挖竹笋、狩猎山中野味为生。殖民当局将这里收归为"公有地"，并给了一家会社，自此不许农民进入，农民顿失生存所依，遂起而反抗。反抗规模漫延到附近的乡镇，大多数农民或明或暗地参与了反抗。虽然后来明的反抗被镇压，但当地农民并未屈服，到一九二七年台湾农民运动爆发时，他们立即组织起来，成立"竹山农民组合"，成为一个社会运动抗争团体。

16

新一代的台湾医生

刚到台湾的时候，苏格兰人马雅各布医生在台南看西街租了一间民房当作西医院。他借着治病传道。这是一八六五年，《天津条约》签订后，台湾开放台南、高雄、基隆、淡水成为通商口岸，马雅各布是第一个受英国长老教会海外宣道会指派的西医，是为"医疗传道"而来。

街道边的西医院生意鼎盛，每天有五十几个人来排队看病。而门外的旁观者更多。他带来的西药效果不错，治了不少病患，很快名声就传开了，"传道"也跟着展开。

不久，他的名声就引起其他人眼红，民间有谣言说"这个红毛医生取人心肝，挖人眼睛去做药"。"红毛医生"还不太懂得闽南语，不知道怎么澄清谣言，于是有暴民去包围医院。马雅各布医生眼看情势不妙，赶紧歇业，转往打狗另外开业兼传教。高雄是新兴的港口，效果反而不错。他很快建立了台湾第一家有八张病床的医院。

不久，另一个系统的基督教也来了。加拿大长老教会于一八七一年派遣马偕来台,他选择台湾北部的淡水落脚。他的主要任务是传教,但为了招徕教徒也兼当牙医。他有一个特别的嗜好:喜欢替人拔牙。据说他一生在台湾拔了有二万一千颗牙齿。如果以每一颗牙齿长一厘米计算,这些牙齿排起来竟有二百一十米长。差不多就是小学操场的一圈。马偕娶了一个五股坑的女子张聪明为妻,生了二女一男。长女叫偕妈连,嫁给了他的爱徒陈清义;二女偕以利嫁给柯维思,一家两代三人都和台湾人联姻。马偕对台湾最大的贡献在医疗与教育。特别是在中法战争期间,清兵在淡水战役中有大量伤亡,因马偕医院充当军医院,不少伤兵被救活。

当然,在西医之前,中医早就来了台湾。台湾最早的中医是浙江人沈光文,他搭的船遭遇台风,漂流来台,时间上比郑成功还早了九年。其后陆续来台的中医不多,大部分是开中药铺的师傅,或者读过医书的儒生。

台湾是开放港口,瘟疫难免随船随人而来,防治困难。台湾海岸的乡镇有不少仪式和祭典,都是为了送瘟神。台南西港有两百多年历史的"火烧王船",就是传说从海上漂来有十二瘟神的船,人们对这些瘟神不敢不敬,故称之为"王爷",先带其绕境祈求平安后,再引到海边用火烧掉,一条大木船满载纸钱,一夜之间化为灰烬升空。

这种民俗正是台湾多瘟疫的证据。

一八九五年,日军侵台的时候,最怕的也是瘟疫。"牡丹社"一战,死于瘟疫者有三百九十三人,而患病有两万多人次,每天都有人死于热带疫病。所以一八九五年,日军部队近卫师团于五月二十九日登陆澳底，六月十七日宣布"始政日"，两天后就宣布组织"卫生委员会"，次日，再宣布于台北城外大稻埕设立"大日本台湾病院"，这就是台大医院的前身。事实上，台湾病院是为了配合侵台而设的临时野战医院，暂时设在一栋修缮过的简陋民宅里，主要的十名医师、九名药剂师、二十名护士都是由日本政府选派而来的。

即使如此，"乙未战争"正值夏季，台湾气候湿热，霍乱、疟疾、红痢、伤寒、肠炎、脚气等传染病肆虐，日军生病住院者有二万六千零九十四人，死亡者有四千六百四十二人（依据日本统计资料）。所以，日本要殖民统治台湾，首先要克服的是水土不服以及台湾卫生条件不良所导致的各种瘟疫。殖民当局先着手致力于扑灭、预防传染病，特别以鼠疫与疟疾为重点。时间仓促来不及设立医院，就把台湾各地的庙宇充当医院。一八九六年五月才正式在台北、台中、台南三县开设医院。

台湾曾被日本人喻为"鬼界之岛"，每年疟疾死亡人数少则数千，多则超过万人。足见疫病的可怕。一九一九年和一九二〇年，台湾发生空前的霍乱大流行，日本内务省宣布台湾为霍乱流行地区。台湾总督府研究所紧急制造预防药剂，推行预防注射；还印制霍乱预防宣传单，分送到各家各户。一八九六年，在地方长官要求下，分别于台北县淡水等十一地设立病院，于恒春、台东设诊疗所。除了府立医院，针对特殊疾病或事业机关也会设置公立医疗机构。至于私立医疗院所方面，因凡领有医师资格者，皆得报请开业，因此到一八九七年私立医院已有十二所，到一九四二年执业医师已有一千六百六十五人，私立医院三百五十所，增加速度惊人。

从殖民当局的利益看，大力改善台湾环境卫生，建设一个现代化社会，符合其目标，台湾也因此而扬弃落后的医疗，发展出现代医疗体系，奠定了医学基础。要建立医疗体系，不能只靠日本医生，也必须培养台湾的医生。是以一八九七年四月，就在"台北病院"内设立"医学讲习所"（即"土人医师养成所"）。根据台大医学院的数据，学生最初几乎都是以学日语为主要目的，然后再学习专业课程。一年之后，三十名学生中，仅有五人尚能够接受全部课业，其余的都先后废学。第二年再招收三十多名学生，不久也仅剩四分之一。在难以找到学生的情形之下，只好以给予生活费和津贴为条件，不过成效仍然不彰。

后藤新平就任台湾总督府民政长官后，认为台湾医学教育有提升之必要，决定成立台湾第一所正式医学教育学校。医学校初创时期，没有入学考试，只要地方长官、公学校校长、各地官立医院院长、各地公医等具名推荐即可。学生入学的资格也定得很低，只需公学校初等科（约为小学二年级程度），听懂日语即可。一九〇〇年，第二届新生招收时，"民政部"派人到台湾各地游说，才找来四十五人。医学校实行"入学从宽，毕业从严"的政策，因此前三届的毕业生一共仅十四人而已。医学校找不到学生，主要因为当时台湾人对"西医"毫无概念，一听说修学年限为五年，觉得时间太长。还有人不愿他们的子弟接受日本教育，那是因为当时传说："有一天，清朝会来反攻，届时受日本教育者会被处死，并且罪及三族。"后来风气渐变，医学校入学人数越来越多，于第五届时开始实行考试，而且规定须要"公学校"毕业才具报考资格。

台湾总督府医学校毕业生继续在学术研究上迈进、获得博士学位者不乏其人；一九二二年，第十三届的杜聪明获得日本京都帝国大学医学博士，成了台湾第一位医学博士，也是"台湾第一位博士"。他就是在二十岁的时候，和同学翁俊明一起潜入北平，想刺杀袁世凯的医学生。杜聪明有感于鸦片烟对台湾民众健康的影响，一九二一年开始致力于鸦片中生物碱的药理研究，潜心研究戒除鸦片瘾的新疗法，向总督府提出"鸦片瘾者矫正治疗医院设置建议书"，殖民当局在日人贩卖鸦片被揭发的压力下同意成立戒烟所"台北更生院"，一九三〇年更生院正式成立，杜聪明担任首任院长。

现代医学培养出新一代的台湾医生，这些医生除了具备现代医学观念，他们也学习西方各种新知，包括政治制度、科技新知、文明历史、俄国革命、中国"五四"运动、杜威教育思想、民族主义与民主自由思想等。他们以此反省自身处境，观察台湾现实，认识到台湾处于民智未开、教化不足、知识封闭、思想封建等困境之中，从而有了与上一代反抗者不同的想法。

这一批批的台湾医生，包括了赖和、翁俊明、蒋渭水、李应章等，像一群盗火者，从医学院回到家乡，成为乡村医生，再带着新知识的火种，带着理想主义的热情，开始了下一波反抗运动——文化启蒙！

17
林献堂的请愿

林献堂第一次到日本旅行的时候，才二十七岁，时在一九〇七年。他怀着开阔眼界、寻找台湾出路的愿望，拜望学者，请教学问。当时学术大师梁启超正在东京，他特地去拜访，想请教台湾未来该如何走。可惜梁启超不在，林献堂遗憾而返。后来他在返台途经奈良的时候，竟在下榻的旅馆不期而遇梁启超。他大喜过望，立即趋前请教。虽然语言不通，但汉语的妙处就是用同样的文字书写。二人因此笔谈。林献堂把自己对台湾前途的疑惑，就教于梁启超。

梁启超明确写道：中国正值内乱，三十年之内无法帮助台湾人，台湾人应该仿照爱尔兰对抗英国的方式，厚结日本的高官贵族，得到他们的同情与支持，先创立台湾发声的组织，争取权利才是上策。林献堂当面邀请梁启超在适当的时机访问台湾。而梁启超的意见，也成为林献堂后来推动"台湾议会设置请愿运动"的滥觞。

四年之后的一九一一年，梁启超受林献堂之邀，带了女儿梁令娴和几位同志一起来台湾访问。他先在台北停留一周，再下台中住在雾峰林家五桂楼，除游历中部地区的风景名胜之外，也为五桂楼留下题诗。但最重要的是，他指点林献堂未来的出路：一、要走温和路线；二、多要结交日本政府显要与议员；三、争取参政权并获得席次。他也建议，读书人不必以文人终身，而要多了解国家现状、世界局势，积极参与社会，学习经济、政治、文化等各方面的知识，贡献所学，才能对未来时局有实质上的作用。

梁启超的建言启发了林献堂。为了鼓励台湾孩子向学，一九一五年，他号召了台湾几大家族，共同集资筹办台中中学（日后的台中一中），使台湾的孩子终于有中学可以上，以前只有日本人才可以读中学。

林献堂也接受梁启超的建议，蓄意结交日本高官贵族。一九一四年，他邀请当时在日本有"自由之神"之称的明治维新思想家板垣退助伯爵来台访问，在各地举行演讲。

林献堂的意图很明显，即"结交高官贵族"，争取平等待遇。

一九一八年，林献堂和蔡培火、郑松筠等人在东京成立了"六三法撤废期成同盟会"，要求日本政府撤除台湾总督权力独大的"六三法"。但另一个台湾留学生林呈禄则持反对态度，认为不应该废除"六三法"。因为废除"台湾特别法"，等于承认了日本"内地延长主义"的同化政策，而台湾有特殊的历史文化，与日本完全不同，如果全部同化，台湾就消失了。林呈禄与台湾留学生所忧心的是：如何废除不平等的"六三法案"，又能保有台湾的特殊性。解决方案即是：设置民选的台湾议会，由台湾议员参与法律的制订、预算的协商，也就是在台湾实现自治的民主宪政。于是，原本提议的撤废"六三法案"运动，转向"台湾议会设置请愿运动"。

充满被殖民统治悲哀的台湾人，想实现民主、自治这两个心愿，是需要深刻去理解的。林献堂提出"议会设置请愿运动"是在一九二〇年底，从第二年开始，他年年提出请愿，从一九二一年至一九三四年，共提出过十五次。一九二三年，林献堂联合同志林呈禄等，在东京申请成立"台湾议会期成同盟会"，虽得到许可，但此举触犯了台湾总督府的大忌。因为请愿者先是在台北向警察署申请，但被禁止，不料他们一转头到东京举行了成立大会。总督府当然非常愤怒，这等于挑战他们的权威。更何况，台湾请愿者还特别邀请了台湾第一个飞行员谢文达，开着飞机在东京上空撒下二十万份传单，传单上的标语写着："台湾人呻吟在暴戾政治之下久矣！"这简直是到总督府的母国去挑衅了。

同年十二月，总督府以"成立被禁止的组织，违反总督的禁止命令"为由，进行大检肃，发动警方在台湾南北同时大搜捕，搜查扣押的有四十一人，包括蒋渭水、蔡培火、林幼春、蔡惠如、王敏川等；另有五十八人遭到搜查传讯。由于殖民当局刻意封锁消息，甚至中断台湾的对外通信，一时间风声鹤唳、人心惶惶。三天后，有二十九人被移送台北地方法院检察局。

来年一月七日，地方检察官以违反治安警察法起诉蒋渭水等十八人，这著名的"治安警察法违反嫌疑事件"，简称"治警事件"。"治警事件"的刑责说来不严重，最多六个月，意义不在时间长短，而是审判过程吸引全台湾民众的关注，每一审的开庭，都挤得水泄不通。而被逮捕的文化人在狱中也没闲着，利用这个机会，写文章到《台湾民报》进行宣传。本来"民主"和"自治"的观念，是只有知识分子才会关注的课题，不料，这一次警方却帮了大忙，让民众有如启蒙般关心起台湾的政治。

这些被拘捕的知识分子无论是入狱，还是出狱，都有大队人群欢送、迎接，有如英雄。这是日据后，台湾人第一次打破政治禁忌，把反抗者当成了英雄，自此，日本总督府的牢狱就无法吓住反抗者了。

"议会设置请愿运动"是一种政治运动，由在东京的留学生发动。与此同时，台北医学校的学生李应章、蒋渭水等人则在参与台湾第一个飞行员谢文达回台所举办的活动之后，决定组织青年文化团体，进行文化启蒙。

在此要先说的是，林献堂一生信奉梁启超给他的箴言：温和路线、结交各方、参与社会、议会改革。即使年轻一代走激进的左翼路线，他仍维持议会路线，继续坚持请愿运动，直到一九三四年才停止。

无论在明处暗处，林献堂一直在帮助各方反抗运动，不管是左翼、右翼、无政府主义黑色青年、社会主义者、共产主义者，他一直是一个温柔宽厚的谦谦长者。这在激进而动荡的时代，也是非常难得的品格。

18

东京上空的传单与台湾文化协会

一九二三年二月十一日,闹市区东京火车站的上空,一架飞机在天空中盘旋,机身斜斜旋转,降低高度,突然从飞机的侧翼飘下几万张纸片。纸片跟着飞机飘呀飘,像下雪。

二月的东京虽然冷,但这一天没下雪,东京人有点讶异地捡起纸片一看,原来是一张传单。传单上写着"台湾人三十年来,呻吟于专制政治统治之下,备尝涂炭之苦,专制政治不但违背人道,而且违背立宪精神……"哦,台湾,那日本在南方进行殖民统治的地方——站在东京车站的日本人可能会在心中说。

然而,真正兴奋的是台湾议会请愿团的成员和三百多个台湾人,他们刚刚带着请愿书从东京火车站下车。在车站迎接他们的,有三百多位台湾"新民会"和"青年会"的成员,大家齐聚在火车站前,一边散发传单,一边唱着请愿歌:"世界平和新纪元,欧风美雨,思想波澜,自由平等重人权,警钟敲动,强暴推翻,人类莫相残。"

这时,天空中飘下雪花般的传单。

开着飞机在东京上空撒传单的飞行员，名叫谢文达，生于一九〇一年，台中丰原乌牛栏庄人。台中一中第一届（一九一九年）毕业生。一九一七年，他目睹美国飞行家阿瑟·史密斯（Arthur Roy Smith）在台中练兵场表演飞行特技，心向往之，即矢志投身航空。中学毕业后，在台中一中校长田川辰一支持下，取得父母谅解，赴日学习飞行技术，以优异成绩毕业。

一九二〇年八月，他参加由"日本帝国飞行协会"在东京举行的民间飞行竞技大会，获三等奖。九月返台，台湾各界召开盛会，迎接这位"台湾第一位飞行员"。十月，他在家乡的台中练兵场表演，共飞行四十一分钟，这是台湾人第一次在自己的乡土天空飞行，当时被称为"岛人航空始祖"。知道台湾人有飞行员，民众都兴奋极了。蒋渭水等人以欢迎会名义，成功会集了全台各校学生于台北医学校，让学生进行思想交流与联合。

台北医学校的四年级学生李应章那一年二十四岁，课余常读左翼思想著作，受到"五四"运动影响，阅读《新青年》等进步刊物。他参观了飞行表演后，内心深有感触，认为台湾人不应甘于殖民统治，只要奋发有为，也可以翱翔天空，成为英雄。不久，他就和医学校四年级同学组织观光团，赴当时革命根据地广州旅行，参观了黄花岗七十二烈士墓和孙中山的护法军政府。他目睹大陆的战乱与军阀割据，知道台湾需要自己站立起来。所以决定号召台湾的青年组织起来。

一九二一年四月，李应章和吴海水、何礼栋等人在台北筹组"全台湾青年会"，向林献堂、林熊征劝募资金时，认识了蒋渭水、蔡培火。蒋渭水认为"不做便罢，若要做，必须做一个范围较大的团体才好"。青年人志存高远，意气相投，于是决定成立"台湾文化协会"。

"台湾文化协会"成立之初是一个以台湾有产阶级与知识分子为主的民族主义文化启蒙团体，该会章程规定："以助长台湾文化为目的"，而不涉及政治。一九二一年十月十七日举行了成立大会。出席成立大会的人多达一千零三十一人，其中以医师、地主、公学校毕业生、留学回国的学生为主，另外也有农民、工人、商人、律师、士绅等参与。随后通过林献堂为总理，杨吉臣为协理，蒋渭水为专务理事，并选出理事四十一名，评议员四十四名。文化协会的启蒙与反抗自此展开。

那个在东京上空撒下传单的谢文达这一年才二十二岁。他的出格行为，立即引起殖民当局的愤怒，台湾总督田健治郎训斥他不该做这种"反日"的事。谢文达知道在日本殖民者的天空下，他的羽翼不再自由，于是在事情发生的两个多月后，渡海前往大陆，与父亲谢春池等家人团聚，暂居东北长春，后来参加蒋介石的北伐军，也参与中国最早的空军飞行训练，抗战时期参加过战役。抗战结束后他回到台湾，一九八三年在台北病逝。

新成立的义化协会对台湾的启蒙运动有多大影响呢？我们来看一些场景。

一九二四年秋天，台湾中部彰化的一幢古老大厝里，搭起了一个临时戏棚子，棚里坐满了好奇的观众，他们是当地的农民和从台中彰化一带来的读书人。除了有些知识分子读过《台湾民报》去年刊载的胡适剧本《终身大事》，其他农民根本不知道《终身大事》是哪棵葱。戏是一出三幕剧，锣声响起时，大家都静了下来。

乡下的灯光不是很亮，只有几盏灯在舞台上，照着演员的脸。人们聚精会神，因为他们未曾看过不是唱的（如歌仔戏），不是武打的（如武生戏），而是认认真真想探讨一个人该如何看待自己的婚姻，如何决定自己终身大事的戏。这样严肃的戏是以前未曾有过的，在台北或者一些大都会中，人们会叫它"文明戏"，到乡下演出，这还是头一次。"这一出戏因为男女老幼、社会各阶层均能理解，所以颇获好评。尤其这些演员大半都是受过中等教育以上的业余演员，是当时被认为最规矩、最正派的模范青年，因之受到各界瞩目。"事后演出的主导者张维贤如此回忆。

演出大受欢迎，他们信心大增，于是再招揽了大稻埕著名的诗人与中医欧剑窗、名辩士（默片时代电影放映时解说剧情梗概的人）詹天马，以及蔡建兴、叶联登等人入会，并租用了台北新舞台戏院，于一九二五年十月公演，后又到宜兰公演，一时间佳评如潮。

这次演出的主导者张维贤，原名"张乞食"，笔名耐霜，台北市人，一九〇五年出生。十八岁毕业于日本佛教曹洞宗所办的"台湾佛教中学林"。因为喜爱戏剧，曾只身前往厦门、汕头、香港、婆罗洲各地游历。一九二四年，他和彰化人陈凸（陈明栋）、王井泉、余王火、杨木元、赖丽水、陈奇珍、潘薪传、翁宝树等人，成立了"星光戏剧研究会"，由陈凸担任导师，他曾参加厦门通俗教育社话剧活动，具有舞台化妆及活动的经验。于是有了《终身大事》的首度演出。他们希望用现代的话剧，表现封建婚姻对人的伤害。

台湾文化协会成立后，为了达到启蒙效果，需要吸引民众来观赏演出，从而施加影响，所以，许多形式的文化活动相继出现了。这只是当时台湾文化活动的一景。

同一年,周天启、谢树元等人组织了"鼎新社",也配合着文化协会的活动,在台湾各地演出。他们选的剧本几乎都是以促进台湾社会改革为目的的,例如《良心的恋爱》《社会阶级》等等。

一九二五年,台中州组成剧团,紧接着,台中州南投郡草屯庄的炎峰青年会也组织了剧团。一九二六年,新竹街的文化协会支部成立了新光剧团。这些剧团演出的脚本多半以讽刺的方式谴责社会制度,鼓吹民族意识,宣传效果很不错。

演戏只是其中一种。还有适应新时代需要的电影放映。一九二五年,文化协会的专务理事蔡培火,有感于电影对大众的教育功能,集资三千元,成立社团"美台团",从东京购买教育影片十数卷及美国制放映机一部,训练青年志士在全台巡回放映。"美台团"的工作人员就三个人,一人专管机器,二人分任"辩士"(解说员);由于影片内容新颖,收费又低廉,因此,即使巡回至穷乡僻壤,也深受欢迎。重点还不只是电影带来的新知,而是"辩士"在解说剧情时,往往添油加醋、指桑骂槐、讽刺时政、进行政治启蒙,当然,这也就不免和临场监视的警察发生冲突。

办得最多的是文化演讲。以《台湾民报》作为协会宣传工具,在台北、新竹、台中、员林、台南等地设立十余处读报社,通过读报宣传新知和新理念;文化协会还成立了文化书局、文化剧团,也举办各种有关历史、法律、卫生等短期或长期的讲习会,进行演讲。另外自一九二四年起,文化协会也乘暑假时举办名为"夏季学校"的夏令营。林献堂热心提供自家大宅院作为教室和宿舍。据统计,一九二五年至一九二六年中的参与者即达二十三万人之多。

文化下乡的启蒙运动,以及散布在南北各地的文化协会会员,形成一股反抗的动力。虽然文化协会一开始即设定为文化团体,不涉及政治,蒋渭水曾如此向殖民当局保证,林献堂与蔡培火等知识分子也如此认定。但被启蒙了的民众随着对现实的认识,日渐觉醒。"山雨欲来风满楼"的气氛,已经布满台湾,只等着一点火花,来点燃民众愤怒的火药库。

那,就是农民运动。

19

乡村医生的摩托车与第一次农民反抗

在彰化二林的小镇上，有一间古老的房子，前面是临马路的门面，后面是家人住宅。那门面经过改装后成为一间诊所，老式匾额上写着"着手成春"四个大字。传统闽南式的建筑里，摆上一张四方桌，桌上有听诊器和其他医疗用品，门口有一张小立牌，写着：

> 七点四十五分
> 保安医院李应章医师
> 已在看诊

简单的医疗设施，还有着浓浓的传统农村特色。年轻的医生坐在桌前，他的病人坐在对面的藤椅上，大多瘦骨嶙峋，看起来大都是营养不良。

这就是第一代西医医生进入台湾社会的模样。

台湾不是一开始就有"白色巨塔"那样以白色为主色调的西

式医院，医生要治疗的也不是癌症等绝症，疾病更多是因为贫困导致的营养不良症。李应章的照片很重要，因为它显示出台湾最早期的西医，是如何开始在农村落地生根的。

一九二一年，李应章从台湾总督府医学专门学校毕业后，在家乡二林开设保安医院。他的家族是彰化的地主，再加上他成为一个医生，在地方上更有信誉和威望。他带着青年人的热情、文化协会的理想，穿梭在乡间小路，治疗疾病，传扬理念，影响力越来越大。

日据时期的台湾乡村，交通非常不便利，农民上医院只有步行或牛车、自行车。但病重了，总是有诸多不便，因此就有了医生骑摩托车下乡"出诊"的风俗。

那时的医生总是提着一个大大的牛皮医疗包，里面有常用药品、注射器、外用消炎药、小手术器具等等，所以体积不小。医生要出诊就把大医疗包绑在摩托车后座上。当时，摩托车还是非常稀少的交通工具，因此只要远远地听见摩托车引擎的声音，乡下的孩子就会高喊着："医生来了哟！"

李应章回到乡村也买了摩托车代步出诊，那模样还真像后来在中南美洲搞革命的切·格瓦拉。他骑着摩托车的台湾乡村医生革命之旅，始于一九二三年。李应章一面为人治病，一面进行文化启蒙，两年后，他的故乡就爆发了"二林事件"。

彰化"二林事件"爆发的那一天，李应章没有在现场，他骑着摩托车去乡下出诊，整天都不在医院。

事件的起因是在一九二五年十月二十二日早上，林本源糖厂派出的三十几个人，公然在一处当地蔗农的甘蔗田里强行收割。二林农民组合的成员立即出面阻止。这些糖厂雇工们虽然拿到比平时优厚的工资，但面对冲突，谁也不想惹麻烦，就站着观望。当天下午一点左右，二林警察局的远藤巡查部长率六名巡查，还有北斗郡喜多特高（特别高等警察）及糖厂人员二十多人、增加的雇工十六人，也来到现场，想靠着人多势众继续收割。

二林的蔗农立即回到村子里，号召更多人前来声援。双方人马在蔗田边对峙，形势非常紧张。为突破僵局，糖厂原料主任矢岛就自己抓起一把镰刀收割，并且招呼佣工过来一起收割。警察见状，一拥而上去保护矢岛。

围观的农民大声高喊："未发表蔗价不准割蔗。"有人拾起蔗节及土块，扔向矢岛。

警察立即拔出佩刀，护卫矢岛继续收割。蔗农大声质问警察："你是警察啊，什么时候变成糖厂的走狗？你为什么要拔刀？"

远藤知道自己应该"行政中立"，于是收起佩刀，但仍有两名警察继续挥舞佩刀，驱赶农民。农民于是包围了过去。就在互相拉扯冲突中，两名警察的佩刀被蔗农夺走了。农民大声呐喊："这是我们的土地，你们滚回去。"

台湾农民运动的第一场冲突，就这样开始了。

事情的起因得回到我们曾说过的，日本对台湾的"现代化"政策。

我们说过台湾有三宝：糖、茶和樟脑。这三者都是在日本殖民统治之前就有了发展，才会让日本人觊觎台湾。日本侵占台湾之后，樟脑业发展很快，产量世界第一，占了全世界产量的百分之七十，为日本赚取了大量外汇。茶也是重要的输出品。而蔗糖则是日本有意大量发展的重点。

日本刚开始对台湾进行殖民统治时，糖业的生产仍由传统制糖所糖廊进行，一九〇〇年十二月成立了台湾制糖株式会社，并于高雄桥头设置台湾第一座糖厂"桥仔头制糖所"，从此改变了台湾糖业的生产方式。台湾砂糖的产量随着品种改良及新式制造技术的引进，产能迅速发展。台湾成为日本"糖业帝国"的基地。

然而，殖民当局的产量，就是台湾农民的悲剧。用日本学者矢内原忠雄的说法，台湾农民是典型的"农业的无产劳动者"。农民在自己的土地上种甘蔗，与制糖株式会社签订的契约等于"卖身契"。株式会社提供蔗苗，农民必须保证种植并交会社收购，若有违约需赔偿。而会社所给予的收购价格，往往压得特别低，或者在磅秤上做手脚，使得农民损失惨重。

当时有一句台湾俗语说："第一憨，种甘蔗给会社磅；第二憨，吃烟吹风；第三憨，吃槟榔呕红。"这即是明证。明知如此，农民却很无奈，因为殖民当局的政策向糖业株式会社倾斜。

殖民当局鼓励种甘蔗，给予水利、借贷、运输等方面的扶持。但此种"扶持政策"其实是变相地减少稻子生存的空间。种水稻所需的灌溉水路，往往因种甘蔗而中断，无法维持水源供应；水稻田中的小田埂，也被甘蔗运输的牛车路、小火车铁道阻断。如此，农民只得被迫改种甘蔗。也就是说，殖民当局在强迫农民成为无产劳动者。

二林本是一个安静的农村，台湾文化协会特别于一九二五年四月十九日，请林献堂到二林举办演讲，一时人山人海，盛况空前，民众反应热烈。在文化协会的支持下，李应章成立"二林蔗农组合",随即开始向糖厂交涉提高收购价格,也向北斗郡、台中州、总督府请愿,但都没有得到响应。糖厂强硬的态度,激化了农民的愤慨,决定进行抗争,于是,"二林蔗农组合"阻止了糖厂的强行采收,"二林事件"由此爆发。

冲突时,乡村医生李应章不在,事发后农民齐聚在他的诊所,七嘴八舌地谈了事件经过。第二天一早,警察就逮捕了他,同时在各地展开大规模的搜捕,总共逮捕了九十三人,在二林警察室里,对被捕者用刑极为残酷,导致有人残废、有人自杀。之后又陆续搜捕,总计被逮捕者超过四百人。被捕者之中,许多人其实只是在场看热闹的群众,既非蔗农组合成员,也没有参与冲突。这件事太过轰动,日本劳动农民党知道以后,十分同情,就派了两位律师来台协助辩护,文化协会也派了两名律师参与辩护。

李应章与二林农民的反抗,点燃了台湾农民运动的火苗。乡村教师简吉随即在高雄点起了另一把火。

20

带着小提琴的革命家——简吉

简吉,是一个瘦弱的乡村教师,却在日据时期召集起两万四千农民会员参加的"农民组合",让台湾总督府都感到威胁。他怎么做到的呢?

简吉曾留下一张一九二二年摄于台南师范学校(现为台南大学)的老照片,照片中的简吉拉着小提琴,仿佛沉浸在音乐中。

看到照片的人不免有些疑惑,一个贫困农家出身的孩子,怎么会拉小提琴?

二〇〇四年我通过采访当时已九十五岁、现已过世的周甜梅女士,这才知道,原来简吉在师范学校时,就爱上了小提琴。即使奔波各地从事农民运动,也带着小提琴。周甜梅说,简吉常常骑着脚踏车从高雄来屏东,就住在她家开的医院对面。他白天骑上自行车,穿过黄土飞扬的牛车路,去各地联络农村青年,帮农民排难解纷。路程一走就是二十来公里。晚上再回农民组合办事处过夜。

有一天夜晚,周甜梅夫妇看简吉劳碌了一天,风尘仆仆地回来,嚷着累得要死,想好好休息。不料他一回到农民组合办事处,就传来小提琴的悠扬乐音。她和丈夫讶异地去探望,对他说:"你不是说累得要死了吗,怎么还在那里'锯呀锯'的,'锯'个不停呢?"简吉也笑了,说:"你们不知道呀,我要是不这样锯呀锯的,才真正会死呢。"

他本来喜爱音乐艺术,大可戴上大盘帽佩着长剑,在地方上做一个备受尊敬的小学教师,可他却宁可带着小提琴流浪各方,组织农民,写下农民运动的史诗。

一个带着小提琴的革命家。

如果说李应章是农民运动的盗火者,简吉就是农民运动圣火的传递者、播撒火种的人。

简吉,一九○三年生于高雄凤山。他的祖先来自福建,起初在高雄乌龙下淡水的地方落脚,到他的父亲简明来这一代,总算小有成就,在凤山新甲一带有一甲的旱地和水田。简吉出生时,日本殖民统治台湾已有八年。由于生活贫困,从小得帮家里做农事,所以他入学较晚,到十五岁才从公学校毕业,随即考上台南师范学校。在贫困的农村里,这几乎相当于"家里出了一个状元"。一九二一年,简吉从台南师范毕业,分发到他的母校凤山公学校任教。报到的第一天,校长为大家介绍这个新教员时,每个老师都很开心,因为他们认得这个几年前才从学校毕业的青年。

虽然成为乡村教师,简吉依然要在农忙时下田,他是乡村里少数戴眼镜的人,所以外号叫"眼镜简仔"。人们说他常常手拿大公文包,里面放满各种文件,戴着眼镜,看起来很有学问,说起话来头头是道,而且很会用台湾俚语暗讽明刺殖民统治,很有说服力。农民们觉得他为人很亲切,像一个"咱乡村的老师"。

作为教师的简吉见农民的孩子面黄肌瘦,农忙时要帮助家里干活无法正常学习,心里很难过。他自省:农民的孩子无法正常上学,是因为农民受剥削,如果不能改变农民的命运,就不可能改变孩子的命运。在后来的狱中日记里,他写道:在家庭访问时,目睹农民的困境,孩子无力上学,常常为这悲惨的境地流泪。他的思想开始逐渐转变。

"二林事件"发生不到一个月,"凤山农民组合事件"接着发生了。

台湾四大家族之一的陈中和家族拥有"陈中和物产株式会社"及"新兴制糖会社"等,是高雄第一大地主兼资本家。一九二五年五月,"陈中和物产株式会社"突然宣布要从佃农手中收回凤山街七百余甲的土地租耕权,变为新兴制糖会社的自营园地。此举立即让租地的佃农陷入无法生存的困境。

凤山郡鸟石庄的黄石顺,毕业于台北工业讲习所,后参加文化协会从事启蒙运动。他组织了当地农民五十三人组成"小作人(佃农)组合"开始抗争。简吉则从法律上给以支持。陈中和家族遭到农民抵抗,只好暂缓原计划。

黄石顺为了巩固佃农组合,扩大影响力,邀请简吉参加,把佃农组合改组为"凤山农民组合",组合成员八十人,推举简吉为组合长、黄石顺担任主事,选出理事十四人。简吉、黄石顺等到各地召开"农民讲习会",启发农民,鼓励大家团结起来向地主争取权益。

此时,凤山郡大寮庄也因"新兴制糖会社"宣布拟收回该地二百七十甲的租耕权，与佃农发生纠纷。大寮庄的农民乃邀请简吉、黄石顺等人来指导。他们采取了凤山农民组合的办法，到了指定期限，三百三十户佃农中，竟有二百六十九户拒绝交出土地，佃农终于获得了胜利。

凤山农民组合的成功抗争，鼓舞了各地的农民，农民运动如草木逢春，迅速开展。简吉与黄石顺因此四处奔波，指导各地的农民运动。在全岛串联之后，他们感到弱势的农民需要一个共同组织，乃决定召开一次共同会议。

一九二六年六月二十八日由凤山、大甲、曾文、嘉义的农民组合代表组成的"各地方农民组合干部合同协议会"正式宣告"台湾农民组合"成立，简吉负起领导责任，担任中央委员长，黄石顺担任中央常任委员兼争议部长。

为了农民运动，简吉必须全岛奔波，他认为把各乡镇的农民组织起来成立农民组合，才能和殖民当局对抗。为此，就需要有人全力投入。他决定舍弃收入稳定且备受敬重的小学教师之职，投入到各地组织农民的工作，也就是说，他要从一个乡村教师，成为一个像切·格瓦拉那样的"职业革命家"。为了农民运动，简吉南北奔波，辗转于城乡。穷困的农民，无力提供资助，有时就只能拿着一串香蕉，作为给农民组合的捐助。

然而，在风尘仆仆的牛车路上，简吉却建立起二万四千多会员参加的台湾农民组合。在殖民当局的强大压力下，能够把农民组织起来，这是何等坚毅、何等强大的意志力。

在台湾的反抗运动中，议会请愿运动由留日学生发动；文化协会是医生蒋渭水、李应章开始组织；而农民运动，则是由教师简吉在全岛串联组织起来的。

步简吉后尘的小学老师，还有侯朝宗、苏清江、陈德兴、张添丁，他们也都是台南师范学校毕业后，投身到农民运动洪流之中的。

当时台湾农民运动风起云涌，日本的劳动农民党也来声援。一九二六年七月，日本劳动农民党派麻生久来台，协助打"二林事件"的官司，同时到各地举办演讲，由简吉、赵港等人陪同翻译，每次听众动辄五六百人至上千人。

一九二七年二月，简吉和赵港一起赴日本东京，参加了日本农民组合第六次大会。这一次日本之行，不仅目睹了日本风起云涌的农民运动，同时与日本左翼团体建立了结盟关系。

台湾农民组合受日本农民组合影响不小，尤其简吉、赵港在日本学习到不少斗争手法，如：排除使用陈情请愿这种温和手段，而采取直接与地主交涉谈判、拒缴租金、隐藏已收割的稻谷、窃回被扣押的物品、设立假债权等等。简吉与赵港也在台湾到处演讲"日本农民运动""日本农民组合"，提供日本农民运动的斗争经验，让农民运动在一九二七年至一九二八年，开展得更为激烈。

显而易见，台湾的农民运动是受到日本的影响，而日本则受到当时全球左翼运动风起云涌的影响。在这种形势下，农民组合及文化协会开始面临因路线不同而导致的分裂。

一九二七年一月，文化协会终于宣告分裂。旧干部如蒋渭水、蔡培火等人退出，另组"台湾民众党"，服膺孙中山的三民主义。而连温卿、王敏川等左派干部主导的文化协会则走上更为激进的抗争道路。

21

铁轨上的养女与台湾共产党的成立

一九一八年六月,在台中火车站附近一处名为"石头滩仔"的地方,有一个十八岁的女孩,带着无限依恋的眼神,环视着自己残破狭窄的居处,然后,她什么都没有带上,只穿着布做的夹脚拖鞋,从后门走出去,跟跟跄跄地走上夜晚的石头路,走向附近一处铁路桥。尽管夹脚拖鞋的布带子断了,她也不管,就光着脚踩在石头路上,不管脚底的刺痛,继续向着铁路桥走去。

她躲在杂草丛里,等待南下的最后一班夜行列车。女孩从小家庭困苦,父母亲养不起她,负了债,就只好把她卖给人家当养女。养家的主人对她刻薄虐待,三饥两饱地过日子、做苦工,还时时被殴打,主人甚至用牙齿撕咬,使她皮开肉绽。她不知道自己这一生还有什么可盼望的,只能想着效仿她的一个亲戚,自杀也是一种解脱。而石头滩仔这一带的火车铁桥,曾有几次卧轨自杀的记录,前不久就有一个妓女因为不堪欺凌,卧轨自杀了。

夜色茫茫中,她想,就这样解脱了吧。然而她耳中听到有人在呼唤她的名字,有人提着小小的电火石灯,在暗黑中寻找,有人呼喊："啊，她的拖鞋在这里，她就在这附近了。"

人们找到她的时候，她全身颤抖、脸色惨白，伏在铁轨边上无声地哭泣。此时，那一班夜行列车，卷起强大的风，轰然从她的身边驶过。人们把失了神魂的她带去另一个姐妹家，劝她一定要活下来，活下来才有希望啊。

她没有死。她带着从死神边上走过、连死都无所惧的勇气，走向自己冒险的人生。有一次，她看见一列游行的队伍走过，冲突过后的雪地上，留下一道鲜红的血痕。她决定为自己取名叫"谢雪红"。

十年之后。一九二八年四月二十五日，上海。

天蒙蒙亮的时候，有人敲后门，谢雪红惊觉后，从窗子看到有几辆车子停在马路上。

"敌人把我们包围了！"她转头对其他人说。她的同志杨金泉去查看另一个房间，回来说："敌人把我们包围了，……林木顺已经逃跑了。"

谢雪红听到林木顺逃脱，稍微放下心。林木顺和她一起于一九二五年赴莫斯科东方大学读书，接受苏联的革命理论与武装训练，一起接受共产国际的指示，在日本共产党的指导下，回上海组织台湾共产党，准备以后回台湾发展。

共产国际的指示是：先找出已经参加日本共产党与中国共产党的台湾人，组合成台湾共产党，所以谢雪红又独自赴日本，接受日共中央对台湾革命理论、党纲、党的组织原则等指示，并接触了东京的左翼台湾学生，准备说服他们加入台湾共产党。

台湾当时为日本殖民统治，所以共产国际指示台共是"日本共产党台湾民族支部",但因不少台湾人在上海、厦门、广东活动,有一些人已加入中国共产党,所以必须寻求中共协助,才能就近指导。因此,谢雪红回上海在中共的协助下,成立台湾共产党。她没想到,建党后就遭遇搜查逮捕。如今林木顺先得逃脱,至少保存了实力。同时,建党时的许多重要文件(包括党的各种纲领),都在他的身上。前一天晚上,这些文件本来林木顺要带回去藏在一个秘密的地方,但因发现他的住处有人盯梢,就回到谢雪红的住处,和其他同志打地铺睡觉,不料一早就出事了。

谢雪红需要面对这个突发情况,她故意穿上东方大学发给她的皮靴,那是长筒靴,一尺来高,有几十对鞋带扣,她一边系扣子,一边想怎么应付敌人。当她一打开门,便衣的日本警察冲了进来,大叫:"找谢女士。"她马上想到,如果是因为台共案子要逮捕她,应该是明确地找谢飞英(她当时使用的名字),但只讲谢女士,很可能是因为上海读书会的事,要找的人其实是谢玉鹃。她假装不懂日语,用中文说:"你们说什么,我听不懂。"然而,日本警察押着她就走。走到楼梯口,她才听到张茂良对她说:"林木顺逃走了,但那些文件被抄走了。"她大惊失色。心想:党才刚刚成立十天,最重要的文件就暴露,这是多大的损失啊!

台共的重要文件,就包括了后来在日本总督府《警察沿革志》里披露的文件,都在此时被抄走。其中最重要的,即是纲领中的政治大纲,其重点是:"台湾受日本帝国主义殖民统治,其本身尚残存着颇多封建性的遗留物。然而革命主力系 Proletariat(无产者)农民,是故台湾革命的社会性质内容为对社会革命具有丰富展望的民主主义革命,同时亦是颠覆日本帝国主义,使台湾独立的民族革命。"

台共成立大会是依据日本共产党的指示，在中国共产党的协助下，于四月十五日在上海建立的。中共的指导者是彭荣（谢雪红认为，彭荣即是彭湃，即国民党联俄联共时期，以中国共产党员身份加入国民党的农民部长，擅长农民运动。但另有考证认为，当时彭湃正在其他地方从事农民运动，不在上海；根据谢雪红的描述与中共的处理原则，指导者应是瞿秋白。只是他化名出现，无法确认）。

这些重要的政治纲领文件，除了"组织大纲""政治大纲"之外，还包括了：一、劳动运动对策提纲，二、农民问题的重要性，三、青年运动提纲，四、妇女问题决议，五、红色救济会组织提纲，六、国际问题提纲。这些文件后来都详详细细地出现在日本总督府《警察沿革志》里。这意味着日本殖民当局已经掌握了台共的所有思想脉络与行动指导方针。

谢雪红虽然着急、懊恼，但她却相当冷静。她以自己的苦命身世、养女身份，作为不识字的借口，想推掉加诸她身上的罪名。当然，此时的她，已经不是当年苦命的养女而是一个赴苏联学习归来，又被殖民当局逮捕、押解回台的革命者。带着使命感，她一无所惧，踏上台湾故土。

而对于台湾的所有社会运动团体的知识分子来说，谢雪红则像一则传奇。他们实在不敢相信，怎么会是一个不识字的养女，先走上革命的道路！

一九二八年五月，谢雪红被殖民当局由上海押解回台湾。押回的次日，《台湾日日新报》有一则暗示的消息："在对岸（指大陆）逮捕一个'摩登女郎'，被押解回台了。"就这样，许多人悄悄地传说着:"谢雪红回来了。"

六月初她被释放出狱。过不久,蒋渭水去她居住的旅舍探望,并且陪着她从台北坐车回台中看望家人,两人在车上详细谈了台湾的局势。过了几天,台共的中央委员林日高来台中看她,决定因林木顺无法回台,谢雪红补为中央委员。

谢雪红认为既然要回台湾发展共产主义革命,就得依照最初的政治大纲行事。而工农群众路线,从来就是共产党的方针。但她并无群众基础,最好的办法,就是从农民组合与文化协会着手。六月下旬,为了便于同农民组合和文化协会接触,她在台中公园附近大正町租了一栋日本式宿舍。此时台湾小小的文化圈子中,早已传开了谢雪红归来的消息。农民组合的干部简吉、赵港、杨春松、杨克培相继去拜访她,介绍农民运动的情况,听取她的意见。

当时正是农民组合最活跃的时期。全台各地有二十七个地方支部,会员两万四千多人。由于各地抗争激烈,但缺少干部,不能应付形势的需要,简吉、赵港提议办一个青年干部训练班。谢雪红当即积极表示支持。然而,这一年三月十五日,殖民当局已经对左翼运动进行全面取缔,史称"三一五事件"。包括日本共产党、日本劳动农民组合等各地的支部或总部遭到取缔,或逮捕人员或宣布非法,开始全面镇压。作为同盟者,台湾农民组合宣布声援,各地进行集会抗议。为了强化声援,台湾农民组合决定在一九二八年十二月三十日召开第二次全岛大会。李天生,一个台湾南部的农家子弟,决定召唤农民,率领队伍,从家乡嘉义朴子徒步北上,到台中参加大会。

22

水牛般的男子汉李天生

那个寒冷的冬天,一支衣衫朴素、面容黧黑、头发杂乱却士气高昂的上百人队伍,走过从南向北的纵贯线。他们有时唱着农民的《甘蔗歌》《牛犁歌》,有时高喊着口号,有时虽然疲倦沉默,却坚毅地向北前行。

这一群台湾水牛一般坚毅朴素的农民,自己带着白米、番薯干、饭锅走在泥土飞扬的牛车路上,风餐露宿,仰天而眠,沿途还召集农民开会,宣传农民组合的理念和农民组合第二次全岛大会的重要性。走了五天,他们终于到达大会的会场——台中市乐舞台戏院。

这整个过程,记录在李天生所著的《天星回忆录》里:

> 大概在一九二八年十一月接到农民组合本部的通知,将于是年国历年底(十二月三十日)假台中市乐舞台戏院,举行第二次会员大会。
>
> 当时长女碧兰出生,做了父亲,家庭的责任加重了。当

然家人一再规劝，要我以上次被判徒刑为殷鉴，重新做个规规矩矩的商人。但我权衡轻重缓急，决定先"公"而后"私"，暂时撇开家庭一切，参加全岛性的大会。况且本部的指示要劝导农民尽量参加以共襄盛举。我与刘启光（作者注：本名侯朝宗，后因台共大检举而流亡大陆，参加抗战，改名刘启光。他是农民组合第二次全岛大会的会议主持，兼致开会辞）、刘溪南等朴子附近同志邀得数十名农民，为了节省旅费，为了沿途宣传方便，决定徒步前往台中。

我们除携带行李以外，以面粉袋、布袋装食米及甘薯签、鱼干等粮食及简单炊具向北港出发，当进入西螺后，再沿纵贯道路一行浩浩荡荡，或唱歌或喊口号相偕而进。

我们天未亮就动身，每走到中午或黄昏，就找靠近村庄的路边树下，或庙宇前的空地休息，简单地填饱肚子。待休息之后，我们往往见机而行，如未见日警监视，我们就找附近农民集会大肆宣传。如有愿意参加大会的农民，我们实时邀其加入；晚上，我们就地露宿于路边的树下或是庙宇的廊庑下。我们的队伍人数逐日增加，通过北斗时已接近百人。

在第三者的眼里一定觉得是奇形怪状的组合。有的用扁担挑着烘炉、锅子，有的背着布袋，有的手里拎着包袱；身上的衣服都蒙上一层灰尘，似乎是流亡的难民。

我还得照料我们队中的两个女性。一个是刘启光（侯朝宗）的妹妹侯春花，另一个是北港镇南面苏厝寮村的苏英女士；在那个思想闭塞的时代里，这两人是短发的年轻女孩，思想新潮，行动活泼，在一九二七年已经参加农民组合，专就妇运工作方面而努力。

当我们由西螺，经北斗再向目的地进行时，风声已远播附近乡村，是以每经过一个村庄时，就发现沿途两侧，早已列着男女老幼拍手喝彩高呼万岁，有的燃放爆竹欢迎。我于晚上露宿时，有的时候过了半夜，好久未能入睡，望着满天的星星，难免想起家乡的妻女，于心头涌起歉意掺杂着凄凉的一抹哀愁。可是想到有这么多民众的热烈鼓舞，晚上的哀愁和白天的疲倦都忘得一干二净了。我想这是维护民族自尊的大行动，是台湾人翻身的时候，越想越觉得活力倍增，意气昂扬。徒步四天，直至第五日的下午才抵达目的地台中市。

十二月三十日，农民组合最盛大的二次全岛大会在台中市初音町乐舞台举行。日本官方记载，参加者有全岛代议员一百六十二名，来宾一百三十名，旁听者三百五十名至四百五十名。大会选任杨春松为议长，蔡瑞旺为副议长，由议长任命简吉为书记长。

这一次的大会是在日本警察的高强度压力下进行的。开会以前陆续有附近及市内的民众近千人涌进戏院，不仅长凳子上座无虚席，两边走道都挤满了站立的人。有数十名武装宪警也随着进来，如临大敌般地分站在民众的后面，还有十几个登上讲台。

会议开始，人事任命、贺电一念完，由张行开始做"本部情势报告"，刚刚开讲就面对六次中止的命令，于是由六个人以接力的方式念完。接下来各支部的情势报告，更连续被大叫中止，冲突叫骂声不断升高。简吉尽力控制会场，努力维持秩序。一旦到非常危险时刻，他就先宣布休息暂停，大家拍照留念。

李天生在开会前一天，就在讲台的后方席地而眠。开会时，他负责守卫讲台，带领呼口号。当时简吉的演讲一再被中止，会议无法继续,他在台上看到与会大众满面怒容,有的挥舞着拳头大声叫嚷,但面对着武装的日警真是无可奈何。主席终于宣布散会,并说明日再继续开会。李天生依照前夜预订的计划,马上以间不容发的速度高呼口号:"打倒日本帝国主义!"

台下的民众也跟着大叫:"打倒日本帝国主义!"

站在后面的日警马上抱紧他,另一个日警跑过来,用手铐扣住他的双手。他被捕了。李天生被拖出戏院外,送到台中市役所警察课的拘留所。当天下午,审问开始了。日警二人一口咬定他们另有阴谋暴动计划,预计袭击当局衙门。这是冤枉的,他当然拒不承认。

他们轮流打他,起初用拳头,后来用直径寸许的木棍抽打,但李天生是一条汉子,他咬紧牙根,忍受剧痛。日警无法可施,只好把他扣押过夜。翌日,他又被折磨一个下午。后来眼看来硬的不能生效,便改变方式要他将功赎罪:如果他招认,就可以立即无罪释放。但李天生的意志与义气不许他做出违背良心的勾当。最后,日警无计可施,竟提来一铅桶尿,泼在他身上。他继续被拘留了一夜,到第三日上午才释放。

李天生出生在嘉义六脚乡的贫穷农户家中。父亲在他出生后不久即撒手人寰,全家一贫如洗,母亲甚至打算将李天生送给别人收养,以张罗丧事费用,后来才由他的大哥想办法筹钱渡过难关。在艰苦家境下,李天生只读完公学校高等科一年(相当于现在初中一年级)就在糖厂工作,两年后,他自己出外谋生。

李天生从跑单帮、走江湖做起。他买一些金属工具和药品,巡回南北发卖;之后改做废铁买卖,获利甚丰,生计也明显改善。

走江湖带给他的另一大影响,是在途中广交朋友,结识文化协会的人,接受反抗的思想。他先加入由同乡侯朝宗主持的读书会,继而加入简吉领导的台湾农民组合,也因此成为警察局的常客。一九二八年,李天生第一次坐牢,被关三个月;一九二九年他和丁云霖掩护侯朝宗私渡大陆。

一九三九年抗日战争正酣,日本殖民当局对抗日分子强化监控和逮捕,具有浓厚民族意识的李天生投奔大陆,在南京设厂炼铁。太平洋战争后,日军一度找上门,威胁利诱要他代制手榴弹,李天生宁愿工厂被断电,也不接这种杀人的生意。抗战胜利后回台湾,李天生在高雄开设茂荣铁工厂,业务大展,并从轧钢延伸到炼钢。

白色恐怖时期,简吉曾在李天生铁工厂的台北办事处落脚寄居,由台北办事处主任施宜臻接待并出钱帮助简吉。不料由于台共被全面破获,作为中共地下党山地委员会负责人的简吉被逮捕,李天生以"资匪罪"入狱。

简吉在狱中得知李天生受他牵连而被捕,暗中请人传话给他,表示自己并未供出与李天生相关的内容,让李天生不要被侦讯人员诱骗。

然而,李天生在光复后好不容易做出一点规模的生意,至此几乎全部被没收。所幸他的属下褚鸿森为了保护他的财产,把铁工厂分割为四大股份,只让李天生的股份被没收。由于当局不知道如何管理没收的股份,后来也由他的属下买回,妥善经营。等到李天生出狱,他们已经把铁工厂经营得有声有色并把财产全部还给他。李天生要把财产分给大家,但他们却回答:"这本来就是你的,现在只是还给你。"

这些人都曾是农民组合的弟兄。

23

反抗与镇压·阿里山的小屋

一九二九年二月十二日,是农历大年初三,但简吉没有回家和家人团圆,他在台中的台湾农民组合本部过年。

简吉放松心情,安静省视过去一年的工作,也要想一想未来。他日记里写着:"因为不愿做饭,就把朋友送来的甜粿、菜包、鱼丸等都胡乱地混在一起,也不知是甜是咸,做成非常离奇的煮年糕,初一初二都是这样度过!"

然而大年初三的清晨,一阵急促的敲门声惊醒了他。十几名高等刑事警察夺门而入,把他立即逮捕。警察粗暴地翻箱倒柜,搜索文件,物品散落一地。

这一天清晨,谢雪红也碰到一样的情况。她的记录说:

> 天还未亮的时候,听到有人来敲门,杨克培去开门。只见十几个"高等刑事"(又称高等特务)冲了进来,他们即刻上楼找我,要我们跟他们到警察署,我知道又是来逮捕了。这天离国际书局开业刚好一个礼拜。

事情为什么一而再，再而三地那么巧合！在上海时，林木顺带台共党文件来我处过夜，翌晨日警就来逮捕，文件落入敌人手中；去年十月初，林日高花了许多心血去日本带回来我纲领文件，交给我的手，第二天敌人就来搜查；这次王万得才由日本带回文件交给我，翌晨敌人又找上门来。

平日对于像台共纲领这样重要的文件，我习惯把它藏在身上，不是藏在"肚围"，就是放在大腿有松紧带束袜子的地方，我绝不让它离开身上随便放置。

那天清晨，我听到有人敲门的急促声，赶紧穿了一件衣服时，这时特务已来到我跟前，我说要到厕所拉肚子，敌人并没有阻拦我，我就往楼下走。在楼梯的地方以及楼下，我看到都有特务在那儿站岗，使得我下楼的一路上心是很不安的，担心万一敌人机警一点的话，要求搜身时，党的文件就会落入敌人手中；这应是他们这次进行全岛大搜捕的目的了。幸好没有一个敌人怀疑到我身上藏有东西，都让我通过了。

一进入厕所，把门一关，这时才放下心来，我立即取出那些文件，把它卷起来塞进粪沟里，这还不放心，又用放在旁边的一只破扫帚把它捅进去；当我从厕所出来时，就没有什么顾虑了，什么也不怕了。

《警察沿革志》记载，"二一二"当天，进行搜查的地方，包括农民组合本部、支部事务所，有关团体（文化协会、民众党、共产主义团体、研究会等）及主要干部的住宅等，共三百多处。查扣的证物，多达二千多件，依"拘引状"（逮捕令）执行者有五十九人。这是殖民当局的文书记载。但根据农民组合的记载，同时被逮捕的人远远超过五十九人，至少有三百多人。

　　五十九名被逮捕者，其中八名由警官释放，五十一名则以违反"治安维持法"为由送检方。主要的领导者如简吉、杨春松、张行、陈德兴、陈昆仑等十三人以违反出版规则的名义，交付预审；其余的三十八人尚未决定起诉与否，暂予释放。什么叫违反出版法呢？就是由于他们印制了农民组合第二次全岛大会宣言。

　　然而，这不是事件的结束，而是大镇压的开始。

　　被判刑四个月的简吉不服判决，提起上诉，却当场被判了更重的一年刑期。并取消保释，立即入监服刑。一年后他出狱时，农民组合已经因为大镇压而日渐星散。简吉想重建农民组合。但各地的干部在宪警监视下难以行动，只能"潜行于地下"，靠农民的掩护举办活动。

　　一九三一年三月二十四日，台北北警察署为了查缉台共活动，展开全面搜查。有两个警察在台北市上奎府町陈春木的家中进行搜查，发现一名青年在堆满书的桌子上奋笔疾书。警察向前去讯问，他突然拿起桌上的一张文书，放入口中，咬碎吞咽下去，并顽强抵抗试图逃走。这两名巡查经过一番格斗，逮捕了这名青年并扣押所有文书。另有一个青年则逃走。

　　这位被逮捕的青年人正是简吉的战友——赵港。赵港此时已罹患肺结核，但他却全身心地投入台共活动。警察逮捕他之后，他在马路上高呼："共产主义万岁！"日本警察加以重刑讯问。他内伤严重，终于没能活着离开日本人的监狱。

　　另一个逃走的青年是陈德兴，他是简吉最早的农民运动同志，一九三〇年奉命回台推动台共运动的党员。这一次被查获的机密文件包括：改革同盟成立事宜，文协解消问题，台湾运输工会组织事宜等十余种，损失非常惨重。自此开始，日本警方展开全面追缉，陈德兴于四月被逮捕，同时又查获另一批人以及相关团体。可以说日本殖民当局对台共的清查，已到了收网的阶段。

谢雪红、杨克培、杨克煌等于六月下旬被捕，而台共"改革同盟派"的王万得、萧来福、潘钦信、简娥等人，则于七月间被捕。在各地陆陆续续的搜查逮捕之后，台共组织几乎等于瓦解了。

然而，岛内外的情势却不容社会运动停顿下来。这是由于"九一八事变"的发生，日本与中国的冲突日益严重，第二次世界大战已经无法避免，情势越发险恶。为了响应中国革命，台湾农民组合与文化协会中的台共党员认为，台共是社会运动的指导机关，不能一日无之。眼前的当务之急，是尽快恢复组织，领导群众。既然文化协会与农民组合都无法活动，就只能以另一种面貌出现，这便是因应大量被逮捕的同志而组织起来的"赤色救援会"。

为了延续反抗的命脉，简吉请农民组合干部陈结到阿里山上，把海拔三千尺高处的一间烘焙龙眼用的小工寮，当作油印刊物的地方。再通过当地农民，把印刷品运下山，分发到各地去。日本人明明知道有一个油印刊物的地方却遍寻不着。对"赤色救援会"也非常头痛。在日本总督府的报告中如是写着："本事件之特殊性在于，一反以往被检肃之台湾共产党事件，大部分为下层农民，亦即其组织层级较前者之知识分子，理论水平极低。由社会主义、共产主义等主义主张之理论观察来看时，令人有不足以恐惧之感，但是单纯、无智、愚昧之大众反而容易做出无批判性之轻举妄动，而佐以民族意识之强调并具锐利之执行力，与以往知识分子层级比较，增加了许多暴动化之危险性。"

因此，总督府调动大批警察，深入阿里山大举搜索，才终于逮捕陈结。事后殖民当局发行的报纸，以"海拔三千尺之龙眼小屋，机关报之印刷所"为题，全面报道搜寻的过程。

陈结，台中草屯人，嘉义农林学校毕业，农民组合的干部。由于个性坚毅，他做的都是秘密工作。受简吉所托，他深入海拔三千尺的高山上，在森林石洞中隐藏文件、钢板，在烘干龙眼的工寮里刻钢板、油印。为了扩大在农民中的影响，在这样恶劣的环境中，他还编写过《三字集》《二字集》。陈结被捕不久，即因不交代简吉、农民组合的内情，被活活打死。狱中被捕的农民组合同志听到这个消息，全部痛哭失声。

赵港与谢雪红等人此时都被关在台北，他们无视监狱的压力，在狱中开了追悼会。赵港和农民组合的干部讲述陈结的生平故事和战斗历史，并抗议殖民当局的暴行，大家齐声高唱国际歌，让监狱当局都感到震惊。

然而，几乎所有反抗者都被捕了。在日本军国主义的高压下，台湾的反抗运动终告沉寂。

24

雾社事件——赛德克人的血祭

清晨的雾,还在山谷里盘旋,空气中飘浮着淡淡的雾气,溪水淙淙流动,带来一股凉意。阳光在七点多的时候,从东方的山边升起,明亮的光线,穿透树叶间的枝丫,叶子在风中摇曳。

秋天的雾社公学校操场上,已经集聚了几百人。从附近各警察驻在所和制材所(木厂)召集来的日本官员和眷属约莫有一百多人。他们一面闲散地聊天,一面听着小学生乐队为各种乐器试音,准备等一下开场的国歌演奏。

这一天是一九三〇年十月二十七日。每年的十月二十八日,总督府都要求各地举办"台湾神社祭",以纪念一八九五年乙未战役中死去的北白川宫能久亲王。雾社附近地区的日本各单位被要求举行联合运动会,他们这一年提早了一天来举办。从附近来的有警察驻在所、分驻所、林务单位等,也包括了附近的校长、教师、公务员、林务单位人员和眷属,共有近两百人来参加。

快八点的时候,校长把学生集合好,特地来参加的台中州理番课顾问菅野政卫、能高郡郡守小笠原敬太郎也入了座。八点整，运动会开始，全体起立，奏日本国歌。就在此时，赛德克人乌干·巴万冲入会场，就在众人不明所以的刹那，抽刀砍向菅野政卫，这一刀砍下了他的人头。在场的日本警察惊觉过来，起身追赶。

而此时，赛德克人莫那·鲁道的次子巴索·莫那已经带领百余个赛德克人冲入会场，不分警察官吏、男女老少，全部砍杀。几百人的混乱现场中，一些妇孺赶紧逃向校长室。能高郡郡守小笠原敬太郎从会场一路往眉溪方向逃去，最后在雾社与眉溪之间的一座桥畔被枪弹击中。

雾社公学校校长新原重志打开宿舍大门，让一些妇女孩童进入躲避，自己站在门口持武士刀抵挡，被长箭射死在那里，宿舍被攻破，里面的四十余人全部被杀。整个公学校操场尸横遍地。

一场纪念北白川宫能久亲王的祭典，顿时成为血祭报复的修罗场。起义的赛德克人对警察驻在所也发动了攻击，杀死警察及其家人，抢夺了武器弹药。有些警察驻在所事先听到消息走避，也有驻在所因通信电线被切断，未及得知而陆续被攻破。

这是一场赛德克人的"大出草"。

带头开战的人名为莫那·鲁道。他不是一般日本人所描述的缺乏知识、未经现代教育的"未开化"少数民族，而是两度去日本、见识过现代城市的族群领导者。他为什么有如此深仇大恨，又为什么雾社其他六个社的头目愿意跟随他造反呢？他们难道不知道，攻击一旦开始，就没有回头的路，他们也将再无生路？

问题得从殖民当局对台湾所实行的理番政策说起。雾社位在中央山脉的中央，日月潭的源头，地理位置重要，而赛德克人民风强悍。一八九七年，日本为修道路，曾派了十四人的勘探队去雾社一带,即被赛德克人所杀。日本人想派兵镇压,却因道路阻绝难以奏效,遂进行经济封锁,但赛德克人未屈服。

基于开发山地林野,特别是要利用台湾原始森林资源,砍伐高经济价值的桧木,日本人开始重视少数民族的教育,想加以"教化"使之成为"文明人",以配合日本的山地开发。雾社是进入中央山脉的出入口,因此被视为重点开发地区。日本人在当地设有公学校、制材所,还在许多部落加设了警察分驻所。

这样的开发让赛德克人的传统及生活遭到巨大冲击。风俗遭到禁止,民间不得持有枪械,传统狩猎也被禁止,部落的经济只能依靠农耕以及私下的狩猎。而日本人在山上的开发,例如搬运木材、砍伐树木、建学校等,则不断要求部落民来"奉工"。这些名为"奉工"的劳务,不仅影响部落民的农耕狩猎等生计,且不多的薪水还常常当作餐饮费等而被克扣,甚至被扣为建神社的"捐献"。另一个更大的冲突则是来自通婚。日本人为便于进入山地社会,要求日本官吏尽量与当地人通婚。一些日本人娶了当地女子,离去时却始乱终弃。莫那·鲁道的妹妹就是这样被遗弃的。

长久的积恨,就像累积的火药,只等一根火柴加以点燃。事件的爆发竟是来自敬酒。

那是发生在十月七日马赫坡的一场婚礼上,当地的日本驻警吉村克己和同事巡察路过,当地人好客,就请他进去喝酒,此时莫那·鲁道的长子达多·莫那前来敬酒。这是习俗中对客人敬意的表示。不料竟被吉村以"讨厌那不洁的筵席"为由拒绝,还挥手甩开达多·莫那为了示好而拉住他的手,更过分的是,他竟拿出警棍,直接去殴打达多的手。

达多愤怒地还击,二人互搏都挂了彩。事后,莫那·鲁道率族人和达多,一起带着酒去向吉村道歉。在少数民族的礼节中,部落头目带族人来道歉,是很慎重的表示。但吉村不接受,扬言要通报上级。

殴打警察是重罪,必须坐牢。儿子会受到重惩,而带着整个族人去道歉又受到奇耻大辱,这已经超出一个有尊严的头目的忍耐极限,莫那·鲁道忍无可忍,遂决定起事。

起事的莫那·鲁道对附近的十一个部落进行游说,最后共有六个部落参与,参与的赛德克人计一千二百三十六人,其中具战斗力的青壮年男性共三百余人。以三百余战士,和一个武力强大的殖民当局对抗,注定是没有希望的。这个善战的民族早已知道,这是一场绝望的战争。然而,他们依旧站出来了。

十月二十七日凌晨,他们从马赫坡开始,先攻打马赫坡驻在所与制材所的驻警,之后沿路集结各社人马,一路杀往雾社方向的波阿隆、樱、荷戈三座驻在所,杀死全部日警及家属,夺取驻在所内枪弹并焚毁驻在所,后朝雾社前进。这一次,他们不再遵守赛德克人"不猎取女人与儿童首级"的"出草"习俗,不分男女一律猎杀。攻击雾社后,族人继续攻打附近的日警机构。

赛德克人的攻击还是有针对性的。当天所有日本人全部被杀死,共有一百三十四名日本官员及家属死亡,两名汉族人因穿和服被误杀,一名赛德克人也因为穿和服被误伤。各日警驻在所的数十名的少数民族和汉人下级警察则全数被放过。

起义发生一小时之后,从混乱的现场逃出的能高郡视学菊川孝行,终于跑到距雾社约四公里的眉溪屯驻所。这里还没受到攻击。他紧急打电报:雾社"番人大出草,内地人全灭"。电报在当天下午传到台中州厅以及台北的总督府。总督府极度震惊愤怒，台湾总督石冢英藏下令紧急调派台湾各地之军、宪、警部队进攻雾社。为了有震慑作用，调派屏东第八飞行连队飞到雾社山区侦察和威吓；调派台北州、台中州、台南州、花莲港厅之驻军及警察编成队往埔里、雾社前进。

在飞机与现代武器的全面启动下，日军的反攻从十月三十一日开始，以各个部落为目标，发动总攻击。由于部落人数本就不多，能战斗的青壮年最多几十人，再加上武器悬殊，虽然激烈抵抗，但很快被日军占领。抵抗的主力退到马赫坡社，其他人则散在深山溪谷中打游击战。十一月二日，马赫坡也被占领。所有战士全数退到马赫坡和塔洛湾两溪的溪谷中，利用山谷的悬崖绝壁，作顽强抵抗。

日军不熟悉地形，而山中古木参天、老蕨莽林纵横、溪谷绝壁变化难测，日军不敢发动全面进攻。直到十一月五日，在马赫坡社东南方爆发激战。日军十四人死亡，二十余人负伤。赛德克人也伤亡不少，莫那·鲁道的次子巴索·鲁道重伤，痛苦不堪，最后请族人将他送上"彩虹桥"（赛德克人传说，男人死后要走过彩虹桥，回到祖灵的家乡）。

莫那·鲁道带领族人依据天险进行最后的保卫战。日军从外围切断支援道路，发射山炮，再用飞机投射"糜烂性毒气弹"，人的身体只要触及，皮肤即开始发痒溃烂；更投掷白磷燃烧弹，让森林枝叶枯萎，起义族人无法在密林中躲藏生存。这是违反国际公约的，但日军主张"番人即禽兽论"，全无顾忌地使整个山林被毒气污染，动物死亡，植物有毒，族人陷入极度困境中。更可恨的是日军采用"以夷制夷"的策略，鼓动外围原本因为争夺猎场、互有纠纷而与起义各社存有嫌隙的部落,协助日人军警部队作战。日军不仅提供枪支弹药,更以高额的奖金为诱饵:一个头目首级二百元,男子首级一百元,妇人首级三十元,小孩二十元。

从十一月初到十一月中旬,在日军的全面包围下,莫那·鲁道的战士逐步溃败。妇女为了不拖累战士,在古老的大树下自缢。病残的战士则在战斗中陆续被杀。到十一月下旬,仍有数十人在森林里坚决抵抗。

莫那·鲁道知道事已不可为,他命令自己的妻子巴干·瓦历斯在耕田小屋自缢;为不让孙子受辱受苦,他亲手枪杀了两个孙子,把他们和妻子放在一起,再放火把小屋烧得干干净净,送他们上"彩虹桥"。他自己带上长枪,走向更深的森林中,那是祖灵所在的大断崖。从此,再没有人知道他的去向。

莫那·鲁道的长子达多·莫那带着五六名战士,在深林中继续作战。他的妹妹马虹·莫那劝他投降,他认识的日本警察也来劝降,但他不为所动,十二月八日,他在山中自缢。

雾社事件四年后,莫那·鲁道的尸体才在大断崖的一个山洞中被寻获,尸体没有完全腐化,有一半变成木乃伊。一九三四年六月,在能高郡役所新落成纪念展上,日方竟将他的遗体公开展示,甚至要求雾社部落代表观赏。同年的"警察展览会"上,遗骸第二度被公开展示,地点转至台北,之后送到台北帝国大学(现在的台湾大学)当作人类学标本,一九七三年才被送回雾社安葬。

雾社事件震惊了全台湾。当时《台湾民报》曾发表谴责的文章。被称为"台湾的鲁迅"的作家赖和则写下他的悲愤:

所有的战士已都死去,只残存些妇女小儿,这天大的奇变,谁敢说是起于一时?

人们最珍重莫如生命,未尝有人敢自看轻,这一举会使种族灭亡,在他们当然早就看明,但终于觉悟地走向灭亡……

25

台湾的"日本兵"

一九三五年,日本政府为配合侵略中国大陆与南洋,派海军大将小林跻造为总督。自此,殖民当局文官总督统治台湾的时代宣告结束。小林总督就任半年后,开始实施"皇民化运动":禁止报纸的中文栏目,禁止民间公开教授中文,推动"国语(日语)运动";取缔传统汉人服饰;在宗教上,禁止传统信仰、撤废庙宇、禁止祭祀祖先和宗祠,强制台湾人改拜日本神社;要求台湾人改日本姓名。

"皇民化"雷厉风行的时候,日本警察一看到台湾人穿着布扣子做的台湾服,就会当场用剪刀剪去布扣子。日本人说:"台湾服是支那服,台湾人认为支那是他的祖国,所以一定要废止台湾服。"总督府还禁止台湾人的歌仔戏、布袋戏、胡琴、南管、月琴等。甚至动员作家必须写作配合"皇民化运动"的小说。

时势更为艰难,大战乱的时代来临了。

一九三八年九月的一天上午,郭雨新急急忙忙走进律师陈逸松的事务所,手上拿着一张召集令,说:"这下可糟了,我被调去当军夫,几天内就要入营了。"陈逸松心头跳了一下,心想,我是市议会议员，东京帝国大学毕业生，还是一个辩护士（律师），应该不会调到我吧。郭雨新是宜兰人，台北帝国大学农林专门部毕业，在林本源家族的株式会社任职，是非常活跃的青年企业家。这样身份的知识分子，怎么可能被征调当军夫呢？而且他刚结婚不久，有了老婆孩子，妈妈又年纪大了，一定很害怕难过。

什么是"军夫"呢？当时人讽刺日本军队里的阶级排序是"军人—军犬—军马—军属—军夫"。就是说，军犬、军马是作战用的，而军夫连这些动物都不如。派一个台湾家族大企业的总经理去当军夫，这是什么道理？

陈逸松很快就发现自己的征兵召集令竟然也来了，三天内就得出发。他一打听，原来大稻埕和永乐町的大商店、布店老板大都被征调。全台湾被征召为军夫的知名人士还有：知名律师李瑞汉、吴鸿麒，知名医师邱德金、施江南、翁瑞春、陈增全，知名企业家张鸿图、姜鼎元、陈金万、黄逢春，知名青年知识分子林佛树，等等。

一九三七年七月七日，日本发动卢沟桥事变，抗日战争全面爆发。日本为了加强中国战线军需物资的补给工作，开始招募台湾人成为不具备正式军人身份的"军属"。第一批台籍"军属"参加了上海的淞沪会战。这批台籍"日本兵"被称为"台湾农业义勇团"，在上海附近建设农场。

随着战争的扩大，台湾总督府招募更多台籍人到中国战场。由于日本军费与军需物资不断增加，台湾开始增加"支那事变特别税"，实施经济警察制度，各种法令相继出炉。

一九三八年，日本为配合武汉大会战，决定由大亚湾经惠州，再攻取广州。惠州多客家人，日本在台湾征调客家人当军夫，是想利用其语言当通译。但又怕他们走漏攻打惠州的消息，所以也想征用一些闽南人。就这样，开始对台湾的一些商人、医师、律师下召集令。

到了战争后期，仅仅靠日本青年已不够送上战场，一九四三年终于宣布一九四五年在台湾实施征兵制。这是战争的最后时期，送上战场便是死路，最后的台湾兵死伤非常惨重。

不仅是战场有需要，飞机大炮的制造也非常需要资源与人力补充，台湾曾被动员捐献家中所有的金属物品，锅、铲子、瓶盖等铁器都得捐出制造弹药、飞机、大船。

一九四二年六月，中途岛战役日本大败，海军战力消耗大半。为了快速恢复，日本海军决定把原来由民间会社制造的飞机，改由海军筹划一个大型的飞机制造厂制造，地点设在神奈川县的高座。当时日本青年大多被征召赴战场，最后只能动员年龄层更低的少年，但日本少年还远远不够，就只能动员到台湾少年的头上来。日本计划在台湾募集二万五千至三万名少年工。他们并不公开宣布，而是直接与公学校联系在校园募集。提供的条件是到日本半工半读，有公费可领，且修业完成后可取得中学、专科或同等学力的毕业资格。"到日本造飞机"一时成为校园少年间互相传说的好事。一九四三年和一九四四年的两年间，共募集了八千四百一十九名"台湾少年工"，年龄从十三岁到十八岁。

到了日本，这些少年本来幻想的优渥待遇消失了。由于飞机大厂仍在筹备阶段，三个月的培训结束后，除了留守本厂的四千多人外，其余四千多人被派到各地铁工厂、飞机厂、机械厂做实务操作训练。日本寒冷的天气，让这些少年工吃尽了苦头。一九四四年四月,高座海军工厂正式开工,这八千多名台湾少年投入生产。而生产的飞机正是崛越二郎(就是宫崎骏电影《风起》故事的主角)所研发设计的新式拦截战机"雷电"。然而,日军终究不敌美军的强大战力以及最后的原子弹。美军对日轰炸时,由于这是战机制造工厂,成为重要目标,不少少年工人就死于轰炸中。

日本战败后,这些台湾少年工人无人接手管理。他们虽然一夕间从一个战败国的少年工,成为战胜国的公民,但日本和中国政府都没人来管他们的事。他们只能自己组织"中华民国高座台湾省民自治会",向各方寻求粮食配给和归台事宜。一九四五年十二月,他们开始陆续返台。八千多人的台湾少年,有五十二人因生病或轰炸死亡,一百多人留在日本,其余都返回家乡。

被征召到南洋的是另一群骁勇善战的台湾少数民族少年。日本人从雾社事件的大战中了解到,台湾山地少数民族擅长在热带丛林中野战,特地征召成立"台湾高砂义勇队"。他们可以直接穿梭于南洋密林中打持久战,其作战能力远远超过任何兵种。

"二战"结束近三十年后,在一九七四年年底,印度尼西亚摩罗泰岛的居民向政府报告,当地住了一个全裸的野人。印度尼西亚政府组织了十一个人的搜索队,终于在深山中找到这个正在劈柴的野人,发现他竟会讲日语,于是联络日本大使馆。这个最后的"台湾日本兵"才公之于世。他是台湾台东阿美人,族名是史尼育唔,日本姓名是"中村辉夫"。一九四三年十月入伍,辗转菲律宾、印度尼西亚后,驻防摩罗泰岛。一九四四年九月十五日,美军登陆该岛,日军退入丛林中,史尼育唔自此与日军失去联系。他只有两支三八式步枪、几十发子弹、一顶钢盔、一把军刀、一个铝锅以及一面镜子。他靠着镜子反射阳光取火，偶尔狩猎野生动物，就这样生活了三十年，直到被发现时，才知道战争早已结束。他随后回到台东，改名李光辉。四年后，死于肺癌，埋骨在自己的家乡。

他的出现，让"高砂义勇队"的事得到重视。日本在"二战"后将"高砂义勇队"的亡灵入祠靖国神社。然而遭到少数民族民意代表高金素梅的反对，二〇〇二年起，发动"还我祖灵"运动。她认为，"高砂义勇队"是被迫去作战，他们是战争的牺牲者，祖灵要回到祖先的土地才得安宁，因此带领台湾少数民族赴日本靖国神社发动多次抗议。

在日本的侵略战争中，台湾人被征召为日本兵的总计有二十几万人，这还不包括军夫、军属。日本战败后，"台湾日本兵"的军事邮政储金、简易人寿保险金以及海外军饷等，全部成为废纸。直到一九七七年，才开始有人组织起来加以追讨。然而日本不予回应。直到二十世纪九十年代，才得出结果。"台籍日本兵"死亡及失踪的三万零三百零四人，得到日元二百万赔偿，比日军低了数十倍；而战争中未曾支付的薪资、军事邮政储金、外地邮政储金、简易人寿保险金、邮政年金等五项，后来付给日本军人的是原金额的七千倍。付给"台籍日本兵"的，则只有一百二十倍。

差别待遇，从日据时期开始到现代，未曾改变。

26

在祖国抗日的"台湾义勇队"

一九三二年秋,一天凌晨,厦门的街道一片寂静。一幢闽南式长条形红砖的老宅前面,停下一辆车。一个台湾台北州芦洲出身、外号"黑翘"的蔡姓流氓,从车上下来,随即翻过并不高的围墙,从身上掏出一把枪,悄悄进入室内。老宅深而长,他非常熟悉地形,长驱直入,进入内室的一间房间里。

房间里有三个人,看见突然闯入的人都惊得呆住了。"黑翘"用枪指着所有人说:"你们不要动,事情跟你们无关,不要找死!"接着对准芦洲李家的后人李友先连开三枪。李友先倒在血泊中。

这个台湾流氓如此嚣张是因为他有恃无恐。自从一八九五年侵占台湾后,日本一直觊觎福建,并在厦门划下租借区。

由于日本人语言不通,所以借助台湾人在这里设酒馆、赌场、娼馆、鸦片烟馆等,借由这些吃喝嫖赌、人来人往的复杂环境,搜集情报、扩充势力。这种事正派的人不愿意做,唯有借助流氓。这些流氓杀人放火,贩毒娼酒都做,出了事往日本租借区一躲,或者由日本方面送回台湾，避一避风头就没事了。日本政府借由他们的手，干了许多坏事。杀死李友先的流氓"黑翘"，正是日本派来的。他随即逃回了台湾。

被杀的李友先，是芦洲望族李家的后人。他的长兄是因抗日而从台湾流亡大陆的李友邦。李友先是来寻找哥哥的。他并不知道，黄埔二期毕业的李友邦，此时正在杭州的监狱里。

李友邦，原名李肇基，一九〇六年出生。七岁入小学。有一天，他与日本孩童戏谑吵嘴，对方骂他"清国奴"。他大怒道："如果这时是在中国，你跟我就不是这样！"一个日籍教师立刻走过来，不由分说朝李友邦脸颊上掴了个大巴掌，喝令道："住嘴，以后不许再这样说！"这个奇耻大辱的巴掌，永远烙印在李友邦心上，直至近四十岁时，他还在《台湾革命运动》一书中提及这段童年记忆："这是我所以终身从事台湾革命事业的一个细因，今日回忆，往事历历，犹在目前。"

十四岁时，李友邦进入台北师范就读，他加入校内学生的秘密反日组织，散发传单。十七岁时，台湾文化协会宣告成立，李友邦即加入其中。李家的"浮水莲花"大宅院也就成为"文协"召开演讲及开会的场所。

一九二二年，十八岁的李友邦与胞弟李友先及几名同学用石块袭击海山郡新起派出所。一九二四年，李友邦又与后来的台共创始人林木顺、林添进再次夜袭派出所，并与警察有冲突。这一次他被台北师范立即勒令退学，并通知警方来逮捕。所幸有同学事先秘密告知，李友邦连夜翻墙逃走。一个同学的父亲资助了一百元，李友邦、林木顺、谢雪红三个便一齐逃到高雄，搭上偷渡轮船，亡命他乡。他先到上海，再南下广州就读黄埔军校。而谢雪红与林木顺则到莫斯科去上东方大学，接受共产国际的训练。

他在黄埔军校并不顺利，听不懂广东话也不会普通话。有一次孙中山来演讲，这是黄埔军校的首要大事，不料他竟听得打瞌睡。事后孙中山找他去训话，他还是一脸茫然，旁边的值星教官赶紧说："这个是台湾来的，刚刚到，只会闽南语和日语。"孙中山才改用日语和他交谈。在了解他对台湾怀抱的革命思想后，孙中山介绍他去廖仲恺家中学普通话和革命理论。终其一生，李友邦说话一直带着广东腔。一九二七年国民党清党后，李友邦被划为廖仲恺的人，受到排挤。

一九三二年，受到朋友的牵连，他被逮捕，关押在杭州监狱，被打得遍体鳞伤，还被老虎凳损伤了右小腿，日后走路如果不注意，就会一跛一跛的。正是在这个时候，他的弟弟李友先从基隆偷渡到厦门，不料日本派出流氓，在光天化日之下将他杀害。此后，他的幼弟，长得清秀斯文的李友烈，也想潜赴大陆寻找哥哥参加抗日，不料在基隆偷渡时，被日本特务发现逮捕，遭到严刑拷打，竟被活活打死。一门忠烈的抗日三兄弟，竟然只剩下李友邦，而他还被关押在国民党政府的监狱里。

一九三五年出狱后，李友邦只能靠着教日文勉强维生。那时，有人看见他穿着破旧而短小的棉袄，走在杭州的小街上。

一九三七年卢沟桥事变之后，李友邦见也是日本殖民地的朝鲜在中国成立了"朝鲜义勇队"参与抗日战争，觉得这是把在大陆的台湾人组织起来的时候了，他决定筹组"台湾义勇队"。李友邦集合起因为反抗日本而回到祖国厦门故里、却在全面抗战爆发后被当作"日本特务嫌疑"而关押起来的台湾籍人士,在浙江金华开始"台湾义勇队"的工作。他开设"台湾医院",为战争中的民众义诊;成立"台湾少年团",让台湾孩子用日语去和日本战俘交谈,希望他们想想家中的孩子,不要再参与战争;也组织演出抗日儿童剧,以殖民统治下台湾的惨痛经历,唤起抗日的热情。

许多台湾人开始奔赴大陆,从各个方面参加抗战。台湾人在大陆的抗日队伍也逐渐增加。他们有的加入国民党,有的加入共产党,从一九四三年至一九四五年抗战胜利前,"台湾义勇队"多次参加军事行动。包括:

一、利用日语优势,担任情报工作,在鼓浪屿突袭日本海军的军库;二、在厦门张贴反日传单,给日本人造成心理上的威胁,让他们知道,中国人随时都可以进出日占领区进行反抗,也把希望带给当地百姓;三、曾协同中国军队的一个师,武装突袭厦门,给当地日本占领者以强有力的打击。

此外,抗战结束前夕,美国曾准备轰炸日本军事基地。"台湾义勇队"奉命参与,借由语言的能力刺探情报,供盟军参考。

一九四五年八月十五日黄昏,李友邦照例回家吃饭。此时"台湾义勇队"已经迁到了福建龙岩。那一天下着小雨,他的妻子严秀峰的母亲住院了,只有严父和他们一起坐在二楼走廊的桌子旁吃饭。就在此时,楼下传来一阵高声呼叫的声音。

李友邦转头看去,只见一个地方报纸的记者,赤着双脚,高举双手,一脸湿淋淋的,不知是雨水还是泪水,跑上楼来大声喊道:"投降了呀!投降了呀!""什么投降了?"李友邦有些莫名其妙地问。

"日本啊！日本啊！"他说得上气不接下气，却赤着脚一直跳："日本帝国主义投降了！"

"真的吗？"严秀峰全身一震，几乎不相信自己的耳朵，她知道中国做了长期抗战的准备，"台湾义勇队"也相信战争还要持续很久。

"是谁宣布的？""是美国那边来的消息。我们报馆得到消息了啊！"那记者停不下来："真的，真的，日本人投降了！日本天皇还在广播中宣布了。"

李友邦和严秀峰几乎同时跳了起来，紧紧拥抱着，眼圈儿红了起来。"我们胜利了啊！"李友邦喊道。

"快，上街去告诉大家，去告诉大家！"他们连饭也不吃了，一起上了街。

所有的人都涌向街道高声大叫，像庆祝，更像是要发泄心中长期被日本欺侮的委屈。他们任由雨水淋过身体，像在洗净内心沉重的压抑，洗净长期流离的悲痛。

九月一日，夜里十二点多，美国太平洋舰队司令柯克上将突然造访。李友邦非常惊讶，一问才知道，太平洋舰队在次日有飞机要飞回台湾，他问李友邦要不要派人随行。他派了副队长张士德随行，李友邦还特地要他带一面国旗回台湾。九月二日，太平洋舰队的受降代表抵达了台北松山机场。九月三日上午，张士德与太平洋舰队一起，在台北市原日本"总督官邸"前，升起了代表胜利的旗帜。

从青年时代袭击日本派出所而开始流亡起，李友邦一心一意的梦想，就是"光复台湾"。二十几年过去了，他日思夜想的打倒日本帝国主义、光复台湾的愿望终于实现了。现在，他已经身为中国军队的中将，他知道自己的责任更重大了。他不仅要带着"台湾义勇队"回故乡，更需要费心筹划战后百废待举的台湾未来。

"一定要建设一个新台湾！"这是他的理想。

27

一曲《雨夜花》，台湾的心声

要了解日本殖民统治下台湾人的心声，或许可以像《诗经》那样，从民歌中去采集、去倾听，那是来自民间纯朴感情的反映。

一九三四年，由邓雨贤谱曲、周添旺作词的《雨夜花》首度发行，哀婉的歌词、伤感的曲调，呈现当时台湾人在日本殖民统治下无依无靠、孤独哀怨的心声，迅速风靡一时。

  雨夜花　雨夜花　受风雨吹落地
  无人看见每日怨嗟　花谢落土不再回

  雨无情　雨无情　无想阮（我）的前程
  并无看顾软弱心性　乎阮（使我）前途失光明

  雨水滴　雨水滴　引阮入受难池
  怎样乎阮离叶离枝　永远无人通看见

日据时期的台湾歌谣，自此充满了下雨、夜晚、花落等忧伤的调性。这种调性，也成为台湾歌谣的一种特质。

事实上，台湾歌谣并非一开始就是如此。

一九一一年，梁启超应林献堂之邀访台十天，听到台湾民间传唱的歌谣，大感兴味，于是写下八十九首诗加以记述。此外，还有仿《台湾竹枝词十唱》，序言说："晚凉步墟落，辄闻男女相从而歌，译其词意，恻恻然若不胜谷风小弁之怨者。乃掇拾成什，为遗黎写哀云尔。"

可见，当时台湾民间《竹枝词》的风行，其古朴风韵，让大师都想学唱。当时，民间还流行的是传统的南管、北管、歌仔戏、七字调，民间小调如兰阳的《丢丢铜仔》、屏东的《恒春调》等。

二十世纪二十年代，社会运动风起云涌之际，台湾文化人觉得有必要运用歌谣来鼓舞人心，于是写词作曲，推出政治运动歌曲，如《台湾议会期成运动歌》《美台团团歌》《台湾自治歌》《咱台湾》等。为了鼓舞农民运动，赖和与李金土写过《农民谣》《五一劳动节歌》。但这些歌流通范围较小，还未普及于大众。

真正成为流行的，应始于一九三二年引进台湾的一部电影《桃花泣血记》。此片由阮玲玉、金焰主演，主要描述青年男女被封建礼教束缚，无法结婚的悲剧。当时电影还是默片，需要有人在电影院里做剧情解说，用各种声音表情来强化剧情。这就是"辩士"。詹天马就是其中的一位佼佼者。他擅长以不同声调表现情感，还很会用影射方式讲剧情，间或讽刺殖民当局的统治，很得民间好评，被称为"台湾第一辩士"。

《桃花泣血记》来台演出时，为了宣传，电影公司请詹天马把剧情写成七字词的剧情大纲，请王云峰谱曲，在街头传唱。想不到效果太好了，这宣传歌竟比电影还受到瞩目，风行一时。于是一位日本唱片商人把歌制作成唱片，大量发行，由此开启了闽南语流行歌谣的先河。

这个叫"古伦美亚"的唱片公司后来更邀请了作家陈君玉担任文艺部主任，再由词曲创作者邓雨贤、姚赞福、周添旺、林清月等人，谱写歌曲、训练歌手，成为当时台湾最风行的唱片公司，而台湾歌谣也因此兴盛一时。

陈君玉出身贫寒，父亲是人力车夫，从小失学，当过小贩、布袋戏班学徒，还到印刷厂当过排字工人。他一边工作，一边学习，后来到山东、东北，在日本人经营的报社工作，因此学得一口流利的北京话，也学会了中文写作。他写新诗，写小说《工场进行曲》，后来更创作许多脍炙人口的歌谣，如：《单思调》《大桥进行曲》等。

邓雨贤是日新公学校的音乐老师，曾赴日学习作曲，回台后受到"古伦美亚"唱片公司的邀请，为周添旺、李临秋的歌词谱曲，创作了《四季红》《月夜愁》《望春风》《雨夜花》等名曲，被人合称为"四月望雨"。

《雨夜花》曲谱本是邓雨贤为台湾新文学的健将廖汉臣所写的一首儿歌《春天》谱的曲。那是一九三四年，唱片公司的周添旺在一家酒家听到一位酒家女向他诉说自己的故事。那酒女是一个纯朴的乡下姑娘，来台北工作，爱上一个青年，不料青年变心离开，她伤心欲绝，自觉没有脸回家乡，才沦落酒家。周添旺觉得她的命运仿佛一朵花，被风雨吹落，暗夜中无人闻问，就写了词，配合邓雨贤原来的曲，成为《雨夜花》。

因为这曲子仿佛描写着台湾人"离叶离枝，无人看顾"的命运,所以大受欢迎、风靡一时。此曲的演唱者叫纯纯,她的命运也一样坎坷。纯纯,本名刘清香,生于一九一四年,因为贫穷,十三岁跟着歌仔戏班学戏。电影《桃花泣血记》演出时,就是她主唱,因此成名,再加《雨夜花》《望春风》《月夜愁》等曲子,让她红极一时。由于名气响亮,她曾在台北火车站后方(现在太原路)的新舞台戏院对面,开了一家咖啡馆,文人雅士常在此见面聊天。她也因此结识了一位台北帝国大学的张姓学生,二人陷入热恋。不料男方家族认为,一个财势显赫的家族,怎么可以娶一个戏子、歌女为妻?由于男方家长坚决反对,两人最后分手。分手后,纯纯爱上了一个常常来店里消费、名叫白石的日本人,结婚后才发现这白石是一个好吃懒做的家伙,还患了肺结核。肺结核在当时是无药可医的绝症,而且会传染给身边的人。纯纯的母亲一直劝她以事业为重,因为她是歌手,如果感染肺结核,就无法歌唱了,因此要尽快离开他。但纯纯不听劝,反而不顾传染的危险,更加用心照顾。

此时正值太平洋战争进入激战阶段,"皇民化运动"全面禁唱台湾歌谣,歌手难以维生。纯纯在白石死后发现自己也感染了肺结核。她连生活都有困难了。在动荡的时局下,她再无法熬过肺病第三期的折磨,终于走完了她灿烂、真心、痴情的一生。

音乐才子邓雨贤的人生也非常曲折。他创作的台湾歌谣《雨夜花》竟被改为鼓励台湾人参加日本侵略战争的军歌:《荣誉的军夫》,一首优美的曲子,唱成了进行曲。歌词竟然是:"红色彩带,荣誉军夫,多么兴奋,日本男儿……"太平洋战争爆发后,为了广征军夫,他创作的《望春风》被台湾总督府请人填上日本歌词,名为《大地在召唤》,号召人们参加战争,歌颂"大东亚共荣圈"。

《月夜愁》，原是描写台湾青年男女，走在月光遍照的台北三线路，等待情人来约会的，竟被改编为《军夫之妻》，鼓励台湾人踊跃加入日本军队，"报效国家"。

邓雨贤无法忍受自己创作的歌曲被扭曲，遂辞职离开，迁居到新竹的芎林乡下，在芎林小学教书。一个充满创造力的作曲家，最后选择归隐田园，虽然躲避了乱世的高压折磨，却无法解开内心的郁结，一九四四年六月，邓雨贤因心肺疾病，寂寞地过世，享年三十八岁。

邓雨贤，被称为"台湾歌谣之父"。

二〇〇二年，有世纪男高音之称的多明戈在台北举行演唱会，最后的压轴曲即是这一首《雨夜花》，他和台湾的歌后江蕙对唱，那高亢的声音、悲哀的倾诉，让全场动容。

要了解台湾人在日据时期的心声，听这一首《雨夜花》准没错。而这首歌被扭曲、被改写的坎坷命运，仿佛也是台湾的象征。

28

台湾新女性

领导台湾农民运动的简吉在一九二一年十八岁时，从台南师范回来公学校任教，是全校最年轻的老师。学校唯一和他一样年轻的老师，是一个从台南来的女老师，名叫陈何。陈何来自台南市经商的家庭，因为是独生女，才能在重男轻女的台湾，受到完整的教育，从而成为教师。

在师长和同事的有意撮合下，二人自然而然地交往起来，不久就论及婚嫁。结婚后，陈何依照农村传统，辞去教职，扮演媳妇的角色，侍奉公婆，打理家计，成为一个典型的农妇。她不是农家出身，做农事非常辛苦，但她未曾有一句怨言。他们陆续生下了三个孩子：长子简敬、次子简恭，三子则取名陈从，以延续陈家的香火。然而，命运只给了陈何四年的安静岁月，农民运动一开始，简吉挺起他年轻的胸膛，迎上前去。

为贫困的农民奔走的简吉毫无收入，且更要出钱出力。简吉常常饿着肚子奔波，但他甘心接受，可苦的却是他的家人。陈何了解简吉的难处，决定找一个可以谋生养家的工作。

日本人侵占台湾之前，台湾只有传统的"产婆"，或叫"先生妈""捡子婆"。在传统上，女人要生产的时候，总是会唤来有经验的妇人，有钱的会叫来有经验的产婆。如果生产顺利，等候在门外的家人听到"哇"的一声婴儿坠地的啼哭，代表顺利生产了。产婆就抱着孩子出来，把下部打开说："恭喜，生下一个男丁。"如果生下女儿就说："恭喜，生下一个千金。"然而如果碰上难产，例如胎位不正或脐带缠绕，就非常麻烦了。普通产婆无法处理，有经验的产婆也只能依经验处理，碰上没经验的产婆，有些孩子就这样早夭了。

陈何自己生了三个孩子，知道女人生产的痛苦与危险，决定参与助产士的训练。靠着助产士的收入，长相清秀的陈何独自支撑家计，让参与社会运动的丈夫无后顾之忧。台湾传统女性能够含辛茹苦、忍辱负重，而受了新式教育，积极参与社会运动的女性具有的韧性与坚毅，更是让许多男性都自叹弗如。

彰化医生、作家赖和在一九四一年被"检束"（拘禁）于彰化看守所的时候，隔着一道墙壁的监房里，关进来一个女孩子，看起来年轻漂亮，他在日记中写下："又拘至一女孩子，酷似陈满盈氏女，亦是高等检束。"

陈满盈即是日据时期的新文学作家陈虚谷，也是彰化和美地方的人，与赖和是好朋友。而"高等检束"，指的是因思想而被拘禁。赖和如此，这个女孩子也是这样。五天后，赖和在日记里写着："开监，有一高女生丁韵仙，似是鹿港人，丁瑞图氏之族人，亦因高等之取调，而被留置，殊不知因为什么事件，在学中的学生，岂有什么不良思想，且每日皆有取调，所关可似非轻。"

所谓"高等之取调"，就是指因为思想而被拘去调查。赖和与鹿港丁家也是旧识，看这个女孩子心性耿直硬气，实在为这个女孩子忧心。她被关进去二十四天后，赖和日记写着："今日丁女生和潘样（先生）小有冲突，我教丁女生向潘样回个不是，丁女生不愿，女儿家的性质，所以会受此苦。"

这个女生叫丁韵仙。她当时还不知道和她关在一起的这个矮矮胖胖、留着浅浅八字胡的中年男人，是一个医生，还是作家。她只知道他和自己都是思想犯。她看见他帮其他犯人打水、送东西，甚至把牙刷借给贫苦的犯人使用。

这一年赖和四十八岁，在日本偷袭珍珠港当天被捕。他是医学校毕业生，回乡在彰化行医。他一生坚持用中文写作，写旧体诗，也写白话诗，更写了台湾最早的一篇白话小说《斗热闹》。他参与抗日运动，是台湾文化协会的理事，也是农民运动的支持者。一九二五年，为彰化农民抗争的"二林事件"，他写下《觉悟下的牺牲——寄二林事件的战友》；一九三〇年，惊闻"雾社事件"，他写下《南国哀歌》，追悼牺牲的赛德克英雄；同年，眼见文化协会的活动被禁止，农民运动的干部纷纷被捕入狱，他痛心地写下长诗《流离曲》，控诉殖民统治的残酷。诗中有这样的句子：

> 这么广阔的世间，
> 就一个我这么狭厌，
> 到一处违犯着法律，
> 到一处抵触着规则，
> 耕好了田却归于官吏，
> 种好了稻竟得不到收获，

她还进行"沉默的反抗"。学校的舍监发现,每个星期日,学生返校的时候,所有电灯都是开着的,而水龙头的开关也全开,水塔里的水已经全部流光。舍监悄悄监视。他发现周末丁韵仙是最后一个走的,她把所有电灯打开,水龙头也全打开。舍监当场抓到她,生气地大骂:"你为什么会有这种非国民的行为?""因为,我要消耗你们日本帝国的国力!"丁韵仙冷静地回答。

这个烈性的女子终于没能读完女中。一九四一年,日本偷袭珍珠港后,太平洋战争开打。丁韵仙在毕业前两个月,被以"反日思想""检束",关在彰化看守所。她就是在此时遇见了赖和先生。

丁韵仙没有判刑,她只是不断被"思想考核"。每个月一次,检察官会来问她问题,考查她的思想。检察官问:"如果今天将你放出去,你走在回家的路上,有一部满载日本军的运兵车从你前方慢慢驶来,地上刚好有一颗手榴弹,你会不会有股冲动,想捡起手榴弹,往运兵车丢过去?"

"我会。"丁韵仙毫不犹豫地回答。下个月,一样的问题。她给出一样的回答。一次又一次。

几个月之后,那检察官终于按捺不住,流着眼泪说:"我日本家乡的女儿年纪和你一般大,模样和你很相似。一年来,每一次来审问你,总让我想起故乡的女儿。你何必嘴硬,你只要说出我要的答案,我签报你已悔过,就可出去。至于你真正的想法,你知我知而已,何必如此自苦!"

就如赖和所说的,她不屈服的个性让她"自苦"。"自苦",几乎是她一生的写照。

一九四二年出狱后,她结识了台中一中学生卢伯毅。两人思想接近、性情相投,很快相恋。在卢伯毅考上台大经济系以后,他们结婚，生下三个女儿。

一九四七年，台湾爆发"二二八事件"，卢伯毅要去参加谢雪红领导的"二七部队"。临去之际，他望着年轻的妻子和三个小女儿，有些依依不舍。丁韵仙鼓励他说："不要犹豫，我们平时所谈的理想，难道就这样被黑暗的现实打败了吗？"

卢伯毅离开家到埔里打游击，部队解散后，他被通缉，不敢回家。丁韵仙带着三个稚女过日子。女儿问起父亲的下落，她只淡淡地回答："爸爸失踪了。"脸上没有喜怒哀乐的表情。

一九八七年，距离"二二八事件"四十年后，丁韵仙已六十五岁。丁家的人在清明节都会回鹿港扫墓，往年大家扫完墓就匆匆离开，这一年却想回去老宅聚聚。他们打开红墙上的大门，却见到一封泛黄的信躺在地上。捡了起来一看，地址居然是日据时期的番号，所幸老邮差还懂得送到这里来。那是来自韩国一个小渔村的地址，写信人是卢伯毅。他在"二二八事件"之后，流亡香港、日本，曾回台湾一次，因为被通缉，再度亡命日本。一九五〇年朝鲜战争的时候，去韩国当通译，不料被朝鲜俘虏。最后，他留在韩国，成为一个没有身份的黑户，在冷战时代想回台湾也没有证件，更何况台湾还在"戒严"。他后来和韩国女子结婚，才有了户籍，生了二男二女。四十年之后，他的孩子也都上了大学。他年纪大了，想念三个女儿，更想和丁韵仙团聚。

四十年岁月，丁韵仙日记里写满了对丈夫的思念："今夕仰天思念君，天边星光如昔日；君在何处看此景？秋虫断续唱悲歌。"不只是一首，而是无数首。她画水彩花卉，以纪念生父陈虚谷最喜欢的花园，也画带刺的玫瑰，一如她的性格。然而，当四十年前的丈夫，她那样想念的人，要请她去韩国重聚，她却拒绝了，只让女儿静绿去看父亲。她为卢伯毅做了他最爱吃的台式炒米粉,让女儿带上。

女儿一见父亲的面,直接说:"爸爸,你太不负责了!"卢伯毅静默着接受了。静绿接着捎来妈妈的口信:"妈妈说,你耽误她的青春,耽误她的爱情,她可以原谅。……但是,做一个革命者,贪生怕死,她看不起你!"

卢伯毅脸色惨白,沉默良久,说不出一句话来。后来才慢慢说出他"二二八事件"之后流亡漂泊、无奈求活的故事。几个月后,他就过世了。

静绿去韩国处理父亲的遗体。父亲交代把骨灰撒到大海里。然而母亲丁韵仙却说:"这不该是为国人子女的行为。"这时静绿才感觉到,母亲对父亲还有爱,她想让他回乡。

二〇〇七年,八十五岁的丁韵仙在彰化高中举办平生第一次水彩画展,她的故事才终于由该校老师吕兴忠做了记录,她决绝而烈性的一生,才终于见之于世。

丁韵仙只是台湾抗日女性中的一个。例如农民运动中的简娥、张玉兰、叶陶等,都是一时豪杰,美丽而勇敢,浪漫而刚烈。她们受过现代教育,坚持男女平等,参与社会运动,反抗殖民统治,甚至比男性更坚强。她们不同于台湾传统女性的保守卑微,更和日本那种男尊女卑社会中只是附属品的女性完全不同,她们以莫大的勇气,迎向新时代,创造新时代,也为日据时期的台湾女性树立了另一种典范。

29

弹钢琴的手敲响了发报机

　　神驰故乡,心向田园,回乡下之后,要定心从事文学!除了献身文学之外,就别无他途了吧!要大量地读、不断地写!
　　昨晚聆听一夜雨声。早上阴天,傍晚转晴。上午在家读戏剧《市街的风景》并继续写《聘金》,写了约六张。叔叔寄来电报和一百元的电汇,为这温暖的骨肉亲情感激涕零。午睡,去配给所领加配的米。

这是一九四二年四月二十九日,作家吕赫若写于东京的日记。就在十一天前,美军轰炸东京市区,高射炮的碎片落在他家隔壁屋顶上。东京生活已非常困难,食物靠配给。他家有三个孩子,食物根本不够,只得去警察局请求增加配给,不然孩子无法忍受饥饿。他在等待台湾家里寄钱来,好让他买船票回乡。他要回到家乡,开始从事写作的志业。

早在一九三五年,二十二岁的吕赫若就因小说处女作《牛车》

发表于日本《文学评论》而受到文坛的重视。这一年他的另两篇小说,发表在《台湾文艺》上。次年,《牛车》与杨逵的《新闻配达夫》、杨华的《薄命》,被选入胡风主编的《朝鲜台湾短篇集——山灵》一书中,在上海出版。这是台湾作家第一次被介绍到大陆。当时他从师范学校毕业不久,在南投乡下当小学教员,业余专心写作,创作出让台湾文坛目光为之一亮的作品。

《牛车》的写实笔法非常细腻,场景的描写、人物的刻画、对台湾社会分析的精准,连日本文坛也刮目相看。

> 再怎么迟钝的杨添丁,也能感觉到自己的家近年来已逐渐跌落到贫穷的谷底。在双亲遗留下来的牛车上迷迷糊糊拍打黄牛的屁股,走在危险、狭窄的保甲道时,口袋里随时都有钱。即使在家中发呆,从四五天前,就有人争着拜托请他运米、运甘蔗。等到保甲道变成六个榻榻米宽的道路,交通便利时,即使亲自登门拜访,也无功而返。结果,连老婆都得把小孩放在家里,不是去甘蔗园,就是去菠萝工厂,否则明天的饭就无着落 因为自己不够认真……杨添丁自问自答。不!自己还比以前更认真,一天也不曾懈怠。想到老婆每天冲口说他懒惰、窝囊,脾气暴躁的他越想越气,恨不得想把老婆杀掉。等到事后静静思考,那也是因为担心生活的缘故,于是憎恨之心立刻烟消云散,这种情形屡见不鲜。他心焦如焚。总之,在生活上,必须与我们眼睛所看不到的压迫作战。

他写出了在社会变化过程中,台湾农民依靠传统的牛车已无法生存，面对日新月异的交通、生产工具以及日本警察的压迫，农民一无所有，甚至想让妻子去卖淫，好赚一点本钱来租地的卑微与无奈。

事实上，吕赫若之前的作家不是没有人写过台湾农民受压迫的故事。

一九二四年台湾青年张我军游学北京，受到"五四"运动与白话文运动的影响，一九二五年开始在《台湾民报》发表文章，批判台湾的古诗词吟唱脱离现实，鼓吹白话文运动，希望用通俗易懂的文字、鲜活的文学创作，唤醒民众。然而真正意义上的白话文学作品，则是赖和发表于一九二六年的两篇小说《斗闹热》和《一杆秤仔》。中文基础非常好的赖和，以优美的白话文，写出堪称典范的小说。他在小说中刻画农民被日本警察压迫得走投无路，最后选择暗杀日本警察，自己也同归于尽。主人公最后说："人不像个人，畜牲谁愿意做。这是什么世间？活着倒不若死了快乐。"

赖和之外，也有不少参与社会运动的文化人以小说为媒介，批判社会的不公不义。陈虚谷、杨云萍、杨华皆是。最可惜的是才华洋溢的作家杨华，在写完短篇小说《薄命》与《一个劳动者之死》之后，竟因贫病交迫，悬梁自尽。

日本发动"九一八"事变后，对台湾的反抗运动展开全面镇压。文化协会、农民组合干部被逮捕一空。台湾文化人为了延续反抗思想，转而投入文学创作，希望以文学的笔法，唤起民众。台湾文艺联盟在一九三四年宣告成立，并出版机关刊物《台湾文艺》。即便是在这样的时代挤压下，吕赫若的小说承继了赖和文学中的反抗精神，在写实主义的艺术性上，有更为细腻、成熟的表现。

吕赫若热爱声乐，在学校担任教师的那几年，在一位日本老师的推荐下，每年都到日本学习声乐。一九四〇年，他终于完成师范学校所规定的毕业生六年义务教职，毫不迟疑地辞去工作，独自一人远赴日本学习声乐。安顿下来以后，再接了妻子和孩子去一起生活。

由于声乐的天赋，他进入"东京宝冢剧团"合唱团，也在演剧部学习歌舞剧，在东京各地参加演出，以此赚取微薄的收入。但收入显然很不稳定。他在东京除养活自己之外，还有妻子和四个孩子，一家六口负担沉重。他又是一个艺术兴趣浓厚的人，喜欢逛书店，只要口袋有钱，买文学、戏剧、艺术的书从来不加考虑，以致家中常常缺钱买米。他只能拿西装、皮箱去典当。然而他对自己的写作要求却非常严格，每天在日记里，会记下最近写了什么，是否认真，小说进度如何。一九四二年，他眼见在日本生活越来越困难，美军的轰炸也更逼近，遂决定回到台湾。

这一年五月十日，他终于看见久违的故乡，日记里写着：

> 五点半起床，海上蔚蓝晴朗，果然有南方的感觉，璀璨明亮。整理行李以备上岸。但服务生说："航海是绝对保密的，时间不能公布，今天能否上陆完全不知道。"近午时分看得到岛屿，是琉球？中午通过彭佳屿竹东边。
>
> 开始看见台湾岛了才放下心来。孩子们已是精神抖擞，四点半上岸。在火车站拍电报，寄大件行李箱。四点半出发往台北。投宿蓬莱旅馆，晚上张文环、王井泉、陈夏雨、李石樵等人来访。一起散步，在王的家里谈到十一点半。天热。

因为美军轰炸而保密的旅程,让人担心。而看到台湾岛的欣喜,回到家乡的安心,文化界朋友的相迎、吃饭聊天到晚十一点半,那是何等快意的事。

为了生活,吕赫若进入台北"兴合统制会社"编辑部,也参加双叶会剧团《阿里》的演出,演唱作曲家江文也的歌曲。为了养家,他开始写布袋戏的剧本《源义经》。

随着战争的迫近,"皇民化运动"如火如荼地展开,台湾作家被迫加入台湾文学奉公会,为鼓励台湾人做日本军夫、自愿参加志愿兵而写作。不少作家迫于无奈,只能应付着写。吕赫若无法写违心之作,只能以反讽的手法写台湾农村的封建落后以及鸦片对人的毒害。他有一篇小说《一年级生》即是写一个为了可以上小学而高兴不已的小孩子,和母亲学了几句日语,天天练习,到了学校却没有机会说,有一天老师点他的名,他终于可以说出那几句日语,却与老师的问话牛头不对马嘴。小说看似是讲述孩子学日语,其实是一种对现实的讽刺。

一九四四年三月,吕赫若的第一本小说集《清秋》终于问世,由台北清水书局出版。但时局越来越严峻,因美军的轰炸,台北市居民开始往乡下疏散。吕赫若于是搬回台中老家。

一九四五年台湾光复,台湾的知识分子莫不抱着极大的期待,希望为建设一个自由的新台湾而努力。吕赫若也在台中加入"三民主义青年团",任台中分团的筹备处长。他有良好的中文底子,开始用中文写出了《故乡的战事一、二》《月光光——光复以前》《冬夜》四篇小说。当其他台湾作家都在为重新使用中文写作而困扰的时候,他已开始写下台湾光复前夕的社会面貌,这在当时是非常难能可贵的。怀着理想主义的情怀,他加入《人民导报》社担任记者,报道了高雄农民为地租抗争,和地方官员爆发冲突的经过。

然而一九四七年的"二二八事件"却让他彻底地失望和愤怒了。他加入中共地下党,参加台湾省工委会的"香港会议"。他回台中卖掉了老家的祖屋,将变卖得来的钱在台北办了大安印刷所,虽然也出版《孕妇保养须知》《小学音乐课本》等书,但实际上是在印制地下工作的宣传刊物。他明知危险,所以朋友在开张时要送贺匾,都被他拒绝了。

一九四九年,国民党政府撤退来台,开始大量逮捕"共谍",五月间"保密局"逮捕了散发《光明报》的学生,作为《光明报》的主编,吕赫若处境非常危险。他紧急结束印刷所的业务,再把几个孩子分送到不同的地方,有的托朋友,有的带回外婆家照顾。妻子待产,只有托住在台北的妻弟照顾。吕赫若自此亡命天涯。照道理,他应该尽速逃离台湾,但中共台湾省工委在台北县石碇附近建立鹿窟武装基地,开始训练军事人员,准备进行游击战。吕赫若便来到这里担任联络工作。

于是,受过良好音乐训练、开过钢琴独奏会的他的艺术家之手,变成一双在山中发电报的手。为了躲避电波追查,电报机要时时更换位置,他常常在深山野林中奔波。

一九五二年十二月,国民党"保密局"破获"鹿窟武装基地案",附近的农民、矿工有四百多人被捕。最后三十五人被枪杀,九十八人被判徒刑,十九人被"感训"。整个村子有如经历了一场浩劫,然而没找到吕赫若。"保密局"一直在追查吕赫若的下落,却遍寻不着。

一九七〇年代,当《夏潮》杂志开始重刊日据时期台湾作家的作品时，吕赫若的小说《牛车》像一颗明亮的彗星，划过读者眼前，人们终于看见，原来台湾曾有过这么优秀、完美的小说。文学界开始追问：吕赫若是谁？他还在世吗？这么厉害的作家，是台湾文学之宝啊！

无论怎么查，没有资料，无人知晓。

直到关了几十年的老政治犯出狱，才透露吕赫若是中共台湾省工委会的地下党员。一九九三年，翻译吕赫若作品的林志洁访问当年鹿窟当地人王文山，才证实当年吕赫若为了发电报，在山中隐藏，有一天晚上被毒蛇咬伤了，山中无法紧急就医，竟毒发身亡。最后由同志李石城等人将他埋葬在鹿窟的山头。

吕赫若消失之谜，才终于解开。

吕赫若风度翩翩、英俊潇洒，可以唱歌剧，可以弹钢琴，出道的小说即得到重视，作品深得写实主义之真谛，有很高的艺术性，被称为"台湾第一才子"。

怀抱着理想主义的一代才子，终究走上了为理想献身之路。

他的儿子吕芳雄记得，父亲最后一次和母亲见面，是在母亲临产前一星期。吕赫若在晚饭后拖着疲惫的身躯，来到妻弟家中，闲聊了一阵，小睡片刻。在天色还是一片暗黑的时候，匆匆起身，背上一个卡其色的背包，点点头转身离去。他的妻子带着待产的腹中之子，站在门口凝望着，直到背影消失在黎明前的暗黑之中，自此天人永隔。

30

台湾光复的那一刹那

小学六年级的那一年，林文月在上海就读日侨小学。一九四五年八月十五日那一天中午，学校召集老师和学生，要一起听"天皇玉音放送"。"玉音放送"是重大的事，学校召集师生在礼堂里安静地听着。天皇一个字一个字说出来的"无条件投降"的声音，像一面大鼓击打着师生的心。刚开始大家眼神茫然悲哀地相望，随后整个礼堂里，充满哭泣的声音，久久无法平息。

林文月回到家中，发现家人庆幸着：战争终于结束了，台湾结束殖民统治。家人告诉她，我们现在属于战胜国的一方，不再是被殖民统治的二等公民。新的时代来临了。然而过了几天，上海的街道起了变化，日本人要被遣送回国，但作为战胜国子民的台湾人却没有人管。街上开始抓"汉奸"。举凡穿着日式和服或者与日本有往来的人，都被视为汉奸，在路上会被抓、被打。经过五十年的殖民统治，台湾人的生活基本已经日本化，一下子要改变也很难。何况他们住在租借区，非常危险。林文月的母亲是连雅堂的长女，连雅堂是写《台湾通史》的文化人，他们并无政治上的依靠。不得已,全家赶紧搬回台湾。那一年秋天,她回到台北开始上小学,学习中文。

林文月是一个典型。

对台湾人来说,五十年的殖民统治不是像香港,有一个租借的时限,而是无限期被割让出去,没有人知道是五十年还是一百年。五十年后依照《开罗宣言》而来的"重回祖国怀抱",竟像一场梦。人们起初都不敢相信。

八月十五日那一天,陈逸松在律师事务所习惯性地打开收音机。前一天他已经听说次日有"重大放送",所以特地抽空听一下。但他的收音机性能有些问题,杂音很重,听不清楚,只隐约听到"一心一意""奋战"等字眼,他心想,还不是鼓吹"圣战"而已,于是走到隔壁的山水亭去找音乐家王井泉吃饭聊天。

两人正在闲聊的时候,曾强逼陈逸松"无罪自首"好让自己升官的台北州特高警部补佐佐木仓皇地跑上楼来,一脸惊惶地问道:"陈先生,你对这件事有什么感想?"陈逸松吃过他的苦头,怕是在套话,以罗织罪名,就不痛不痒回道:"只有照天皇陛下所宣示继续奋战而已。"

"唉!我听是日本战败宣布投降,怎么会继续作战呢?是不是我听错了?请你们两位稍候,我先回去州厅再仔细打听,马上就回来。"

佐佐木飞也似的冲下楼去,留下两个老朋友面面相觑,王井泉的脸颊微微颤抖着,望着陈逸松说:"佐佐木不像是在开玩笑,你是不是听错了?日本真的投降了?"

"佐佐木说的恐怕是真的,我那破收音机根本听不清楚。"陈逸松记得，大约有十分钟的光景，他们两个人沉默不语，多少年的心事、多少年的奋斗、多少年的梦想，竟然有这一天。王井泉轻声说："日本若输去，我们所期盼的较理想的社会就会实现了。大家要好好努力呀！"

过不久，佐佐木回来了。他激动地说："陈先生，王先生，日本输去了。日本输去了。太久受大家招呼，真感谢你们！"说完放声大哭起来，边哭边下楼走了。

王井泉去厨房沏了一壶好茶，两人静静相对，面含微笑，慢慢品尝。陈逸松永远记得那个茶香，因为几十年来，他未曾如此轻松过，此生第一次，放心、安心、静心闻到茶香。

陈逸松的作家好友，台南医生吴新荣在那一天中午打开收音机，要听天皇广播，发现它没电，就作罢了。晚上，他的好朋友跑来找他，慌慌张张地告诉他天皇播放的内容。他吓了一大跳。但也不敢真的相信。长久的压制让他保持警惕。他年轻时候坐过牢，这让他学会不要相信殖民统治者。次日上午，吴新荣照常去诊所出诊后，才约了几个朋友来到郊外，把衣服都脱了，跳到溪水中，他们要"洗落十年来的战尘，及五十年来的苦汗"。上岸后，在空旷的天地间，在无外人的海边，吴新荣放心地对着大海高喊："今日起，要开始我们的新生命啦！"

第三天清早，他到一个防空壕里拿出一座祖先的神位，把日本强制摆放的"神棚"移开，斋戒沐浴后，焚香向祖先在天之灵祭拜说：日本已经投降，祖国得到最后的胜利，台湾将要光复！但此时的吴新荣并不放心，台湾民众尽管也在街道上张灯结彩，但内心还有隐忧。因为日本还有近十七万军人，加上日本居民，合计有五十几万。他们是要去要留，还未决定；如果留下，会不会发生变量？他们会不会大开杀戒？未来中国将如何接收？国际局势会如何演变？这谁也不敢说啊！

吴新荣为了探听消息，特地应一个日本朋友的邀约，去他的家里探望。那日本朋友姓平柳，主管特务工作，因为长期监视吴新荣而有交集。他把吴新荣请到了他的防空壕里。在战争后期，美军时常轰炸的时代，许多台湾人都躲到乡下疏散，日本特务无法疏散，做一个大防空壕并不意外。只是吴新荣没想到这个防空壕点着灯，不仅灯光明亮，还备有美酒佳肴。

"日本到底战败了，从今天开始，我们变成战败国民。"平柳丧气地说。

"但台湾人也不是赢了，怎能说是胜利国民呢？因为我们一向是顺从的，在这连战连败的中间，也未曾和你们抵抗过。"

事实上，到了战争后期，军国主义横行，所有反抗都已被压制，连用收音机听大陆的广播都可以入罪坐牢，台中中央书局的庄垂胜就是因此坐了一年的牢，严酷至此，谁敢反抗呢？

"是，是，这我们也知道，所以未曾放行那个最后处置。"平柳说。

"什么最后处置？"

"这也是过去的问题了，所以我也愿意说给你听。最后的处置是日本军部的政策，于各街庄（镇、乡）将庙宇改成一个临时的收容所，至最后阶段，将所有的指导分子监禁起来。"

"什么是指导分子？"

"像街庄长、大地主、地方有力者，最重要的就是'政府'的黑名单人物。"

"这地方的黑名单人物是谁？"

"第一名是吴三连，第二名是庄真（庄垂胜），第三名就是你了。但是这份黑名单昨日已经烧掉了。"

"可是这为什么要烧掉呢？这不是国民党政府的功臣榜？"虽然这样轻松地说着，吴新荣却被吓出一身冷汗。

他曾听台北的朋友说，日本特务手上有一份黑名单，若美军攻台，就要把他们统统抓起来杀了，以避免和美军里应外合。幸好最后没有发生，否则自己命丧何处都不知道，更可怕的是，这简直是对台湾精英的大屠杀。

他定了定神，问道："你想日本将来要向哪里去？"

"日本人最听天皇的话，所以这次的投降，以天皇的命令一定不发生问题。但是日本已经属无产国家了，即使有一句'天皇共产制'的话，我想这也许最适合日本的现况，我归国后也向这条路走。"平柳说。

吴新荣要得到的答案已经有了。他其实最想知道的是，在台湾的日本人会不会不甘心战败，最后负隅顽抗。显然，日本人"最听天皇的话"，应该就是放弃对台湾的殖民统治，准备回日本。至于日本未来如何走，已经不是他关心的问题了。他更关心的是：台湾未来要如何重新开始。

吴新荣的忧心不是没有道理的。最不甘心离开台湾的，是在台湾进行殖民统治的日本政府官僚，特别是长期居留，已经习惯了台湾生活的日本人。

他们在台湾有特权、有房子、有财产，有各种优渥的生活条件、高人一等的社会地位，有各种人脉关系。一旦离开，财产全部归零，回到日本，他们将一无所有，成为彻底的"无产阶级"。

台湾人之中也有殖民统治体制的既得利益者，如辜显荣家（辜显荣已过世，由辜振甫主持家族事业）以及一些御用绅士如许丙、板桥林家的林熊祥等，他们不甘心失去既得利益，于是和日本军部的少壮派军人结合起来，计划号召更多士绅组成"台湾政府"。日本少壮派军人认为台湾有十七万军人，还有五十几万日本人，结合台湾地方士绅地主，未必没有机会一搏。这个会议，后来被称为"草山会议"。在计划中，他们打算请雾峰林家的林献堂担任"独立政府"的委员长，板桥林家的林熊祥担任副委员长，辜振甫任总务长，许丙为顾问。

汹涌的暗潮不只是"独立运动"。

八月二十二日左右，一个叫秋水大尉的日本军官来到陈逸松事务所，直接表明：台湾是日本实行殖民统治的地方，许多日本人来到台湾，现在有近五十万居民，他们都很爱台湾，把台湾当作自己的故乡，而今日本战败，能否向中国政府租借台湾，租期五十年，租金每年三百万元。陈逸松当场拒绝。那日本军官不死心，继续说："可是我们日本人真的很喜欢台湾，要是台湾人同意，我们再在国际上办交涉。"陈逸松拒绝道："这个我第一个就不同意，怎么去说？"

无论"独立运动"与"租借"，都可以反映出在这无政府的时刻，在政权更换的巨变下，台湾是如何的不稳定。

但是在民间，日本的中下层公务员、教师等已经开始打包行李，他们带不走的东西，如家具、钢琴、书籍等，都以便宜价格出售。厦门街一带是日本公务员居住的地方，他们把东西摆在街道边出售，慢慢形成了市集，后来这里竟成为旧书与旧货的市场。

至今，厦门街仍是旧家具的卖场，旁边的牯岭街一度是台湾最大的旧书市集，后来虽然迁到光华商场，但还是有几家老店不走。如今书市不景气，但二手书并未没落，牯岭街依然有不少家旧书店。这都是一九四五年巨变遗留的风貌。

31

巨变瞬间的人间容颜

一九四五年日本投降前夕,《台湾新报》在八月八日有一则新闻登在重要的版面上:

> "敌人以暴虐无道的手段,轰炸中小城市,造成平民、妇人甚至孩童的大量死亡……这是非人间的杀人行为。"报纸公布的死亡统计,有九百六十四名,其中男性四百四十人,女性五百二十四人,而十二岁以下孩童有二百三十四人。

这是广岛原子弹轰炸的报道。

台湾人从可以读到的有限消息里,早已看出胜负,特别是到了战争后期,军方强征民间铜铁物资,甚至连中学生也被强征入伍,就已败象俱现。

一九四五年二月,台南人林书扬(台湾被关押最久的二十世纪五十年代政治犯,在狱中长达三十四年)还未到年龄就被征召入伍。部队中大多是嘉南一带的农村青年,他们在晚上熄灯后,偷偷来找林书扬,请他教英语,只要一句:"我不是日本人,我是中国人。"这些青年认为,美军攻陷菲律宾之后,就会攻打台湾,如果美军登陆时被捕,说出这一句或许有用吧。

在美军的轰炸之下,许多人都疏散到乡下,以躲避战火。谢雪红在被关了十二年之后,回到台中市,疏散到台中山区的头汴坑,靠几分地过活,食物不够,只能种番薯过日子,鱼肉完全断绝,要买白米得去黑市,他们买不起。原台共党员苏新则在出狱后,回到台南,靠养兔子过活。此时食物全面管制,不能私自屠猪宰鸡,家畜得上交给当局,才能得到一点补偿性的肉食。为了有助于农民应对困境,苏新还写了一本教农民如何养兔子的书,至少兔子是不必上交的。简吉则是回到凤山,因为他的活动能量太强,在农民之中影响力太大,干脆被看管起来。

日本宣布投降时,林书扬还记得"那一刻胸中的沸腾,解放的喜悦和对未来的欢欣期待,难以用笔墨来形容。"

在嘉义的街头,开始出现教唱《义勇军进行曲》等各种中文歌曲的知识分子。老一辈的汉语老师被重新找出来,教大家学习中文。"皇民化"政策之后,中文教学被全面禁止,只能悄悄教,现在终于可以公开了。受了五十年日本教育的台湾人,一夕之间回到自己父祖的文化中,许多人像吴新荣那样,把祖先的牌位摆出来,取代那被强迫摆上去的日本神道,用古老的仪式,焚香告祭祖先:台湾光复了。

谢雪红回到台中市,她联络朋友,希望日据时期被停止的社会运动团体可以重建,并开始找人筹组"人民协会"。台北的陈逸松找出一盘以前从大陆偷偷带回来的唱片,在文化人王井泉家的山水亭播放。现场一起听的还有吕泉生。吕泉生是台湾第一个采集民谣的乡土音乐家。一九四三年,"厚生演剧"在永乐座公演《阉鸡》的时候,他用两首台湾民谣的合唱曲《六月田水》和《丢丢铜仔》,感动了观众,轰动一时。没想到日本警察受不了,第二天就加以取缔禁唱。

吕泉生在山水亭听到这些歌,就在现场用五线谱记下曲谱,并写下歌词,再借了钢板、铁笔和蜡纸,印出来分发给民众。他还高兴地到街头去教唱。

但怎么往下走?中国与美军没有消息,大家都没有底。好不容易过了半个月之后,终于有消息了。第一批到台湾的官员是跟着美军飞机来到的。那是九月二日,来的有国民党政府官员三人:第一个是福建省政府顾问黄澄渊,第二个是中美合作所的黄昭明;第三个是"台湾义勇队"的副队长张士德。他们住进台北最豪华的宾馆——梅屋敷。

九月三日,与"总督"的会谈在台北宾馆举行,张士德将带回来的第一面国旗,插在台北宾馆里,正式宣告日据时期结束,中国政府来了。

随后,张士德开始拜会台北重要的地方领袖。他以"台湾义勇队"副队长的名义联络陈逸松。刚一见面,张士德就用闽南话直截了当地说:"国军很快就会来了,但国军来之前,为了防止日本人可能有的破坏行为,希望你能出面组织台湾的青年人,监视日本人的行动,保护国家财产的安全。"

陈逸松义无反顾地同意了。张士德当场拿出一张红纸,写上"日日命令",内容是:"任命陈逸松为三民主义青年团中央直属台湾区团部主任。"

陈逸松是学法律出身的，没看过法律上有这个"日日命令"的用语，不知道在大陆是什么意思。张士德解释说："这就跟行军一样，现场可以发布命令，等于军令。"

陈逸松陪着张士德到访好几个地方：台北、淡水、三芝、宜兰、罗东、新竹、台中。所到之处受到热烈的欢迎。舞龙舞狮、锣鼓鞭炮、夹道欢呼，比迎妈祖还热闹。有的地方还特别杀猪欢宴宾客，用最传统的方式来庆祝光复，对祖国来的第一个代表（特别他又是一个台湾人）表示热诚的欢迎。张士德成为"台湾真正光复"的象征。

在"中央直属台湾区团部主任"的名义下，陈逸松急于把台湾各界的精英组织起来。他找了过去抗日的知识分子、农民组合干部、文化协会成员、"台湾民众党"干部等。虽然大家对大陆的政治情况、政府体系、派系分布、人脉关系等，完全不了解，甚至连"三民主义青年团"在国民党内的定位都不清楚，但在"中央直属台湾区团部"这个堂皇的名号下，怀着战后对台湾的建设、对祖国的建设有所奉献的希望，参与到"三青团"的工作上来。

日本人的"御用绅士"是一定不能用的。他们在日本人的殖民统治下作威作福，享受荣华富贵，但这些见风转舵的投机分子，如今却都毫不犹豫地到处花钱拉关系，改投到"三青团"的名下，想要挤进来弄一个职位。为了快速建立起各地组织，陈逸松没办法一一查证，他只能把组织工作交给各地主要负责人来做，相信他们最清楚谁是真正的抗日志士，谁是"御用绅士"。他自兼青年团台北分团的团长；新竹是陈旺成，台中为张信义、杨贵（即作家杨逵），嘉义是刘传来，台南吴新荣、庄孟侯，高雄是杨金虎、简吉等。组织的规章由台北制订,运作上则交由各地自行负责。

然而,复杂的情势很快在各地发生。吴新荣在台南就明显感到"御用绅士"的威力,他们试图加入"三青团"未果,就组织各种"欢迎政府筹备会""治安维持会"等,并请他担任副委员长。他虽然拒绝,但他知道自己无法阻止对方筹组团体,只能是各走各的路。也正因此,埋下了这些"御用绅士"后来在"二二八事件"中告密陷害吴新荣的祸根。

九月十九日,《台湾新报》发布了陈仪将担任台湾省行政长官之后,主权交接落到了实处,于是过去被殖民统治者欺负侮辱过的人开始了报复。先是围殴追打日本警察的"走狗",之后是打日本警察,再后来,素有仇隙的人之间也互相报复起来。

社会也已经悄悄地开始发生变化。有喜悦有活力,民间有勃勃生气,但也有隐隐透出的犯罪与不安。

看一下当时的报纸就知道了:

> 一到了夜晚就好像披上了色彩般的有着朝气与活力,店与店不断地接续蜿蜒,从万华车站到龙山寺这段路间,这些店就代表着新台湾的象征吧。
>
> 牛、猪、鸡、鸭等的肉在店里贩卖,高高堆起的肉引起市民的好奇心,可以想象人们已经退去了严酷战争的色彩,激烈战争的反动是历史的逆转。高声呼喊的贩卖声及客人的哄声,充分反映出大家从战争阴影下解放出的自由。市民的购买力也赶走了烦恼。鲑鱼一斤十六元好吗?芝麻油四瓶二十八元可以吗?牛肉一斤十六元好吗?市民们终于可以买到他们想要的商品。

往龙山寺的一隅，有露天的赌博场，眼神锐利的男子在掷骰子的时候，十元钞票就在赌桌上看着你来我往。另外，在小学里，有五位男子也从衬衫的口袋里拿出钱混杂着玩。市民抱持着必胜必赢的决心，这民族特有的侥幸心理在战争结束后，更是强烈地表现出来。

在赌场的旁边，则是一间有古早味的服饰店，三件四百元，像这样一举跃进的人生，就宛如走马灯一样，是不会再重来一次的。此外，还有士兵的鞋、军队用的衣物，这些都是战争后的遗产。新生的台湾，强而有力的生命力，就由龙山寺广场这里开始燃烧。和平的战争行列，就在全台湾一致的步调，持续下去。(《台湾新报》九月二十二日)

也正是在这一天，台湾各界"欢迎国民政府事宜筹备会办事处"则呼吁全岛在接收日当天，要举行各种活动，庆祝台湾光复这历史性的时刻。于是各种活动广告都出来了，有出售青天白日旗的，有征集会讲北京话者的，还有一则广告是这样的：

庆祝台湾光复，欢迎陈民政长官阁下
第一跳舞场总经理 张开麦
募集舞女数十名，办事员数名（男女不拘，经验有无不问）
希望者至急，履历书携带，本人来谈

为了庆祝光复，各界都很忙。但有人忙着准备收拾整理大局，也有人偷鸡摸狗，结伙干坏事。

日据时期的警察局只有日本警察和在日本人手下的台湾警察，

他们早已崩解，但此时治安情况严重，该由谁来维护治安呢？街头的赌博无人约束，更严重的是偷窃、抢劫也无人来管。虽然报纸上刊出警告，但没警察执行公权力，就只有靠临时组织起来的"三青团"维护。桃园就发生了一帮犯罪的集团，半夜去乡下偷农民的牛，被农民发觉追了出去，小偷竟持刀把农民给杀了。后来桃园"三青团"的人去追查，查到了犯罪集团的所在，再找一群人把他们移送法办。台南的吴新荣相当聪明，他怕当地流氓干坏事，干脆一开始就把他们找出来，请他们成立"忠义社"，一方面激发他们的爱国心与正义感，一方面请他们维护治安。果然，黑道了解犯罪，台南的治安得到了维护。

除了"三青团"之外，社会各界也陆续成立了各种自发性的群众组织："庆祝受降大典筹备委员会""人民调解委员会""义勇警察队"等，这些团体自然掺杂了投机分子，但也都要经过群众大会公众推选，所以选人有两个特色：第一，日据时代的官员，除非操守特别好的人，否则多数靠边站；第二，被推出来承担一定职责的人，不少有日据时代反日运动的经历，他们本来就有领导能力，又有声望，自然成为领导者。

过去抗日运动的团体，如文化协会、农民组合等的干部，一九三一年以后几乎都入狱，组织星散。战争一结束，当年活跃的人已经出狱，正当四十岁左右，是人生的黄金阶段，在两个月的权力真空时期，他们发挥当年的组织长才，很快投入群众工作。人民协会、农民协会、学生联盟、总工会等，相继成立起来了。台湾慢慢恢复秩序，虽然各种势力互相掺杂，但社会逐步恢复安定。欢迎国民政府的工作陆续展开。

十月五日，陈仪命台湾省行政长官公署秘书长葛敬恩中将，率领在大陆的台湾人黄朝琴、李万居、苏绍文等共八十一人,搭乘美国军机,从重庆飞抵台北,设立"前进指挥所",由葛敬恩兼主任。葛敬恩与陈仪是同乡及日本陆军大学的学弟,与蒋介石也有交情,他懂日语,派他来主持,也算合理的安排。谁知道,飞机到松山机场的那一天,葛敬恩的表现让台湾人都看傻了眼。中央社记者叶明勋有如下的描述:

> 当五架飞机降落于松山机场时,总督府谏山参谋长等高级官员与台湾士绅,还有挺着闪亮军刀的日本兵,都在那里列队欢迎。葛主任竟躲在飞机上,推着王民宁先出来露面,这是什么汉官威仪。三十四年,首次在台北公会堂举行国庆纪念会,台北的天空飘扬着中华民国的国旗,这又是多么富有意义的时刻,他又称病不出,躲在基隆河畔的南方资料馆休息……他的作风真令人有点匪夷所思了。

十月十七日,国军第七十军在盟军飞机的掩护下,乘美国军舰驶抵基隆港。早已听闻消息的人,都赶去迎接。从基隆港到台北车站,挤满了欢迎的人潮。

陈逸松、王井泉等十几个台北文化人,没有去基隆港而是等候在山水亭的三楼。看国军走过时他们傻眼了。列队前进的国军,穿着破旧的棉袄、草鞋、腿上绑着松松垮垮的绑腿,背上背了大锅,还有人戴着斗笠,扛了米箩,无精打采地走过街道。

他们目瞪口呆:战败的日军带着闪亮的军刀、军容整肃地去港口列队,而战胜的国民党军队,应该更雄壮威猛啊,怎么是这个样子?

"怎么这样啊？连绑腿都是松松的？""你不知道，国军是打游击战的，这样才方便啊。这些都是游击战的勇士。不然，日本怎么会输去的？"

街道上有人善意地解释："那绑腿的里面，搞不好是绑着铅，平时练习用的，等到打仗的时候，可以健步如飞，练的是轻功。"至于背上的大锅，有人解释："可以挡子弹啊。"

怀着对祖国的一往深情，民众不断做各种善意的理解。虽然各种疑惑还在心中，但总是一个战胜国啊，怎么可能比战败国差？民众所不了解的是，日本被拖在中国战场，拖得越久，陷得越深。这一场胜利，用学者戴国辉的话说，是"惨胜"。

十月二十三日，陈仪的飞机抵达台北。留着短髭白白胖胖的陈仪，在机场人山人海的欢迎场面上，发表了他著名的"不撒谎，不偷懒，不揩油"的"三不"政策，同时表明"我到台湾是做事的，不是做官的"。

听到此话的台湾人都非常感动。

他从松山机场，绕过总督府、总督官邸，到他的临时官邸，一路上依旧人山人海，欢声如雷。随行的人告诉他："这比何（应钦）总司令回南京的情形更热烈。"

十月二十五日，台北公会堂坐满了台湾各界的代表。十时整，日本末代台湾总督安藤利吉大将率领谏山春树参谋等人，身着军服，走入会场，向受降官敬礼。他没戴军帽，没有佩刀，站在台下，低头垂首。许多人想起他以前飞扬跋扈、残暴杀戮的模样，不禁感慨万千。

陈仪受礼完毕，即席宣读受降书。安藤利吉在降书上签字，完成仪式,立即退席。日本殖民统治,也从这一刻起,随着安藤利吉从台湾退席。

陈仪在台上正式宣布:"从今天起,台湾及澎湖列岛已正式重入中国的版图。"

台湾,自此走上新的道路。

也走向风暴的未来。

32

大开眼界的"劫收"

一九四五年台湾光复的那一刹那,曾经历过的老一辈人总是用"狂欢"来形容。还有人更愿意以"子不嫌母丑"来形容台湾人对来自大陆的接收者、军队、官员的包容。台湾人叫祖国为"唐山",认定自己的祖先是"唐山来的",对来自大陆代表着"唐山的来人"充满了善意。

当年,在现场迎接国军的许金玉说:"那时,看见部队脏成那样,有人就说,这样怎么能打仗?可是我心里想,八年抗战真艰苦,把他们磨成那个样子,阿兵哥真可怜,又干又瘦又脏,他们为国家受苦了。"

派来台湾接收的行政长官陈仪,在大陆的官场上,并不是一个贪官污吏,他甚至被视为一个清廉开明的人。

陈仪,一八八三年生,浙江绍兴人,一九○二年考上浙江省公费留学,赴日本陆军士官学校读书。因为与鲁迅、许寿裳、张明之同船赴日而结识,成为朋友。一九○四年,他们还曾在日本留下一张合影的照片。陈仪一九〇七年回国,辗转于官场,做军事参议等职。一九一七年由北京陆军部派赴日本就读陆军大学,是中国留学"陆大"的第一期生。一九二〇年回国后在军阀征战中并无发展机会,曾投入孙传芳部,打败过张宗昌的部队,也曾想让孙传芳与南方国民政府合作,因此与蒋介石有渊源。

他虽然学的是军事,人在官场,但本身有文人性格,与鲁迅、许寿裳等保持往来。一九三六年鲁迅逝世的时候,陈仪接到许广平电报,内心非常悲痛,他认为"鲁迅先生的逝世是中华民族不可弥补的损失",乃建议蒋介石举行国葬。但不被蒋所接受。这只能说是官场中的陈仪,还保持着文人的天真与刚直,愿意为朋友出头。

一九二八年,陈仪受蒋介石之托,赴欧洲考察,主要是去德国,他接触了不少由冯玉祥派出留德的学生,此时正由于冯玉祥垮台而彷徨不已,陈仪除了资助他们继续读书外,还将人才引回国工作,经济博士张果为、弹道专家俞大维都是他引荐的。

陈仪还是一个愿意提拔青年人才的官员。一九三四年,他担任福建省主席,次年还奉派来台参加日本举行的"台湾始政四十周年纪念博览会",参观日月潭水电站、嘉南大圳、基隆港、矿山、糖厂、台北帝国大学、气象台等现代建设,写成一人册报告;同时自日本的"台湾总督府"获得"台湾法令汇编"等资料,想了解法治建设。陈仪主政福建七年多,引进不少新的观念与人才,颇得一些好评。

开罗会议确定台湾归还中国,一九四四年十月,成立"台湾调查委员会",即是为接收台湾做准备。九名委员中,台湾籍三人:谢南光、黄朝琴、游弥坚,浙江籍三人:陈仪、沈仲九、钱履周，国际问题专家三人：王芃生、夏涛声、周一鹗，也都是一时之选。陈仪还利用他任中央训练团教育长之便，设立"台湾行政干部训练班"，招考了一百二十几名各机关的干部，训练班特地研讨日本人编的"台湾法令汇编"。这些人便成为后来陈仪接收台湾的班底。可以说，较诸其他地方，台湾的接收工作是早就做了尽可能周全的准备，上层的陈仪有心有力，中间有训练过的干部，下层还有台湾人抗日的深厚群众基础，以及欢迎回归祖国的热烈心情，为什么转瞬恶化到发生"二二八事件"呢？

故事还是从民间说起。

陈仪虽然带来一群训练过的干部，但也同时带来军队，以及无数官场上的官员。他的理想是建设一个新的台湾，但现实是整个接收团队，基本上由一群缺乏纪律与法治观念的行伍、官员、特务以及政客群体组成，这群人将接收并统治台湾。

原本为维护安定，等待政府来台接收而成立的"三民主义青年团台湾区团部"，在陈仪来了之后被排挤出去，一大群过去靠日本殖民统治者得势的"御用绅士"，很快用金钱贿赂包围了接收官员，台北的酒家都忙碌得大叫缺少陪酒小姐。接收人员大多来自大陆各种靠关系的人，台湾人之中正直有声望者，特别是过去因抗日坐过牢的文化协会成员、农民组合志士，反而被排除在外。省内省外的冲突开始发生。台湾人原来的社会领袖如林献堂、李友邦等都感到不满，而大陆来接收者则认为台湾人是因为有日本殖民统治下的奴性，才会对外省人反感。双方误解与互相歧视日深。接收大员们忙着接收、忙着占位置、忙着占房子、忙着跟被台湾人瞧不起的日据时期的"御用绅士"应酬，这一切看在台湾人眼里，真是不堪，更是不满。

陈仪和他的主要幕僚沈仲九，空有一个建设台湾的乌托邦梦想，却在国民党内派系的掣肘下难以实现。问题还在于，陈仪"疑人不用，用人不疑"，明明自己的属下贪污严重，他不但不处理，反而加以保护。学者戴国辉曾用"陈沈唐吉诃德"来形容他们空有理想，却没有条件，也缺乏能力处理战后复杂万端的台湾重建。而偏偏台湾人是见过现代化建设如何展开的。这就注定了陈仪与台湾社会的疏离与对立。

关于接收者的整体素质，先看一些民间的微小例子，可以由小见大、见微知著。例如当时台湾有租借自行车的小店，经营者们愿意不收费地把自行车借给大陆来的人使用。不料常常一借就不回来了；还有人借了几天才还，让小店无法经营。再如有小贩为了表示对"唐山人"的善意，买东西不收费。不料有人认为台湾买东西不用付钱，有唐山人竟去小店自行拿东西，造成双方的冲突。这还只是小事，流传在各地的还有妇女被军人调戏，军人去戏院看白戏、在摊子吃白食……

种种现象一传十、十传百，本来善意的"唐山"称呼，自此变成轻蔑的"阿山仔"。而赴大陆参加抗战、胜利后回来的台湾人，如李友邦、黄朝琴、丘念台等人，都被称为"半山"，以区别他们与"阿山"的不同。

而台湾人对于"半山"的憎恶有时还甚于"阿山"。这是由于从大陆回来的台湾人，依学者戴国辉的分类大略有三种：一种是重庆回来的，他们与国民党内派系有各种关联，有的属于CC派、有的投靠军统，这种关系，一般台湾人根本搞不清楚；第二种是去到大陆的沦陷区,如作家张我军、洪炎秋等,他们中不少人暗中抗日,反而不被视为"半山";而最让人憎恶的第三种是去大陆当日本人走狗的"台湾歹狗",他们仗恃日本势力,作威作福,为了怕被当作汉奸追查而回台,却更懂得抓紧时机拉拢、利用接收官员,和他们狼狈为奸,趁接收侵占公有土地和财产。

应该说,大陆来台接收者的素质之低下,让台湾社会大失所望。而接收情势的复杂,接收者贪污手段之粗暴、奸巧,也是未曾有过的。台湾人真是大开眼界了。

33

"内幕"重重

接收过程中更不堪的内幕，也是一般台湾人难以想象的。这一点可以从陈仪的亲信钱履周的证言来看。钱履周是陈仪的心腹，当时来台负责"善后救济总署台湾分署"的工作，不参与接收，只赈济面粉、奶粉、药品给民众，所以知道许多不堪的内幕。

内幕一：前进指挥所的中美高官私分台湾银行的黄金。行政长官公署的秘书长葛敬恩与美国来台的接收人员，在台湾银行的仓库里，看到十几箱黄金。葛敬恩当场贪念大起，可是身边还有美国人埃文斯，不能独占，于是两人商议如何私分。不过，十几箱黄金终究太显眼，随行的中国接收人员碍于葛敬恩官威，不敢吭声；随行的美国人却不客气地要跟埃文斯分一杯羹。回到重庆后，葛敬恩没事，埃文斯却被一状告到驻中国美军指挥官魏德迈那里，立即被撤职调回美国。埃文斯不甘心，向美国法院申诉说，这完全是葛敬恩的主意，他只能配合。美国于是通知中国外交部，希望找葛敬恩去美国作证，事情才暴露出来。但最后陈仪仍未处理，葛敬恩还是继续做他的大官。

内幕二：五子登科。日本高等公务员配有房子、车子，一旦卸任即交回。如今日本人一走，所有房子、车子全部成为接收者的财产。这些财产并未点收给政府，而为私人占据，有些甚至运回大陆自家享用。由于战时通货膨胀，日本经济部门储存的金子、银子等，更是变成"劫收"的目标。至于女子，由于日本战败后难以生存，有些日本女人不想回日本，希望嫁给台湾人留下来。于是某接收副署长纳妾、某官员娶妾学日文的消息源源不断。金子、银子、房子、车子、女子，人称"五子登科"。

内幕三：更夸张的是接收海军的某要员，竟把一艘海军运输舰给"吞没"了。如何办到的呢？他根本不交接这艘运输舰，当作不存在，再改舰名为"台南号"，与一个福州船商合作，经营台湾—厦门—福州之间的运货载客生意。还有一个接收人员把一个日本公营大农场吞进私人囊中，再租给农民牟利。在接收的混乱过程中，这些"劫收者"竟然敢在日本人交来的点交清册中，把某一页、某一项删除，再叫日本人重新写过。日本人战败，当然乖乖照抄，不敢反抗。而公有财产就这样不见了。

内幕四：最有名的是蚂蚁吃了七十公斤鸦片烟。当时专卖局长任维均贪污无数，把好的烟草偷卖出去，留下劣质烟才公卖。他在任内办接收，却不拿出日本人给他的清册，只回说日本人没有给清册。他卸任时的清册内容之荒唐超出想象。他对消失的财物做的报告是："食盐被抢去一万多担，红土（质量较好的鸦片烟土，当时日本有公卖制度）被白蚁吃掉七十公斤，糖损失几十万斤。"

想抢一万担食盐要动用多少人力，竟能如此无声无息？白蚁会吃鸦片烟吗？这简直是生物学上的发明。这样的奇文居然可以出自国民党政府的高层接收人员之手。至于其他各行各业的接收，莫不如此。连遣送日本人回国都可以索贿，交钱的可以先排上。

当时的台湾在陈仪开明的政策下，创办了许多报纸杂志，台湾知识分子首度有了言论自由，对那种贪污腐败的嘴脸，那种把寻常百姓当傻瓜的傲慢与蛮横，那种封建式的官僚风气，那种无法无天的行径，天天加以报道、批评，希望情况得到改善。而寻常百姓面对如此种种恶行则感到彻底的失望甚至绝望。

如果说当时也有让人感到欣慰的事，就是陈仪也带来了不少认真用心的技术人员，像孙运璇、丁名楠、严家淦等。他们尽力恢复台湾经济，台湾电力就是显例。

日本人开始大量遣返的时候，台湾电力株式会社走了三千一百五十三个日籍技术人员。在经过美军大轰炸后，台湾电力系统急需修复，然而熟悉台湾电力系统的技师几乎走光了，日本技师走的时候曾扬言："我们怕三个月之后，台湾将陷入一片黑暗。"

孙运璇带着三四十位大陆来的技师，和台电的台籍工程师，再找来几百位台北工业职业学校（现在的台北科技大学）学生、台南工业学校（现为成功大学）学生，四处拼凑零件，寻找可能的替代工具，在艰苦的条件下，一边学习，一边修理，竟然在五个月之内，恢复了台湾百分之八十的供电。连日本人都不得不说是奇迹，也让台湾人感动。

然而，从"大狂欢"到"大绝望"，并没有很长时间。一九四五年底开始实际接收后，一九四六年经济开始急速恶化，失业者、流浪街头的青年、南洋归来的军夫、无法开工的工厂、通货膨胀、被贪官污吏吸干的资源、粮食被强征而困苦的农民……一切的一切，像突然埋下大量火药的地雷区，只要有人误踩，就会全面引爆。

一九四六年十二月，大陆作家萧乾来台湾访问十天。短短的时间里，他用作家的敏锐，看见了许多真相：

> 台湾不但比不上更现代化的西方，在建设上它一定远跟不上日本。但位于这弧形的突凸点，相形之下……一样是闽粤的同胞，而且曾经踩躏在异族征服者的钉鞋下，钉鞋毕竟还有个原则，有个步骤，即使蛮干，为了统治的成功，也不甘盲干。民众在不民主的环境下如可比作乳牛，台湾的平民是喂了点秣粮才挤的，大陆的平民都是干挤。台湾民众的奶水一部分已变成了钢骨水泥的桥梁，……中国民众的奶水却多变成打仗的火药了。

一九四六年的台湾，风雷闷响，天阴地沉，暴雨将至。

34

一个卖烟妇女引发的事件

一九四七年二月二十七日黄昏七点左右,卖烟的妇人林江迈像往常一样,把一个木夹板做的、上面摆着各式洋烟私烟的香烟摊子靠在围墙边。

这是台北市太平町一带、最早开发的繁华地段,有许多布料、服装、杂货店和酒家。入夜以后,许多车辆出入酒家,喝了酒的人要出来买香烟,就找这些小摊贩。酒家门口的一些保镖也常来光顾,因此生意还不错。

林江迈是一个寡妇,本名江迈,生于一九〇七年,是一个贫苦人家的女儿,嫁给了龟山的旺族林枝的第二个儿子林客清。林家在龟山一带拥有大片的山坡,自己种茶。但林枝并不满足,还向外围的农民收购茶叶,在台北重庆北路一带拥有一间茶行,做茶叶的进出口生意。日据时期,林枝还曾多次出国,赴东南亚各国推销茶叶。

林江迈过着虽然劳苦但是平安的农家生活。她一共生了五个孩子,前四个都是儿子。长子不到一岁就早夭,后来又生下三个儿子。当她怀着第五个孩子的时候，丈夫林客清突然得急症去世，留下三个孩子，和一个遗腹女儿——林明珠。她的公公林枝怜惜她年轻守寡，特别关照。但此举却引起妯娌间的闲言闲语。这本是大家族难免的矛盾。但林江迈生性刚烈，不愿忍受，就到台北重庆北路的家族茶行去煮饭打扫，照料生意。

日据后期，受到战争影响，东南亚海运无法畅通，外销茶叶生意清淡。光复后，更因台湾经济萧条，失业人口增加，社会动荡，茶叶行终至关了门。天性倔强的林江迈不愿意回到乡下，过被人说东道西的生活，于是像所有战后的失业大军一样，在街头卖起香烟。

日据时期香烟本是专卖，台湾民众不敢违法，没有私卖的。但光复后由于失业、贫困加上制度松弛，一些来往两岸的军人、商人走私香烟进口，路上逐渐有人出来卖起私烟。本来，行政长官公署的制度沿袭日本，也是专卖，但专卖局的人营私舞弊，把好的烟草偷偷卖给民间做私烟的，赚了高价，再把质料很差的烟草拿来做政府的专卖烟，那质量烂到根本没人想抽，私烟因此更加盛行，街头也就充满了卖私烟的失学儿童、失业工人、贫困妇人等。整个卖烟队伍，就是一个失业大军的众生相。

为了挽回生意，专卖局成立查缉私烟的警察，名为"烟警"。他们一旦出现，就没收香烟、现金和卖烟的摊子。二月二十七日这个黄昏，林江迈站在路边，没发现六个烟警突然从路口冲了出来。别的烟贩子眼疾手快，转身夹起香烟摊子四下逃散，她却手拙脚慢，没有跑掉，烟摊子被一个名叫傅学通的烟警拿走，摆在旁边的钱也被没收了。林江迈想到自己没了生计，当场跪了下来，拉着傅学通的手，也紧紧抓住自己的摊子，哀求烟警放过她。她的女儿林明珠才十岁，也在一旁哭求。然而烟警根本不理，用手枪的枪托朝她打了下去，想让她放手。不料，这一下打在她的脸上，当场血就喷了出来。她满脸鲜血，哭了起来。

这时，站在旁边的酒家保镖眼看烟警打一个弱小女人，还是一个带着小女儿的寡妇，看不下去了，就包围了过来，高叫警察打人，要烟警把烟摊子还给她。那六个烟警看到围过来的人群，都紧张起来，就对空鸣枪，让人群散开，分头往外跑。

烟警傅学通跑到旁边路口时，又有几个人把他包围了。他一紧张，连开了三枪，有一枪恰好打在旁边一个叫陈文溪的人身上，还没送到医院，他就断了气。林江迈则被送到附近医院救治。

傅学通跑到永乐町的警察分局躲了进去，有人看到，就带群众追过去。众人呼喊："严惩凶手，交出凶手！"但警察分局赶紧把傅学通转送警察总局。群众又追到位于中山堂旁边的总局，继续高喊："严惩凶手，交出凶手！"

总局最后只好交代说，人已经交到宪兵团了。群众又冲向宪兵团，要求交出凶手。然而宪兵队却大门紧锁。当群众不断拍打铁门，呼喊口号时，里面灯光大亮，人们才看见一排端着长枪的宪兵，枪口对准群众，一副准备开枪的模样。对峙之中，宪兵队团长张慕陶走出，他用两盏强光灯照向群众，冷冷地说："肇事者我们一定要严办，你们先回去。"

但群众不依，他再度声言："不能交给你们，怎么处置是我们的事，你们先散开。"此时，他身后的长枪队发出"咔嚓"的一声，向前跨了一步，仿佛准备射击。

此时，天空原本下着的蒙蒙细雨突然变大了，豆大的雨滴从天上落下。抗议民众躲入对面的《新生报》大楼骑楼下，并冲入

《新生报》社，请他们明天一定要报道，才散开离去。

然而，被手枪打死的陈文溪家人却不甘心。太平町本是生意场，酒家林立，黑道白道，龙蛇杂处，陈文溪大哥是附近的黑道老大，如何咽得下这一口气。隔天一早，他发动了附近的道上兄弟，找到一家武术馆的大鼓，用两轮拖车推着，一人站在正前方，敲打大鼓，咚咚作响如战鼓，一路号召群众一起到长官公署去抗议。

从太平町到长官公署的一路上，有上千人沿街跟随，越聚越多。大家高喊"严惩凶手，杀人偿命""打倒贪官污吏"的口号。

到了长官公署前，却见到平时并无宪兵把守的大门，有一排宪兵守着，大门紧闭，而长官公署高高的楼上，架着一排机关枪。群众高喊口号之际，一排机枪忽然开始扫射。有人中枪倒地，鲜血喷了出来。有人还不甘心，继续大骂前冲。不料另一波扫射立即发出，又有好几个人受伤。

本来想要讨回公道的人群如何能甘心，于是分成了几股，向各方冲去。有的到了专卖局去冲那大楼，上了楼后把里面的香烟洋酒都拿出来，在街道上放火烧了。还有人从里面拿到现金，愤怒高喊："烧掉这些贪官污吏的肮脏钱！"把钱也放火烧了。

他们边烧边喊"反对专卖制度""反对贸易制度""打倒贪官污吏"的口号。

台湾民间特别痛恨贸易制度。因为陈仪把台湾在战后好不容易恢复起来的民间贸易，特别是两岸的贸易，全部垄断，由当局公营，民间需要的物资全部要向公营的贸易局购买。除质量差别大、货品不全、时间拖延之外，更重要的是价格贵得离谱儿。民间本来可以便宜方便经营的各种小生意全部垮了,只剩下当局用贸易垄断,抢老百姓的钱。烟酒专责与贸易独占,不仅让民间非常痛恨,更是搞垮台湾经济的致命因素。

另有一股群众,特别是一些文化人冲到了新公园。新公园里面有一个广播电台,他们冲到电台前门,被几个电台的职员挡了下来。在争执中,电台台长林忠从里面走了出来。他低头向职员交代了几句,转头走了进去。随后那些职员竟然不加阻止,就放手让人群进去了。

一个面容白净的二手书店老板,坐到电台的麦克风前,在一个台湾职员的协助下,开始广播。他是读书人,讲话有条不紊,叙述清晰,从林江迈被打到长官公署的机枪扫射,一路说下来,听得民众热血沸腾、怒火中烧,平时所积压的不平与愤恨,全部涌上心头。

全台湾的怒火,就此全面燃烧。"二二八事件"演变为不可收拾的局面。

二月二十八日下午,台北已成为一个"疯狂"的世界。

随着长官公署机枪扫射的消息不断传出,各种死伤的传闻震撼了人心。台湾民众开始在路上寻找穿着中山装的官员、专责局职员、小科员,加以暴打。许多不明就里的外省人,遭到了攻击。

戏剧家欧阳予倩,此时正带着"新中国剧社"在台北永乐座公演,他和台湾文化界朋友相熟,台湾戏剧闻人辛奇在听到"二二八"的消息后,赶紧去旅馆保护他们。而欧阳予倩则在一九四七年四月二十日的上海《人世间》杂志上,写下了这一段经历:

群众有步行的，有骑脚踏车的，还有坐着卡车的，潮水一般向长官公署涌去。不一会，一连串的枪响了（事后听得说伤数人，死五人），群众退下来。有几百个人经过我的窗下，大家以为是去攻省党部，恰好那时党部没有人，那几百人便围住三义旅馆——新中国剧社全体住在那里。有五十几个人走进旅馆，叫男社员全到外边去让他们打。经过旅社主人和两个台湾学生向群众解释，说他们只是剧社的演员，既非官吏，又非商人，群众才退去。

可是在这个时候，马路上已经是见着外省人就打。见穿制服的打得厉害，税吏、狱吏、总务课长之类尤甚。那些从海南岛回去的兵，从福建回去的浪人，行动最为凶暴。女人、小孩子也有遭他们毒手的。群众愤怒的时候，的确可怕，当时有的医院甚至不敢收容受伤的外省人。可也有许多台胞极力保护外省朋友。到了三月一日，攻打外省人的事就没有了。

当时，作家钟理和正在台大医院疗养肺疾，他目睹了受伤者的痛苦：

由窗口望出去，只见由一扇齐人肩高的红砖墙隔着的沿着院左的街道及与由南方截来的街道相衔接的丁字路口，聚着一大堆黑越越的蠢动的民众。由此一堆里发出来怒吼、哀叫、惨呼，从墙面看见他们像发疯似的东奔西窜，抡拳飞棒，抓起自转车像砸一个什么可恶的东西，恶狠狠地砸下去了。而不绝的紧密的枪声，便在那某处不远的地方响着。

有几个外省同胞——年轻人避到这里来，像脱兔惊惶而悚惧,大家都在为此事而议论起来。

"台湾同胞也可以说是没有办法才做出这样的事情来的,要有办法他们是不敢这样的,他们是可爱而又可怜。"一个已镇定后的青年人在发挥着他的感慨,像完全忘掉了方才的事情,并且他也是很危险的。"不过,他们是打错了,因为他们打的是和他们完全一样无辜而受难的老百姓。同是受苦的一群,打错了。"

钟理和也目睹了一个穿着中山服的十五六岁的学生,被几个学生抬了进来,子弹射穿他的胸膛。而另一个外省年轻人则捂着头部如注的血,冲进来请医生救一救他。

扫射、死伤、流血、报复、仇恨、殴打,台北已经失去理智。

然而,不仅是台北,全台湾都在爆发,愤怒的人们攻占各地的地方政府、县市长官邸、专卖局、警察局等,抢夺武器,再去攻打官署。台湾陷入无政府状态。

35

"二二八"悲剧

此时,台湾遍地烽火,陈仪长官总得想办法解决。他先进行镇压,在"二二八"当夜下"戒严令"。警察在卡车上架着机枪,沿街扫射,不少无辜民众被射死,曝尸街头。

三月一日,民众开始进攻政府机关与外省人所开的商店,一些外省人员的宿舍也成为攻击目标。许多外省人寻求台湾朋友的保护。例如,台湾抗日义勇队队长李友邦的家,成为义勇队同志的避难所;雾峰林家则在房子的夹层中,保护了严家淦。台北市内的外省官员则带着家眷,集中到长官公署,那里派了重兵保护。

此时,台湾省国大代表、参政员、省参议员等政界领袖都知道事态严重,为了解决问题,决定组织"缉烟血案调查委员会",向长官公署提出四项要求,包括:解除"戒严",释放被拘捕民众,饬令军宪警不得开枪,不得滥捕、滥打民众,官民合组处理委员会等。试图平息群众。

陈仪当场接受了。他还在广播中宣布,一日晚十二时起解除"戒严",也同意组成"处理委员会",并派员参加。如此冲突得到缓和，从此较少有民众暴打外省人的事件发生。

然而全台湾各地的暴动已成燎原之势，失去了控制。基隆靠近台北，民众想攻占基隆要塞、占领码头。要塞司令部下令开枪还击，群众死伤不少。新竹则攻占了警察局、市政府，甚至自行改选市长。县长朱文伯的家中被搜出现金三百万。

台中市有日据时期台共领袖谢雪红的领导，她在苏联受过军事训练，指挥群众迅速攻占七五供应站、飞机场仓库、军用被服厂等，市政府也很快攻陷。她控制了整个台中，继而发挥组织长才，将青年与受过训练的旧日本兵纳入统筹，并将外省人集中以便于保护。由于拥有武器，她组成"二七部队"，建立指挥系统，并派人至嘉义联络，准备去支持攻打嘉义水上机场。嘉义由三民主义青年团嘉义分团部主任陈复志领导，组成队伍；同时原农民运动领袖简吉、张志忠、陈篡地等人，也组成"嘉南纵队"，攻打飞机场和军械库。阿里山的少数民族也冲下山来，凭着他们的勇武善战，参与反抗军，帮助攻打机场，并维护社会秩序。

台南、屏东情形比较混乱，民众攻打之后，迅速由地方士绅组成处理委员会，以避免混乱的扩大。高雄则以攻打高雄要塞司令部为主，双方激战，由于要塞拥有强大的武力，群众死伤惨重。

"二二八事件"不是有计划有组织的行动，而无组织群众竟能在最短时间内攻占各个政府机关、军事基地、机场公路等，其战斗力之强也是有原因的：政府警务部门中百分之九十是台籍警察，还有一部分低层公务人员平日既看不惯贪污腐败的行为，又因身为台湾人受到歧视，薪水比外省警察低，还常常被骂为日本奴才，心中早有不满。事变一发生，他们转作内应，把警察局的武器都搬出来供群众使用。

也因为无组织、无计划，各地状况混乱，北、中、南消息不通，各地情况不一。为了统合处理，三月四日，"二二八处理委员会"通知各县市成立分会，并向工商银行强提二千万元作为经费，同时借由广播，报道各地现况，以互通消息。

为了和陈仪长官公署协调解决方案，三月五日，"处理委员会"通过政治改革方案，其要点包括：一、公署秘书长及民政、财政、工矿、农林、教育、警务等处处长及法制委员会过半数之委员应以本省人充任；二、公营事业归本省人负责经营；三、立刻实行县市长民选；四、撤销专卖局；五、撤销贸易局及宣传委员会；六、保障人民之言论出版集会自由；七、保障人民生命身体财产之安全。

然而，"处理委员会"乃是由各方人士组成，本身即意见分歧，再加上在权力分配中的争抢，"处理委员会"迅速变成争权夺利的中心，矛盾丛生、流言四起、互相攻讦。用陈逸松的话说：那种场面很难看。

陈仪也看出了其中的矛盾，就拉一派打一派，中统、军统的特务也加以渗透。因此三月六日，"处理委员会"正式提出改革政治方案的九项要求，内容与前述的七项要求雷同，但条件提得更高；并以台湾省参政会的名义致电国民党政府。

是日，陈仪做了"二二八事件"后的第三次演讲，宣布尽可能采纳民意要求：一、改组行政长官公署为省政府；二、各厅处长尽量任用本省人并希望民意机关推选适当人员；三、各县市长定七月一日民选。如此，等于陈仪完全同意了"处理委员会"的要求。

但陈仪的策略其实是暂时答应要求，以拖延时间，等待国民党政府派出的国民党军二十一师到来。同时他策动内应，让"处理委员会"提出各种更激进的要求，尽量使争议扩大，让"处理委员会"瘫痪。三月七日后，"处理委员会"被迫重新提出四十二条要求，等于推翻了前面已获得认可的协议，一切重来。然而四十二条要求太过烦琐且政治陈义太高，授陈仪以"逾越政治改革，想谋反"的把柄。

三月八日，国民党军二十一师抵达基隆。当晚，陈仪态度丕变，他立即宣布"戒严"，开始全台的镇压搜捕。国民党军从北向南，凡遇抵抗或者民众抗议，一概以机枪扫射镇压，造成许多民众伤亡，而宪警则随后进行搜捕。

在混乱镇压中，没有公开的法律审判，更没有法律程序，所有嫌疑人不分青红皂白，迅速被枪杀甚至是公开枪杀。许多无辜者就这样莫名其妙地死在刑场。最悲惨的例子，莫过于嘉义画家陈澄波，他平时很少参与政治，却不知道为什么被带走枪杀；而台南议长汤德彰不愿意出卖他人，枪杀后被曝尸在公园三天。

更悲哀的是台湾人内部因争权夺利导致去告密揭发或趁乱挟怨诬陷。一些日据时期的"御用绅士"，正好利用这个时机，投身成为国民党特务机构的爪牙，将一些地方上有影响的人士密告上去，结果，原本只是想出来平息事变，为维持地方秩序而领导"处理委员会"的地方人士，就这样被逮捕、被枪杀。台南的汤德彰、黄妈典即是如此。而台北的陈炘，即因传闻他担任华南银行的董事，握有大量股权，有人想借此除去他占有他的股权，所以被祸。陈逸松、吴浊流、吴新荣的书中都曾写到，这是"二二八事件"中，最不堪的人性丑陋面。

国民党军清乡式的扫荡镇压后，国民党政府也知道台湾人心不平，为了平息民愤，很快把二十一师调走，改派青年军来台。青年军以一些有知识的青年为主，与百姓相处得较好，改善了军民关系。同时取消行政长官公署，改为台湾省政府，由魏道明担任首任省主席。同时，对"二二八事件"的处理也改为采取较宽大政策。

"二二八事件"的镇压总计有多少人死亡，一直成谜。

36

"二二八"后的故事

然而,"二二八"也有温暖的故事。陈仪的外甥叫丁名楠,他随着陈仪来台,担任台南县曾文区区长。他才三十出头,个性温和、处事公正、关心教育,在地方上有很好的口碑。"二二八"的时候,地方青年和学生组成的自卫队怕外省人受到攻击,主动把他们集中到宿舍里加以保护。丁名楠照常去区长办公室上下班,只是此时也只能看看书,静待时局演变。

三月中旬,国民党军二十一师由北到南地镇压。快到嘉义时,自卫队的青年情绪激动,想冲到嘉义和国民党军一拼。丁名楠知道事情的严重性,主动约了曾文区的自卫队来谈。那一天,大约有七八名自卫队员,带着上了刺刀的三八式步枪,到区长办公室。

丁名楠在办公室外头等他们。他语气温和地说:"国军已经快到了,我希望自卫队即日起解散,把取自警察所枪械库的所有武器缴回,各自回家,至于本地区的治安,由少数留在职位上的警察和民间义警来维持,只要接受我的建议,我会汇报上面,本地区的治安已经恢复,无须派遣军队进驻。"

正在为国民党军的镇压而悲愤难抑的自卫队员,听到丁名楠这么说,简直气疯了。有人用日语下了"举枪"的指令,带刺刀的枪口指向丁名楠。丁名楠没有恐惧畏缩的样子,用低沉的声音说:"你们不了解军队的镇压,那是很惨的。"他望着队员又说:"既然各位不了解我的苦心……"他缓缓解开上衣,露出胸膛站在枪口之前。

自卫队员举着枪,等待一声命令,可是没人出声。在静止的十几秒时间里,两行泪水从丁名楠的眼里落下。这时有一个队员,用一种日式的敬语说:"可敬的对手!"而后放下了枪。队员们默默离去。两天后,自卫队自动解散。丁名楠遵守他的承诺,向上级报告此地在事变中,没有发生过严重的骚乱,秩序恢复,要求军队不要进驻。

这是当天在现场的自卫队员亲口告诉林书扬的故事。

这故事说明,陈仪所带来的官员之中,仍有正直而理性的人,只是来接收的人龙蛇杂处,而当时的大陆仍处于半封建半殖民地的时代,缺乏法治观念,没有公民意识,加上战乱流离、官匪难分、贪污腐败、特权横行。这所有党政军接收者的习性,正是中国百年乱世的一种写照。

"二二八"之后,所有人仿佛都忘了那个引起大暴动的卖烟妇人,她到哪里去了?

林江迈先是被送到医院治疗,后由家人接回,等风波平息之后,她仍带着她的香烟摊子,到南京西路附近,离事发地点天马茶叶房不远的日新小学旁围墙边卖她的香烟。她总是把自己梳理得干干净净,坐在围墙边的树荫下,对面就是远东戏院,看完了戏,有人会来买香烟。再没有人知道,那个瘦瘦小小的妇人,就是引起全台大暴动的女人。陪伴她的，还是她那个最小的女儿林明珠，那一年她十岁，陪着母亲走过了最艰难的时光。

　　二十世纪五十年代，林明珠长成了亭亭玉立的姑娘。她曾经去一个外省人家帮佣。那时，负责政府高官安全工作的特警队宿舍就在离林江迈摊子不远的地方。有一个年轻人偶尔会来买烟，有时太晚了，他看林江迈一个弱小妇人背那么重的香烟架子可怜，便帮她扛回家。他叫曾德顺，是陈诚的随扈，山西来的小伙子，因为替哥哥服兵役，就跟了国民党军来台湾。

　　日子久了，总是劳烦人家，林江迈觉得不好意思，就烧了一桌菜，请警卫队的人吃饭。看见在一旁帮忙的林明珠长得清秀，警卫队的人就想撮合还单身的曾德顺。曾德顺看林明珠朴实开朗、温柔顾家，决定提亲。等到结了婚，去办理登记，才知道他的丈母娘是"二二八那个卖烟妇人"。可是他并不在意，只说：事情都过去了，有什么关系？她还不是平平常常、好好地过日子。

　　林江迈的家人都反对这桩婚姻，甚至不愿意去赠送喜饼，觉得丢脸。但林江迈不在乎，她只要女儿嫁一个正直温厚的好人，这才是一辈子的事。曾德顺对林江迈非常孝顺，侍奉她终老。

　　这一对风暴后结合的本省外省婚姻，走过风风雨雨的一辈子，却始终相携相爱。曾德顺曾罹患脑炎，濒临死亡，靠着林明珠日日夜夜照顾，才挽回一条命。我在二〇〇八年为这一对患难而恩爱的夫妻，做过一部纪录片《寻找"二二八"的沉默母亲》，他们是紧紧地握着手，一起接受采访的。

　　仿佛所有的省籍矛盾、族群冲突，在林江迈与林明珠的身上未曾留下伤痕。那个造成风暴的人，早已走出风暴，然而，整个社会的伤害却已经造成，特别是台湾精英的死亡更为惨痛。如：

林茂生：美国哥伦比亚大学哲学博士、台湾历史上第一个哲学博士。

陈澄波：台湾首位作品入选日本"帝国美术展览会"的画家。受聘担任上海新华艺专西画系教授兼系主任、上海昌明艺专教授兼主任。一九三一年获选为"当代十二位代表画家"之一，作品参与美国芝加哥世界博览会的展出。

陈炘：台北师范学校毕业、美国艾奥瓦吉奈尔学院就读、纽约哥伦比亚大学经济学博士、大公企业公司创办人。

阮朝日："台湾总督府国语学校"毕业、福岛高等商业学校毕业、《台湾新生报》总经理。

宋斐如：北京大学经济系毕业，行政长官公署唯一一位台籍高级官员（教育处副处长）、《人民导报》创办人。

王育霖：日据时期的律师、台湾第一位检察官，战后曾任新竹地检署检察官。在查缉新竹市长郭绍宗少将（河南人）涉贪污奶粉案时备受打压，因此案成为国民党政府的眼中钉。

张七郎：台湾省制宪国民大会代表、医师、花莲县参议会议长。"二战"结束后，张七郎在花莲筹建一个高大的牌楼欢迎国民党政府，并要求三个儿子尽速返台服务。"二二八事件"发生时，长子张宗仁医师先被军人以士兵上吐下泻需要医治为由骗出门，而后，张七郎与三子张果仁医师被军人强行带走，三人均以绳子反缚手背后，于凤林郊外的公墓遭到枪杀。后来证明是被当时的花莲县长张文成挟怨报复。其次子张依仁医师曾前往中国东北病院服务，医治过蒋介石腹泻。张依仁被搜身时，衣袋内有一枚现职军医上尉证章，及蒋介石的亲笔手条（感谢信），才免去杀身之祸，后来避居日本。

以上只是少数典型，"二二八事件"的死难者还有更多。

台湾的反抗运动自此转入地下，而此时，国共内战已经开始，台湾人对祖国的现实也有了真实的认识，知道在大陆除了国民党的"白色祖国"，还有一个"红色祖国"，既然要反抗国民党，要为"二二八事件"讨回公道，唯有与大陆反独裁、反内战的社会运动结合。

至于"二二八事件"造成多少死伤，依据"二二八基金会"的统计，向该会申请补偿的有效案件已审件数：二千七百二十八件，其中成立件数二千二百六十六件（死亡案六百八十二件，失踪案一百七十八件，羁押、徒刑等一千四百零六件）。然而"赔偿案件数不等同于实际受难者数字"，因为"二二八"之后，历经白色恐怖的"戒严年代"，民众对此噤声，许多历史文件被隐藏销毁，有的死难者已无家属，有的家破人亡无法追查，有的家属流亡海外，更有家属拒绝补偿。

37
消失的四年成为夹缝中的历史

我带着一袋子台湾南部的土芒果,那种黄黄小小但充满浓郁香味的芒果,来到江浓先生位于北京东四十条的家。想给他一个惊喜。

这是一九九二年的初夏。芒果是今天早晨赴桃园机场之前,在台中家乡的传统市场买的。这种土芒果曾被各种又硕大又多肉的改良种芒果打得无法抬头,几乎绝迹,所幸中南部还有少数本地的老饕还坚持着种。这种芒果味道微带酸劲儿,香浓味美,只是没什么果肉,只合含在嘴里,慢慢享受那种味道。

即将搭机赴北京的早晨,想起每次到北京一定会去拜访江浓,而江浓在台南玉井长大,那里的农村三合院里,长满了芒果树。他曾说,小时候曾在树上吃太多芒果,吃到流出来的汗都是黄澄澄的,散发着芒果味。

几十年未曾回台湾家乡的江浓,不知道会不会想念这个味道?所以我买了两斤带上飞机。那时机上还未禁止带水果,即使我的行李中不时冒出果香,却也顺利过了关。

怕水果过熟了，我一下飞机直奔他家。电梯在十四楼停下，我敲开他的门，笑着说："奉上今天早晨在台中买的土芒果，飞机直送。"

他怔怔地望着，眼眶慢慢就红了。静静地吸着眼前的芒果香气，他说："我有四十几年没闻到这个味道了。"

江浓本名江新添，是一九四六年台湾第一批公费赴大陆学生。当时台湾省行政长官陈仪认为台湾人不了解大陆，而台湾本身的高等学府如台北大学，又因过去多为日籍教师，日籍教师离去后，很多课连老师都没有，根本开不成。再加上两岸隔阂五十年，台湾不了解大陆从辛亥革命、军阀内战、抗日战争以降的一切变化，因此举办第一次赴大陆的公费生考试，招收一百名学生，希望以此培养一批台湾精英，未来作为政府官员。而当时北京大学、清华大学、复旦大学、暨南大学等都已是知名学府，台湾学生愿意去就读者不少。为表示慎重，公费生行前还举办了培训和讲习。

一九二三年出生的江浓在当时已经从台北帝国大学医学部毕业，在学校担任助教，可他了解到大陆还有另一个"红色革命的中国"存在，心向往之，遂决定学习鲁迅，弃医从文，从头开始。他担任了公费生同学会会长。公费生出发前发表的《临别告同胞书》，就是他的手笔。随后他依着自己的兴趣，进入复旦大学读新闻系。就学期间，他很快找到志同道合的朋友，思想转了方向。

一九四七年五月，他利用返台的时机，组织同学在台湾巡回演讲，介绍大陆的情势与学生的情况，也借机宣传大陆的学生运动，甚至唱了《黄河大合唱》《团结就是力量》等歌曲，为"二二八事件"之后沉闷的学生运动，注入一些活力。

一九四九年后，他留在大陆，成为对台宣传工作的干部，但

"文革"中曾在监狱中单独监禁两年。他对我说过,最怕的不是关监狱,而是单独监禁。那种长时间永远只有一个人的孤独,是难以言喻的。二十世纪九十年代初,我在一个台湾人岁末的聚会里认识他。那时他已经退休。我们成为好朋友,我喜欢和他无拘无束地谈天,更把自己无法理解的大陆社会现象、政治制度、经济问题等,向他请教。我们往往一聊就到半夜,而他家的电梯是过了十一点就关上,我得走十四层楼的楼梯下去,在二十世纪九十年代北京人车冷清的街道边等候出租车,或者走长长的夜路回旅馆。

江浓一直无法回台湾探亲的原因之一,是无从认证一九四六年的公费生资料。不仅是这一段公费生的历史已经消失,一九四五年到一九四九年的各种相关史料与记录都很少。在台湾历史研究里,这一段史实往往被有意忽略了。

事实上这四年间,台湾正处于开始地方自治的阶段。国民党政府于一九四五年十二月二十六日公布"台湾省各级机关成立方案"。一九四六年四月全省间接选举出二十九位省参议员。同年五月正式成立台湾省参议会,由黄朝琴、李万居两人分别担任首届正副议长。一九四六年八月台湾选出八名国民参政员。这在当时是最高的参政议政机构。当选的八人包括林献堂、杜聪明、林忠、陈逸松等。

一九四六年十一月,蒋介石在南京召开"制宪国民大会",会议期间有诸多争议,包括各政党的抵制与抗议。此次会议,台湾与会的制宪国大代表有:郭耀廷、颜钦贤、黄国书、林连宗、李万居、林壁辉、张七郎、郑品聪、高恭、连震东、谢娥、南志信等。想不到的是一九四七年,台湾发生"二二八事件",而国大代表张七郎一家父子三人被枪杀了。

《陈逸松回忆录》里记载着，一九四七年五月，台湾国民参政员赴南京开会，他们要趁这个机会面见蒋介石。这是陈逸松第三次见蒋介石。第一次见蒋介石是一九四六年九月，参加丘念台所组织的"台湾光复致敬团"，包括了林献堂、叶荣钟等十五人。他们游览西安、遥祭黄帝陵，又到上海、苏州等地观光，最后到南京晋见了蒋介石。第二次则是一九四六年十月二十五日蒋介石来台湾参加台湾光复一周年纪念。他单独约见了一些台湾人士。陈逸松也在被邀请之列。他报告了台湾物价飞涨十倍，请政府想想办法等。蒋介石只是频频点头说："好的，好的。"这第三次已是"二二八事件"之后了，他决定向蒋介石面陈"二二八事件"的真相与台湾人的心声。他说："中央要停止抓人和杀人，那些受冤枉的人是无罪之人，要赶快放出来。"

蒋介石认为这些人包围占领政府机关，殴打外省人。陈逸松随手拿出一封施江南当时读台北一女中的女儿写给他的信，交给蒋介石说："这女孩的父亲是医生，医生怎么可能做出叛乱的事？被抓去之后，现在连尸体都不知道在哪里。他太太和女儿到处去找都找不到，请委员长想想办法。"

蒋介石威严地说："好的好的。"随即交代旁边的人"快办"。

同行的参政员吴鸿森的弟弟吴鸿麒也失踪了，他写了陈情书，也一并交给蒋介石。后来施江南的太太收到台湾警备总部发的公文，只声称"未逮捕施江南一员"。而吴鸿麒则早已被虐杀了。

这期间，除了地方民意代表，一九四七年十一月举办第一届国民大会代表选举，台湾有吴三连、余登发、连震东、杨金虎、林忠等台籍人士当选，共计十九名。

一九四七年十二月，第一届中华民国监察委员选举，台湾由省参议员选出陈庆华、丘念台、陈岚峰、陈江山、李缎五人。

一九四八年一月，第一届立法委员选举，台湾选出刘明朝、罗万俥、黄国书、蔡培火、郭天乙、谢娥、林慎、郑品聪八名。

一九四八年，陈逸松作为台湾唯一的考试院考试委员，去南京开会。此时，台湾包括国大代表、立法委员、监察委员等，也有几十个人，台湾银行为他们在南京租下的一幢房子，空间不小，让台湾代表一起住在这里，派有专人服务。可以说，这一段时间，正是台湾地方自治开始萌芽，而台湾的民意代表则前赴南京，正式以台湾省民代表的身份，进入整个中国的政治体制运作，参与到中国大历史之中。这是两岸联结的历史事实。

然而历史并未给台湾留下时间。大陆的内战已经开始，台湾人民也卷入到内战的风暴之中，不仅是资源被大量征调，造成经济危机、通货膨胀、民生困苦；缺乏兵源的国民党政府也来台湾，以学习中文为名，骗了不少人报名，等到他们被编入部队，船一开出台湾港口，那些觉悟到是去大陆打仗的青年已经来不及回头了。许多人就这样离开台湾，埋骨异乡，更有人转投解放军，留在大陆，一生未曾返乡。

一九四六年到大陆读书的江浓，汇入了中国革命的洪流。和他同期的公费生有三分之一留在了大陆。我曾问江浓，若是当时你留在台湾当医生，现在怕不早已成为名医，荣华富贵了。他笑着说：没办法，那时年轻的理想主义在召唤，一腔热血，没去做，才会后悔一辈子。

送去台湾土芒果的几天后，我再去看他。只见那些芒果还依然完好，用一个漂亮的瓷碗盛着，放在客厅的桌上。芒果已经软了，泛出微微的黑点，果香浓郁，一室芬芳。

"再不吃要坏了。"我说。

"啊，舍不得吃，只想多闻一下，家乡的气味啊。"他望着芒果，一脸的微笑。

两年后，经查证当年的报纸以及当年同学的相助，他终得回到家乡，踏上故土，寻访老友。

他曾用日文写过自己的故事，一九九五年我去日本的时候，受他之托，带了一部分文稿去神户交给陈舜臣，希望可以出版。而今，江浓和陈舜臣二位前辈都已作古，那书稿不知可曾写完？

他的青春岁月以及那理想主义时代的芬芳，一起封存在记忆的深处。

38

蒋介石的危局部署

一九四八年十二月,在台湾阳明山养病的陈诚接到蒋介石的命令,任命他为台湾省主席。他赶紧给蒋介石发了一封电报,认为台湾省主席魏道明的表现不错,应该继续担任省主席,他愿意在军事上加以协助。但蒋介石不同意,陈诚只得在一月五日就任。

事实上,在蒋介石的主导下,行政院在一九四八年十二月二十九日通过陈诚的台湾省主席任命,次日国民党中央常委会通过任命蒋经国为台湾省党部主委。当时,著名报人、外交家董显光认为是:"俾中国大陆万一发生意外,该省可为政府最后坚守力图复兴之地。"此时的国共内战胜负已现。国民党在三大战役失败后,已兵败如山倒,解放军准备渡江,情势岌岌可危。

此时,大陆各地避难者也纷纷来台,台湾的南北两大港口忽然涌现了大量的迁台人潮。陈诚只得赶紧向蒋介石求援。他除了要求整顿高雄、基隆两港口,以缓解拥塞的情形之外,更要求各军政机关和不必要的单位、物资不要迁台,以免过度拥挤,造成民众不良的观感。

1月21日，蒋介石宣布引退。但实际上政局仍波涛起伏，追究责任之声不绝。李宗仁致电蒋介石谈及上海的舆论曾指出："陈立夫误党，吴铁城、政学系误政，陈诚误军，孔宋误蒋，蒋误天下。"虽然引退回乡，但蒋介石依然在幕后操纵政局。所有党政军与经济资源乃至黄金与故宫文物的迁运，仍旧听从他的调动。

蒋经国在回忆中说："父亲引退之后，交我办理的第一件事，是希望空军总部迅速把定海的飞机场建筑起来。那时我不太明白父亲的用意，只能遵照命令去做。父亲对这件事显得非常关心，差不多每星期都要问问机场的工程已完成到何种程度，后来催得更紧，几乎三天一催，直到机场全部竣工为止。直到淞、沪弃守，才知道汤恩伯将军的部队，就是靠了由定海基地起飞的空军掩护，才能安全地从舟山撤退到台湾。"

台湾是蒋介石的最后基地。一九四九年五月二十五日，解放军进入上海之前，蒋介石已先离开。他在五月十七日从定海飞到澎湖马公，但并未马上到台湾，而是召集一些将领来询问，确定了台湾安全，才于二十六日飞到高雄，陆军训练司令孙立人在高雄迎接。

他在高雄寿山停驻了一个月的时间，召集台湾省主席陈诚及将领、党务等负责人开会研究台湾的建设与防务。他甚至拟定了一条北起青岛、长山列岛，中连舟山群岛，南抵台湾、海南岛的海上岛链，想封锁大陆。但这终究只是"构想"，实际上此时的国民党已是"内外交迫"，内是大陆的内战未了，外是"国际托管"论出现了。

眼见国民党的大撤退，台湾恐怕不保，而苏联的势力将大举进入亚洲，美国开始有了将台湾转交"联合国托管"或"盟国暂管"之意。蒋介石知道以后表示："对此一问题，最足顾虑，故对美应有坚决表示，余必死守台湾，确保领土，尽我国民天职，绝不能交归盟国，如其愿助我力量，共同防御，则不拒绝。"

六月二十日，蒋接获驻日本代表团来电报告："盟总对台湾军事颇为顾虑，并有将台湾交盟国或联合国暂管之拟议。"

蒋介石回复表示："一、此办法违反中国国民心理，尤其中正本人自开罗会议争回台、澎之一贯努力与立场，根本相反；二、台湾很可能在短时期内成为中国反共力量新的希望，因为台湾迄无共党力量渗入，而且其地理位置，使今后政治防预工作较彻底；三、美国政府单从国际的利害上考虑，亦绝不能承认中共政权，美国政府应采取积极态度，协助中国反共力量，并应协助我政府确保台湾，使成为一种新的政治希望。"

虽然面临全面溃败的局面，蒋介石仍不死心。一九四九年五月来台，六月迁居台北阳明山，稍作安排之后，他仍把目光投向大陆未完的残局。直到一九四九年底为止，他十二度进出大陆，去过福州、广州、黄埔、厦门、定海、重庆、昆明、云南等地，停留的时间加起来有两个多月，他甚至直接去胡宗南部队，要他在成都会战，而不听胡宗南想将大部队转进西康，进入中缅边界的计划。最后解放军攻下重庆，胡宗南数十万部队被瓮中捉鳖，撤退都来不及。

十二月八日，蒋介石终于宣布"国民政府"迁往台湾。

39

黄金大搬运和国宝大迁徙

一九四八年十一月三十日，深夜的上海滩码头和靠近和平饭店旁边的中国银行大楼，今夜非常不寻常。早该熄灯的大楼里，今夜一楼竟然灯火通明。寻常的日子里冬夜里行人不会多，但今夜的中国银行旁边竟有一群军人，荷枪实弹把守着银行到港口边的通道。黑夜中，一艘海关总署的缉私舰缓缓驶向了中国银行的码头。这一艘缉私舰名叫"海星号"，载重达三千吨，在缉私舰中是吨位大的船。它一靠岸，就有人指挥开出一条道，从中国银行里出来一群挑夫，他们挑着木制的看起来像是威士忌酒桶的重物，把它们运上了船。

海关总署的职员范元健几十年后回忆说："看到挑夫挑那么重的东西，我们就猜想，里面可能是用木头封起来的金条。见我们很惊讶地看着，船长大声说：不要问里面是什么东西。"

东西搬上船后立即开航。船在夜间静静航行，经过台湾海峡，十二月三日到达了基隆港。台湾银行的职员刘明朝带着一辆卡车已在码头等候多时。他载上这一批木桶，立即驶向台北台湾银行的金库。此时已是十二月四日凌晨。

二百万两黄金，约占当时中央银行一半的黄金存量，就在这个夜晚悄悄地转移到了台湾。

事实上在一九四八年十一月，蒋介石眼见战场失利，即开始筹划黄金迁移的事。他指派蒋经国、宋子文、俞鸿钧组成项目小组：蒋经国负责军队的协调、宋子文负责海关调度、中央银行总裁俞鸿钧负责银行公文协调。宋子文是干练的政坛老手，他认为此事必须保密，若外泄会造成社会恐慌，但中国船舰容易泄露，所以最好找外国人负责的海关总署来执行，黄金要放在哪里是中国人自己的事，外国人不想干预，他们只负责运送。

午夜上海滩的秘密行动，在全面"戒严"下，照理不应外泄，却不料紧临中国银行旁边的和平饭店五楼上住着一个房客，此君是《字林西报》（North-China Daily News）名叫乔治·瓦因（George Vine）的记者，他半夜正在写稿，无意中往下一看，但见奇异的灯火通明中，几个挑夫正从银行搬运东西出来，他立即写了一个特稿："我几乎不敢相信我所看到的，下面是一个充满苦力的银行，我甚至可以判断出他们的帽子和制服，湛蓝色的上衣和宽松的短裤，中央银行偷运金条！"路透社也跟进了："徐州惨败，京沪震动，中央银行偷运金钞。"

这两则新闻像重磅炸弹，把原本就脆弱的金圆券打得更惨，加上徐蚌会战战败的消息，纸币没用了，人人抢着买黄金，十二月二十四日，中央银行就发生黄金挤兑事件，挤死挤伤了许多人。

但运黄金的事没结束。蒋介石当然知道黄金才是硬货币，一九四九年一月二日，又有六十万两黄金从上海由缉私舰"海星号"和"美朋号"运出。蒋介石的黄金秘密转移，显示了他想找一个安定的地方，作为东山再起的根据地，而台湾正是他看中的地方。

蒋介石一九四九年一月二十一日下台，他知道自己一旦下野，将失去对中央银行黄金的掌控，而黄金与外汇是军费所必需，所以他把俞鸿钧和负责军费调拨的联勤总部财务署长吴嵩庆找来开会，三方签署了一纸被外界称为"黄金草约"的条款，载明吴嵩庆可以以调拨军费为名，将存放在厦门金库的黄金与外汇，以"预支军费"的名义提出来使用。吴嵩庆于是成为蒋介石迁运黄金的代理者。

一九四九年一月二十日，第三批黄金九十万两开始转移，这一次的理由即是"预支军费"，存亡危急之秋，战场急用谁也不敢阻止。而黄金一旦转入联勤财务署为军费，就不是谁能管得了的了。唯一奇怪的是，当时所签的"黄金草约"文件却再也无法找到。国民党档案馆没有记载，中央银行找不到，蒋介石的手令也没有，只有在吴嵩庆个人的日记里留下"草约"的关键内容。

一九四九年二月六日，在蒋经国的指挥下，转移了第四批黄金，计有五十五万两。南京中央银行的金库已经搬空了。一九四九年五月，解放军攻入上海前几天，蒋经国亲自从上海押送最后一批黄金，用几架飞机运送到厦门。

一九五〇年六月，蒋介石下令，要所有运回台湾的黄金全部缴回国库。而依据台湾银行的资料，这时缴回的黄金有一百零八万两。本来运出的黄金应有四百多万两，但在战争和撤退中，数百万军人的军费、撤退的船只运输、文物的运送、来台百万军人的安置等不断地花费，最后只剩下了这一百零八万两黄金。新台币的发行，就是靠着这些黄金才稳住大局。但事实上，这些钱在当时并不算太多，战争烧钱太快，就算有一百多万两黄金，在毫无生产收入的情况下,两岸陆海空天天打,百万大军天天要吃要喝,台湾经济危急,实在也撑不了太久。

我们细看当时照片,就会发现那些装载黄金的木桶,长得很像威士忌酒木桶,只是里面装了金条,这确实是很好的掩护。

就在上海搬运黄金的二十三天之后,一九四八年十二月二十二日,一艘船悄悄地从南京下关出发,驶向台湾。

这是一次秘密行动。由蒋介石亲自下令,让海军总司令桂永清派出军舰中鼎轮来载运。中鼎轮是一艘登陆艇改装的运输舰。前一天下午,在下关装船的时候,有关的几个机构都派了人来,他们要亲眼看着每一个箱子装上船,再派自己的人亲自押着箱子到台湾去。

这些箱子的数量,总计是:故宫博物院三百二十箱,箱里有三千四百零九件文物;其中古物二百九十五箱,图书十八箱,文献七箱。文物中最重要的是去伦敦参加艺术展的八十箱珍品。另有南京中央博物院的二百二十箱。同时运送的,还有中央图书馆的珍本书六十箱,主要以明朝以前的刻本、校本、手抄本为主。中央研究院历史语言研究所有一百二十箱,包括最珍贵的甲骨与金石古文物。此外,还有外交部重要的各国条约档案六十箱。

各机构都派出自己的押送人员。故宫派了庄尚严、刘奉璋、申若侠,中央博物院派了谭旦同、麦志诚,其他机构也都派了专人。

想不到的是,十二月二十一日,箱子要装上船的那一天,海军人员听说有船要开到台湾,竟带着妻儿眷属,一起先赶到了码头。这些人的职位都不低,否则不会知道这么机密的事。船上的工作人员不知如何阻止，就全部放他们上了船。等到文物到了码头要上船的时候，发现先来的人已经各自寻觅地方，摊开被褥，席地而卧，闭目养神，如入无人之境。整个甲板上，竟然无一处空隙。

前来巡视文物押送的中央研究院历史语言研究所所长傅斯年上船一看，文物船竟变成了难民船，军队纪律竟涣散如斯，顿时气白了脸。他以杖戳地，敲打了好几下，连呼：胡闹，胡闹！他把史语所押送的同人找来，问了几句，就匆匆驱车离去，直接把车子开到海军总司令桂永清的办公室。

这时，教育部次长杭立武也打了电话给他的留英同学——时任海军总司令部参谋长周宪章。桂永清知道事态严重，机密押送变成公开行程，文物船变逃难船，而且海军的眷属竟然先逃，这说出去闹不好会传到蒋介石那里。桂永清只好亲自上船处理。他一个个去劝导，希望以国家文物为重，此船乃是特别指令，只运送文物，不得搭载无关人员。经过一番疏导，海军的眷属们才逐一离开。

事实上文物渡海南迁，早在一九四八年十一月十日就开始讨论了。当时，杭立武眼见东北战败、华北失利，就联络了故宫博物院、中央博物院、中央图书馆、中央研究院四个单位的人，包括杭立武、朱家骅（教育部长）、王世杰（外交部长）、傅斯年（中研院史语所所长）、徐鸿宝（故宫博物院副院长）等人，一起到行政院长翁文灏的官邸，举行会议。这几个人都是故宫博物院的理事会成员。会议中，教育部长朱家骅表示中央图书馆的文物一并迁台，而傅斯年以史语所所长的身份表示，史语所的文物甲

> 这么广阔的世间，
> 就一个我怎么这样狭仄

日本发动战争，殖民统治越来越严酷，他被逮捕，在狱中没有纸，只能用上厕所用的粗糙的草纸写下他的狱中日记。前面所引的日记，正是出于此。他饱含悲悯的人道主义情怀跃然纸上。

赖和关了五十天之后，因为重病而出狱，一年多以后，就病逝了。

但丁韵仙没有被释放，她被转去台中看守所。丁韵仙是台湾新文学运动重要作家陈虚谷的女儿，由于母亲丁琴英连生五个女儿，而娘家哥哥丁瑞图膝下无子女，所以她出生二十九天后就被送给丁瑞图当养女。丁家视如己出，非常疼爱她。小的时候，她患了关节炎，无法走路，每天由丁家的婢女背着，到鹿港洛津公学校去上课。

生病的丁韵仙无法运动，就喜欢上了阅读。养父丁瑞图书房里的书，从陀思妥耶夫斯基的《罪与罚》及英、美、俄小说，到马克思、列宁的著作，都成了她思想的养分。在二十世纪二十年代世界性的左翼风潮下，丁瑞图往来的朋友不少是文化协会的同人，他们在父亲的书房激烈辩论世界局势和弱小民族、殖民统治下如何反抗问题的时候，丁韵仙往往躲在屏风后面，似懂非懂地偷听。她的反抗殖民统治思想开始启蒙。

一九三七年"七七事变"爆发时，丁韵仙十四岁，上了彰化高等女子中学。学校应总督府要求，举行夜间提灯游行，高喊口号："膺惩劣支！""庆祝南京陷落！"可丁韵仙在活动中保持沉默。不仅如此，她还写了反日传单，在学校里暗中散发。传单上写着："要为祖国流尽最后一滴血！"

骨、青铜器等也随同迁台。达成共识后遂决定由翁文灏报请蒋介石。蒋介石同意，并表示能搬运就尽量搬运。从十一月十日开会，到十二月二十二日出发，时间非常短，可见已感觉到时局的紧迫了。此时，北方的淮海战役虽然还在打，但胜负已分。

第一批运台的文物二十六日抵达基隆，二十七日清晨把箱子卸下来立即上火车，在先遣人员的引导下，文物运到了杨梅火车站附近通运公司的仓库，暂时存放。

一九四九年一月六日，第二批文物从南京开船，有故宫博物院一千六百八十箱，其中古物四百九十六箱，图书一千一百八十四箱，《四库全书》正是此中最重要的宝贝。由于此次是向轮船公司包船，所以运行顺利。

等到第三批文物要运送时，已是一月下旬，此时蒋介石刚下野，由李宗仁代理总统，北方战局大败，人心惶惶，民间商船都被调去转运军需品，已无法租到商船了。不得已，只好再求助于海军总司令桂永清。桂永清指派"昆仑号"担任这个任务。这是一艘三千吨的船，但它还有其他地方的军事任务，行程必须保密，船到码头不能停留，必须立即上货装船，所以文物得先运到码头等候。

此时南京正是冬日，寒风萧瑟、冷雨霏霏。码头已堆满了各方运来的逃难物资。国宝文物的箱子无处摆放，只能露天放在码头上一堆杂物之中，勉强用油布先盖上，以避免雨水淋湿。凄风苦雨中，运送文物的人目睹国宝沦落至此，不禁想起李后主的诗"最是仓皇辞庙日"，情景无比悲凉。

一月二十八日，正是农历除夕的前一天，"昆仑号"到达港口，船长宣布只停留二十四小时，必须立即装船。码头工人以过年为由，拒绝加班搬运。但码头工会已拿了定金，不能反悔，再经过疏导，还加发"新年特别奖金"，工人才开始搬运。

谁知当海军总司令部方面的人听说有船要开往台湾，竟连夜打包，携家带眷，又拥到了码头，拼命冲上船去。舰上人员眼看都是熟人，无法阻止，就放开了。杭立武急了，眼看交涉无效，再打电话给总司令桂永清。

桂永清到船上本来是想劝导的，却不料这些海军眷属一看桂永清来了，一家老小都跪下来放声大哭。此时南京已经非常危急了，逃难人潮挤满了码头，再多的金条都买不到船票，他们拼了命才登上船，如何肯下去？桂永清只能摇着头说："把舰上所有官兵的卧舱都开放了吧。"然而即使甲板、餐厅、医务室都挤满了，还是不够。码头上还有许多箱子上不来。未能上船的，故宫有七百二十八箱，中央图书馆有二十八箱。

封舱后，船快开了，杭立武突然想起来，还有四箱宝贵的文物未上船。那是抗战时期，汪精卫赴日本时，拿去赠送给日本天皇和皇后的礼物，计有：翡翠屏风、白玉花瓶、清玉花瓶等，抗战胜利后好不容易才收回来的。他赶紧跟舰长交涉，才终于上了船。这一艘船不是专运文物的，因此绕行好几个港口，走了二十四天才到达基隆。

这已是最后一批了。

文物到了台湾之后，先存放在台中糖厂的仓库，后来担心空袭，再转到雾峰山边名为北沟的地方，在那里建了一个库房。此后，海内外来参观的人多了，每一次都得由故宫人员拿出来展示，再收起来，非常不便，于是筹划在台北市近郊的外双溪建长期展览馆。一九六五年,新馆完成。由王云五担任管理委员会的主任委员,蒋复璁任院长。中间又历经几任院长,盘点文物、机构改革、场馆改建扩建,终成现在的模样。

在战争烽火中流离迁徙、漂洋过海的中华文化瑰宝,终于有了一个展示的地方。作为后代的我们,对在战火纷飞、流离失所之际,还努力保存文物与文化的前辈,不能不感到深深的敬意!

40
离开北平的最后一班飞机

一九四八年十一月二十九日,平津战役开打之日,蒋介石预感不妙,他召集朱家骅、傅斯年、陈雪屏等人开会,讨论如何"抢救学人",当时即拟定了抢救的四种学人:一、各校、院、会负责人;二、中央研究院院士;三、与官方有关的文教人士;四、学术界有贡献者。除了由朱、傅、陈负责列名单之外,还请蒋经国与傅斯年、陈雪屏组成二人小组,以落实细节。据说当时的名单有二四百人。

小组之所以由此三人组成,自然是:由蒋经国指挥交通部长俞大维调动飞机接运,自不在话下;陈雪屏代理教育部长,与学界熟识,也是必然;而傅斯年是三人中实际联络学者的主要负责人,因为他是公认的个性耿直、脾气火暴、疾恶如仇之人。他早年留学英、德,回国后执教于大学,一九二八年筹划创立了中央研究院历史语言研究所,担任所长二十余年。在乱世的危局中,蒋介石希望利用这样耿直而具有人格魅力的学者来动员学界文化人。一九四八年十二月,南京行政院即批准台湾大学庄长恭校长辞职，同时发表傅斯年校长的人事案，让傅斯年"抢救"出来的学人，可以到台湾担任台湾大学教授。

傅斯年开始"抢救"的学人以北大、清华、南开大学等校的学者居多。十二月初，他就和胡适联络。但胡适正忙于筹备北大五十周年校庆无法南迁。中共方面也特别派了胡适的学生吴晗来劝他留下。当时担任北大东方文学系主任的季羡林曾回忆说：有一天在胡适的办公室里，就有人进来报告说，解放区的广播希望胡适留下来，继续担任北大校长和图书馆馆长，胡适反问道："他们要我吗？"

蒋介石三番两次打电报来催促，甚至派大员来邀请。十二月十五日，胡适和陈寅恪、毛子水、钱思亮、英千里等二十余位教授学者搭乘专机，离开北平，自此，胡适再不曾踏足北京。

飞抵南京时，傅斯年、蒋经国等人都来机场接机。十六日，蒋介石在官邸设午宴为一行人接风，十七日是北大五十周年校庆，也是胡适五十七岁生日，蒋介石还特地在官邸设寿宴请胡适夫妇。这样的礼遇，与蒋介石在日记中对胡适自由主义思想的不满，形成强烈对比。这是因为对蒋介石来说，此时他极需学术界为他支撑。但学界显然不太买账。北平"抢救学人"的计划并未收到"抢救"三四百人之效，更多学者厌倦了战争，希望专心从事学术研究。当蒋介石招手时，他们认为好不容易抗日战争结束，人人都希望安定，国民党却发动内战，让几十万几百万的人死于内战。他们更相信共产党的召唤，要为建设未来的新中国而努力。

画家徐悲鸿在一九四七年八月就任北平艺术专科学校校长，一九四八年十二月间，学校有人发起南迁运动，他仍决定留在北平。他把教育部发给南迁的"应变费"发给学生和员工，当作他们的生活费。一九四九年一月中，傅作义召开了北平大专院校校长会议，问大家该何去何从时，徐悲鸿第一个在会议上声明："北平是驰名中外的文化古都，不战则可以保存这个名城。"一月下旬，教育部再次派飞机到北平要他和一些文化人离开北平，他干脆回答说："因为心脏病不能搭飞机。"拒绝了。辅仁大学前校长陈垣面对傅斯年的盛情邀请，干脆躲到朋友家中，让他们找不到。

中央研究院也一样。一九四八年十一月二十九日，蒋介石找朱家骅开会的次日，由院长朱家骅奉命召开中央研究院在京人员谈话会，出席会议的有在南京七个研究所的负责人姜立夫、陈省身、张钰哲、俞建章、罗宗洛、赵九章、陶孟和、傅斯年、李济等。会上商定几条应对措施：立即停止各所基建工程；尽快征求同人意见，做好迁往台湾的准备；……文献资料等集中到上海，伺机运往台湾。最配合的当然是傅斯年的历史语言研究所，十二月二十一日，即随故宫文物把主要甲骨文物等迁台。但随后讨论中研院迁台时，内部即出现争论。大部分院士采取观望态度，已经与中共建立了联系的学者如陶孟和则反对南迁，主张要留守大陆，静待解放军的到来。最后，中央研究院系统十四个单位，成功建制迁台的仅有管理机构中央研究院总办事处、历史语言研究所，中央研究院十二个自然科学研究所和社会学所都留下。院士中，除胡适、梅贻琦等数十位教授外，中央研究院八十一位院士中有六十位留在大陆，占院士总数的百分之七十四。到台湾的院士有凌鸿勋、林可胜、傅斯年、董作宾、李济、王世杰、吴稚晖、朱家骅、李先闻九人；去美国的有陈省身、李书华、吴宪、林可胜、赵元任、汪敬熙、陈克恢、李方桂、胡适、吴大猷、萧公权、萨本栋十二人。

刚到台湾时，学者们过的是非常艰难的苦日子。朱家骅在报告中说，初到台湾，物价飞涨，币值狂贬，当局所给的经费根本不够用。他到处奔走，把史语所的文物安顿在杨梅车站仓库，而学者姚从吾押运第三批文物来台，却无处可去，只能带着家眷在仓库边搭一个"违建"，弄个小煤炉，暂时安顿。没钱时，还得靠他的夫人变卖物品生存。

那些甲骨金石文物放在车站仓库也不是办法，总是得找个地方存放，才能永久保存，否则民族文化上最重要的资产就会毁了。因而院士的生活再艰难，也要坚持为文物请命。

身在台北的学者也很困难，一下来了这么多学人，傅斯年也没办法，就只能先安顿在台北大学的少数教室里。当时，"中研院"院士李济和董作宾就合挤在一间台大教室里，中间拉一块布帘子，一家人从前门，另一家人从后门进出。夜间鼻息，声耳相闻。这还都是机构中有名有姓的著名人物，那些无名无姓数以百万计的公务员、军人、教师、学者、作家、艺术家呢？在这烽火燃烧的乱世里，他们又该如何生存下去？

41

乱世儿女

一九五〇年五月十八日深夜,一艘海军登陆艇满载着奉命撤退到台湾的军队,驶离舟山的橄榄码头,十一岁的少年桑品载,还不到当兵的年龄,个头瘦瘦小小的,却夹在一群大兵中间,悄悄驶向台湾。这已经是最后离开大陆的一支国民党军大部队了。总计有七万余军人和五万余青壮年。

桑品载的家在舟山岛的"司前村"。几万待撤退的军队先到舟山等候安排去台湾,那时,一个姓萧的连长看上他家房子,暂住他家。桑品载的姐姐生得漂亮,是村子里的美人,被萧连长看上了,船要离开之前,那连长找了桑品载的妈妈,说要带上姐姐一起去台湾。妈妈没反对,却附带一个条件——带上十一岁的弟弟。那连长想都没想就同意了。

妈妈连夜缝了小布袋子,把父亲当渔民好不容易存下来的五十四块银元藏在里面,让他绑在身上。临走前,妈妈一再叮咛姐姐"要照顾弟弟",也叮咛他"到了台湾要听姐姐的话,男儿志在四方啊"。说着妈妈就泣不成声了。

他和姐姐跟着士兵，踏着月光，走到海边，上了兵船。船上满满的兵，也有一些老百姓，女人也不少。可是在一个角落里，却用绳子绑了几个壮汉。壮汉们怒目四望，找了一个空当儿，起身拉开绳子，冲向了甲板。这时看守的士兵大骂起来，用枪托去打逃走的人；有人跑得快，已跳入海里。士兵拿着枪往海里扫射，顿时鲜血染红了海面。可少数的幸存者还是拼了命地游。

桑品载知道他们是被抓的兵。大撤退的前几天开始抓兵，有的是在路上抓，有的冲进家里去抓。隔壁邻居有一个亲戚，去附近的村子里娶亲，抬着花轿回来的路上，碰上抓兵。四个抬轿的和新郎都被抓了，只剩下一个新娘坐在轿子里哭。如果有人敢反抗逃走就当场射死。

船上的人越来越多。桑品载没想到的是，过不久，几个军官和萧连长过来，要让姐姐下船。"码头上还有部队上不来，可是船上已经没有位置了。石司令下令除了眷属以外，女人都不许带走。"姐姐流着泪走了，只留下她的银元。不料那萧连长过来说，怕他一个孩子带太多银元危险，帮他收起，只给他留下三个。

两天后，船到了基隆。码头上有成百上千个女学生，摇着旗子，列队欢迎。部队下船各自被等候在外的卡车一一接走。几万人之中，他找不到萧连长，一个小小的身影逆着人流，急急地冲回船上找人，却不料船上的部队已经快走光了。他再寻到岸边，连卡车都开走了。他不敢走，怕萧连长回来找他。可是等到最后，天都黑了，又被赶出了码头，他才知道自己成了一个孤独的流浪儿。

他很快花光了三块银元，饿得不行了，就到菜市场去捡拾丢弃的菜叶子吃。一日一日，他的肚子肿胀，身体虚弱。有一天实在饿得受不了，被饭香吸引，他走进一家餐馆的后门，碰到一个白发老人正在洗碗。老人看出他是饿坏了，拿些剩饭剩菜给他吃，这才让他免于饿死。而那个老人也是来到台湾无家可归，是那家小餐馆的老板收留了他。

就这样过了一个多月之后，一个附近军营的士兵看见了他，发现他的肚子肿胀便问道："你想不想当兵？"

"我这么小，可以吗？"桑品载问。

"没问题，我们里面比你小的都有。"那士兵说。

就这样，他进入部队，成为幼年兵。后来他才知道，部队里十岁的不少，最小的才六岁。为什么会这样？原来由于国民党军在战争中一路打一路输，死了的人来不及补充，但死人的名额却还在，许多部队的长官也不想全员补齐，而是把缺额留着"吃空饷"。连汤恩伯撤退来台湾的时候，号称有七万大军，但雷震就怀疑实际人数没有这么多。部队到了台湾，开始要清理人数，各部队只好紧急补充兵员。也不管年纪多小，先补上人数再说。有些部队为了充数还找了军人家属中的小孩子占个缺额，拿点薪水过日子。

也正因为这样，撤退来台的军人到底有多少，常常言人人殊。有说一百万，有说一百五十万、两百万，但实际算起来，依后来的统计，把海南岛、越南富国岛撤退的都一起算上，大约六十多万人。

桑品载的遭遇是一个乱世中的典型：抓兵、撤退、生离死别、命如草芥、流离失所……

从大陆到台湾有过三次逃难潮。

第一波是一九四八年辽沈战役大败、淮海战役也节节败退，一九四九年一月蒋介石下野，一批对时局迷茫、先走为上的人来台，约莫有二十几万。第二波是一九四九年四月解放军渡长江继而攻占南京、上海，六月初国民党政府从青岛撤退，逃难潮从上海向各方漫延，一时人潮挤爆了基隆码头。这一波难民加上军队，有约莫五十万。

一九四九年五月来台的贾贞斋曾回忆：

> 士兵、军眷、难民挤在一起，人们争先恐后搭船逃离上海，整个码头犹如人间地狱。……国军奉令把武器弹药一概丢弃在码头上，只要人上去就行了，于是码头上堆满了武器、弹药、黄金、白银、家当，有些船由于人满为患而将船梯收起，为了挤上船，许多人冒险企图攀爬上船，结果饺子下锅一样，由船舷落入海中……

第三波逃难潮则是十二月八日，蒋介石宣布"国民政府"迁移台湾，军人、官员的逃难潮在此时最大。为了防止共产党员进入台湾，蒋介石决定对赴台者的资格加以严格管制，须有批令才能上船。

依照学者林桶法的统计，一九四五年到一九五三年左右，所有来台的外省人，总计军队有六十多万人；官员、文化人及眷属等，约莫三十多万人，其他商人、百姓等有三十几万人，全部加起来总计一百二十余万人。一九五三年台湾人口总数约八百万人，外省人占了百分之十五。这大约也就是所谓"外省人"在台湾的比例。

为了安置这百万军民，蒋介石当局煞费苦心。建眷村就是一个典型。依据统计，全台湾眷村总数为八百七十九个，共有九万八千五百三十五户，四十六万七千三百一十六人，约占当时台湾人口九百三十七万人中的百分之四点九八。但这也只是安顿了三分之一的逃难者。其他人只能流落街头，像桑品载一样忍饥受饿。

然而，要特别注意的是来台的一百二十万人之中，有三十多万人是公务人员和知识分子。从统计数字来看，一九四八年，受到日本歧视教育制度的影响，台湾有高中以上教育程度者为十三万二千五百八十四人，但到了一九四九年为二十二万七千五百零五人，增加近一倍。这当然不是台湾高中以上教育机构增加，而是大陆学生以及大量公务人员迁台，数量才骤然大增。从长远的历史眼光来看，这不仅是整体教育素质与文化程度的提升，也是台湾历史的转折点。但战争的记忆、流离的惊惶、苦难的阴影、别离的忧伤，都将跟随着这一代人，成为无法抹去的记忆。

一九四九年大迁徙的苦难，留给两岸的中国人太多记忆，一百二十多万个生命记忆，一百二十多万来自不同地方的生活方式、饮食习惯、语言表达、艺术思想，全部都来到这个小小的岛屿上，将在小小的空间里交会、碰撞、融合、冲突、结合、创造、再生……

42

新台币与土地改革

一个小小的岛屿,面对不断增加的上百万人口,吃喝拉撒睡,一切都是问题。更何况,此时台湾已如风雨飘摇中的一叶小舟。经济萧条、台币狂贬、青年失业、农村凋敝,特别是"二二八事件"之后的读书会及学生运动,正在与大陆的反内战、反饥饿运动合流,台湾要崩溃也是一夕间的事。

作为台湾省主席,陈诚为避免撤退带来大混乱,对来台人员进行资格管制,撤退来台军队在港口一下船,立即解除武装,武器全部上交,更彻底的是在一九四九年五月二十日,开始实施戒严令,禁止集会、结社、游行、请愿;限制言论、讲学、出版、新闻自由;禁止罢市、罢工、罢课等。这一戒严令,直到一九八七年蒋经国宣布解除戒严、解除党禁报禁,才宣告结束。它创纪录地成为世界上实施最久的"戒严令":三十八年。

一九四九年,随着大陆发行金圆券的失败,台湾要筹募大量内战军费,也只能加大印制台币,向民间征购米、布、糖、盐等,以应付战争的需要,台币跟着通货膨胀而加速贬值。一九四六年,台湾发行的台币有五十三亿元。到一九四九年六月币制改革前夕，发行的台币有五千二百七十亿元，增加了一百倍；而物价指数，一九四九年的物价是一九四五年的七千倍。台币已在崩溃边缘。对陈诚来讲，此时两件事最重大：第一，避免重蹈金圆券的覆辙，进行币制改革，推动新台币；第二，必须土地改革，以安定农民。

陈诚以蒋介石运台的八十万两黄金为准备金，开始实施新台币换旧台币。当时规定：旧台币四万元兑换一元新台币，五元新台币兑换一美元，并限制发行量为两亿新台币，绝对不超过，以稳定币值。刚开始，台湾各界一片哀号怨叹，特别是许多农民习惯将钱以现金的方式存在家里，等到积蓄钞票满了一罐子拿去银行兑换时，才知道几年存下来的钱，不值几块新台币。

为了稳定人心，台湾银行宣布"存入新台币，可无息换领黄金"，让人们有"新台币等于黄金，黄金等于新台币"的感觉。更重要的是公务人员的薪水也用新台币重新计算，再配合米粮物价的管制，让公务人员可以不用担心领到的薪水赶不上通货膨胀。

用围棋的用语，这是台湾经济布局非常重要的"定式"。而影响台湾社会最重大的政策，毋宁是土地改革。

蒋介石明白共产党的土地改革是革命成功的重要动力，可是他没办法推动。因为蒋介石与江浙财团、大土地拥有者有千丝万缕的利益联结，他们是蒋介石政治军事上的金主、同盟，他不愿得罪既得利益集团，就推不动土地改革。

但在台湾不同，蒋介石、陈诚与台湾大地主阶层无太多关系，不在乎他们的利益。而且有些地主还是因为日本殖民者给的特殊专卖权力，才有如此大的财富积累，对陈诚来说，进行改革没有任何心理负担。更何况，"二二八事件"之后，台湾有不少人见识到国民党镇压的恐怖，所以在陈诚要实施土地改革之际，谁也不敢出头出声，更不用说反对了。

陈诚的土地改革是分三阶段进行的。

第一阶段，一九四九年四月，公布"台湾省私有土地租用办法"，自此年第一期作物开始，实施"三七五减租"。原本佃农每年要向地主缴纳的地租，每个人所缴纳的数额不一，看地主条件与土地质量而定，有的高达七成，有的五成。陈诚的新规定是：佃农依每年土地的总收成，向地主缴纳百分之三十七点五的地租即可，其余归佃农所有。如此增加了佃农的收入。

第二阶段，一九五一年六月，公布"台湾省放领公用地扶植自耕农实施办法"，规定将"国有"及公营企业的土地放领给佃农，放领的土地价格，是该地主要作物年收入的二点五倍。由于农民不可能立即拿出现金，所以规定可十年分期偿还。此后七年之内，放领了公有地七万二千甲，占公有地的四成左右。至于从日本人手中接收过来的大企业，如"台糖""台湾农林""台湾菠萝"等公司，则仍保有大量土地。

第三阶段政策是一九五三年一月底公布的"实施耕者有其田条例"，要点是：地主保留水田三甲、旱田六甲，超出保留面积的土地由政府征收，再放领给自耕农。征收土地的价格，是该地主要作物年收量的二点五倍。给地主的补偿费中七成用实物债券分十年偿还，另三成用日据时期公营公司的股票（主要是"台泥""台纸""工矿""农林"四大公司）一次性支付。佃农方面，则以交付实物的方式，分十年偿还土地代金。

将原本"有土斯有财"的土地交出来，对地主来说，可以说像割肉一样痛。但谁敢不服从？特别是从一九四九年开始的"白色恐怖",在"宁可错杀一百,不可放过一个"的政策下,许多读书会的学生,只是有一两本大陆作家的书,即因持有禁书被逮捕。日据时期以降的知识分子,本来多是地主家庭出身,此时大量被逮捕,更加深了地主阶层的恐惧。到了宣布"耕者有其田"政策的一九五三年,清乡已近尾声,稍有嫌疑者都被抓了,白色恐怖横行全台,谁敢出声反抗当局呢?

我还记得祖母说起祖父在刚刚取得土地时,天天勤奋下田工作种各种青菜作物,挑着去小村的街上贩卖,也让我的姑姑,尽量到纺织厂去做工,恨不能早一日把钱还清了。数据显示,台湾农民的生产力确实因此有很大提升。

然而从地主的角度看,这确实是一次致命的打击。我的好朋友王晶文(电影《恋恋风尘》男主角)就是一个典型。

二十世纪九十年代,他父亲过世后,有一次他拿着"台湾火柴股份有限公司"的旧股票来问我,说这是当年政府发给他们家的补偿股票,现在不知道还有没有用?我于是想起他的父亲。我们曾一起合租阳明山一幢旧的美军宿舍,那里有小小的庭院,晶文的父亲喜欢种花种菜,是一个很淡泊的人。那时听他谈起,我才知道他家原是新竹桃园一带的大地主。土地多到什么程度呢?他说,这个得问问掌柜才知道。家里有掌柜每年负责收地租,他们这些后代,只是读书享用,到底有多少土地并不清楚。

等到土地改革的时候,地被征收了,只拿到一叠股票,什么都没有了。大多地主不了解现代股票的价值,只嫌它连糊墙壁都太薄。许多地主因此把这些股票用两三成,甚至便宜到一成的贱价出卖了。像王晶文的父亲,本就不事生产,也不了解股票的用处,随便一塞,都忘了它的存在。直到过世了,孩子整理遗物,才从旧箱子里找出一些剩余的股票，重新来问问，那公司还在吗？那股票还能用吗？

当然，那时节的地主之家也有聪明人。别人当废纸的，他却用很便宜的价格，在市面上慢慢地、悄悄地收购，以避免造成价格的哄抬。甚至连自家兄长的股票也一样若无其事地收购。日积月累，便拥有了某一家公司的大部分股票，成为它的最大股东，也就是拥有了这一家原本是公营的公司。那人就是辜振甫，那公司就是"台湾水泥"。不能不说，他拥有的现代企业知识让他超出一般地主，而终得以在战后的台湾经济转型过程中，从一个地主变成一个现代企业的负责人。

日据时期，台湾人不许参与现代工商企业的经营，日本让台湾人以务农为主，并且在教育上有意歧视台湾人，使台湾人无法持有现代企业的股份。说白了，台湾人中从未有现代的资本家。以日据时期公营公司的股票换土地，等于促成了台湾人将土地，转换为现代资本。

至于王晶文父亲的旧股票还有没有用呢？我当时帮他介绍一个跑股票的记者朋友，证实了股票仍有效，只是公司早已转型。

43

台湾命运的转折点——朝鲜战争

一九五〇年六月二十五日,蒋介石在他的日记中写着:"下午与昌焕、经儿谈话,得北韩对南韩宣战各报,此如预料也。"

同一天日记,他写着:"孙立人通匪。"只是五个字的记载,没有任何说明,没有人知道这是出自蒋经国与沈昌焕的报告,还是从其他渠道得到的情报。

对蒋介石来说,这真是悲喜交集的两则消息。朝鲜战争开打,台海情势逆转,蒋介石期望的"第三次世界大战"有可能来临。但"孙立人通匪",通的是谁?

一九四九年,美国眼见蒋介石失去大陆,撤退到台湾,早已对他不满。在美国的判断里,蒋介石所领导的国民党垮台,只是早晚的事。而美国所担心的,是台湾一垮台,解放军占领台湾,美国则将失去太平洋的一道防线,所以美国有意在国民党内寻找亲美的政治人物,联合他们逼迫蒋介石下台。在军方,他们物色的是弗吉尼亚军校毕业的孙立人;而政界则是美国普林斯顿大学政治学博士吴国桢。

蒋介石特务很多，耳目灵敏，他早已看出这一点，但毫无办法。当时台湾的财政年收入只够支应支出的百分之十三，其余百分之八十七都靠借债。这是不可能长久的，因此他需要美国的支持。

但美国的支持却不是无条件的。"国民政府"在十二月七日迁到台北，十二月十五日，美国人就召见了大特务郑介民，让他回台告诉蒋介石，把省主席陈诚换成吴国桢担任，美国才会有援助。蒋介石二话不说，次日就把陈诚给换了，让吴国桢担任"代理省主席"，条件是：代一个月看看，"美援"来了就变正式，没来就休想成为省主席。可吴国桢不高兴了，去美国大使馆告洋状。美国一过问，蒋介石立马宣布吴国桢不仅担任省主席还兼保安司令，再兼"政务委员"。要一个给三个，一次给足美国面子。

陈诚很识趣，先担任"东南行政长官"，随后在一九五〇年三月担任"行政院长"，一下变成吴国桢的顶头上司。这就是蒋介石的阴险之处，他让陈诚回头压着吴国桢，用"行政院"处处卡住他。

吴国桢被视为亲美派，另一方面也被视为宋美龄的人马。他留学美国，曾担任上海市市长，被认为作风开明，在台湾上任不久，美国的《时代周刊》以他作封面人物，说他"一九四九年担任台湾省主席兼司令，协助蒋氏父子稳定台湾的统治"。这不是明目张胆突显他的声望超越领袖吗？然而吴国桢有美国撑腰，不以为意。一九五〇年一月，在一场蒋介石召集的三军将领会议中，他直指军方走私，应严令禁止。三军中走私的当然是海军。海军总司令桂永清当场拍桌子。不料吴国桢早有准备，他拿出海军走私资料，面呈蒋介石，并且说海军司令部情报处长钟山和舰长周齐荣已经被逮捕。桂永清当场脸色发白。吴国桢竟不怕得罪军方，他的性格可见一斑。

由于陈诚的故意掣肘，吴国桢连续几次提出辞职。但蒋介石不敢让他辞，他背后有美国，没几分把握不敢随便行事，只能在日记中大骂吴国桢"骄横狂妄"。但还是以圣诞节、过生日等名目，找他们夫妇来和宋美龄一起吃饭、闲聊。

孙立人则是另一种典型。从抗战的缅甸战役开始，孙立人即以善战敢战闻名，仁安羌战役以一千多人突击数千日军，救下被包围的七千英军，被美国媒体称为"东方隆美尔""中国军神"。蒋介石把他调来台湾，担任陆军副总司令兼训练司令。一九四八年十一月，他在高雄凤山建立了训练基地，把自己的新一军主要干部调来，准备好好训练一支能战善战的部队。

一九四九年十月，解放军发动渡海战役，这一次战役蒋军由陈诚指挥，动用陆海空支援，而孙立人训练的二〇一师即是战斗主力。此次战役对蒋介石的意义在于：由于解放军缺乏海军、空军，蒋介石终于确认以台湾海峡为屏障，守住台湾是有可能的。

美国看中孙、吴二人与美国的渊源，能力与学识都很好，私下关系也不错，打算把蒋介石拉下台，利用孙立人主持军队，配合吴国桢主持政务，舆论上再配合制造"台湾地位未定论""联合国托管""美国托管"等论调，美国即可控制台湾，使台湾成为美国遏制苏联的海外基地。

美国曾暗中策划此事的经过，一直未见诸文字，直到一九九〇年，《中国时报》记者杜念中在访问美国前国务卿鲁斯克（Dean Rusk）的时候，他才说出一九五〇年六月初，时任美国主管远东事务助理国务卿的鲁斯克，确曾经由特殊渠道，收到当时台湾防卫司令孙立人一封密信，信中明言将领导政变，驱逐蒋中正先生，并请美国给予支持。

受访时八十一岁的鲁斯克回忆说，他收到密信后，见事关重大，立即将密信销毁，并向当时美国国务卿艾奇逊报告，转知杜鲁门总统。"我当时的确收到了这个信息，但是那并不是一个计划，而只是孙将军心中的一个想法而已。孙传来的信息中既没有实质，也没有提到任何组织或执行政变的方式。"鲁斯克对《中国时报》记者杜念中说。接受专访时，鲁斯克并不知道孙立人将军当时仍在人世，当他从记者口中获悉此事后，"表情显得愕然，并且对亲口道出当年秘密颇有悔意"。杜念中如此记载。

这个记载，有助于我们了解蒋介石说"孙立人通匪"是什么意思，以及他后来以"孙立人兵变"及各种"匪谍"罪嫌逮捕孙立人旧部三百多人的原因。而蒋介石会立即知道此事，显示孙立人也可能被人出卖了。

美国很现实。六月初收到孙立人密信，六月二十五日爆发朝鲜战争，台湾成为美国在远东防卫战略上的要塞，鲁斯克于是回复孙立人，请他立即打消政变念头，"因为韩战的爆发，我们不希望台湾出现不稳定"。

朝鲜战争改变了台湾的命运。六月二十七日，美军第七舰队巡防台湾的基隆、高雄。蒋介石高兴得不得了，他一再向联军统帅麦克阿瑟要求派出军队参加朝鲜战争，甚至召集孙立人开紧急会议，要动用他所训练的青年军，派上朝鲜战场，如果有机会再一举从朝鲜反攻回东北。麦克阿瑟虽然很希望蒋介石派军参战，也欣赏孙立人的治军严明，但美国总统杜鲁门与国务卿艾奇逊反对，蒋介石终究未能如愿。

朝鲜战争决定了朝鲜半岛的分裂格局，也让美国划定一条从东北亚到南亚的冷战围堵防线，世界性的冷战体制自此确立。台湾被划入资本主义的阵营，形成"冷战对立"加"内战对立"的双重对立结构。由于朝鲜战争，美国决定全力支持蒋介石政权，"美援"开始到来，台湾经济开始有了转机，而台湾当局的"安全"也有了保障。

蒋介石有此保障，对吴国桢开始不在乎。他想培植自己的儿子蒋经国，因而学习苏联，在军中搞"总政治部"，让蒋经国领导，再组一个"总统府"的数据组，让蒋经国负责所有情报数据，等于控制所有特务情报系统，并支持他进行所有的特务活动。吴国桢不是未觉察处境的改变，但他仍依着自己的信念，要做一个开明的省主席。

然而，蒋介石父子对政治的控制比在大陆时期更为严苛，举办地方议员选举时，蒋经国都可以动用特务，以"肃清流氓"的名义，逮捕、拘禁参选人。有一次基隆议长选举，两名议员还被特务绑架，拘禁在旅馆中，直到他们同意圈选当局指定的人，才释放出来。这让吴国桢非常不满，去向蒋介石报告。

但蒋介石却要他多支持协助蒋经国，还说，他如果想辞去省主席，也可以去当"行政院长"，只要他支持蒋经国。吴国桢拒绝了。

一九五二年复活节那一天，吴国桢带着妻子和仆人从台北到日月潭，中午在台中的一家餐厅吃饭。一出来，他的司机脸色惨白地说，车子前轮与轴承连接的地方，螺帽竟然全部松脱，很显然被动了手脚。如果继续前行，到了往日月潭的山路，车轮可能掉落，发生意外。吴国桢知道这是有人要暗杀自己的前兆，就更加坚定地要求辞职。

辞去省主席一职后，他接到美国几个大学演讲的邀请，就以讲学为名，申请出境。美国几度施压，蒋介石才放行，但他最小的儿子被留下来当人质。直到来年，他的儿子获准赴美后，他才开始火力全开地批判国民党。吴国桢最终未曾回到台湾，在美国教书、研究以终。

但孙立人就没有这么幸运了。一九五五年，他还在"总统府参军长"任上，他的属下就不断被特务以"匪谍"的罪名罗织，至少有三百多人入狱，在狱中受尽刑讯，只为了将孙立人入罪。他的属下郭廷亮被逮捕后不屈服，情报头子出面，说他如果承认自己是"匪谍"，就可以免于牵连到孙立人，他才同意签下自白。不料，这些特务竟将他承认的自白拿去给孙立人看，并且明白告诉他，这是上峰的意思，你不辞职、不招认，这人会判死刑。爱惜部属的孙立人最终只有认了。

蒋介石还是怕得罪美国，便派了九人小组做孙案的调查报告，想把责任推给这些人。却不料九人报告通过驻美大使顾维钧向美国太平洋舰队指挥官雷德福上将（Arthur William Radford）报告侦查经过，雷德福上将相当愤怒，认为孙立人是台湾最忠贞干练的将领，不可能叛变。因为美国军方的强硬态度，蒋介石才决定从宽处理。军事法庭判决时孙立人逃过一死，判无期徒刑，在家中软禁。他被软禁一生，直到一九八八年蒋经国过世才终于解禁，恢复了行动的自由。这年他已八十八岁，两年后就过世了。

历史需要时间的距离，方能看得清楚。蒋介石来台后的主要布局非常明显，不再信任过去的部属，只相信自己的儿子，所有布局无非要传位给蒋经国。当蒋介石觉得台湾安全了以后，他的杀伐之气大盛，开始放胆大开杀戒。台湾历史上称为"一九五〇年代白色恐怖"的时代，自此开始了。

44

白色恐怖下的人性扭曲

一九四六年十二月,北平发生"沈崇事件",一个北大先修班的女学生沈崇被两个美军强奸,引起全国学生的抗议,激起反美浪潮。台湾学生在台大学生陈炳基、台大农学院学生李登辉等人的策划下,随即在一九四七年一月举行游行,号召台大、师范大学、台北一中、一女中等校学生来参加。这时的陈炳基和李登辉,都已经加入了中国共产党。从延安派来的蔡孝乾已在台湾发展地下组织,学生运动只是其中的一环。

一九四七年的"二二八事件",以残酷的镇压告终,台湾人特别是知识分子首度认识到国民党政权的残暴,他们看见了"两个祖国"。一个是国民党政权统治下的"白色祖国",另一个是反抗国民党白色恐怖的"红色祖国",于是台湾的知识分子、学生、年轻人就像大陆许多地方一样,开始了地下反抗。

从一九四七年"二二八事件"之后,到一九四九年二月的两年间,中国共产党已经建立地下学生组织,以学习中文、读书会、歌咏队等形式,在学生中进行宣传。当时的名称叫"进步青年"。

陈诚就任台湾省主席的时候，就约略知道台湾的情况，特别看到关于"沈崇事件"引起的反抗，他意识到这是与大陆的学生运动呼应合流。因此，陈诚打算清理台湾的反抗运动，开始对台湾的学生运动开刀。

一九四九年三月二十日，晚上九点十五分左右，台湾大学法学院一年级学生何景岳和师范学院博物系学生李元勋共乘一辆自行车，经过大安桥附近的时候，被交通警察谢延长拦了下来，以违反交通规则要处罚，双方起了冲突，学生被警察毒打了一顿，还扭送到警察局。和他们同行的学生紧急回到学校去敲宿舍的门，大声告知此事。学生们顿时群情激愤，在台大和师大的学生宿舍间互相召唤，因此有数百人齐集警察局，要求释放学生，并提出五点要求：严惩肇事人员、赔偿受伤学生、总局长登报道歉等。第二天，有更多民众和学生一千多人，去包围警察局，迫使局长出面道歉。但此事却引起当局的高度关注，认定这是共产党在背后策动的。

数日后，三月二十九日"青年节"，台大法学院学生叶城松组织了大型的纪念黄花岗烈士营火晚会，邀集台大、师大、台北市一些中学上千人来参加。当晚参与的还有师大学生组成的"麦浪歌咏队"，唱的歌曲有《你是灯塔》等红色歌曲，口号则是反饥饿、反内战、反迫害等，可说是直接与大陆学生运动呼应。更重要的是现场宣布，由台北市学生成立"台北市大中学校学生联合会"和"台湾学生联盟"，还预告，为了纪念"五四"运动，决定在五月四日发动大中学生联合大游行。

一九四九年四月六日，警备总司令部电令指名逮捕周慎源、郑鸿溪、庄辉彰、方启明、赵制阳、朱商彝六人,派军警直接包围台大和师大学生宿舍。师大的同学为了保护他们,用宿舍的桌椅、家具等挡住楼梯口,并投掷各种东西阻挡军警上楼,最后连书本、文具、木屐、鞋子都丢光了,学生徒手再难抵抗,军警攻上宿舍楼逮捕了数百名反抗学生,但周慎源竟然逃脱了。

原来周慎源是躲在学校餐厅的天花板上,等到军警都走了,才由工友协助换装,逃出校园。周慎源后来经由中共地下党的协助,在桃园、苗栗一带农村继续活动。直到一九五一年许多地下组织都被破获,他才因为被围捕,遭到枪杀。

师大学生在校方与军警的合作下受创惨重,许多学生被逮捕失学。但台大学生则较幸运。校长傅斯年在听到军警进入校园逮捕学生时,异常愤怒,他直接去找台湾警备总司令部司令彭孟缉警告:"若有证据该抓就抓,若无证据就不能随便进学校抓学生!我有一个请求,你今天晚上驱离学生时不能流血,若有学生流血,我要跟你拼命!"由于傅斯年是蒋介石所敬重的学者,据说他是唯一敢在将介石面前翘着二郎腿抽烟斗的人,陈诚特别邀请他来台湾办学,彭孟缉不得不手下留情。傅斯年对学生的保护,让台大学生感念,他过世后,台大为他建了一个"傅钟"。那"傅钟"每节上下课只敲二十一响,因为傅斯年曾说过:"一天只有二十一小时,剩下三小时是用来沉思的。"

四月六日的镇压事件只是白色恐怖的开端。自此开始,陈诚与彭孟缉派出更多特务在台湾搜查。而台湾又不比大陆,看过侯孝贤执导的电影《悲情城市》的人应该都记得梁朝伟所扮演的角色,他是一个政治犯,打好了包袱准备逃亡,走到门口却茫然四顾、颓然坐下。他终于知道，这是一个岛屿，再逃也逃不出去，只能是绕回到原来的地方。他于是坐下等待逮捕。这就是台湾反抗者的命运。日据时代如此，"二二八"也是如此，白色恐怖亦然。

一九四九年的局势也确实变化太快了。国民党眼看就要垮台，共产党在台湾的地下组织急于扩充群众基础，但自信过度，甚至该隐秘的、该保密的，都未曾留意，破绽重重。而国民党的特务机构全面撤退到台湾，用全国的几万特务，来对付台湾的几百上千个反抗者（当时中共地下党人数不过数百），力量太悬殊了。

基隆中学的《光明报》案件就是这样开始的。

基隆中学校长钟浩东是一个爱国青年，为了抗日而不惜奔波千万里回祖国参加抗战。光复后回台，目睹国民党政府的腐败贪污，思想开始转变，"二二八"之后加入中国共产党，在基隆中学发展了不少党员。他创办了《光明报》，以报道国共内战、宣传社会主义思想为主，报纸由志愿者在夜间张贴。却不料一九四九年八月间，有四名台大学生被发现"捡到"《光明报》，特务盯上了这四名学生，经过追查，发现主导者是钟浩东。于是基隆中学案先被破获，随之抓了四十几人。继之，"成功中学支部""台大法学院支部"等陆续被破获，最后连中共地下党负责人、台湾省工委会书记蔡孝乾都被逮捕了。台湾老政治犯形容，所有的线索就像捆粽子的线一样，从线头一拉，全部扯出来了。蔡孝乾即是那个线头。

在白色恐怖时期，抓一个政治犯，通过他的往来朋友、通信，再抓相关的人，再从相关的人继续抓下去，几乎无日无之。更恐怖的是，抓到"匪谍"可以将其财产没收，而告密与破获者可以得到没收财产总额百分之三十五的奖金。这个太有诱惑力了，一些特务就专门挑有钱人下手。甚至炮制案件，让无辜者下狱，好利用案件去侵吞财产，包括受害者的妻女。

曾任"国防部长"的俞大维讲过这样的故事。一九五〇年"国防部"联勤总部爆发一桩数量庞大的军粮盗卖案，承办的是"保安司令部"军法处。当时被告家属就去求军法处长包启黄，"只要免于一死，包处长要什么我们都可以答应"。这个包处长明知本案没有免除死刑的希望，却说："好，那你们立刻给我送金条来。还有你们做人家妻子女儿的，得陪我睡。"金条收了，妻女睡了。那人还是被枪决了。他的妻女不甘心，跑到蒋介石官邸的门口，也不管卫兵的拉扯，只是呼天抢地地哭喊冤枉。也是包启黄该死，蒋介石刚好要坐车出去，就叫来一问。大怒，下令给俞大维："严办包启黄。"

包启黄不久被枪决，但这样的事，岂止发生在包启黄一人身上？

国民党当局不仅逮捕共产党及周围相关的人，还在台湾展开全面的恐怖行动。

一九四九年五月二十四日，"立法院"通过了"惩治叛乱条例"以及"动员戡乱时期检肃匪谍条例"，纵容情治单位机关介入所有人民的活动，只要是曾经去过延安者、亲共者、思念大陆家乡者或批评当局者，均可不经审判，或由简易的军事法庭逮捕当场枪杀，或拉去刑场枪杀。更可怕的是鼓励告密。于是为求自保的告密者到处都是，经常造成冤死、冤狱，人与人之间的信任感尽失，台湾人民的性格遭到极度扭曲。

举凡有人检举，不管有无证据，全部先逮捕再说。特别是从大陆来台的一些人，过去国共合作时期，为了抗日而参加的各种游击队本不甚区分国共，来到台湾后，某些抗日游击队忽然被当成了共产党地下组织，有人一检举，就没得解释，逮捕入狱。我的一位报界前辈李明儒先生，是"二二八"之后的一九四七年，应募来台的青年军，当时招募的要求是要有文化，以弥平省籍隔阂。李明儒热心与台湾青年交往，义务教中文。他的台湾朋友中有一个人特别喜欢文学，于是他拿了沈从文、鲁迅的小说给他阅读，当作学中文的教材。一九五〇年之后，白色恐怖横行，鼓励检举，甚至"知情不报，与匪谍同罪"，他就被这个朋友检举了。所有的证据只有几本文学书，这些书在一九五〇年后已是禁书。

他被逮捕以后，实在没有共产党的组织关系，定不下罪，于是判"感化教育"三年。三年后，以没有被感化为由再关三年。直到蒋介石要当第三任"总统"，实行特赦，才被释放。

白色恐怖时代从一九四九年"四六事件"开始，一直到一九五四年前后，才因最后几个逃亡者无路可跑，出来自首始宣告结束。这整个历史时段成为一个无法言说的时代，受难者不敢声张，加害者更强迫人们沉默。直到一九八〇年代"解严"前后，《人间》杂志开始做大幅报道，人们才加以定名，称之为"五〇年代白色恐怖"。

在"二二八"和白色恐怖中的死难者有多少人呢？依据政治犯陈明忠的估计，"二二八事件"约有一千人遇难，而白色恐怖时期则约有三万人，其中的百分之十五，约四千五百人被杀；四千五百人被判无期徒刑。另依据"法务部"给"立法院"的报告数据，"戒严"的三十八年间，军法审判有二万九千四百零七件，受害者高达十四万余人。

而真正是共产党人的有多少呢？大陆《环球时报》报道，一九四九年前后中共共派出一千五百余名情报人员和地下党员进入台湾，被"军事法庭"杀害的有一千一百余人。中国人民解放军总政联络部于二〇一三年十二月在北京西山国家森林公园建设无名英雄广场来纪念这些遇害的中共地下党员与情报人员。

这一段历史对台湾的影响太深远了。人性的扭曲、人心的压抑、历史的篡改、教育的奴化、文化思想的僵化沉寂等，让台湾人成为"党国教育"下的产物。它所产生的"变形之子"，即是"台独"。

唯有了解白色恐怖，人们才能深入台湾人内在的恐惧与悲哀。而唯有将台湾的白色恐怖与二十世纪五十年代世界性的"麦卡锡主义"、"冷战"格局连接起来，人们才能看清楚那个时代中台湾人的命运并不是孤立的，而是世界苦难中的一环。

45

一九四九年的渡海传灯人

大导演李安的父亲李升是随着一九四九年的大迁徙到台湾的。

李升是江西德安县乌石村人,家里开设"李恒裕"商行,是德安县有名的商人。他早年就读江西一中,继而考入上海大夏大学。抗战时在四川就读南京干校,毕业后通过高等文官考试,担任过江西省崇仁县县长、江西省民政厅专员等。一九五四年出生在台湾的李安,名字就是为了纪念他的家乡德安和来台湾乘坐的货船"永安号"。

刚到台湾的时候,李升没有工作,靠着朋友的介绍,到台湾的最南端屏东潮州中学担任教务主任。他的个性宽厚平和,总是愿意帮助受难的人。这时正是白色恐怖时代,一些人之间本来只是利益或派系之争导致的不合,现在也会被对方诬陷为"匪谍",置于死地。如山东流亡学生案即是如此。在大陆内战时期,上万名山东中学生辗转上海、广州,再搭船到澎湖。带领他们的是山东烟台联合中学校长张敏之。这时驻防澎湖的三十九师师长韩凤仪因为缺乏兵源,想强迫学生入伍。张敏之起而反对,竟被韩凤仪诬陷为"匪谍",连同许多学生一起被逮捕枪杀。其他学生则被强迫入伍。这是一九四九年迁台外省人之中最大的政治案件。

张敏之被枪杀后,他的妻子王培五带着六个年幼的儿女想投靠亲友,却因亲友怕政治牵连而到处碰壁。最后凭着英语能力,她在屏东潮州乡下一所中学找到教职,又经李升的介绍,到台南女中教书,因颇有名气,再转到有名的台北建中。李升个性宽厚包容,在台南一中时,也曾为另一位好发政治议论的老师解除压力。

此后,李升转到台东女中担任校长,一九五七年再转到花莲师范学校任校长。他的同事回忆,那时台东、花莲都算是"后山",交通不便,没人想去,花莲师范可说是全台湾最破的师范学校。校舍是木造的,梁腐柱裂,随时有倒塌的危险,学生全部住校,却只有一间破礼堂兼食堂;操场更是借用花岗山的公共集会场。李升还开玩笑说:只有靠天公照顾,来一场大台风,把这些破房子都吹垮了,"花师"才有新建的希望。一九五九年夏天,果然来了"温妮"台风,把旧房屋都吹倒了。他赶紧给"教育部"打报告要经费,把花莲师范迁建到七星潭边。

迁校过程中,他也吃了许多苦头。花莲县的县长在"青年节"致辞时下起大雨,他在讲台上没关系,学生在台下全身淋得湿透,李升不忍心,上去叫县长别再说了,别让孩子淋雨。自此得罪大人物。建校公文送到县长那里,老是被刁难拖延。李升一再去求去磨,才终于把学校建起来。

李升后来历任台南二中、台南一中校长,直到退休,一生奉献给教育。如果不是因为他有一个世界知名的导演儿子,他会和许多一九四九年来台湾的知识分子一样,在这岛屿上教一辈子书,"日久他乡变故乡",静静地在退休的日子里每年收到学生祝福的卡片，走完他的人生。

李升只是那年代的一个典型。

当时来台湾的一百二十万人之中，不少原是大学老师、文人、作家，而当时台湾的高等学府只有台大、台中农业学校（后来的中兴大学）、台南工业学校（后来的成功大学）等，这些学、识俱佳的知识分子值此乱世，无处可去，只有低就到台湾各地先谋求教职。台湾各地的师范学校、中学就成了他们的去处。被台湾画坛誉为"中国现代绘画导师"的李仲生，即是最好的例子。

李仲生，一九一二年生，广东仁化县人，早年读广州美专、上海美专，爱好前卫艺术，一九三三年留学日本大学艺术系西洋画科，一九三七年毕业，其间曾在前卫美术研究所学习，入选被称为"前卫中之前卫"的"二科会第九室"画展，并参与"黑色洋画会"的活动。在这里，他学习了日本前卫艺术美学教育"以精神传精神"的方法：并不让学生观看作品，而是以强化学生的独立思考、创造思维为主。抗战期间，他曾任教于重庆国立艺专，参与重庆的"独立美展"（参与的画家包括丁关良、丁衍庸、林风眠、赵无极、朱德群等）及"现代绘画联展"。抗战胜利后任教于杭州艺专。

一九四九年来台后，由于台湾没有艺术专门学院，李仲生只好转而任教于台北二女中，平时他则与黄荣灿、刘狮、朱德群等，合组一个"美术研究班"开班授课。不久，黄荣灿因"匪谍案"而被枪杀，对他造成很大冲击。前卫艺术本以叛逆、创新、独立为旨归，这是李仲生的艺术理念，但理念导致了他追求理想和对现状的不满，这又让他深深苦恼。他以一对一的教学方式，教出了后来很著名的前卫艺术家，如萧勤、夏阳、吴昊、霍刚、陈道明等，即后来人称台湾抽象艺术的"八大响马"。但他终究难以忍受台北政治环境的压抑，而南下到彰化女中教书。一教就是近三十年。

当时的台湾艺术界有两大系统：一个是随国民党政府来台的传统水墨画派，如张大千、溥心畲、黄君璧等"渡海三家"等；一个是台湾日据时期以降的欧洲印象派传统，而李仲生的前卫艺术为台湾新一代的艺术家带来新的视野，颇受学生欢迎。一些学生听说他去了彰化女中，竟主动要求随他去上课。

李仲生不让学生去他的画室上课，他约学生在彰化车站相见，一杯茶、一杯咖啡，一对一地聊一个下午，谈创作观念，谈欧美最新艺术风格，甚至谈潜意识与创作等。他深度了解每一个学生的才华与局限，个别指导，从绘画理念到人生哲学。他总是认为，当代艺术是一种观念的叛逆与创新，唯有突破了思想，艺术才有新意，所以他不希望学生受到他画作的影响，而是鼓励独创。

在彰化女中期间，他默默创作，口袋里总是带着中学生使用的那种极其便宜的旧作业本，可以随时拿出来画草稿、素描。他总是告诉学生，创作是自然而然来临的，不是拿那种高级纸做好姿态才叫绘画，想到就画，画在什么地方都可以。

对彰化女中的学生来说，他就是一个平凡的美术老师，让学生自己画素描，活在自己的创作里。多年后，李仲生举办画展，名满台湾，那些从前的高中女生才惊呼：啊，那个看起来很平凡的老头子，竟是台湾前卫艺术导师！

就这样，一九四九年的大迁徙，让杭州艺专的老师成为一所女中的老师，寂寂于乡间，创作一生。不只是他，曾被称为"继张大千之后，国画第一人"的吕佛庭，来台湾之后也是到台中师范学校教书。他把这个培养小学老师的校园，变成他的"道场"。吕佛庭一心向佛，自号半僧，早年为了绘画而游历各方。他曾为了绘《长江万里图》《长城万里图》等长卷而闭关。他对学生极为关爱。一九五〇年代，台湾穷人家孩子最好的出路，就是去念师范学校。这里提供住宿、免学杂费，还发放一点零用钱，条件是毕业后要到小学教几年书以尽义务。这些穷人家的孩子未入学前只在乡下种田，何曾上过美术课，见识过毛笔、水墨、水彩、国画、油画？可是那时台中师范学校的美术老师，教水彩油画的是林之助，教水墨国画的是吕佛庭，都是一时之选。书法家杜忠诰本是一个彰化乡下佃农的孩子，因为读了台中师范，得识吕佛庭，得识书法之美，终成大书家。而高木生也是穷孩子，随吕佛庭学水墨绘画，后来赴美学习艺术史，终成国际知名学者。而我自己，高中读台中一中，老师之中就有齐邦媛、齐治平、小说家杨念慈等。

这些老师都是历经抗战、内战的烽火，流离半生，渡海来台，在杏坛上觅得一方净土，就落地生根，为台湾、为文化传下灯火。

我曾写过《一九四九，渡海传灯人》一文，刊出后接获了许多朋友、老师、同学的电话，仿佛每一个人的生命中，都曾出现过那样的老师，特别在读中学阶段，那是人生中最需要指引，最需要热情，最有理想的年代。我们何其有幸，遇见那被历史的烽火所锻炼出来的火种，他们历经苦难而回归平凡沉静，他们走入台湾社会的底层，站上教席，在艰难的岁月中，深深播种于民间，在台湾传承文化的血脉、文明的灯火。

46

牛肉面和"美援"

现在来台湾旅游的人,不吃一碗牛肉面,仿佛没来过台湾。游人甚至可以来一趟牛肉面之旅,从台北的永康街、林东芳、桃源街,再到桃园中坜、台南、高雄……

台北市举办过牛肉面节,各种风味的牛肉面都上了比赛场,争奇斗艳,连意大利、西班牙、纽约、泰国等的口味都有,更不必说传统的川味牛肉面了。

台湾俨然成为牛肉面的代表。怎么会这样呢?要知道:第一,传统上台湾人不吃牛肉,认为牛为人耕田一生,吃它太没人性;第二,台湾不产麦子,少量的自产麦子是日本人侵占台湾后引进的,为了做面包;第三,台湾人吃的传统面条也不是北方那种拉面、阳春面,而是加了碱的油面。老派的台湾人都叫它"担仔面"。清朝时期就有担仔面,人们用竹扁担挑着火炉,里头烧着小火,在路边一放,再摆几张小竹椅子,就做起生意来。那油面原本就熟了,只要加上豆芽菜、韭菜用热水一烫,浇上高汤和肉臊子,就成了一碗热乎乎的担仔面。因为它只是用一锅热水汆一汆,人们也习惯叫它"沏仔面"。相传那是厦门漳州一带传来的。

不吃牛肉、不吃白面的台湾，为什么能出一个著名的牛肉面呢？老一辈的美食作家逯耀东一九九○年代初曾去四川旅行，他也一直觉得好奇，台北这么流行的"川味牛肉面"，到底从哪里来的？他搭了出租车，在成都四处绕呀绕，就是找不到。最后只吃了两盘夫妻肺片和一碗水饺，再买了一斤郫县豆瓣酱。那郫县豆瓣酱是调制"小碗红汤牛肉"所必备的，将大块牛肉焯去血水，再以大火中火逐次炖煮，佐以各色香料、郫县豆瓣酱所炒的红油等，那汤"色泽红亮、麻辣滚烫、浓郁鲜香"。逯耀东于是推断，那豆瓣酱口味与高雄冈山的豆瓣酱相似，都是以蚕豆瓣和辣椒制成的。高雄冈山是空军眷村所在，而空军在抗战时多在四川，因此这冈山豆瓣酱应是远离家乡的空军子弟，怀想家乡的口味遂成此酱。以此炖红汤牛肉，佐以面条，那不就是典型的川味牛肉面？

此说只是推论，不是有据可考，也有人提出异议：去高雄冈山查看，此地并无知名的牛肉面店，怎么会是出自这里呢？但无疑的是，从大陆迁台的一百二十几万人，来自全国各地，口味不同，饮食习惯殊异，而眷村又大多依部队而建，许多不同地方的人于是住在了一起。早期眷村的生活困苦，能做菜、包饺子、做家乡口味的人，往往彼此分享，于是刘妈妈家的饺子、张妈妈家的狮子头、张伯伯家的豆瓣酱等，就从眷村的共同分享，成为附近市集增补一点收入的小摊子。有些就这样成为附近的名店，延续到了今天。例如台北的一家忠南饭馆，就是典型眷村家常菜，口味已不是任何一个省份的特色，就是所谓"眷村菜"，和台湾本地的菜色完全不同。

正是从全国各地而来的人，为台湾带来了各自的家乡风味，创造出多元的饮食文化。如逯耀东写过的福州干拌面鱼丸汤，就成为台北小南门附近的名吃。那鱼丸汤确是福州所产，但福州并不流行台湾这种"傻瓜面"。再如：张大千最爱吃的永和豆浆店的烧饼油条，也不是台湾所产，而是来台老兵退伍后一起开店经营的。刚烤出来的烧饼，夹着炸油条，再佐以新鲜豆浆，确是美味。一位企业家朋友说，张大千回台一到机场，就打电话叫他去买一些永和豆浆带过去。他知道张大千有此嗜好，每天早晨买了烧饼豆浆带去，得空就请他画一些画，买下来收藏。就这样，他拥有数十幅张大千的大小作品。这都是送永和豆浆送出来的收藏。

全台湾有八百七十九个眷村，共有九万八千五百三十五户，约四十七万人，他们来自大陆各地，独在异乡为异客，思亲想家归不得，也只能靠着逢年过节，煮一点家乡的食物，尝一尝熟悉的味道以解乡愁。于是大陆各地的风味纷纷出笼，成为台湾食物缤纷多样的风景。

传统的台湾人是吃米饭的。小时候因为贫困，我妈妈去买了便宜的面粉，蒸出馒头菜包以取代米饭。可吃了几餐，家人都觉得不吃米饭，好像天天都没吃饱。但现在，台湾人却是面包的大量消费者，这习惯是如何被改变的呢？

这就要说到"美援"了。

国民党当局来台之初经济困穷，在朝鲜战争之后，"美援"来临。但"美援"并不只是把金钱送来，而是以各种方式，如武器、衣物、食物等。当时美国正盛产麦子，面粉多得吃不完，怎么办？那就推给台湾作为食物援助吧。

当时"美援"的面粉、脱脂奶粉、食用油、二手衣物等的发放地方，主要在"耶稣庙"或者眷村。"耶稣庙"指的是教堂，只要去教堂参加礼拜，就可以发放一包面粉；眷村多外省人，北方人喜欢面食远超过本省人。发放到眷村的面粉，就成为推动台湾面食、制造各种美食的来源。

当时装面粉的袋子，质地是纯棉的，因此被台湾人称为"卡动的"。那其实是"cotton"的外来语发音。台湾人在用完面粉后，袋子舍不得丢掉，把袋子洗一洗、改一改，缝成四方形内裤，让小孩子穿。于是，在裤子的正中央，不免写着诸如"中美合作""净重22公斤"等字样，让孩子穿着满街跑。为什么是二十二公斤？因为面粉袋在美国，规格一律是五十磅一袋，也就是二十二公斤。

一九六〇年代，"美援"物资继续进来，美国的小麦、黄豆等一边作为"美援"赠送，一边希望改变台湾人的饮食习惯，培养未来的消费者。美国先是在日本进行试验性推广，宣传说：美国人之所以长得比日本人高大，是因为东方人的米食不像面粉有各种维生素，有助于长高。美国人吃的是面粉，喝的是牛奶，所以日本人要改变国民体质，一定要改变饮食习惯。有那么一段时间，日本一些小学推行营养午餐，让学生吃面包、喝牛奶。后来此宣传也在台湾复制推广。制造舆论说：日本都这么做，想改变国民体质，长得像美国人那么高大，台湾也要跟进。

牛肉面成为台湾的美食，就是在这样的环境中形成的。来自大陆各地的军民、贫困的眷村、爱吃面食的人、免费的美国面粉，以及怀念家乡的一百二十万颗心，创造出一种独特的家乡的味道。最后，这所有元素的结合，"台湾牛肉面"就创造出来了。当然，牛肉面只是我们试着从轻松的角度，去描述一个挣扎生存的历史侧颜。事实上，面粉只占"美援"的一小部分，真正占最大比例的，还是军事与经济援助。

美国基本上支撑了台湾的经济。"美援"依照其用途，可分为三大类：第一类是基础设施，如铁路、公路、电力、水利、机器设备等；第二类是民生物资，如黄豆、棉花、肥料等；第三类是技术援助，派遣台湾人赴美国训练或技术人员来台湾等。

为取得"美援"，台湾也配合做了许多经济建设计划，也就相应地成立了许多委员会，如："美援运用委员会""经济安定委员会""工业委员会"等，与美国派来监督"美援"运用的各种专家一起开会、讨论、做计划，这对台湾训练一批现代化的技术官僚非常有帮助。

据统计，整个二十世纪五十年代，由"美援"提供的进口物资一直占台湾全部进口物资的三分之一以上，在一九五七年以前更占到百分之四十至百分之五十。小麦、棉花、黄豆、油脂等，"美援"进口量占总进口量的百分之六十以上。台湾《中国时报》引述美国国务院的统计资料称：美国对台湾的无偿性军事援助从一九五一年开始到一九七四年停止，共提供了三十点七九亿美元的武器装备；经济上，从一九五一年到一九六五年停止，总计约有十五亿美元。"美援"标志着台湾对美国的军事、安全、经济到文化的依赖。特别是文化与思想上的影响，更是深远，延续至今。

47

蒋家天下蒋家军

一九五〇年三月一日,曾宣布下野的蒋介石以"复行视事"为名,宣告复出。那一天,他连下了三个手令。

第一道手令:命蒋经国负责主持军中政工系统的重建,"国防部"设"总政治部",蒋经国当"总政治部主任"。这是将军中的控制系统,交给了他的儿子。

郝柏村在读《蒋介石日记》时,曾写到他对一九四九年蒋介石大败的反省,其中最重要的是:中共一向"以党领政",任何地方基层都是先发展党,再发展军。因此军队会得到民众的支持,地方政治工作很彻底。但国民党是以军领党。军队到哪里,党才会到达,如果没有军队,党根本动不了。但偏偏党的干部往往对军队的动向指东道西,不了解军事而瞎指挥。

事实上,国民党的军队一直是由各系军人势力组成,李宗仁、白崇禧的桂系,阎锡山的系统,胡宗南的部队等,都各有统属,各拥其主,他们不一定全听命于蒋介石。战时各部队为了自身利益而拒绝指挥,使蒋介石在指挥上受了不少牵制。基于此,蒋介石来台后亟欲建立一个完全听命于他的权威指挥系统，而此时各大将领的部队早已战败、解体、散落了，蒋介石得以建立军中领导系统的轮调制，使他们不再能拥兵自重。至于"国防部总政治部"的作用，是向苏联学习的。意在军中建立忠诚，加强思想控制。

第二道手令：增设"财经联席会议"，由俞鸿钧担任召集人，负责规划设计台湾的财政、经济秩序。在蒋介石复出之前，台湾的所有事务，不论建设、财政、年度预算、经费筹措等，全交由台湾省政府办理。省主席吴国桢自是权倾一时。然而在这个艰困穷窘的年代，要操持经济也很不容易。吴国桢筹措军费，费尽心力。后来还是由财政厅厅长任显群提出"爱国奖券"，用每一期第一特奖有二十万的高额奖金，来鼓励民众买彩券，才开始筹划到一些军费。此外，也进行税务改革以开辟财源。蒋介石在吴国桢之上再设一个"财经联席会议"，等于是把省政府的财政权力收回，把吴国桢置于陈诚之下。吴国桢和蒋介石杠上了，不肯去参加联席会议。后来将他列为第二召集人才肯与会。蒋介石把财经权力从台湾省政府收回的企图是非常明显的。

第三道手令：派黄埔军校五期毕业生——一九四六年来台，曾处理"二二八事件"，时任"台湾省保安司令部副主任"的彭孟缉为"台湾情报工作委员会主任"，等于是将所有来台的特务系统，不管中统、军统等，加以集中管控。彭孟缉完全听命于蒋介石父子。以此为武器，蒋介石可以将政治的异议者、知识分子、言论批评者以安全问题，如"知匪不报""叛乱嫌疑"等罪名送入监狱。

台湾白色恐怖的特务统治，自此开始。

最重要的是整顿党内的人。一九四九年一月，蒋介石下野的时候，曾召集亲信，指着他们大骂道："共产党没有打败我，打败我的是自家的国民党！"他还指着陈立夫大骂道："就是你们这些人。"

陈立夫、陈果夫兄弟，在国民党内号称CC系，他们拉帮结派，形成势力，已非一朝一夕。他们利用党务运作的关系，在地方党部安插自己人，在"国大代表""立法委员""监察委员"选举中成为多数，对蒋介石形成很大的掣肘。一九五〇年，蒋介石要任命陈诚为"行政院长"，任命得经过"立法院"多数通过，CC派与陈诚向来不和，就发动"立法委员"加以抵制。陈诚一气之下，跑去蒋介石那里告御状。这让蒋介石更加坚定要整顿CC派的决心。他把国民党的中央委员从四百六十多人，缩小为三十二人，大部分中央委员还是他钦点的，而CC派只剩下少数听话的人，陈立夫作为派系大佬竟被排除在外。

蒋介石怕陈立夫在台湾暗中指挥捣乱，干脆派他担任"道德重整委员会主任"，拿了五万美元，叫他去美国。陈立夫在美国生活困难，在新泽西州开了一家养鸡场维生。据说，他自己背饲料养了六千多只鸡。有一度，养鸡场被森林大火波及烧了个精光，他只能以做皮蛋、粽子、茶叶等在唐人街出售为生，直到一九六九年陈诚过世后才回台湾。他关心中华文化而有不少著作，更关心中医的发展，后来活到一百零一岁，养生有术，鹤发童颜，很有传奇色彩。但他的弟弟陈果夫则在一九五一年八月就过世了，终年六十四岁。蒋介石写信给陈立夫说：陈果夫后事已办妥，暗示他不必回台湾。

国民党内最大的CC系自此没落。直到一九六〇年，蒋介石要想第三次连任"总统"的时候，想起来得通过从大陆选出来的第一届"国大代表",而CC还是其中一大派系,才稍稍缓和态度。

来台后,国民党由蒋介石自己掌握;政治由陈诚制衡吴国桢,吴国桢气愤不已辞职跑去美国,蒋得以除去亲美的大患;军中人事则以"轮调制",把过去的几个大将领轮到手无军权,再把美国所支持的孙立人以"共谍"罪嫌疑软禁,消除军中异己;特务则由蒋经国在"总统府"内设一个资料组,把彭孟缉等人都管起来。经过一番整顿,蒋介石终于把党、政、军、特都牢牢握在自己手中。

一个蒋氏父子的威权政治完全成形了。

历史学者若林正丈曾称蒋介石的政权,是美国"非正式的帝国"扶持下的一个"协力者政权",它得听命于美国,并且随时要提防自己的权力被帝国给替换了。而蒋介石父子把所有可能威胁他们的替换者都消灭了,权力更为稳固,美国再无其他选择。

48

"自由民主"的幻梦

一九四九年四月六日,胡适坐在一艘从上海开往美国的船上,黄浦江慢慢落在身后,战争的硝烟越来越远了。

海面平静,奉蒋介石之命前往美国游说以争取援助的胡适,想到国民党政府在战场上一败涂地,青年学生与知识分子反饥饿、反内战的风潮还在燃烧,这已经不是军力的对比,而是民心的向背。他想起不久前曾与杭立武、雷震、王世杰等人,一起思考如何团结所有支持自由民主的力量,不分党派,形成同一阵线,因此他们想成立一个"自由中国社",筹划出刊物和报纸,发挥影响力。

船慢慢驶离上海,胡适内心却越发沉重了。他开始写起"自由中国社"的宗旨:

> 我们的宗旨,就是我们想要做的工作,有这些:
> 第一,我们要向全国国民宣传自由与民主的真实价值,并要督促政府(各级的政府)切实改革政治、经济,努力建

立自由民主的社会。

第二，我们要支持并督促政府用种种力量抵抗共产党铁幕之下剥夺一切自由的极权政治，不让他扩张他的势力范围。

第三，我们要尽我们的努力，援助沦陷区域的同胞，帮助他们早日恢复自由。

第四，我们的最后目标是要使整个中华民国成为自由的中国。

到夏威夷的时候，胡适就把这宗旨邮寄给雷震。

雷震是一个行动力很强的人，一个月后他去蒋介石的家乡——浙江奉化溪口镇，向蒋报告"自由中国社"的组织构想和出版计划。虽然已经下野了，但蒋介石仍握有党政与财经的实权，他同意了这个构想，也承诺要提供经费赞助。

雷震，一九二三年进入日本京都帝国大学政治系，后读研究所。一九二六年，他回到中国，曾任湖州中学校长，后转任国民政府法制局编审，抗战时受到蒋介石的提拔。一九四六年一月，他出任政治协商会议副秘书长，负责协商各党派意见。一九四七年当选"国大代表"。蒋介石曾几度找他去询问有关的情形。一九四九年十月一日，中华人民共和国宣告成立之日，雷震还在厦门召集警备司令部、商会、参议会等讨论货币的兑换制度。一周后，蒋介石父子来到厦门，在船上召见雷震，听他报告防守厦门的政策性建议。厦门失守后，雷震搭船抵达台湾的次日，蒋介石即召见他，询问厦门失守的情况。

大局的挫败没有让雷震丧志，他随即邀集了傅斯年、陈雪屏、毛子水、张佛泉等人讨论《自由中国》的出版计划。陈雪屏是台湾省"教育厅长",毛子水是台大中文系教授,张佛泉是人权理论专家,他的著作《自由与人权》是台湾学子讨论人权必读之书。他们在聚会中决议,十一月十五日出版《自由中国》杂志,至于出版的五千元经费,"教育部"出三千,空军出一千,其他雷震去筹。雷震的执行力是惊人的。十一月二十日,杂志就正式创刊了。胡适挂名发行人,他写的宗旨放在杂志开卷的地方。

蒋介石会支持《自由中国》是有原因的。一九四九年底,由于美国有意断绝对国民党的援助,让它自生自灭。如果"美援"不来,台湾的财政很危险。因此他亟须利用胡适开明的形象,办一个以提倡"反共民主"为标榜的刊物,争取美国学术界的支持,以影响美国政府。此时,胡适也正在美国帮他游说,有《自由中国》为媒介,可以让胡适说得更有依据。不过很可惜的是,美国国务卿艾奇逊和总统杜鲁门对蒋介石的印象都不好。这很可能与美国总统大选时,蒋介石派了陈立夫带钱去美国支持另一个候选人杜威有关。杜威没当选,国民党押错了宝。

然而,对胡适与雷震来说,《自由中国》却不仅仅是一个对美国做门面形象的刊物,而是真的想把它做成思想的阵地。他们认为共产党的胜利在于有思想,而国民党却没有思想。

《自由中国》从第一期开始,就以"反共民主"为号召,蒋介石也乐观其成,"教育部"及其他赞助陆续到位。然而半年后,朝鲜战争开打,台湾安全获得确保,蒋介石的个人集权企图开始显现,对《自由中国》也忍不住开始有所不满了。一九五一年六月,一篇社论《"政府"不可诱民入罪》,直接批评"保安司令部"而引起强烈反应。"保安司令部"是蒋介石爱将彭孟缉主管，他的手下利用职权，经过有计划的伪装去银行借钱，借不到再找放高利贷的人借，等到高利贷金主出现，却立即加以逮捕，从中可以得到百分之六十五的破案奖金。

社论一刊出，"保安司令部"立即派了两名特务，到杂志社日夜站岗监视，彭孟缉则打电话警告雷震。最后由《自由中国》在下一期写出一篇缓颊的社论《再论经济管制的措施》，承认"主管机关的认真和执行人员的辛勤努力，确已收到了相当的效果"云云。如果事件就此落幕也就罢了，偏偏胡适出来了。胡适在读了这两期杂志后，写信给雷震，还要求将信公开刊登在杂志上。其内容如下：

> 非常佩服，十分高兴，这篇文字有事实，有胆气，态度很严肃负责，用证据的方式也很细密，可以说是《自由中国》数一数二的好文字，够得上《自由中国》的招牌！
>
> 我正在高兴，正想写信给本社道贺，忽然来了四卷十二期的《再论经济管制的措施》，这必是你们受了外力的压迫之后被逼写出的赔罪道歉文字！
>
> 我因此细想，《自由中国》不能有言论自由，不能用负责的态度批评实际政治，这是台湾政治的最大耻辱。

胡适最后说："我正式辞去'发行人'的衔名，一来表示我一百分赞成'不可诱民入罪'的社论，二来是表示我对于这种'军事机关'干涉言论自由的抗议。"

《自由中国》是在蒋介石的支持下办给美国人看的形象刊物，

胡适是它的招牌，如今蒋介石不再支持这个杂志，反而放任彭孟缉来压迫杂志，因而胡适的辞职，其实是向蒋介石表达"我不想当你招牌"的一种抗议。

当然，《自由中国》编辑部没有立即同意他辞职，是一年后才通过会议认可。没有胡适的《自由中国》依然秉持理念，继续批判威权统治下的各种荒谬言论和宣传。例如探讨国民党不断打着"反攻大陆"的口号，但实际上随着朝鲜战争后冷战体制的形成以及美国限制台湾在海峡之间使用武力，反攻无望已成定局。只是如此真实地写出来，又犯了蒋介石的禁忌，在报纸上大加批判。"反攻无望论"后来成为批判《自由中国》与台湾自由主义开山人物殷海光的另一个罪名。

对蒋介石构成真正严重冲击的，是一九五六年蒋介石的"祝寿专号"。当时蒋介石宣称不要百姓及文武百官为其祝七十大寿，与其祝寿不如提出建言，他愿接纳雅言。《自由中国》这一群知识分子认真地编辑了一期"祝寿专号"。邀请胡适、徐复观、夏道平、蒋匀田、陶百川、陈启天等，用十几篇大文章，好好地"祝了一个大寿"。

胡适在文章中举了美国总统艾森豪威尔的两个故事给蒋介石听，希望他学习艾森豪威尔信任属下，承认自己没有专门知识，面对自己无法决断的问题，不轻易下决断，"奉劝蒋先生要彻底地想想'无智、无能、无为'的六字诀"。

徐复观的文章也是很温和地请"蒋先生"放下自己"坚强的意志"，其实就是希望他别再为了想掌权，连任第三届"总统"了。

然而，这些都成为得罪蒋介石的文字。

一九六〇年，蒋介石一再说自己无意权力，会遵守"宪法"，不会谋求连任。但蒋经国与国民党所属的文宣刊物都在敲锣打鼓，恭请"英明伟大的领袖继续领导我们"。

《自由中国》看不下去了，干脆写文章挑明说，当年袁世凯是如何被拥戴出来当皇帝的，而蒋介石如果再连任，是明明白白的"违宪"，以后会成为历史罪人。雷震与李万居、郭雨新、高玉树等在野人士还共同联署，反对蒋介石三度连任。但蒋介石早已安排好了。他让"大法官"出来"释宪"，再由第一届未改选的"国大代表"出来选举，就这样，一九六〇年三月他在"国大代表"的选举中，连任第三届"总统"。

可怜的胡适，他从来不是一个勇敢的人，作为反对蒋介石连任第三任的人，他竟以"国大代表"的身份，到"国民大会"去投票。他一直在扮演谏言者、建言者的角色，也是青年人的思想导师，可是当他站在那里投票的刹那，却让雷震和《自由中国》的知识分子伤透了心。

自此，蒋介石完全向独裁挺进，连了三、四、五任，最后在任上过世。

《自由中国》的知识分子至此再无法容忍了。一九六〇年五月四日，《自由中国》发表《我们为什么迫切需要一个强有力的反对党》一文，鼓吹成立反对党。五月十八日，非国民党籍人士七十二人于民社党总部举行选举改进检讨会，主张成立新党，筹备中的政党，就名叫"中国民主党"。

一九六〇年九月一日，《自由中国》第二十三卷第五期刊出殷海光执笔的社论《大江东流挡不住》，此文宣告《自由中国》的外省人结合台湾本地知识分子，从言论走向行动。这触及了国民党政权容忍底线。蒋介石开始行动了。

一九六〇年九月四日,"警备总部"以涉嫌"叛乱"的罪名将雷震与刘子英、马之骕、傅正等人逮捕。这一天,胡适在美国听到消息,特地向"行政院长"陈诚发出电文:

> 今晨此间新闻广播雷震等被逮捕之消息,且明说雷是主持反对党运动的人。鄙意政府此举甚不明智,其不良影响所及可预言者:一则国内外舆论必认为雷等被捕,表示政府畏惧并挫折反对党运动;二则此次雷等四人被捕,《自由中国》杂志当然停刊,政府必将蒙"摧残言论自由"之恶名;三则在西方人士心目中,"批评政府"与"谋成立反对党"皆与叛乱罪名绝对无关。

各界也为之哗然,感到不平,但没有用。后来解密的数据显示,十月八日,蒋介石明确指示军事法庭,雷震的"刑期不得少于十年""复判不能变更初审判决"。

雷震被军事法庭以"包庇匪谍、煽动叛乱"的罪名判刑十年,马之骕、傅正判感化三年,而被诬陷为"匪谍"的刘子英,则被判刑十二年。

雷震在入狱后曾写下四百万字回忆录,可惜遭到军事监狱管理者没收、焚毁。一九七〇年九月四日,雷震十年徒刑期满终于出狱,继续关心政治发展并依据回忆录内容写出《新党运动黑皮书》,但内容已不完整。

《自由中国》杂志在台湾"戒严时代",为台湾带来自由主义的思想。随着《自由中国》杂志的提倡,自由民主的思想才逐步为人所知。

49

胡适的最后一声叹息

一九五八年四月十日早上九点,胡适在台北南港就任"中央研究院院长"。就职典礼刚结束,就举办第三次院士会议。蒋介石和陈诚竟然都来了。冠盖云集的会场上,胡适先以"院长"身份请蒋介石致辞,之后再请"清华校长"梅贻琦致辞,他最后致辞。

蒋介石致了祝贺之意以外,特别说:目前所有目标在"反共复国",希望今后学术研究配合此一目标,而大陆正在"破坏我国固有之传统历史与文化",中共批判"胡适先生之思想及其个人之德性",更是"摧毁我国伦常道德之一例"。所以蒋介石希望"教育界、文化界与学术界人士,一致负起恢复并发扬我国固有文化与道德之责任"。蒋介石认为自己是中华文化的道统继承者,要维护传统文化。但胡适是"五四"运动、新文化运动的倡导者,忽然要负起"恢复固有文化与道德"的使命,未免有些唐突。

胡适说话了:

> 我们的任务,还不是讲公德私德,所谓忠信孝悌礼义廉

耻，这不是中国文化所独有的，所有一切高等文化，一切宗教，一切伦理学说，都是人类共同有的。总统对我个人有偏私，对于自己的文化也有偏心……我个人认为，……我们做的工作还是在学术上，我们要提倡学术。

这等于是否定了蒋介石对学术界的要求，蒋介石心里很不舒服。四天后他宴请"中研院"评议会和"院士"，胡适、梅贻琦等学者在主座，梅贻琦为了打圆场，还特别感谢蒋介石爱惜学者，派飞机到北平接出许多学者。据蒋介石日记记载，胡适聆言"并无表情"。蒋介石在这天的日记中批评胡适"狭小妒嫉一至于此，今日甚觉其疑忌之态可虑"。自此，蒋介石未曾再去过"中研院"。

事实上，胡适早就多次以知识分子的身份"劝谏"蒋介石。一九五二年十二月十三日蒋介石日记记载：

> 十时胡适之来谈，先谈台湾政治与议会感想，彼对民主自由高调，又言我国必须与民主国家制度一致，方能并肩作战，感情融洽，以国家生命全在于自由阵线之中。余特斥之，彼不想第二次大战民主阵线胜利，而我在民主阵线中牺牲最大，但最后仍要被卖亡国也。此等书生之思想言行，安得不为共匪所侮辱残杀。彼之今日犹得在台高唱无意识之自由，不自知其最难得之幸运而忘其所以然也。同进午膳后别去。

日记中尚有一种气呼呼的余怒，不知那一餐午饭中胡适是什么滋味。

蒋介石与胡适的矛盾，都写在彼此的日记里。胡适不顾诸多政界大佬如张群、陈诚等人劝告，不断劝蒋公开宣布不连任。蒋日记则写下："其以何资格言此，若无我党与政府在台行使职权，则不知彼将在何处流亡矣。"他甚至骂胡适："自抬身价，莫名其妙，不知他人对之如何讨厌也，可怜其甚。"

胡适则继续坚持做蒋的"诤友"，认定自己是"尽公民责任"。雷震等人被逮捕之后，胡适到处找国民党的高层，希望不要交军法审判，而是由一般法庭审理。但蒋介石不听。一九六〇年十一月，胡适自美国返回台湾向蒋介石求情；胡适表示当局逮捕雷震之处置相当不恰当，并应将其交由司法公开侦查审判。蒋介石随即答道："胡先生同我向来是感情很好的。但是这一两年来，胡先生好像只相信雷儆寰，不相信我们政府。"胡适只能赶快澄清说："这话太重了，我当不起。"他以近乎恳求的态度说："十年前总统曾对我说，如果我组一个反对党，他不反对，并且可以支持我。总统大概知道我不会组党的。但他的雅量，我不会忘记。我今天盼望的是，总统和国民党的其他领袖，能不能把十年前对我的雅量，分一点来对待今日要组织一个新政党的人？"

然而这样卑微的态度，仍不能换来蒋介石的"雅量"。几天后雷案判决，胡适才知道当时蒋介石已经做了决定。他黯然神伤，胡适一直以来鼓励雷震去组党，而最后却反而陷他们于囹圄。

唐德刚曾形容，《自由中国》一案后，胡适仿佛老了二十岁。

他在致朋友的信中写道："生日快到了，回想四五十年的工作，好像被无数管制不力的努力打消了、毁灭了，一个老朋友本月十四日八十岁生日，我写了顾亭林五十初度诗两句给他：远路不须愁日暮，老年终自望河清。"

一九六一年，雷震于狱中度过六十五岁生日时，胡适心中不忍，手书南宋诗人杨万里的诗作《桂源铺》："万山不许一溪奔，拦得溪声日夜喧。到得前头山脚尽，堂堂溪水出前村。"寄到狱中给他，但仍未去监狱探望。

胡适和蒋介石还是维持着"相敬如宾"的关系，胡适过寿，蒋介石会送礼，还会与宋美龄一起请他吃饭。胡适适度地维持着这样的关系，但他并不快乐。

胡适一直对雷震心怀愧疚，他是反对党的提倡者，却无法保护反对党的组织者；现实的无力，仿佛也成为他心脏无力的反应，他的心脏病日益严重。一九六二年二月二十四日，胡适在主持"中央研究院"院士欢迎酒会时，突然心脏病发，当场倒下辞世。

曾参与《自由中国》的聂华苓后来说，在倒下的那一刻，胡适才终于解开他的"心牢"。何其悲哀！

据说蒋介石在散步时，突然想到给胡适写的挽联文字：

新文化中旧道德的楷模
旧伦理中新思想的师表

有人说他写得非常好，前者表现胡适提倡新文化，但他的婚姻却是旧道德的楷模；他虽然遵守旧伦理，却有新的思想，充分表现胡适矛盾而不断求新求变的一生。但也有人认为，新文化新思想，追求独立人格，才是真胡适，这挽联也未免有些反讽了。

关了十年后出狱的雷震，每年胡适的生日、忌日都会带着太太宋英去胡适的墓园祭拜，他总是说："胡先生是为了雷案而怄死的。"

有人说:"你比适之伟大,为何如此佩服他?"

"你们不了解胡先生。"雷震说。

胡适和雷震,仿佛见证着,人间总有一种情义,比现实的际遇更长远,那是直接穿透人心的了解和思念。

50
一首歌的变形记——《台湾小调》的故事

一九四六年二月，二十八岁的许石在东京接到母亲病逝的消息，决定放下在日本的工作，回到台湾。自从他一九三六年和哥哥许山龙一起离开台南家乡，搭船去日本学音乐，至今已经整整十年。

许石是一个勤奋的孩子，家境小康，但不足以供应他在日本的学费和生活费，必须半工半读。他起早赶晚，送报、兼差，还趁假期远赴北海道打工。他在"日本歌谣学院"念书，接受日本当时知名作曲家秋月、大村能章和吉田恭章的亲自教导，研习作曲理论、声乐与演歌。为了唱歌需要增强肺活量，他每天早晨起来跑步几公里。完成学业后，在当时有名的东京红风车剧座和东宾歌舞团担任专属歌手。这为他积累演出经验打下很好的基础。

一九四五年，他躲过了"二战"时美军大轰炸，也经历了战后的艰难，在东京存活了下来。直到母亲病逝的消息传来，他知道返乡的时候到了。

怀着对家乡的感情和青年的热情，他一回到台湾就谱写了一首曲子:《新台湾建设歌》,由薛光华作词。

> 我爱我的美丽岛,耕作本无忧,
> 忆当时茶糖盐米,生产足需求,
> 请农工依然奋勇,建设真自由,
> 请农工依然奋勇,建设真自由。

> 我爱我的常夏岛,衣食本无忧,
> 见如今米珠薪桂,生活竟难求,
> 愿官民同心协力,建设真自由,
> 愿官民同心协力,建设真自由。

> 我爱我的天惠岛,安住本无忧,
> 望将来年丰物阜,康乐应吾求,
> 庆国家和平奠定,建设真自由,
> 庆国家和平奠定,建设真自由。

这是一首有很强的写实成分的歌,既写出台湾米糖茶盐的富足,也点出百姓"见如今米珠薪桂,生活竟难求"的艰辛;最重要的是寄托着他对家乡的期望:"愿农工依然奋勇,建设真自由""愿官民同心协力,建设真自由""愿国家和平奠定,建设真自由"。

对一个在殖民统治下饱受歧视之苦的孩子,他深深了解想建设一个"真自由"的社会,是台湾人内心里最真挚的愿望。

这一首歌的曲子有点像一九四五年日本流行的《苹果之歌》。

《苹果之歌》是一九四五年十月十日发行的电影《柔和的风》的主题曲。日本在八月十五日投降，电影可能早已拍好了，才能在战后迅速发行。此时，许石正在日本东京，应是受到它很大的影响。曾有作曲家加以比对，发现曲调有相似成分，不过虽然相像，结构并不一样，许石在曲子中间取掉了两句，形成像台湾民谣《望春风》那种七句／五句的结构，更加显得轻快而激励人心。应该说，《苹果之歌》对许石谱写《新台湾建设歌》有相当大的影响，这是确定的。

　　不过，由于这一首歌里有"见如今米珠薪桂，生活竟难求"的批判味道，所以这首歌不曾发表。世人也未听过。直到他过世以后，他唯一的儿子许朝钦整理他的遗物，才发现这首歌的手写稿。由于经过严格的训练，许石是台湾少数以五线谱来写歌的作曲家，所以全首歌词曲俱在，连"作词／薛光华"都写得好好的。许朝钦于是请音乐家将它重唱，并在二〇一六年，举办"许石返台创作七十周年纪念音乐会"时，将这首歌发表出来，而距离他创作这首歌已经过了七十年。

　　一九四六年二月，返台后的许石开始全台巡演，这首歌改用许志峰写的词，变成一首轻快的小调《南都之夜》。随着他在台湾巡回演唱，这首歌也传遍了全台湾。

　　　　（男）我爱我的妹妹啊，害我空悲哀。
　　　　彼当时在公园内，按怎你甘知。
　　　　看见月亮渐渐光，有话想要问。
　　　　请妹妹你想看觅，甘苦你甘知。

（女）我爱我的哥哥啊，相招来七桃。
黄昏时在爱河边，想起彼当时。
双人对天有立誓，阮即不敢嫁。
亲像风雨浇好花，何时再相会。

（男）妹妹啊我真爱你，（女）哥哥我爱你。
（合唱）坐在小船赏月圆，心内暗欢喜。
亲像牛郎和织女，相好在河边。
谁人会知咱快活，合唱恋爱歌。

这一首歌流传太广了，传遍大街小巷，几乎每个台湾人都听过。特别是开头的两句，常常被唱成"我爱我的妹妹呀，哥哥我爱你"，人人都会哼这两句。到最后，已经没人知道这是谁谱写的曲子了，以为是台湾本来就有的民谣。

在时光的流转中，在民众传唱的过程里，每一首曲子都有自己的生命，它会随着每一个时代的需要，而改变唱法、改变歌词，依各自不同的需要，传达不同的心声。这是在孔子删订"诗三百"的时候，就已经知道的事实了。

《南都之夜》也一样。最先改编的是大陆泉州一个叫潘玉仁的先生。潘玉仁在一九四六年之后，即在泉州石狮市爱群小学做音乐老师，后来还担任过校长。抗战胜利后他先后组织了七支宣传队去巡回演出，前后编演了《侨家》《防疫进行曲》《爱与仇》等歌唱话剧，还举办过《黄河大合唱》《吕梁山大合唱》等音乐会，设立街头教歌站，举行过两千人的歌咏大游行。

一九五〇年代他听过《台湾小调》的曲子，为台湾人抱不平，于是用闽南语写了《台湾谣》

> 我爱我的台湾啊，台湾是咱家乡，
> 日本时代真不自由，现今加愁苦，
> 看见狗去肥猪来，目屎在腹内，
> 咱同胞要按怎，何时来报仇？

这是一首流传在台湾民间的民谣，潘玉仁填上词，以表达台湾人反抗的心声。一九五四年，他曾把歌名改成《我爱我的台湾》，寄给《厦门日报》只是改了几个歌词，署名改词者是杨扬，而不是潘玉仁。

又过不知多久，歌词再改：

> 我爱我的台湾啊，台湾是我家乡
> 过去的日子不自由，如今更苦愁
> 我们要回到，祖国的怀抱
> 兄弟们啊姐妹们，不能再等待
> 兄弟们啊姐妹们，不能再等待

这就是后来大陆传唱最广的版本了。有人叫它《台湾谣》，也有人叫它《我爱我的台湾》。一九六〇年代，大陆版又加上了一段歌词：

> 兄弟啊，姐妹啊，可免空悲哀，

> 彼当时在地狱内，痛苦无人知。
> 现今是人民解放军，要救咱子孙。
> 请同胞着合起来，消灭反动派。

然而在台湾，这曲子却走了另外一条路。一般民间传唱最多的还是《南都之夜》这种小调。但一九五九年，香港的国泰影业公司拍了一部电影《空中小姐》，邀请葛兰担任女主角，影片中，她随着飞机到亚洲各地去旅行观光，电影拍了各地风光。到台湾转了一圈之后，就有人请葛兰说一说对台湾的感想，于是她唱了这一首名为《台湾小调》的歌。当时歌曲并没有署名作曲者，只写是台湾民谣，作词人是易文。

> 我爱台湾同胞呀，唱个台湾调。
> 海岸线长山又高，处处港口都险要。
> 四通八达有公路，南北是铁道。
> 太平洋上最前哨，台湾称宝岛。
>
> 四季丰收蓬莱稻，农村多欢笑。
> 白糖茶叶买卖好，家家户户吃得饱。
> 菠萝西瓜和香蕉，特产数不了。
> 不管长住和初到，同声齐夸耀。
>
> 阿里山峰入云霄，西螺建大桥。
> 乌来瀑布十丈高，碧潭水上有情调。
> 这也妙来那也好，什么最可骄。

>还是人情浓如胶，大家心一条。

这曲子邓丽君年轻时也曾唱过。但它的歌词却变成了宣传本省人与外省人融合的内容。

也许因为曲调轻松易学，后来台湾小学课本也加入了这首民谣，但改名为《我爱台湾》，歌词改为由萧而化填的词。

>我爱台湾风光好，唱个台湾调。
>台湾调里多好音，传来很古老。
>祖父唱过爸爸唱，接代不用教。
>诸事相传皆余物，歌声才是宝。

>我爱台湾风光好，唱个台湾调。
>台湾调里多清音，传来很古老。
>一唱百声都来和，千人同一调。
>唱到会心得意处，相视一微笑。

一九六一年，香港词人周聪以粤语改歌词为《星星爱月亮》，一九八〇年代，作家庞秋华又新填了粤语歌词，名为《旧欢如梦》，都轰动一时。

二〇一六年，我在四川跟一位作家闲聊时，他唱起这一首《我爱我的台湾》，问我台湾是不是有这曲子。我听完大感讶异，想来想去，只记得听过"我爱我的妹妹呀，哥哥我爱你"，好像在电影《海角七号》里茂伯也这么唱。他也大为惊讶。

我回到台湾一查，才知道原来它不是民谣，许石才是最初的创作者。这小小曲子真厉害，在华人世界竟有如此多的版本，历经几度沧桑，至今还流行。

回头说一下许石吧。他在一九四六年巡回演出后，即对采集台湾民谣产生兴趣。据有"台语歌王"之称的文夏说，他十七岁那一年，大约也就是一九四七年前后，许石就带着他到处去采集民谣，曾到过恒春探访陈达，采集了"思想起"那古老的调子，也曾到一些老乐人的家中去访问。许石会把采集回来的曲子，用五线谱记下来，再请一些作词人来补上一些词，因为有些歌唱者只有声音，要记录内容确实有些难，有时就得靠写词的文人雅士来帮忙。

许石一生采集到的台湾民谣不计其数，已制作成黑胶唱片的就有四十几首。

不过最传奇的仍是《南都之夜》，这样一首小调创作曲，却可以承载两岸各自表述的宣传内容，这也是过往时代的一个有趣的印迹吧。

51

奇怪的"八二三炮战"

一九五八年八月二十一日,蒋介石任命的第一位文人"国防部长"俞大维听说有一师海军陆战队的官兵要增援马祖,他急忙把负责行动的"副参谋总长"罗列找来问道:"金门现在非常危急,为什么不增援金门,而增援马祖?"

罗列无奈地说:"这不是我的决定。"

他再去问"参谋总长"王叔铭,答案是:"我怎么有权做这个决定?"很显然,这是最高层的决定。俞大维虽然很有文人的性格,也不敢公然违抗蒋介石的命令,他想了一个两全的办法:叫陆战队官兵按照计划出海,但在基隆外海绕一圈后,即转往金门。

事实上这是一个大胆的决定。依照俞大维得到的情报,解放军不断向福建集结,陆海空三军的兵力,已远远超出寻常力量。八月八日起,解放军的歼击机成群在马祖上空飞行。台湾的空军也出动去拦截,双方曾在马祖上空交火,此时蒋介石向马祖派出海军、空军,也是理所当然。

然而俞大维却从金门前线观察对岸大部队的移动与炮火部署,

判断出解放军的主要目标是金门。他决定把主要兵力部署到金门。

八月二十三日下午五时三十分,解放军对金门的炮击开始了。几万发炮弹飞向金门。这时俞大维正在金门。他是在前一天半夜抵达金门的,隔天一早,他在金门防卫司令部所在的翠谷餐厅用早餐时,认为翠谷是一条狭长的谷地,不利防卫,因此开始迁移司令部。早餐后他去了大旦、二旦和小金门,下午五点回到金门本岛,向官兵说一些打气的话之后,准备去参加司令官胡琏设在翠谷水上餐厅的晚宴。胡琏对他说:"今天晚上有美军顾问离开金门,我们准备晚宴欢送,有部长参加会更热烈。"俞大维想了想说:"如果我参加,美军顾问反而拘谨,大家都不能开怀喝酒,我还是不参加的好。"

胡琏力邀,却说不过他,只好作罢,他回过头要返回水上餐厅,俞大维不知道想起什么事,突然叫住他说:"等一下,伯玉,我还有事。"

话声刚落,翠谷方向突然有一阵一阵的白色烟柱炸开了。

"那是我们处理废弹吗?"俞大维讶异地问胡琏。

"不是啊!"胡琏也感到纳闷。

在这来不及反应的瞬间,巨量的炮弹像大雨一般落下了。

第一波炮弹有三千多发,全部落在翠谷附近,这显示解放军掌握金门防卫司令部的位置,目标明确。

在水上餐厅用餐的人,大多数在炮弹落下的第一时间就地掩蔽到桌子底下,一些没有经验的人向外冲出去,却正好迎上落下的炮弹,死伤惨重。"空军副司令官"章杰、"海军副司令官"赵家骧、另一"副司令官"吉星文皆中弹身亡。美军死亡两个。总计在四小时不到的时间里,解放军对金门发射了五万七千余发炮弹。而金门则因通信中断，无法指挥，只能由部分官兵自行发炮还击，发射了三千六百多发，双方攻击力不成比例。金门官兵伤亡达到四百多人。

直到晚上九点十分左右，解放军的炮弹终于停止。俞大维判断，如果解放军要登陆，一定会先发动"攻击准备射击"，以强大火力压制第一滩头。但显然没有。所以他只担心，明天以后炮击可能还会继续。

午夜时分，台湾派出的一艘军舰驶抵金门，这是来接俞大维和其他受伤的美军顾问前往澎湖。俞大维到医院一检查，才发现头后枕部脑壳有一个米粒大小的弹片，因无大碍，医生决定先不开刀，让它留在原位。

俞大维一回到台北，立即到美军协防司令部与美国中将史慕德商谈。"国防部长"面临攻击，回到台北没向"三军统帅"蒋介石报告，反而先去与美军协防中将商谈，这像话吗？然而明白人都知道，这是出自蒋介石的授意。

美国协防中将史慕德在回忆录中写道："此后的六个星期中我几乎未回过家。炮击极为猛烈，其目标为军事设施与外岛补给作业。"史慕德很清楚，美国的"共同防御条约"中，如果"外岛"遭到攻击而威胁到台湾本岛的安全，则"我们将协助防御"，否则就是"顾问咨询及后勤支持，无直接军事支持"。

史慕德申请了第七舰队的某些单位向他报到，调来驻日本的第十一海军陆战队航空分队以及菲律宾第五航空司令部提供后勤飞机支持。他还提供这些飞机船舰为金门的运送补给船护航，但不许美国的飞机、舰艇向大陆射击。但蒋介石的希望是借这次事件，引美国参战。如果美国参战，战争就会演变成美国与大陆的战争，他便能借此由美军"反攻大陆"。但这不能明说，因此他请俞大维向美国表达，由于金门炮击严重，本岛随时有被攻击的危险，因此请美国"以飞机和自备炸弹，去轰炸大陆，压制大陆火炮"。

史慕德认为此说有理，但他必须请示华盛顿。不料华盛顿复电是："不。不要让他们这么做。但别说'不'，你只要说：如果他们这么做，就得不到华府的支持和支援。因为那是他们所等待的——在大陆发展成某种大战，好让我们不得不去帮他们打仗。"华盛顿看穿了蒋介石的计谋。史慕德在回忆中说："误用美国空军去压制大陆的火炮，那会是另一场国际大战。"

八月二十四日开始，金门继续受到炮击，几万颗炮弹把金门打得毫无还击之力，更有鱼雷快艇攻击台湾过来的运输舰，金门与外围岛屿补给中断，粮食与弹药缺乏，要坚持下去非常困难。

九月七日，美国军舰护航的运输大队抵达金门海域，美军舰队在两侧，台湾运输舰队在中间。不想运输船一到料罗湾，解放军依旧开火。此时美军舰队竟不顾台湾舰队，开船就往台湾的方向跑了。台湾海军正在港口卸补给，来不及跑，损失了三艘军舰、损伤数艘。

九月七日这一场交锋，让大家都清楚了彼此的底线。美国的"防御条约"，就是冷战围堵防线只到台湾澎湖；至于金门马祖，那是蒋介石要的，美国至多协助补给，连防守都说不上。自此，美军只帮忙护送补给舰队到金门外海；靠料罗湾那边，国民党军自己进去，风险自负。

形势至此很清楚：蒋介石要用金马拖美国下水，美国不要金门马祖，只保台湾澎湖；大陆要金马，但不要美国来插手。

为了避免被拉下水，九月三十日，美国国务卿杜勒斯在一场记者会中表示："如台湾海峡获得相当可靠的停火，国军继续驻扎在金门马祖就是不明智的。"所以美国希望蒋介石从金马撤军，放弃金马。蒋介石次日毫不犹豫地回复："我们毫无接受的义务。"而大陆则回应说："双方并未开火，何来停火？"

美国的企图至为明显，放弃金马，保卫台湾，美国的防卫系统可以后退一百公里，且控制台湾更容易。蒋介石不能放弃，因为一旦放弃，台湾、澎湖的安全防卫全部听命于美国，整个台湾真的成为美国的一个军事基地。

在这个关头，正在发生些什么事情呢？根据后来出任人大常委会委员长的乔石在一九九四年告诉时任美国国会图书馆中文部负责人、著名华裔学者王冀的说法：在金门炮轰最猛烈之时，蒋介石派人传话给周恩来说，如果解放军再不停止炮击，他（蒋介石）将不得不听美国人的——撤出金门马祖，时间一旦拖久了，中国就有分裂之虞。

此时，应该是海峡双方都已经警觉到：金门是两岸连接的关键纽带。

于是，十月五日，以国防部长彭德怀的名义发表《告台湾同胞书》，宣布自十月六日起，停止炮击七天，让金门军民补给。其中甚至明言："你们领导人与美国人订立军事协定，是片面的，我们不承认，应予废除。美国人总有一天肯定要抛弃你们的。你们不信吗？历史巨人会要出来作证明的。杜勒斯九月三十日的谈话，端倪已见。站在你们的地位，能不寒心？归根结底，美帝国主义是我们的共同敌人。"

一星期后，解放军有几天零星炮击，十月十三日，又播出了以彭德怀元帅名义发出的《告福建前线人民解放军》的信："金门炮击,从本日起,再停两星期,借以观察敌方动态,并使金门军民同胞得到充分补给,包括粮食和军事装备在内,以利他们固守。……这是民族大义,必须把中美界限分得清清楚楚。我们这样做,就全局说来,无损于己,有益于人。有益于什么人呢?有益于台、澎、金、马一千万中国人,有益于全民族六亿五千万人,就是不利于美国人。有些共产党人可能暂时还不理解这个道理,怎么作出这样一个主意呢?不懂,不懂!同志们,过一会儿,你们会懂的。"

很快大家就懂了。十月二十一日,杜勒斯访问台湾,依旧希望蒋介石自金门马祖撤军,固守台澎,让两岸停火,永久隔离。但蒋介石坚决不同意,双方争执不休。最后蒋介石甚至说:"在我活着的时候,不会撤军。"

十月二十五日,大陆又宣布了对金门的最新政策是"单打双不打",即双日不炮击,单日才打炮,但也不一定会打。

大陆的停火让蒋介石得以喘息。

这确实是一场非常"诡异"的战争,为什么可以打败对方而不打,停下来让对方休息够了再来打?因为这战争不是为了胜利,而是为了延续"内战"关系,为了让美国人无法达到目的,让台湾不变成另一个琉球,阻止将台湾分裂出去、与大陆永久分离。

金门的炮战就这样打打停停,一直到一九七九年一月一日,由当时国防部长徐向前宣布"由于中华人民共和国与美利坚合众国建交,自即日起停止对金门炮击",才终于画上句点。

然而,一九九〇年,当台湾的红十字会代表陈长文与大陆红十字会代表乐美真在金门会面,签署两岸分隔四十年之后,首度以两岸为主体的协议时,乐美真不禁想起当年"八二三炮战"的时候,大陆没有攻下金门,而是留下一个通道。他不禁赞叹道:"智慧啊!真是太有智慧了。"

谁能想到当年双方留下的一个后路,会是打开历史新篇章的伏笔。

52 《绿岛小夜曲》的故事

一九五一年,三十三岁的流浪乐师杨三郎在基隆港口的"国际联谊社"担任乐队指挥,也兼任小喇叭手。这个联谊社靠近港口,可以望见海洋。这里曾是军队大撤退时,兵荒马乱、人声杂沓的海港,如今是美军"协防"台湾的要塞,因此专为驻台美军开了一个俱乐部,演奏着当时的西洋流行音乐,美军可以来跳舞交际。

杨三郎本名杨我成,台北永和人,十八岁学小提琴,后改习小喇叭,十九岁即被邀请在俱乐部献艺。一九三七年赴日本,拜音乐家清水茂雄为师。一九四〇年赴"满洲国",在沈阳、大连、哈尔滨等城市流浪,担任乐师参与演出。一九四五年回台。一九四六年组乐队加入台湾广播电台("中国广播公司"前身),一九四七年因处女作《望你早归》而扬名歌坛。一九四八年,他结识周添旺,两人先后合作了《孤恋花》《思念故乡》《秋风夜雨》等名作。

然而在战后的世道里,当作曲家难以维生,他只得当乐师来维持生存。

基隆常常下雨,港口停着不知要开往何方的船,青色的路灯,蒙蒙的夜雨,常常映着杨三郎前往美军俱乐部演出的身影。有一天,杨三郎经过夜雨的街道,心有所感,于是用小喇叭吹奏出一首忧伤的曲子。那曲子悠扬动人,得到听众的好评,夜夜都有人要求他演奏。曲子总是要有一个名称,杨三郎不知如何名之,就叫它"雨的 blues"。它成了"国际联谊社"的名曲。

有一天,乐队的琴手吕传梓有感于基隆的雨中情景,于是以青春男儿漂泊在港都追寻梦想,望着夜雨而伤感为主题,写下《港都夜雨》的歌词。这首曲子自此成为演唱的名曲。后来再由吴晋淮出唱片。

> 今夜又是风雨微微　异乡的都市
> 路灯青青　照着水滴　引阮心悲意
> 青春男儿不知自己　要行叨位去
> 啊~漂流万里　港都夜雨寂寞暝

《港都夜雨》仿佛是一九五〇年代初充满不安、前途茫茫的台湾心情的写照。

在港都担任乐师的生活,终于无法满足见识过日本、大陆东北等大城市演出的杨三郎的心,他在一九五二年决定自组一个歌舞团冒险一搏。他学习日本松竹歌舞团的形式,结合乐师和好友那卡诺、白明华等人筹组一个"黑猫歌舞团",巡回全台湾演出。

"黑猫歌舞团"的乐师配置很齐全,有双小喇叭,杨三郎自己担任首席;还有双中音萨克斯风,次中音、低音萨克斯风各一;

其他还有手风琴、吉他、大小鼓等。每次演出分三段。第一段演奏创作歌曲和世界名曲,这部分颇受欢迎,因此,杨三郎还把演奏过的曲子编辑为《黑猫名曲集》出版。第二段是年轻女舞者的歌舞演出,有个人也有团体。第三段是戏剧,演出爱情、家庭伦理剧等,一般分上中下三集,每天演出一集。演员与舞者可以互相搭配演出。

由于台湾土地改革后农村生产力恢复,加上"美援",虽然还不富裕,但社会渐渐安定下来,"黑猫"的演出新颖有趣,是台湾以前不曾有过的,所以在各地城镇的演出大受欢迎。据演员白明华回忆,每天演出结束,总会有不少人送红包、金戒指,排成一排,非常热闹。

"黑猫歌舞团"的全盛时期在一九五〇年代中期。后来有人见歌舞团有利可图,就群起仿效,这些并不专业的舞团为了竞争,演出随便,胡乱杀价,甚至还趁警察不注意叫演员跳脱衣舞以吸引观众。到了一九六五年,杨三郎眼见环境大乱,电视台也都起来了,他的演员有不少人被电视台看上,找去演电视剧,就把"黑猫"解散了。

"黑猫歌舞团"于是成为台湾历史的一个传奇。

和杨三郎一样流浪在港都的,还有一个从江西来的"青春男儿"廖乾元,这一年他才二十五岁。

廖乾元的母亲是湖北人,小时候跟母亲在武昌住过,特别喜欢大江大海,后来陪着弟弟去报考海军军官学校,不料弟弟没考取,他倒考上了。海军官校在解放战争中几经转移,先是到青岛,再南迁厦门,最后撤退到高雄左营。廖乾元没料到的是,一九五〇年三月蒋介石刚宣布"复行视事",就宣告破获"苏联共谍案"。这是首次涉及国际间谍案,并且牵连到孙立人的秘书,在当时是非常轰动的。而廖乾元也被牵连进这宗案子。

这个"共谍案"被逮捕的人有汪声和与廖乾元的姐姐廖凤娥及其男友李朋。汪声和,一九二〇年生于北京,一九四三年加入中共地下党,参与学生运动,他热爱演剧,演出过曹禺的《雷雨》,认识了剧团的主要演员斐俊并与其结婚。一九四七年八月,按照共产党指示,他到上海进入国民政府民航局,担任电台台长。一九四九年带着妻子一起到台湾。

一九五〇年,国民党情治系统发现台北市厦门街一带有电波发出,遂展开调查。用分区停电、限电的方式,逐一过虑可疑的几间屋子,最后终于查出汪声和家里可能是电报的来源,遂进入检查。然而遍查了墙壁、地板、衣橱等,所有隐秘的地方都没能发现发报机。正要撤出的时候,突然有人发现客厅的茶几有特别大的桌脚,他们把桌子翻过来发现发报机隐藏在里头。就这样查获了汪声和。

在汪声和的通信录里发现他与一个叫李朋的人联络密切,随即查出李朋。

李朋早年是中央社的知名记者,外语相当好,曾担任过《纽约时报》《生活杂志》等报刊的特约记者。根据老记者龚选舞的回忆录,他长相高大英俊,穿上西装颇有西方大报记者的派头。他为人爽朗直率,个性火爆,对时局不满会直接批评。一九四九年后,他以中央社记者身份来到台湾,到台湾省新闻处工作。

汪声和案爆发,李朋被逮捕,从他的通信录里找到一对名叫黄珏、黄正的姐妹。这对姐妹出身金陵女子大学,长相漂亮。黄正是孙立人的秘书兼红颜知己。黄珏是学社会学的，应妹妹之召，从香港到台湾孙立人陆军训练部辖下的女青年大队工作。李朋在南京时就认识黄珏，此时他正好要采访孙立人的部队，女青年大队也正是他的采访对象，这样他们又重新联系上了。"共谍案"发后，蒋经国立即下了公文，要黄氏姐妹和陪同李朋去做访问的一位孙立人的秘书，三人北上接受问话。想不到此一去，再不曾出来，一关就是十年。

这期间，孙立人曾去面见蒋介石，为黄正姐妹求情。他甚至保证说："她们绝无问题，我用我的人头保证。"可蒋介石回说："你的人头就那么值钱吗？"

一九五○年五月间，正是美苏为了划定冷战格局而斗争之时，此时台湾破获"苏联共谍案"，并且向联合国提出控告，这对美国是非常有利的。所以蒋介石有意将之"做"成大案。于是与李朋同居的廖凤娥的弟弟廖乾元，甚至和廖凤娥有联络的三位朋友都被抓了，连同黄正姐妹等，有十二个共犯。而"苏联共谍案"被枪杀的四人是汪声和与斐俊夫妇，还有李朋和廖凤娥。当时廖乾元在海军服役，完全不知原因即被逮捕，带到台北新店军人监狱做了几个月的侦讯，毫无结果，虽然对外号称判刑十年，最后没证据就把他放了。但他也失业了。

海军回不去，姐姐是"共谍"，谁都怕被牵连，他只能靠自己。后来他听说西门町的西本愿寺一带，聚居着来自大陆各地无家可归的流浪者，可以用最便宜的房租，找一个落脚的地方。更重要的是，桂林路一带，有人在拍卖美国各界捐赠来的救济物资，包括了二手的旧衣服。他观察了一阵子之后，发现其中有一套定价规则，他学会以略高于底价的价格，买下卖相还不错的衣服，再转手以二手舶来品的价格拿去当铺典当。可是当铺知道了这个人是做生意的，便压低了价格甚至不收了。他没了办法，决定到基隆去碰碰运气。

基隆码头有许多远洋轮船，船员总是带一些台湾少见的"洋货"回来，寄在港口附近的商行出售。由于当时舶来品不多，这些东西就能以更好的价格出售，人们称之为"委托行"。随着美军"协防"台湾，带来的洋物资多了起来，廖乾元把他从美国捐赠物资中买来的二手衣物，以便宜的价格卖给委托行，双方都能获利。就这样，廖乾元在港都的夜雨中生存了下来。

一九五一年冬天，靠着转卖救济衣物存下来的一点钱，他终于能够顶下西门町一间旧租书店。因着租书店，他认识了一位外文书的出版商，他出版的英文字典很抢手，于是廖乾元开始进英文字典来卖。这一卖他才发现，台湾刚开始和美国打交道，大家都想学英文，可是英文书太少了，于是他开始找英文书的货源。找啊找的，他找到天母、阳明山一带，也就是盖给美军眷属住的宿舍区。那是美式平房建筑，院落前有大大的草坪、火炉以及停车的空地。他发现，在外文书都不易进口的年代，这里有美国人离开台湾时带不走的书籍，而美军的调动是相当频繁的，他可以用便宜的价钱买到英文书。

他的租书店开始卖起外文的二手书。每个星期天，他都骑着自行车，到天母一带去收书，有时也收到一点儿英文唱片。就这样，店面一步步扩大。一年后，他终于可以申请书报社的执照了。他为了纪念自己当过海军，特地取名为"四海书报社"。

廖乾元爱好唱歌。他在军中参加过海军的"铁甲合唱团"，学会唱各种中英文世界名曲。他自己收集过外文的唱片歌本，他注意到台北竟然没有一本名曲歌本。于是他把自己收集的歌本和英文的歌本集合起来，加以翻译整理，以简谱刻上钢板，一九五六年出版了《世界名曲精华》。没想到，这一本朴素的歌本，竟然大卖。十天就加印一次，简直像在印钞票一样。后来他再出版《中国名歌精华》，也是大受欢迎。每一本都印了超过五十万册。

廖乾元慢慢发现，学习英文的热潮方兴未艾，但教材实在太缺乏了，特别是过去台湾以日文书居多，英文书和老师都很少，实际的会话训练更少，于是他开始出版英语发音、英语会话、留学考试会话等唱片，并且到一些电台、报社举办宣传活动。就这样，这个流浪到台湾，孤独漂泊的青春男儿，终于有了一点经济基础，也有了更广的社会接触面，他开始要走向下一个阶段。这时他认识了紫薇，一个在电台唱歌的歌星。而因缘就这样展开了。

紫薇，一个军人的妻子，有了两个孩子之后，丈夫每个月一百九十元的薪水不够家用，于是去应征电台驻唱，当时的电台可不比现在有完整的录放音设备，而是主持人进入录音间，门一关，节目开始，就得自己唱歌了。紫薇的歌声，让她成为最受眷村欢迎的闽南语歌手。

她擅长用柔和的歌声、故乡的小曲，抚慰无处寄托的乡愁。那时，台湾当局不断推出高亢的政治歌曲，可是眷村人根本不爱听，人们还是喜欢《魂萦旧梦》《何日君再来》《苏州河边》《天涯歌女》《岷江夜曲》《西子姑娘》等。可是这样的乡愁，唱得当局心慌，干脆把一些歌曲查禁了。

紫薇有一个同事，叫周蓝萍。周蓝萍刚到台湾时也很穷，他本名杨小谷，随着一九四九年大撤退来台，经朋友介绍，进电台担任歌咏指导；除了在电台工作之外，也去金瓯女中兼课教歌唱，这时正看上了一个合唱团的女生叫李慧伦。一九五四年的一天，他跟好朋友潘英杰、杨秉忠说，他想写一首歌送给一个人。于是潘英杰就用小夜曲那种"描述情人的爱恋与相思的情歌"，写了《绿岛小夜曲》的词，由周蓝萍谱曲。做歌词的人认为自己来到的台湾，是一个充满绿意的之岛，如果叫宝岛就太俗气了，所以叫绿岛。

> 这绿岛像一只船　在月夜里摇啊摇
> 姑娘呀　你也在我的心海里漂啊漂
> 让我的歌声随那微风　吹开了你的窗帘
> 让我的衷情随那流水　不断地向你倾诉
> 椰子树的长影　掩不住我的情意
> 明媚的月光　更照亮了我的心
> 这绿岛的夜已经这样沉静
> 姑娘哟　你为什么还是默默无语

周蓝萍果真把歌曲谱出来送给了李慧伦，还请人在电台唱。虽然歌曲没有引起太大轰动，但那女生真的后来就成了周夫人。然而一首曲子若创作完成，就仿佛有了自己的生命。《绿岛小夜曲》一开始没太多人注意，但许多歌手不断传唱，慢慢为人所知。而周蓝萍也不断写歌，完成《回想曲》等名曲。

一九五七年，"鸣凤唱片"出版了纪露霞演唱的版本。一九六〇年，香港出现司马音所录制的版本，而潘迪华则改了歌词，成为英文版，名为"*I am yours*"。

一九六一年，紫薇介绍周蓝萍和廖乾元认识的时候，两人相见恨晚。此时的廖乾元已经出版了许多学英文、唱西洋流行歌曲的唱片，他想要拥有一个中文名曲的精选，他要出经典的名曲。如果由周蓝萍选曲、紫薇唱经典名歌，一定会非常吸引人。就这样，廖乾元把自己多年积蓄下来的钱，拿出来投入一系列《四海歌曲精华》唱片的制作。用他自己的话说，当时的投资，可以在西门町买五间房子。

凭着紫薇的名气，周蓝萍动人的曲子，连续两张唱片都大卖二十万张以上。廖乾元也成为唱片界崛起的新秀。他通过美国新闻处职员，随时买美国最新的唱片，每周出版唱片最新排行榜。"四海唱片"成为知名的唱片公司，是许多台湾年轻人的共同记忆。

周蓝萍后来去香港发展，为李翰祥的电影《梁山伯与祝英台》担任配乐，这电影轰动一时，影星凌波随电影来台时，还造成万人空巷的场面。周蓝萍也成为港台两地最炙手可热的电影作曲家，许多知名的电影导演都指名找他。最后他不胜负荷，竟在四十六岁那一年，于制作电影配乐的时候过世了。

一九五一年的港都，一如台湾命运的写照，用它的迷离夜雨，接纳过撤退的军队、苦命的流浪乐师杨三郎以及短暂停驻的美军；接纳了因为政治案件生活无着，做救济衣物生意的江西男儿。这时的台湾，也容纳着眷村的女歌星，为女生写小夜曲的才子……时代交会，这些人在一九五〇年代，命运交错，共同构成了台湾社会的风景。

他们的命运都与时代关联，在大时代的旋涡中，人们不由自主地被时代的飓风卷动起来，在大潮大浪的波涛中，尽力地生存下去。

港都的夜雨，曾淋湿过男儿的脸；寂寞的路灯，曾照着漂泊的心灵。

　　在这样的年代里，这绿色的岛，像一只小船，在月夜里摇啊摇……

53

写一首"看不懂的诗"

"八二三炮战"打得正激烈的时候,诗人洛夫在军官外语学校受英文训练,以后就被派到金门当新闻联络官,专门负责接待外国记者。那时金门是战地,各国媒体的战地记者络绎而来。洛夫和其他两个新闻联络官就专责接待这些记者。

此时的金门已从最初的激烈炮战,降为"单打双不打"。星期一三五打炮的时候,记者不来;但二四六不打,记者来得就多,是最忙的时候。记者来了就一起睡在坑道里。有时碰上半夜开炮,炮声轰轰响一夜,根本没办法睡觉。

有一次炮弹打得太凶了,洛夫只好起来,开始随手写诗,想不到炮弹竟然"哐当"一声,直接落在他的头顶坑道的正上方,打在岩石上爆炸了。他身边一个上尉吓得躲到桌子底下,他也被震得身体摇晃,可是当时还不觉得害怕,就像老兵一样,枪一旦打响,反而不害怕了。事后回想,他才感到惊心动魄的后怕。

就是在那样的情境下,他写下了后来非常有名的诗《石室之死亡》的第一首。在死亡恐惧的笼罩下,他不能明白写出自己所在的金门（这是军事机密），也不能写出炮弹的轰炸（这也是军事机密），更不能用写实的手法讲故事，于是诗就成为一种对死亡与恐惧的意识流的呈现。

> 只偶然昂首向邻居的甬道，我便怔住
> 在清晨，那人以裸体去背叛死
> 任一条黑色支流咆哮横过他的脉管
> 我便怔住，我以目光扫过那座石壁
> 上面即凿成两道血槽
> 我的面容展开如一株树，树在火中成长
> 一切静止，唯眸子在眼睑后面移动
> 移向许多人都怕谈及的方向
> 而我确是那株被锯断的苦梨
> 在年轮上，你仍可听清楚风声，蝉声
> （摘自《石室之死亡》第一节）

他的《石室之死亡》许多人说看不懂，但充满想象力及莫名的窒息感和爆发力。这是洛夫的得意之作。

洛夫是在一九五四年夏天和张默结识的。他们都参加了一个陆战队办的"三民主义讲习班"。那时张默在第一师第一旅，洛夫也在，他比张默大，当排头，张默排中间，二人在同一个班，互相报上姓名时，都"哦"了一声，说：早就认识你了。原来，他们都在海军的《忠义报》发表过诗，早知彼此的文名。相识后，不免惺惺相惜地多谈了几句，还谈及现在诗刊投稿不易，不如自己来办一个诗刊，让年轻诗人都有地方发表作品。但一星期的训练很快过去,二人都回了各自部队。

过不久,张默放假一人在高雄闲逛,走到大业书局里,不经意间翻到一本散文家的书,里面有"创世纪"三个字,他心中仿佛被什么"电"到了,大感兴奋,就写信给洛夫道:"咱们不妨以'创世纪'为名,来办一个诗刊。"洛夫欣然同意,诗刊就这样办了起来,一办居然办了六十几年,迄今还在出。

那一年,二十三岁的诗人痖弦是在高雄左营的军中广播电台工作。

十七岁那一年痖弦离开家,就再也没有回去过。想家想得没有办法了,就只能写写诗,把内心的积郁忧伤抒发出来。写诗的人总是要有供学习的诗人、供阅读的作品,可那时主要的作家都留在大陆,他们的作品一律被查禁。市面上能看到的书,主要就是"反共"文艺、战斗文学、政治教条,无聊得要死。

痖弦很聪明,他利用电台广播的机会,发现了高雄炼油厂里有一个图书馆,也许因为高雄炼油厂都是工程师,上面很放心,所以没有检查他们的图书馆,这里反而保留了二十世纪三四十年代的许多禁书。这里竟然还有戴望舒、卞之琳等人的作品。他们还办了一个刊物叫《拾穗》,介绍西方的文艺。当时没有影印设备,那书不能借,就只能像中世纪的僧侣那样,一个字一个字地抄。抄的感觉特别美妙,因为太珍贵,抄一遍,你就不会忘记。痖弦如是说。

后来,张默、洛夫也都知道了,大家都来传抄。那等于在苦闷的年代开了一扇窗。那时正是存在主义的年代,他们读了几本存在主义小说,如加缪、萨特等,都感到无比振奋。他们是从战火中走出来的孩子,历经千辛万苦,才到达台湾,他们感受到人的渺小与孤单、存在的虚无与荒谬、死亡的威胁与怪诞,这种种用痖弦的话说:"看那些书像点着了火一样那么激动,觉得有很多情况跟我们的现况、此身的处境很有关系。所以我看到这些批判的时候,特别觉得好像在替我说话。"

《创世纪》不是一开始就走上超现实主义、现代主义之路的。刚开始,这些军中诗人也是相当小心地配合着政策,把诗刊的主旨说得近乎"反共"政策。然而在摸索之后,在思想一步步改变之后,才终于找到一种"发声的调子",一种表达自己感受的方法,他们突破"戒严体制"下的僵化语言,试着用朦胧的意象、晦涩的语言、隐然的虚无,去诉说一个时代的感受。

上校 / 痖弦

那纯粹是另一种玫瑰
自火焰中诞生
在荞麦田里他们遇见最大的会战
而他的一条腿诀别于一九四三年

他曾听到过历史和笑

什么是不朽呢
咳嗽药刮脸刀上月房租如此等等
而在妻的缝纫机的零星战斗下
他觉得唯一能俘虏他的
便是太阳

战争的记忆、无根的漂泊、孤独的流浪，仿佛变成一个时代共同的印记。一九三三年出生的郑愁予，父亲是军人，自小跟着母亲读书上学，一九四九年后来台湾读中学、大学。二十岁那一年，他写下传世的作品《错误》

  我打江南走过
  那等在季节里的容颜如莲花的开落

  东风不来，三月的柳絮不飞
  你底心如小小寂寞的城
  恰若青石的街道向晚
  跫音不响，三月的春帷不揭
  你底心是小小的窗扉紧掩

  我达达的马蹄是美丽的错误
  我不是归人，是个过客……

二〇一三年我访问郑愁予的时候，他谈到了《小城连作》的背景是战争，因为战争，城都空了，诗人骑着马从江南走过，要寻访的朋友，都不在了；小城只剩下"满天飘飞的云絮和一阶落花"。我当时心中一惊。原来，我们想象的诗中的浪漫，其实是一个诗人有过的伤痛。然而他的诗写得太美了，人们只看见寂寞的江南，谁曾想到战争的阴影仍在诗人的心中呢？

烽火离乱的孤单、烟雨江南的回忆、少年思亲的呼唤，交织成这一代诗人笔下那迷离而忧伤的长短句。余光中一九五一年的《舟子的悲歌》下半段如此写：

> 昨夜，
> 月光在海上铺一条金路，
> 渡我的梦回到大陆，
> 在那淡淡的月光下，
> 我梦见脸色更淡的老母，
> 我发狂地跑上去，
> 一颗童心在腔里欢舞，
> 啊，
> 何处是老母，何处是老母，
> 荒烟衰草丛里，
> 有坟茔无数……

在充满政治教条的年代，这些从大陆来的年轻诗人，写下乡愁与流浪的行板，用诗去追寻自我、追寻自由，去召唤一个创造、开放的新时代。

而台湾的文人呢？过去用日文写作而小有成就的文学作家，如杨逵，此刻正在坐牢。钟理和在"二二八事件"与白色恐怖的阴影下，历经了兄长浩东被枪杀，因内心痛苦而身患肺病，在屏东家乡养病，此时正写他著名的小说《笠山农场》。小说家钟肇政此时正在写他著名的《鲁冰花》和大河小说"浊流三部曲"。而年轻的一代人则苦于战后的失学，正在努力学习用中文写作，试着描述台湾战后的生活。

即使在"戒严体制"下,在"反共"文艺当道的时代,依然无法禁锢人们寻求自由创作的心。用朦胧的诗句,反抗僵化的宣传教条;用流浪的乡愁,对抗现实的压抑;用文学的想象,抵挡寒冷的现实;在创作的想象世界中,表现人性的悲哀与温暖:这大约就是一九五〇年代后期,台湾文学心灵的写照吧。

54

投宿山中的蒋经国

一九五八年四月十八日,蒋经国从花莲的碧绿走到合欢山。在离开合欢山北行三里的大森林里住着中部横贯公路生产作业总队的队员。蒋经国在未开垦的山路上已经走了五天了,黄昏时,他到达了这个地方,就决定投宿这里。这个作业总队里,有退伍的老兵,为上大学的孩子赚学费;有少数民族妈妈,想赚钱帮孩子买学校的制服;还有一些判刑的罪犯,来此抵偿刑期。当然还有带队的工程师。当晚,蒋经国睡在帐篷里的草席上,和这些人共度了一夜。

后来他对这些人的讲话整理为一篇文章——《投宿在一个没有名字的地方》。

这是中部横贯公路开始建造的时期,工作艰难,只能靠着人力,一凿一斧、一寸一寸地推进。七八千工作人员睡在山中临时搭的草寮里。此时的蒋经国正遭遇他人生中的挫败,蒋介石让他在政治上沉潜下来。他以中部横贯公路的建设,作为度过人生低潮的支点。

他的挫败来自一九五七年的"五二四事件",又称为"刘自然事件"。事件起因于一个文职人员刘自然被美军枪杀。

刘自然,三十三岁,江苏人,是"国民党革命实践研究院"的打字员,住在阳明山宿舍。一九五七年三月二十日夜间,在阳明山美军眷属宿舍 B 区一号附近,被美军援顾问团上士雷诺(Robert G. Reynolds)两枪击毙。

事发后,阳明山警察所于是日二十三时五十分接到雷宅女佣姚李妹报案电话。由外事警官韩甲黎前往调查,此时美国宪兵军士长麦克金肯(E. R. Mcjunkins)正好赶到。

雷诺供称,当晚约二十三时四十五分,其妻在浴室尖叫,说有人在浴室窗外窥视。他立即带手枪由后门绕至 B 区二号门前,看到有一个人仍攀在浴室窗外,向内窥视,就以中国话喊道:"等一等。"那人闻声即由窗上跳下,弯身向他走过来,在距离约一米的地方,左手高举木棍,企图袭击。他为了自卫,立即对准其前胸发射一枪。那人侧身跑了数步,跌仆在水泥道旁。他想返家打电话报警,走十余步,却见那人捧胸起立要逃,就再对准其发射一枪,那人随即向公园逃逸。他就回家以电话报警。

韩警官随即会同雷诺等到公园,发现那个被枪击的人,头向住宅区,脚向公园,业已气绝。死亡男子为刘自然。而雷诺所谓刘自然手持之木棍,则遍寻不获,仅由美国宪兵在竹林内找出一根长约二英尺、拇指粗的樱树枯枝,但雷诺不能确认这是刘自然手持的"长棍"。不过美宪兵仍将枯树枝列为证物之一。

依一九五一年台湾当局接受"美援"时双方换文的规定,美军援顾问团人员为"大使馆"的一部分,享有"外交豁免权",台湾只能由"外交部"向美国"大使馆"表达关切之意，请美"大使馆"转告美军援顾问团迅速秉公调查审处。

这不是一件小事，涉及双方的军事合作。依照当局的惯常作法，会采取如下步骤：其一，"警备总部"与情治单位关照媒体，不要加以报道，以免家丑外扬（毕竟刘自然是"革命实践研究院"的人员）；其二，和美方交涉，找刘自然遗孀道歉赔偿，但请她务必守密；其三，将雷诺调离台湾，回美受审，给予适当惩处。如此即可大事化小。

但这次却未见如此处理，反而是新闻媒体不断报道，不断质疑雷诺的供词。供词当然漏洞百出，包括：刘自然死亡姿势根本不符合逃离的方向；树枝与"长棍"也不相符；刘的伤口有火药残留，显示近距离射杀；刘身受枪伤逃走的路上却无血迹；等等。最重要的是，刘自然对雷诺并不构成威胁，雷诺这样的美军，是不是可以随意枪杀寻常百姓而说是自卫呢？这些质疑激起民间的关注。

民间如此关注对雷诺的审判，原因在于人心的不平。美军在台湾享有各种特权，包括住在阳明山由台湾银行特别建造的美军眷区，平房庭院的美式住宅，出入轿车，生活优渥，享有"治外法权"，人数更是高达一万人。再加上美军不时对台湾颐指气使，使台湾军方警方都感到不满。于是警方的消息不断外泄，而控制特务与舆论的蒋经国则采取放任态度。

一九五七年五月二十日上午九时，雷诺枪杀刘自然案，在圆山美军援顾问团教堂内，由临时组成的美军军事法庭审理，共有八名陪审员。历经三日审讯，美军军事法庭于五月二十三日判决雷诺无罪。由于美国统一军法规定，军事法庭"无罪"之判决，不须经其军事长官之审核，一经判决，即生效力，亦即雷诺已告"无罪"定案。此举立即引起台湾媒体的大哗。《联合报》以头版二分之一篇幅报道，再佐以社论《抗议美军蔑视人权》，挑动了人们敏感的神经。

五月二十四日清晨，台北发出防空演习警报，人们习以为常，不当一回事。十点一刻，刘自然的未亡人奥斯华背一块中英文书写的双语招牌，英文写着"The killer Reynolds is innocent! Protest against U. S. court martial's unfair unjust decision"，中文第一行写着"杀人者无罪！"第二行写："我控诉！我抗议！"她来到台北郑州路的美国"大使馆"门前，站在门口把牌子立下，无言抗议。她的行动立即引来记者和民众的围观，"使馆"的职员赶紧出来邀请她入内，但为她所拒。随后台北市警察局长等人都来了。他们也邀请她进去谈话。奥斯华说："我不进去，门外是中国的领土，我有权在这里站，我不踏入他们的范围。"

警察局长说："刘太太的悲哀，我们都很了解和同情。"

"不仅是我个人的悲哀，而是全中国人的悲哀！"她说。

"戒严时代"本是禁止集会游行的，她在美国"大使馆"前抗议，却连警察局长都无可奈何，悻悻然而去。

中午，看热闹的人越来越多。此时中广电台记者来到现场，对她进行了访问。她一字一泪地控诉说："我今天在这儿，不光是为我无辜的丈夫做无言的抗议，我是为中国人，除非美国人给我们中国人一个满意的答复，我是不会离开这里的。"

广播一经播出，台北市的激愤热度进一步升高。此时，突然有人大喊："雷诺已经坐飞机跑了！"群众更加气愤难当，下午一点多，有少数人试图翻过围墙，而聚集的人已达上千，有人开始丢石子。一点四十分,几百个群众冲入"使馆",开始翻箱倒柜,破坏里面的汽车、玻璃、桌椅,还有人把美国星条旗给扯下来,换上青天白日满地红的旗子。群众高呼口号,局面就这样难以收拾了。

在"戒严时代",群众运动场合一定密布着当局各路情治单位的人,此时却不见任何人出来阻止,似乎有意放手。三点半左右,约有五十个成功中学的学生身着制服,佩着"救国团"的臂章,由教官带队到达现场,他们进入使馆内,举着标语,高呼口号,抗议美军暴行。队伍中有一个学生名叫陈永善,被拍下了照片。他就是后来知名的作家陈映真。

四点多时,有群众纵火,幸好被门外的救火车扑灭。五点以后,人群开始失去控制,官方宣布"戒严",同时试图用水龙头驱散群众。但七点多,群众再度聚集,他们又攻入"大使馆"内进行更大的破坏,有人持器具将"使馆"的保险柜击破,取走机密的文件档案。这已非寻常百姓的行动了。

接下来,群众再去攻打美国"新闻处"和设在台糖大楼内的美军"协防司令部"。甚至开始攻打"新闻处"前面的台北市警察局。军警最后出动了枪、催泪弹、瓦斯、水龙等,在警方与群众互有伤亡的情况下,事态才逐渐平息。而国民党方面也紧急通知各媒体,要严肃报道,呼吁保持冷静。

事态发展至此,出乎蒋介石的意料,他大为震怒,当天就撤除"卫戍司令""宪兵司令"等人的职务。隔一天,俞鸿钧内阁总辞职,全面改组。蒋介石必须立即用铁腕表明他的态度,否则美国不会善罢甘休。

美国方面,"大使馆"的损失约五万美元,但更严重的当然是保险箱内机密文件的被抢。这毫无疑问是有人指使的。美国的愤怒与追究的矛头，指向主管情治单位与"救国团"的蒋经国。虽缺乏直接证据，但在美国压力下，蒋经国只能担起责任。蒋介石要他暂时引退，去做更基层的工作。

自此，蒋经国从报章杂志上消失，虽然主管情治系统与军队政工的工作没变，但他从此低调行事，完全从政务中消失，主要去做"军队退除役官兵辅导委员会主任"的工作。也只有零星的新闻，刊出他在中部横贯公路的崇山峻岭之中，视察退除役官兵修筑工程的照片。

他在公路视察时写下的《投宿在一个没有名字的地方》，正是这种落寞心境的写照。

台湾地形呈南北走向，中间以中央山脉为屏障。遇有台风来袭，中央山脉屏挡其上，破坏台风结构的完整性，使得西部平原地带受风较小，灾难降低。然而中央山脉也成为台湾东西两边交通的阻碍。辟建中部横贯公路是自一九五一年以降就开始筹划的计划，只是一直未实施。

事实上，一九一四年日本为了镇压持续反抗的太鲁阁人，特地拟定"理番计划"，为便于重型山炮、重机关枪进入，即开始开凿山中道路。当时在两万兵力与现代化武器打击下，三千多人的太鲁阁人被打败，迁移到山下。日本人即利用太鲁阁人原来的步道，开辟"理番步道"。从埔里、雾社经合欢山，再到太鲁阁、花莲。一九四○年，为了支持太平洋战争，日本殖民当局在立雾溪畔再增设"发电道路"和"产金道路"。顾名思义，就是为发电和开采立雾溪的金矿而开发的道路。

一九五五年,"交通部"组成测量队进行横贯公路主线、支线、供应线的测量。一九五六年,蒋经国自谷关入山,由西向东对北线做最后一次勘验,七月七日即宣告正式开工。参与建设的工程师曾如此追忆：

> 当时省公路局本身人员有限,中横公路工程浩大,所以参与工程建设的还包括有荣民工程总队队员、陆军步兵、军事监犯、职训总队队员、失业青年、山青、公民营厂商以及暑期参与"救国团"活动之志愿青年学生等,在海拔三千公尺的山区遇上冬天,天寒地冻的,如何工作呢？山青们带着酒上山,大伙儿一面工作,一面喝着酒以御寒,酒喝完了,就拿着药用酒精加水凑合着喝,就为驱寒保暖,长期以来吃着干粮,及火烤食物填肚。

在危险的崇山峻岭之中工作十分艰难,偏偏台湾又是多台风、多地震的地方,意外难以防范。一九五七年十月的一个清晨,花莲发生地震,正在进行架桥灌浆的工程损毁,工程师当场被地震落石击中,坠落山谷身亡。在没有精密设备的条件下,开路工人最主要的工具就是十字镐与炸药,炸药控制不当,就会发生意外。整个公路的建设过程中,因工程意外及天灾而殉难的有二百一十二人、受伤者七百零二人,平均下来每一公里至少牺牲一个人。公路上的"长春祠",就是为了纪念这些牺牲者而设的。

这期间,蒋经国来过十九次。他穿着旧夹克,蹲在地上吃饭,睡在草寮里,和退伍的荣民闲聊,和调来工作的犯人一起过夜。这些照片,几年后慢慢披露,建立起他亲民的形象。他也在公路沿线建立了几个农场，让退伍老兵在山中农场生活。老兵们既无法回家乡，也知道此生可能终老此山，于是和当地少数民族女子结了婚，建屋成家。

我曾爬上了花莲的上梅园，穿过险峻的断崖边，坐在农民的蹦蹦车上，终于来到少数民族安静的部落里。在种满了向日葵与小雏菊的园子边，看到一间少数民族的房子。屋里摆设简朴，唯一让我意外的是，老式烧木柴的灶上，竟悬挂着几条腊肉。这根本不是少数民族的生活方式。细问之下，才知道男主人当年是被抓丁出来的贵州孩子，跟着国民党的部队来到台湾，退伍之后参加中横公路的建设，在历经生死艰难的战争与建设工程的危险后，他最后选择留下来，在山中和少数民族女子结婚，扎根成家，生儿育女，安顿生命。这腊肉，或许是他怀乡而无法归乡的一个深深的思念。

蒋经国利用这几年时间韬光养晦。他一边参与军务政务，也一边培养自己的子弟队伍，并且利用美国更换中央情报局台湾站站长的机会，刻意交好新站长雷·克莱恩（Ray s. Cline）。此时，中情局台湾站的掩护外衣，已经由"西方公司"改为"海军辅助通信中心"（Naval Auxiliary Communication Center）。克莱恩个性温和、好读书，和蒋经国家庭建立了交往。蒋经国还请克莱恩的妻子作为英文家教，每星期上几次课，他留学苏联的书要出英文版时，还请她作校正。

为了在政治上复出，蒋经国非得改善与美国的关系不可。他的努力，后来慢慢奏效，美国终于邀请他赴美访问。

55
"经济奇迹"的奠基者

一九六三年一月二十四日,当时身兼"美援会副主任委员""外汇贸易审议委员会主任委员""台湾银行董事长"三大财经要职的尹仲容因为肝癌病逝。一月三十日办完丧礼后,安葬在阳明山第一示范公墓。

一天早晨,长期担任他秘书的王昭明提早到公墓去,想单独去追思这位为台湾财经发展鞠躬尽瘁的长官。王昭明陪尹仲容走过他人生辉煌的岁月,也走过黯淡的官司缠身的低潮期,看到过官场起伏之际他的风范。

想不到,他到达的时候,陈诚早已先到了,坐在近处一座凉亭里休息。陈诚当时是"行政院长",尹仲容从"经济部长"到"美援会副主任"以及"台湾银行董事长"三大职务,都是他所任命的,尹仲容是他的爱将。

尹仲容的才华,早在大陆时期就被宋子文所赏识。一九〇三年出生的他,以优异成绩毕业于上海南洋大学电气机械系,进入交通部工作。因与宋子文系世交,被延揽到宋子文的私人公司任职,后随着宋子文任职于广东等地。一九四九年参与了上海资金调度到台湾的事宜。之后主管"中央信托局"业务,也是"台湾生产事业管理委员会"的负责人。

一九五三年,台湾为了争取"美援",成立"经济安定委员会",尹仲容被任命为"经安会"之下的"工业委员会"召集人,委员会的委员则包括了经济、交通、财政、台湾省等各机关的领导人。他找来李国鼎、严演存、费骅等人来担任专任委员兼组长。在农业生产总额占34.46%,工业只占19.39%的当时,经济难题是生产不足、物资缺乏、就业困难、外汇短绌、贸易萎缩,整个社会面临沉重的压力。"工业委员会"的任务是要突破经济困境,发展制造业,增加就业机会,安定社会。但当时人均生产毛额才一百六十七美元,根本没有民间储蓄,如何去找资金呢?"美援"于是成为必须全力争取的目标,更重要的还要善用有限的"美援",发展重要工业。

尹仲容便是在这样的困局中开始了他的事业。他性格耿直,思想开放,更重要的是他深知市场经济的优点,因此虽然为了经济安定而必须做某些物资与金融的管制,但他随时调整,将非必要管制的物资逐步开放民营。举例而言,如纺织业,他就认为靠日本进口的布料花费太多外汇,于是决定"进口替代",由当地政府进口棉花,再由民间自行生产,虽然质量不够好,但可以培养民间的纺织工业。而为了保护刚刚起步的产业,他也限制某些物资的进口。便是在这样的政策下培植了台湾纺织工业,在一九七〇年代,台湾的成衣出口变成最重要的贸易项目。

然而扶持民营总是会落人以"图利他人"的口实。但尹仲容无所畏惧。这固然与他深受蒋介石、陈诚信任有关,但更重要的是他为官清廉。在和日本恢复贸易的过程中，曾有一笔四十万美元的佣金，他全数交给"国库"。在扶持台湾厂商的过程中，曾有人想回报他房屋别墅，甚至暗盘佣金，都被他拒绝。他住在重庆南路二段一幢老式的宿舍里，不以为苦。

他的勇于任事，以发展塑料产业最著名。当时他认为台湾需要化工产业，但台湾无此技术，而民间更需要有资金实力的公司来做，便找了"永丰余"的何义。但何义研究后认为国际市场下跌，不想做。他没办法，就让人从台湾银行的存款户中，找谁有比较多的存款。后来发现王永庆有八百多万元存款，便把他找来，要他配合建厂生产。王永庆本是靠米行、木材起家，对化工业根本外行，连PVC（聚氯乙烯）都没听过，却非常愿意配合。就这样，他把一个重大产业交给王永庆。而王永庆也不负所托，通过精明的经营，不断扩厂，终于获利，建成后来的台塑王国。

尹仲容的桌子上写着："绝对不可存有多做多错少做少错不做不错的心理，应该抱有多做事不怕错的勇气，只要不是存心做错。"

在资源奇缺、资金不足、拥有权力者可分配资源的环境下，尹仲容敢于突破局限，只问对"国家"有利的事，不理会他人批评，大刀阔斧去执行。这无疑是官场的异数。然而也正因此埋下他遇难的祸根。

一九五四年，陈诚任命尹仲容为"经济部长"。他还身兼"工业委员会"召集人、"中央信托局"局长，在财经界可谓权重一时。可是他耿直刚强的个性却得罪了不少人。一九五五年，一宗"扬子公司案"将他打得赋闲在家两年，以写书排遣郁闷。

扬子公司本是一家还不错的木材公司，主持人胡光麃是清华留美学生，拥有较高的技术能力，可以生产军用木材，包括桥梁、营房、登陆艇等，还曾得到美国订单。但一般公司要进口大量设备与原木料，总是需要调度资金，只要信用良好，生产顺利，依照合约逐步获利，即可归还贷款。尹仲容以"中央信托局"权力，予以信贷支持，也是合理的。然而，他却未曾注意到，有人为了图谋"中央信托局局长"的位置，故意陷害他。

原来尹仲容担任"经济部长"后，辞去"中央信托局局长"一职，但上面一直不批下来，底下有一个副局长想升官，便想用阴谋手段，逼尹下台，就找了CC派"立委"郭紫峻在"立法院"质询，提出"扬子木材公司贷款案"，以一桩不过是七百万元贷款尚未如期归还的小案子，必欲"行政院长"俞鸿钧扣押扬子公司负责人胡光麃，刑以诈财之罪，而尹仲容则被诬以舞弊、贪污。该案由"最高法院检察署"调查，"监察院"也发动纠举，甚至经台北地方法院将尹仲容、胡光麃和当时"中央信托局副局长"周贤颂以共犯渎职图利起诉。

案子拖了两年，这期间地方法院一度无罪不起诉，可"最高法院检察署"却有人和尹仲容有过节，连着三次行文下令地方检察署提起上诉，最后拖了两年才以无罪结案。

在辞官归隐的近两年间，尹仲容恢复他的书生本色，做了《吕氏春秋校释》，也开始写《郭嵩焘传》，他认为："郭嵩焘是个有世界知识的人，他的胆识才华远在曾国藩、李鸿章、左宗棠、胡林翼之上，可是他的抱负因为曲高和寡，并未能发挥。"写郭传，无疑是他内心情志的抒发。

他毕竟是有读书人气节的知识分子。王昭明陪着他度过这艰难的两年，看到他既可以"叱咤风云"，也可以安静写作，他常常独自步行，去"中央图书馆"找数据、看书，一介书生本色，安之若素。

一九五七年，尹仲容复出，被任命为"经济安定委员会秘书长"、"行政院外汇贸易审议委员会主任委员"。后来"经济安定委员会"改组，大半职能并入"美援运用委员会"，他再担任"副主任委员"，"行政院长"陈诚担任主任委员。陈诚另外任命李国鼎为"美援会"的秘书长。但此一计划遭到尹仲容的反对。尹认为他有自己的秘书执行相关决策就够了，何必再来一个秘书长？然而陈诚也是一旦做了决策不容易更动的人，和尹仲容一样意志刚强，不可能收回成命。这僵局最后还是惊动了更高层的人出来说服，尹仲容才接受。

一九六○年，尹仲容担任"台湾银行董事长"。在他任内，要发行一百元新台币大钞。当时"立法委员"有相当多反对声浪，生怕一九四九年金圆券带来通货膨胀、金融大崩盘重演。尹仲容在"立法院"答询时，用一种自信的口吻说："如果发行大钞会通货膨胀，那不发行大钞就不会通货膨胀吗？如果有这种事情，我负起全部责任！"

发行大钞后，果然未出任何风波。

尹仲容是一个无党无派人士，能够得到陈诚与蒋介石的信任，与他为人精明清廉、深得蒋介石的欣赏相关。因此在扬子公司案之后，再行复出且身居要职，这是非常少见的。他说话直接而不顾情面，往往得罪了人，但若非他的坚持、远见及清廉，台湾经济恐无法如此迅速发展。

一九六三年尹仲容病逝。然而，他为台湾经济所做的擘画，在十年后慢慢显现，成为台湾经济发展最重要的基石，他所带领的人才，一个个成为台湾经济建设的长才。李国鼎后来也接了"经济部长"的位置。李国鼎感念尹仲容的知遇之恩，更自觉深受他经济思想的影响。

李国鼎曾总结尹仲容的贡献时说道：

> 第一，发展"进口替代"工业，以"美援"物资棉花与棉纱发展台湾纺织工业，又用"美援"的小麦和黄豆发展了面粉、食油、饲料等工业。同时他又以"美援"计划型资金及所产生的相对基金，设立了PVC塑料工业、人造纤维工业、玻璃工业、水泥工业、尿素肥料工业、糖业副产品工业、汽车工业、钢铁工业、金属工业等等。后来许多知名的大企业，正是在尹仲容的手上扶持建立。
>
> 第二，扶植民营工业的发展。"美援"支持的"国营事业"副产品工业化上轨道之后，他也通过立法，将这些工业尽量转移民营。几年之内，台湾共增加六千家民营企业。而公民营企业总产值的比例，从一九四六年的六十比四十，降到一九五八年的二十八比六十二。相较于日本统治时代禁止台湾民间参与工业生产，这是很大的进展。

从这一段历史来看，尹仲容被誉为"台湾经济总设计师"，并不为过。

有人问李国鼎，为什么这一代的财经团队不计政治与个人利益，鞠躬尽瘁？李国鼎说：我们是带着"孤臣孽子的忧患意识"在做事的。

一九三七年七月七日全面抗战爆发，此时，李国鼎正在英国剑桥大学念书，研究核物理。在大学时，他读到一本欧内斯特·卢瑟福（Ernest Rutherford，1871—1937）、詹姆斯·查德威克（James Chadwick，1891—1974）、欧内斯特·沃尔顿（Ernest Thomas Sinton Walton，1903—1995）合著的《放射性物质的放射线》，书中谈到原子蜕变、分裂后产生的各种粒子及放射线，缤纷的原子世界令他十分向往，促使他日后赴英国追随卢瑟福去做研究。

李国鼎是庚子赔款派出的第二届公费留学生，三年的公费生涯结束后，他的指导教授卢瑟福为他安排了英国伦敦皇家学会的奖学金，继续在剑桥研究。然而"七七事变"消息一传来，他无法安静读书了。

这时许多留学生都一样，拼了命地想回国参加抗战。为此，国民政府还派了作家谢冰心到英国去劝说留学生不要冲动，一定要完成学业，学成后再报效国家。李国鼎也听到了，但他就是无法安心。他不是到市政府大厅去读报，就是在家里听广播。内心非常矛盾，于是决定去请教他的老师。

卢瑟福说，科学家在战时应该为国家做事。第一次世界大战时，他也曾以科学家的身份和知识参加战争，所以他同意李国鼎回国，等打完仗再回剑桥做研究。

"我回去能为国家做什么事呢？"李国鼎接着问。

"这场战争的决定因素可能在空战，而不完全在地面战。你是学物理的，懂得物理基本知识，包括声光学和电学，正好可以应用到防空设施，如探照灯和测声机。"卢瑟福说。

听完老师的话，他毫不犹豫，立即束装。他还和德国的中国代表联络，希望去参观当地的防空设备工厂，后来还参观了探照灯和测声机的工厂。回国后，他立即加入防空部队。其后他教书、做研究，还参加资源委员会辖下资渝钢铁厂的设立，从理论物理走向实用科技。

抗战胜利后，他参加上海一带长江口的沉船打捞工作，进入中央造船公司筹备处。一九四八年，他跟着中央造船公司主任来到台湾，担任台湾造船公司协理。一九五三年，受到尹仲容的邀请，他转赴"经济安定委员会"，成为工业组的委员，跟随尹仲容工作。尹仲容因"扬子案"而辞职之后，由江杓任组长。江的个性谨慎，疑虑重重，新计划无法推动，李国鼎只能过去计划继续维持。直到一九五七年尹仲容复出，他仍跟随尹仲容工作，受到他很大的影响。

尹仲容过世不久，一九六三年三月，蒋介石召见李国鼎，跟他说："尹仲容过世后，重要责任都落在你身上，但是我希望你在不影响公务的情况下，到国防研究院受训，我是院长，张其昀是主任，我已告诉张主任，你只要有空就来山上。听课能了解政军经济情况，对你参加政府，当有裨益。"

国防研究院是将介石为了培养政务官员人才而设的训练班，蒋介石培养他的意思很明显。隔一年，李国鼎就任"经济部长"，开始了他的经济建设。从一九六四年至一九六九年，在他"经济部长"的任上，最重要的即是扩展外销，推动出口贸易。特别是"美援"在一九六五年停止之后，台湾主要外汇来自外销以及海外投资，仅仅是出口就增加了五倍，外资总投资额则增加了五倍。出口货品也从农产加工品为主，转变为工业产品。其次是由于工业发展带动投资，民间得以充分就业，民间储蓄增加了二点七倍。台湾的石化工业也是在他手上建立起来的。他要求中油建立轻油裂解工厂，以供应台湾石化产业中下游的原料，它形成一个庞大的产业链，为台湾经济发展打下基础。

李国鼎也是一个清廉的人，他留下的宿舍只能用朴素来形容。他的政策造福了后来的诸多产业，但他分文不取，他只同意企业界捐钱给一些学校，成立奖学金以帮助台湾学生。

尹仲容、李国鼎这一代经济规划者为台湾从"二战"后的农业社会向工业社会转型，奠定了深厚的基础，才有后来一九七〇年代的经济起飞，使台湾成为"亚洲四小龙"之一。

但在论及他们贡献的同时，我们不能不想到：生于动荡时代的人毕竟是时代的产物，他们"深怀忧患意识"，用尽一生之力，终于摆脱日据时期为台湾所设限的"农业台湾"的局限，走向工业化，摆脱了战后的贫困与危机，为经济起飞打下坚实的基础。然而，事物总是有它的两面性。这也同时为台湾后来的发展，划下必然的局限。

尹仲容也好，李国鼎也好，都只能在冷战的国际大格局下，在"美援"顾问的指导下，运用资源，尽其可能地施展才华，擘画经济蓝图，进行从农业到工业的建设。但台湾依赖型的发展终究成为美国世界体系的一环。

另外，当时全世界的环境问题还未爆发，台湾无法顾及环境的污染以及工业化对台湾社会带来的冲击，乃至于对人体的伤害。这终究造成后来的环境问题，以及二十世纪八十年代的环境运动和社会运动。

这也可以说是台湾现代化的代价。

56

《孤女的愿望》与农村的没落

如果有一首歌,当你问起台湾人时,他就会想到自己的姐姐妹妹,想到自己的亲人,想起自己成长的经历,于是眼眶湿润,那首歌一定是《孤女的愿望》。

一九五八年,十岁的小歌女陈芬兰唱出这首歌,立即引起轰动。唱片大卖,拍成电影,陈兰芬随片登台,即使远在乡村,都有人开着铁牛车不远千里跑来看。

《孤女的愿望》

请借问播田的田庄阿伯啊,
人在讲繁华都市,台北对叨去,
阮就是无依偎可怜的女儿,
自细汉着来离开父母的身边,
虽然无人替阮安排将来代志,
阮想要来去都市做着女工度日子,
也通来安慰自己心内的稀微。

请借问路边的卖烟阿姐啊,
人块讲对面彼间工厂是不是,
贴告示要用人,阮想要来去。
我看你犹原不是幸福的女儿,
虽然无人替咱安排将来代志,
在世间总是着要自己打算才合理,
青春是不通耽误人生的真义。

请借问门头的办公阿伯啊,
人块讲这间工厂有要采用人,
阮虽然也少年拢不知半项,
同情我地头生疏以外无希望,
假使少钱也着忍耐三冬五冬,
为将来为着幸福甘愿受苦来活动,
有一日总会得着心情的轻松。

　　这首歌如电影一般,描述一个小女孩离乡背井,一个人在茫茫人海里要找工作。她没有熟识的人,只能请问种田的阿伯,台北要如何去;再问都市里的阿姐,工厂是不是贴了告示要招人。她一步一步走入城市,走向陌生的世界,无非是要做一个女工,即使钱少也没关系,人生地不熟也不怕,只是为了要改变自己的命运。

　　六七十年代的台湾,没有人没听过这首歌;没有一个离开中南部家乡的孩子,不曾唱过这首歌。有一次,我在演讲中说到这首歌,一个中年女听众流下眼泪,她说自己年少时候,天天唱着这首歌,不断地安慰自己,只要忍耐个三年五年,为将来的幸福,甘愿受苦。

这首歌,仿佛是台湾六十年代里无数离开农村、进入城市的女工的心声。

那时的台湾农村到底发生了什么事,为什么会有那么多人想离开,难道真的是爱慕虚荣,喜欢都市的繁华吗?经济学家刘进庆以长期的经济分析和科学的数据,为这一段历史留下冷静的观照。

一九五三年,台湾完成土地改革后,农业生产力提升,收入相对增加了。但农民也同时必须分十年偿还土地费用,偿还方式是以实物来偿还。例如,如果生产稻谷就以稻子来偿还,而当年稻谷的价格由政府来定。相较于市场,政府定的价格不免偏低两三成。与此同时,还对农民加征一笔"教育捐"。

其次是"稻谷换肥"制度。由于台湾农田的地力因长期耕作已经贫瘠,因此无论稻谷、蔬菜、甘蔗等都需要肥料。台湾当局于是对肥料统一管理,肥料经由当局配销,再经由各地农会分配给农民,以达到控制的目的。每年农民都得乖乖地到农会交足额的稻谷,以作为年度租税,如果交的稻子干燥度不够,还要农民运回去再晒几天,等合格完税,才能去领回年度的肥料。

官方控制下的肥料与农民的稻谷,是以一比一的价格来交换。但实际上肥料的价格,无论是台湾自制的或进口的,约只值稻谷的二分之一,甚至三分之一。也就是说,用肥料的不等价交换,对农民的财产进行剥削。

至于蔗糖,民间只有一部分可以留用或在台湾市场流通,其余以"台糖公司"的公定价格收购,作为出口赚外汇的物资。其价格约莫比市价低三成。

一如刘进庆所言,这种"农工间的不等价交换",只能说是一种"剥夺",而"当局是通过各种制度和机构,强权地、政策地、系统地展开的"。当然,一般新兴工业化国家(NIES)或地区都是通过剥夺农民的剩余价值,来达到工业化的目的,但台湾在这一方面是"特别完善而且系统化"。在这样的状况下,农村的剩余劳动力是没有用的,为了生存,农民的下一代唯有离开农村,出外寻找生路。

陈芬兰的歌声,正好完整地描述了从农村离开,转入城市的小女孩的追寻与彷徨。

陈芬兰生于一九四八年,台南人,但从小跟着父母在台北三重长大。她自小就有唱歌才华,被父母送去舞蹈学校学舞,后来她跟着哥哥的合唱团学唱一些西洋民谣,如《野玫瑰》《桑塔露琪亚》等,得到好评。八岁那一年,她开始参加歌唱比赛,得到各种冠军,九岁进入亚洲唱片公司,录制了第一张唱片《孤女的愿望》,一炮而红。红到让唱片公司拍成电影,红到她不断出唱片、演电影。直到有一天,有人跟她说:"你好可怜喔!都没有同学陪你玩。"她才发觉自己没有别人该有的童年。

后来她到日本发展,就坚持要把中学念完,才开始在日本登台,正式进入演艺界。后来回台湾发展了一阵子,唱了许多知名的曲子,如《月亮代表我的心》《梦乡》等。一九七二年,她觉得从小在歌坛,十几年下来也累了,就赴美国西雅图华盛顿州立大学念大众传播,自此,她从台湾演艺界淡出。一九九八年,陈芬兰和作曲家纪利男老师合灌了一张《杨三郎、台湾民谣交响乐章纪念专辑》,之后又灌了一张《难分难舍》专辑。如今她定居东京,主持一个歌友会,偶尔和歌迷分享她的文化心得。

还有一首源自日本电影《花笠若众》主题曲的歌《花笠道中》,由美空云雀主唱,主要是诉说一个旅人的寂寞。它和《孤女的愿望》

所诉说的故事与心声非常不同。这就涉及这些歌的作词者叶俊麟了。

叶俊麟，本名叶鸿卿，一九二一年九月二十二日出生于基隆仙洞。小时候就能唱歌，可是家里是开布店的，他只能在看店的时候哼哼唱唱，有时招来一些无聊的客人在一旁偷听。家里人希望他继承父业，就让他去念商业学校，却不料毕业后遇上日本音乐家浅口一夫，自此拜在浅口门下修习音乐创作。

太平洋战争后期，美军轰炸台湾，基隆是军事目标，被炸得满目疮痍，此时叶俊麟疏散到乡下去避难。等到战后出来，人事已非，布店也开不下去了。他只好去基隆码头开一间"茶店仔"，专门卖酒卖茶给上岸停泊的船员、客商。此时正是两岸恢复交往的好时光，各种商贾往来于上海、厦门、香港、台湾之间，各种贸易，热闹欢快。他在这里听闻了许多故事，也看见许多男欢女爱、酒场缠绵、惜别离情的场面，这些都成了他后来写的"行船人系列"歌曲如《男儿哀歌》《惜别夜港边》《船上的男儿》等的故事。但一九四九年后，基隆港就因两岸隔绝而断了线，没了大量船员，生意清淡，而登场的是美国驻军。

叶俊麟去了三重，用自己商业学校的专业，当一家公司的会计和代书。他生性乐观爱唱歌，经朋友介绍认识了刚刚成名的洪一峰。二人一曲一词，合作无间，写下许多动听的歌曲。如《旧情绵绵》《思慕的人》《淡水暮色》《宝岛曼波》《悲情城市》等。

叶俊麟一生写词八千多首，他的名曲难以计算，许多歌曲都成了电影的主题曲，如《旧情绵绵》《悲情城市》等。

《孤女的愿望》只是他的名作之一，但他通过这首歌传达出了六十年代进城做工的女性共同的心声，也呈现了台湾从农业向工业转型过程中，那些平凡的生命所经历的艰难与奋斗。

57

明星咖啡馆里的"叛逆青春"

尉天骢大学二年级那一年,他的姑丈把他找了去,说:"天骢啊,你爱写文章,我们有一份刊物,让你来办行不行?"

尉天骢是一个抗日烈士的遗族,跟着国民党的军队来到台湾,靠一点补贴过活,但他年轻气盛,心中有许多不平之气要发,在"戒严时期"的报纸上很少有机会发表文章,能有自己的园地,太好了。

尉天骢才大二,平时在报纸投稿发表点文章,没有办刊经验,却有一股无畏的勇气,他找了同为烈士遗族的好朋友刘国松和郭枫。当时刘国松刚从师大美术系毕业,在基隆教书,可以帮他设计封面,介绍西方艺术新流派;郭枫在台南,和南部的文人熟识,可帮他约诗文创作;再加上大学同学许国衡,对西方现代文学挺熟。他们就开始筹划起来。

就这样,一份由年轻人办的全新的文艺刊物出现了。为了表示和这份旧名为《笔汇》的老刊物不同,尉天骢给刊物加一个前称,叫"革新号《笔汇》"。

刘国松每期介绍西方艺术流派，许国衡介绍文学作家，但总不能没有自己的创作啊，于是尉天骢到处约稿，总问人家："你们那里有没有会写的？"有一天，他碰到一个读大学中文系的朋友，又问人家："有没有认识会写的？"

那人回得干脆："有啊，你也认识的。我们中学同班同学。"这个人中学比尉天骢低一届，跟后来的小说家古龙同班。古龙调皮捣蛋，常常去尉天骢的教室玩儿，还被他打过。"那你帮我跟他约稿啊。"他不假思索地说。

"革新号"第一期在一九五九年五月四日出刊了。没多久，大学三年级的暑期成功岭集训开始，尉天骢就去了台中，把编务交给许国衡、刘国松他们。在成功岭，他看到写得不错的一篇小说稿，叫《面摊》，就写信给朋友叫他们发表了。三个月之后，他集训回来，听说对《面摊》的反映很好，找了编辑说："他的小说写得很新，很好，我们约他来见面聊聊啊。"编辑说："他的头很大，外号叫大头。"一见面，方知他们原来是旧识。他拍着对方的头说："王八蛋，原来是你啊。"那人是陈永善，当时还没有使用"陈映真"这个笔名。

陈映真当时似乎无意于以小说家为职志，只是在朋友的邀约下，把自己大一国文的作文和试写的英文小说改成了中文，就成了短篇小说《我的弟弟康雄》和《面摊》，却不料因此成名，文学评论家姚一苇对他大为欣赏。

陈映真知道他们正在约稿，就把白先勇一起找来，帮《笔汇》写稿。

在"反共"文学政策当道、思想荒芜的年代，有这么一群文学的同好，可以一起写作聊天，一起办杂志，找思想的出路，是多么开心的事。

刚开始，大家还有稿费，几期后经费用完了，每一次出杂志都伤脑筋，但大家还是互相约稿，讨论创作，批评笑闹得不亦乐乎。尉天骢还记得，大家都穷，他就买了白菜、猪肉、豆腐、萝卜炖成一大锅，大家一块儿吃。有个作家叫叶泥，是回教徒，不吃大肉。尉天骢老是叫他一定要偷偷尝一块肉。后来有人就问他说："为什么尉天骢叫你写稿，你都乖乖交稿，又没稿费啊。"叶泥回答说："你不知道，那尉天骢是无赖，他约的稿子如果没有交，他就说要买一只火腿挂在我家门口。"

然而许多时候，他们会相约到永和竹林路姚一苇的家。从事文学艺术理论的姚一苇，会用严肃的态度，一丝不苟、一字一句地对作品加以分析评论。陈映真心中一直以"暗夜里的提灯人"形容他。

蒋勋和奚淞也常常去尉天骢的家，碰到他不在家，蒋勋会做菜，就把食物拿出来煮了，吃饱后在饭桌上留下纸条，扬长而去。

《笔汇》从一九五九年五月办到一九六一年十一月，共出版了二十四期。最后因财务困难停刊。而白先勇的《现代文学》也在一九六〇年三月创刊了。

白先勇小的时候生了肺病，为了怕他传染给别人，有四五年的时间被隔离起来。他只能在自己孤独寂寞的世界里幻想，靠阅读连环画、旧小说来度日。长大以后，他像许多忧患时代的孩子一样，希望参与建设大型工程，就决定去念水利系，未来目标是建三峡大坝。当时他的成绩足以保送台大，却放弃了，宁可到台南成功大学念水利系。在水利系，他的微积分、化学都很强，却唯独不会画工程设计图。不会画设计图怎么做工程师呢？

此时，他心中的文学热情却燃烧起来，天天看外国文学书，特别是夏济安主编的《文学杂志》，这几乎成了他的心灵食粮。他的成绩依旧是水利系第一名，可是他已经知道了自己不喜欢这个专业，于是决定重考大学。就这样，他重新考上台大外文系。

那时在台大外文系里，夏济安主持《文学杂志》，鼓励学生创作，白先勇投过小说《金大奶奶》《我们看菊花去》等。夏济安后来出国了，《文学杂志》由侯健先生主持，风格转变为学院式的研究。白先勇就想：那要不要我们自己来办一份文学杂志。当时，他和许多文学青年一样，正着迷于西方现代主义，乔伊斯、卡夫卡、伍尔夫、加缪等，捧着他们的小说一本一本地读。特别是加缪的小说《异乡人》对他影响特别大。当时的台大正是人文荟萃的时代。夏济安教欧美文学、叶嘉莹教诗、郑骞教词、台静农教中国文学史，再加上殷海光自由主义思想的影响，台大正是一时之选的聚焦地。

台大外文系更有许多创作上的同好。王文兴已开始为《笔汇》介绍欧美文学，也写小说，杨牧在《笔汇》发过不少诗稿，陈若曦也写小说。所以白先勇在大三那一年召唤出一份《现代文学》，就不是意外的事了。《现代文学》的创作者从思想、理念到风格都很不一样，但都受到现代主义、存在主义的影响。欧美的现代主义是对工业文明的批判与反省，质疑人作为机械生产一环的存在意义，但在台湾它却成为对人在"戒严体制"下，失去主体性的一种批判。

多年以后，白先勇在接受我的访谈时曾这样说："我们那一辈不管是从大陆过来的第二代，或者是在台湾成长的本省人，像我们这样长大的，都处在战后的第一代，在战后成长。抗日战争、国共内战接踵而来的天翻地覆，对我们这一代的心理上、成长上有决定性且深刻的影响。我们的那个世界，大陆也好，台湾也好，都崩溃消失改变了。大陆那边是新的政权起来，而且是社会主义的。台湾这边，日据时期过去后，所受的教育是国民党政府迁台后的，我们都念差不多的书，中学标准课本。我们这一代成长虽然很不同，譬如我是军人子弟，而有的是各种行业的后裔，或者是本省人同学。这么多不同的子嗣，共同的一点是，战后父辈的社会崩溃了，我们在崩溃的废墟上，有种彷徨迷惘，一种求新望变。跟'五四'那一代比起来，他们也求新望变，过去的旧社会清朝崩溃了，所以新的一代起来了。"

我问他："可是'五四'那一代有一个乌托邦，而你们这一代，更像是流亡者的后代？"

"我们的精神还是在追寻一个乌托邦，就是我们的文学。"

像尉天骢、刘国松、郭枫，都是抗日烈士的后代，来到台湾，自力求生，因此特别有一种想开创新世界的勇气。尉天骢有机会办《笔汇》，而刘国松则和师大美术系的同学合组了"五月画会"。白先勇是军人子弟，却是在国民党政府的败退中，感受到家国流离、旧社会崩溃、传统瓦解的悲凉。本省籍的陈映真、陈若曦、施叔青又完全不同，一如陈映真在《将军族》中所写的，更多是感受到一种底层社会无可奈何的悲哀，而施叔青则写下鹿港大家族没落的鬼魅般的华丽。

在旧社会正在崩溃的时候，新一代的青年要创造出属于他们的时代，唱出自己的歌。于是他们用极有限的资源，办杂志、组画会，开创新的艺术形式。那时他们总是在台北的明星咖啡馆聚会。

一九一七年俄国革命后,一位出身贵族的沙皇侍卫队指挥官艾斯尼流亡到上海,投靠了他的朋友。此时他朋友在上海霞飞路开了一家明星咖啡馆。一九四九年,艾斯尼再流亡到台北,因缘际会,认识了一个建国中学刚毕业的十八岁学生简锦锥,就此开始合作,开了"明星西点面包厂",面包厂的二楼开了明星咖啡馆。

由于蒋经国的夫人蒋方良是俄国人,她非常喜欢"明星"的面包,特别是它特制的俄罗斯软糖,一时间驰名于台北。黄昏面包出炉的时间,总是有许多官员的"黑头轿车"开到门口,来买新出炉的面包。

带着俄罗斯的传奇和西式面包的香气,台北一些文人也闻风而来。用尉天骢的话说,它对台北文人最大的吸引力是可以供应便宜的简餐,而且可以一坐一整天,不会赶人。如果钱不够,还可以先去附近吃一碗便宜的排骨面,再回来继续写,继续聊。

一九五九年,一身瘦骨长衫的诗人周梦蝶开始在它的楼下摆起书摊,卖着台北当时的文学书籍。文学青年们来了,在楼下买几本书,就上楼去喝咖啡,讨论杂志的内容、写作。有时讨论完了咖啡钱也不知有没有人付,就糊里糊涂地走人了。

黄春明刚到台北的时候,先去一家广告公司上班,月底他领了薪水,口袋里有钱了,就去明星咖啡馆的柜台说,我先放一笔钱在这里,他们喝咖啡的钱都从这里扣。等到月底他也没钱了,就苦哈哈的。

后来,黄春明开始写起了小说《锣》,整个人沉浸其中,连广告公司的工作都辞了。陈映真和尉天骢总是笑黄春明是"穷措大"。然而只要有他在,明星咖啡馆的气氛总是热烈,因为他最爱说故事。还有一位画家吴耀忠带有几分年轻艺术家的腼腆,坐在明星咖啡馆的角落读书、喝咖啡,他暗恋一个女生,也不敢去表白,只敢跟陈映真悄悄说。

一九六〇年代的文学青年在贫穷艰难的环境下,带着浪漫叛逆的精神,开启了一个全新的时代。那是反叛的年代,质疑着"人的存在意义"的存在主义年代。表现形式上的现代主义,是继承了欧美发轫于十九世纪末二十世纪初的现代主义脉络。现代主义的作家、艺术家、文学作品、戏剧、存在主义哲学等也相继被引进台湾,形成一时风潮,对文学创作产生重要的影响。但更本质的是:它借用了现代主义的虚无,来批判、否定"戒严"下的台湾。

事实上,二十世纪六十年代的台湾经济还很落后,工业才刚刚起步,距离欧洲现代主义所批判的工业生产所造成的文明的荒芜、人性的虚无,还很遥远,但借用这个"隐喻式的现代主义",去呈现台湾的现实,却有着直指本质的力量,一时蔚为风潮。

那使人荒芜的"戒严体制",使人消失存在意义的两岸战争状态,使人成为物质奴隶的经济政策,使人成为渺小螺丝钉的国家机器,都使人变成了权力控制下的蝼蚁,一如存在主义所呈现的人类生存情境……这种反讽式的对照,虽然不是直接面对台湾社会现实的批判,但通过虚无的否定,用一种"冷冷转身走开去"的姿态,去漠视并对抗威权的意识形态控制,却已完成对政治虚伪的反抗。直白地说,即是借现代主义那种当权者所难以理解的语言形式,去点燃反抗威权的火种。

这样的反抗,成为新一代人的共同精神面貌。《笔汇》《现代文学》《文星》《剧场》莫不如此。其中最主要的,当然是作家和作品,那才是召唤着自由灵魂的哨音。

58

"一只皮箱"的企业精神

阿德是一个台湾南部乡下长大的孩子，二十世纪七十年代初，在台北读完大学国际贸易系之后，进入一家贸易公司，负责处理外国订单、寻找外商要的货品，也带过客人去台湾南部看生产厂家。两年后，他决定自己出来闯，就找了会计和助理，开了一间小贸易公司，做了起来。他先从相关厂商的名单着手，写信、寄商品目录、洽谈价钱等，如有厂商来询问目录上没有的商品，他也尽量去找。他的生意渐渐有了起色。

当他听说中东一些石油国家非常有钱，特别在石油危机后，价格几度起伏的时候，就决定去开拓新的市场。他选了一些美国人曾订购的衣服鞋子、生活礼品等的目录，带上些容易赠送的礼物，装了满满一行李箱和一个007手提箱，就出发了。

当时到沙特阿拉伯要转几次飞机，但他不以为苦，到了当地，人生地不熟，就在旅馆中查询电话数据，一一打电话去问。如果对方愿意接受，就立即去拜访。他的英文是简单的生活贸易英文，却足以做生意。有一个阿拉伯商人和他谈得愉快，为了感谢他送的新鲜有趣的生活用品，邀请他去沙漠里参加家族聚会。他也不畏惧，就直奔沙漠。

在沙漠的老式房子里，他见识了阿拉伯式的家族聚会，一起喝酒、一起唱歌、一起跳舞。他和对方建立起长期的情谊，也得到了大笔的订单，从此打开了不同的市场。有些他未曾做过的商品，例如汽车零部件等等，也可以找其他厂商供应。他的生意因此大大地扩充了。

他决心这么做的重要原因是：当时台湾中南部有许多中小企业。这些企业多是家族式的经营，规模虽然不大，机器设备也不是最新最大，但他们做出来的商品有很大的灵活性，随时依客户的需要调整。有时，一大笔订单下来，一个厂商供应不来，就尽量去找其他的厂商一起来做。中小企业总是这样，有生意大家做，有钱大家赚，自己不必做大的投资，靠着彼此协力，就足以供应更大订单。虽然彼此也会互相竞争，杀价抢订单，但竞争本是常态，只要找对信用良好的协力厂商，就够了。

阿德赚了不少钱，有一阵子因为接了大笔订单，被对方倒债而面临困难，但他靠着协力厂商的资金周转、外国客户的新订单，重新站了起来。

二十世纪七十年代的台湾中小企业就是这样崛起的。他们带着一只皮箱，装了满满的样品和目录，跑遍全世界，寻找新商机。

他们的身影，让人想起台湾人的移民祖先，从福建的漳州、泉州和广东等地，漂过台湾海峡黑水沟，带着一只皮箱或一个布包，形单影只地来到台湾，开始了移民的开拓生活。几十年后，绵延成一个家族、一个互相扶持的力量，而他们的后代，也带着这种漂泊的精神，继续到世界上开拓新天地。

曾有学者指出,"一只皮箱"代表着台湾中小企业的奋斗精神。

研究中小企业的学者陈介玄则指出,台湾中小企业之所以能够在一九六六年之后发展成为主要的出口主力,是因为中小企业在生产过程中形成紧密的协力网络。生产协力网络不只是企业间的网络组合,而是关乎厂商之间、产业部门之间、社会部门之间,乃至于国际的资源可转移性。通过资源与信息的迅速流通移转,台湾中小企业的经贸交流形成以直接出口的"产销合一"为主,"产销分立"为辅的网络系统。

"产销合一"主要是中型厂商,自己有工厂和贸易部门开拓市场。而"产销分立"就是像阿德那样贸易商在外开拓,再与中南部的生产工厂形成协力合作的关系。有些贸易商也会带着外国客户去中南部参观工厂。他们之所以不害怕被工厂以更低价抢走客人,主要是靠着语言的优势、彼此长期合作的信任关系。不少中南部中小企业是与贸易商互为依存的。

彼此分工合作,通过弹性的生产方式、厂商间的相互协助、产业部门的垂直与水平的整合,使台湾生产网络得以相互支持。这种"竞合"的产业网络,使台湾的中小企业保持良好的弹性。

台湾中小企业还有一个很少被发现的秘密,即是"头家娘"。这是社会学者高承恕在中部地区访问了许多中小企业之后发现的。他指出,中小企业的老板一般都在外打拼,抢订单、接生意、和厂商应酬,延续着中国人"男主外,女主内"的传统。他们的企业都不大,有些才二三十个工人,另请人来管理也不放心,所以中小企业的内部管理,往往就交给了他的妻子。台湾人一般称呼企业主为"头家",所以他的妻子就名为"头家娘"。

头家娘,有如一个不用支付薪水的工厂管理人,要维持生产的进度、注意工人的状况与健康，有些工厂供应工人中午的伙食，头家娘就得安排人煮饭。为节省支出，有些头家娘还兼会计，管理资金的调度，以免被人贪污。到傍晚工人下班了，自家孩子放学了，头家娘就变成了孩子的娘，要管理孩子的吃饭与课业。

用现代的管理名词来形容，一个头家娘要兼厂长、财务长、会计、伙食团长及家长。当时，台湾中小企业多是家族式经营，所以许多头家娘还得兼媒婆，去帮工人提亲、安排婚事。而老板就是在外找业务，做好外部关系。

高承恕曾说，许多中小企业成功的机密，尽在头家娘的历史中。她才是最了解工厂的人。以此来看，大工厂里的女工和中小企业的头家娘，代表女性在台湾经济中所起的决定性的作用，是台湾经济看不见的两大支柱。她们的贡献和意义，是值得好好研究的。

当然，台湾中小企业的崛起还有两个最重要的外部因素，它影响了台湾经济的结构。

第一，美国与越战。美国在"二战"后成为世界超级强国，经济稳定而高速地增长，已有二十几年的繁荣期。台湾作为冷战围堵的一环，是美国扶持的对象，所以美国进口不少台湾商品。虽然"美援"在一九六五年结束，但随着越南战争白热化，伤亡大增，台湾积极争取越南"美援"在台湾采购医疗、战地的基本物资，对越南出口迅速增长。

以一九六六年统计来看，台湾对南越输出达美金八千六百万元，在当年出口中仅次于对美国与日本的输出，居第三位，占出口总值百分之十六。若依南越官方统计，台湾高居供应方第二位，仅次于美国。特别是大量非战争的消耗生活物资，大多由台湾以便宜价格供应。由此可见越战／冷战对台湾的影响。

第二，日本经济结构的转变。日本经济从一九五五年进入高速成长期，到了六十年代中期，有了大量外贸出超。此时日本面临三大问题：一是工资迅速上升，生产成本剧增；二是随着工业发展，污染工业造成公害，日本环境政策变严格，乃有意将公害工厂外移；三是对美国商品输出增加迅速，导致美国设置关税或非关税壁垒。因此日本的纺织和电子公司为了利用台湾低廉工资和突破美国限额限制，纷纷将耗费劳动力多的生产制程搬到台湾，加工后运回日本；或将半成品、零部件运到台湾加工装配，贴上台湾制造标记，再转销美国。

一九六六年，台湾设置"加工出口区"正为迎合日本利用台湾廉价劳动力在台湾建立加工装配基地、转销美国的实际需要。这就形成台湾在市场上依赖美国，在生产上依赖日本，三者逐渐形成一个密切的"三环贸易结构"。而在这一过程中，台湾贸易收支也逐渐显现对日逆差、对美顺差的现象。

日本可以在台湾顺利设厂，一个重要的历史因素是日本曾殖民统治台湾五十年，台湾中年以上的人都会讲日语，容易沟通管理；其次，台湾人对现代的工业污染没有设防，以至于不少日本有污染的肥料厂、农药厂、电镀厂、染整厂等相继来台。毫无防备的台湾，在生态与民众健康上，竟走上日本工业化的老路，一路受害而不知。例如三晃农药厂，一九六〇年代来台中设厂，在农田中间排放的废水直接污染地下水，而农民还继续使用地下水作为生活饮用水和农田灌溉。直到八十年代，因为饮用水有农药味儿，稻米也有异味儿，觉得不对劲儿，向当地政府反映，才开始警觉，但对健康的伤害已发生，为时已太迟了。

一九八七年，两岸开放探亲后，中小企业也发挥了台湾人开创的精神，提起"一只皮箱"就登陆去寻找新的机会。许多中小企业转移到大陆去设厂。有好几家本来在台湾只是中小企业，利用大陆崛起的商机大展宏图，成为国际级大企业。旺旺集团、顶新集团皆是最知名的此类企业典型。

59
从棒球到歌仔的电视机时代

深夜三点的农村,三合院的晒谷场上,坐着二三十个人,有大人有小孩,围着一台从屋子里抬出来的黑白电视机,聚精会神地观看着。夏夜的晚风凉凉的,却没能吹去他们身上升腾的激情。电视机里正在转播棒球比赛,在一球击出后,人们大声喊着:"红不让啦,红不让啦!"

平时早早入睡的农村三合院,此时一起欢呼、一起叹息、一起加油呼喊,连睡觉的孩子都被吵醒了。转播结束都凌晨四点多了,人们带着赢球的欢天喜地或者输球的悲叹惋惜以及彻夜未眠的红眼睛,回去休息片刻就得起来上班和或下田。

七十年代初,台湾的夏天因为有了"威廉波特少年棒球比赛",生出了节庆般的喜悦。那时台湾刚开始有了黑白电视机,也开始有"少年棒球比赛"的转播。

每一个成长于六十年代的人,都无法遗忘挤在邻居家小小的客厅里,和邻居的家人及其他邻居,一起观看台湾电视公司最早的节目"群星会"和后来的卫星转播"威廉波特少年棒球大赛"。

随着台湾经济逐渐安定，建立新的传播媒介——电视成为规划的一环。特别是一九五八年五月一日，大陆宣告成立北京电视台并试播，成为华人圈仅次于香港"丽的映声"（成立于一九五七年）的第二家电视台。虽然它九月开播时只一周三次，每次三十分钟，但已是一种技术上的领先。

于是蒋介石在一九五九年和日本合作，成立"中日电视事业研究小组"。一九六二年，台湾电视公司宣告成立，由台湾省政府和民间出资，占六成股份，其余由日本富士电视台和东芝、日立等企业出资占四成。十月十日，由宋美龄主持首播仪式，公司正式开张。

最初它的节目都得在摄影棚现场制播。所以每天只有五小时。一般就是中午一小时，下午七点到十一点四小时。"群星会"每天播出的时间只有半小时，却捧红了许多歌星。很多人的童年记忆里，都有挤在邻居的客厅里，听歌星唱歌并跟着哼唱的经验。

随着电视节目大受欢迎，电视机更为普及。后来由"中国广播公司"主导，结合民间资金，成立"中国电视公司"。又两年后，以教育电视台为主，结合"军中政治教育"需要而成立了"中华电视台"。台湾所谓"无线三台独占"时代——由政、党、军分别掌控电视台的媒体结构于焉形成，自此维持了三十几年。

新的媒体终究带来社会生活风貌的变化。

"台视"在一九六二年开播不久，为了提高收视率，想吸引占多数的闽南语人口，就找了廖琼枝、何凤珠主演闽南语歌仔戏《雷峰塔》，在每周二晚上播出。到了一九六六年，杨丽花主演的《雷峰塔》更为轰动。然而，最轰动的还是一九七〇年开始播出的闽南语布袋戏《云州大儒侠史艳文》。

《云州大儒侠史艳文》由黄俊雄演出。黄俊雄的祖父黄马本是种菜的农民，跟了一个泉州来的布袋戏师父学习，利用农闲做一点业余演出，就取名"锦春园"。黄马为了培养儿子黄海岱学好戏文，就让他去跟汉学老师读书，学习民间丝竹乐曲"北管"。黄海岱年轻时也好强，曾因和人打架被关进了监狱。他在狱中无事，就读《三国演义》，不料那日本人监狱所长也喜好此书，二人相谈甚欢，竟成为好友。后来那所长认为他的布袋戏班叫"锦春园"，名字有点像闽南语"捡剩的"，所以改名为"五洲园"。

光复后，布袋戏一时恢复了繁荣，庙会活动到处都有演出。可是"二二八"之后，为了怕人群聚集，当局禁止布袋戏作外台演出，只能做戏院内演出的内台戏。但内台戏得要有足够的剧情和声光效果才能吸引观众买票进场，所以布袋戏加大了布偶的高度，也增加了舞台的长度，让观众更容易看清楚布偶的动作，而打斗或刀光剑影的效果更为良好。当然，更重要的是为了让剧情离奇刺激，什么天马行空的情节、人物、唱腔都可以，甚至流行歌曲也可以入戏。但相对的，传统布袋戏中"文戏"的细腻动作就难以呈现了。

一九五八年，黄海岱的儿子黄俊雄首度将《西游记》布袋戏拍成电影。虽并未成功，但这个经验让他学习到运用镜头和声光效果来拍摄布袋戏。一九七〇年，"台视"找上了正在西门町戏院演出的黄俊雄。此时，"台视"已然做了几档布袋戏，却反响不佳。找黄俊雄是为做一个新的尝试。却不料甫一推出，立即"轰动武林，惊动万教"。黄俊雄以鲜明的人物塑造，配合着朗朗上口的闽南语主题曲、活泼有趣的对白以及文雅古风的旁白，赢得了观众的喜爱。他所塑造的人物、剧中所唱的歌曲和配乐，包括史艳文、苦海女神龙、恨世生、冷霜子等，至今仍让当年看过的人念念不忘。

起初，节目只是每周一次，后来因大受欢迎，改为每天中午播出。所以每到中午，出租车、卡车的司机停下来午餐时，一定要找一家有电视机的店，一边吃一边看布袋戏；即使里面已经挤满了人，也要站着边吃边看。当时乡下的小学生还没有营养午餐，住处不远的人往往跑步回家吃午饭。许多小学生饭后在跑回学校的路上，就会站在小店的门口偷偷看布袋戏，到了广告时间赶紧接着跑，到下一个小店看下一段。许多公务员也午休不休息，而农民更要趁着午休，放下农事，赶去看个半小时。

当年，它曾创造出97%的最高收视率，这记录大概再也无人能破了。执政当局眼看如此风气，再下去都无法控制了，于是以"影响民间作息"为由，在一九七三年停播。由此可见当时国民党对文化与媒体的控制。

然而，对平民来说，记忆最鲜明的仍是"威廉波特的少棒赛"转播。

台湾从日据时期开始有棒球的传统，从小学开始都持续把棒球作为一种运动项目，一些县市及省的运动大会都有棒球项目。可真正让台湾对棒球热情高涨的是，一九六八年台东少数民族的红叶少棒队对战日本少棒冠军队时连赢两场。这让台湾棒球队信心大增。

一九六九年，台中的金龙少棒队赢得远东区冠军，赴美参加美国少棒联盟在威廉波特举办的世界少棒锦标赛。虽然这是一种联谊性质的少年棒球赛，但台湾队一路过关斩将赢得冠军，回台湾的时候，有十五万人去迎接，轰动一时。一九七〇年，嘉义七虎少棒队参加大赛，可惜只获得第五名。次年，"台南巨人"则赢得冠军。往后几年的少棒赛，都引起全台湾的关注。每一场比赛，电视公司都转播。美国时间与台湾恰好相反，电视转播时段往往在午夜，以至于观战必须半夜起床。

当时电视机没有普及，因此乡村地区谁家有电视机，就会半夜起来，把电视机转向晒谷场、小广场、街道边，让大家一起观看。即使是半夜，也仿佛全台湾的人们都在一起欢呼、一起哀叹、一起流泪、一起庆祝。

那是一九七〇年代初，台湾正在走向一个新的时期。在电视机的影响下，社会生活悄悄转变。人们不再像农业时代那样，饭后聚集在晒谷场上拉胡琴、吹口琴、闲聊天，而是聚集在某一个有电视机的家门口共同看电视。等到每一家每一户都买上了电视，就各自在自己的家里看电视。农村也好，眷村也好，一种新的生活形态正在悄悄来临。

电视机的数量一九六二年只有四千四百台，到一九六八年，已经有三十七万台，因为收看者众多，而电视的影响又直接，所以当局对电视新闻的管制更严格。所有歌曲和戏剧节目在电视台播放前都得经过审查。一些电视台无心的失误，往往被放大为政治事件。

一九七三年，蒋介石八十七岁生日那一天，聚集了一万多人举行祝寿晚会，"台视"负责制播特别节目，在节目的最后播出蒋介石夫妇向群众挥手致意的资料画面时，字幕上却出现了一句话："大哥，不好了，西凉兵要来了。"这下可不妙了。整个"台视"公司被警察翻了个遍，要调查到底是谁在搞鬼。原来是字幕组的人，正在做杨丽花歌仔戏的字幕，可是按错了键，把字幕错置了。结果，这个字幕人员被羁押调查，主控室的工程师也被解聘。

还有一桩更有趣的事。一九七四年，国民党八十年党庆大会，"台视"奉命制作特别节目，没想到节目的配乐竟然是"东方红，太阳升，……"的《东方红》音乐。整个国民党都震惊了。"警备总部"立即进入调查，认为必有"共谍"。却不料事实只是"台视"的音效人员根本没听过《东方红》，他只是想找一首听起来雄壮威武的音乐，却不料踩了个大地雷。后来这个配乐人员被羁押，许多人都为此丢了工作。

一九七五年，蒋介石过世的时候，全台湾电视全部停止播出戏剧、综艺、生活等节目，只播出蒋介石的纪念影片，电视屏幕也由彩色变成黑白。有人玩笑说，一早起来打开电视，突然全部变黑白，还以为是电视机坏了。

60

女工的青春与"经济奇迹"

黄昏的余光带着金黄色泽，照在纺织厂新铺好的柏油路上，路边两排高大的椰子树向工厂里延伸，直到厂房的作业区。那里有几棵老榕树张着伞一般的树盖，为一群刚刚下了工在等交通车的女工遮荫。

秋风吹起，树叶拂动，女工蓝色制服的裙子随风摆动，三三两两的少女，手携着手，轻声细语地说着什么贴心话。她们都年纪轻轻。有的刚刚从初中毕业，才十五六岁；有的工作了两三年，到了十八岁的年纪。到了这个年龄，妈妈就开始在问了，有没有男朋友呀，有对象吗，那个隔壁的阿姨说要帮你介绍啊。她们都还未婚，当时的惯例，结了婚女工就得离职，回去照顾家庭带孩子了。这里只有少数几个办公室的女职员是长期的工作者，结了婚还在上班。

一会儿，几辆交通车来了。车上下来一群接班的女工，她们是来上夜班的，也都穿着制服，互相微笑着打了招呼，就进厂房的作业区了。等车的女工于是纷纷上了车，坐在各自位置上。司机看看下班的人都来了，问一声：坐好了？就开动了。交通车穿过椰子树的夹道，鱼贯开出工厂，开向附近的农村地区，那是女工们的家，还是老式的三合院或者矮矮的农舍茅草房。从一个村子转到另一个村子，在泥土路上慢慢摇晃着的班车，直到天色都昏暗了，才能回到工厂。这时，刚刚来上工的女工已进入生产的流水线，从黄昏到第二天早晨的夜班工作，开始了。

每天傍晚，这样交换班的女工有多少呢？以这一间纺织厂为例，约莫有一千多人。最多的时候整个工厂女工就有三千多人。

除了上下班的交通车，还有另一批交通车是开到不同的地方，那是纺织厂与某个中学合作，按照名为"建教合作"的制度：工人黄昏的时候下了班，可以去学校的夜间部上课，学习一种专业技能。有些男工去学习汽车维修，因为刚刚时兴起来的小汽车很多，中学特别开了这样的课。也有人学习电机、电器维修，还有女孩子学裁缝、会计、家政等等。学校的学费由工厂和学校各自负担一些，其余从工人的薪资里扣。

年轻的工人们希望学习好一种技能，以后可以开一间小小的修理厂，无论修理电器、电子产品还是汽车，人生总是有了一个盼望可以期待。而女生除了嫁人之外，也可以靠裁缝、会计等，改变命运，谋一个不同的出路。

也正因此，年轻工人的移动率特别高。男性工人的平均工作时间长度，约是一百零五个月（约九年）。女性则更短，是七十六个月（约六年），也就是说，女性从初中毕业后工作六年左右，大约二十一二岁左右，就会结婚而自动离职了。

男性最大的可能是自己去创业或者转业。所以，台湾的中小企业特别兴盛，依据一九六七年的统计，如果把二十九人以下从业人员的企业定为零细企业，把三十人至九十九人定为小企业，一百人以上的定为中大型企业，则台湾零细企业加小企业的劳动者，竟占了百分之六十四点六。也就是说，台湾工业化的过程，很大一部分是靠着中小企业的奋斗而起来的。这些中小企业大多是师傅带学徒，学徒再开小工厂，一家带一家，互相支撑或者互为竞争，慢慢形成的。

一般而言，企业中的男性工人薪水比女性约多三成左右。这与男工要养家糊口的考虑有关，所以企业主要给出稍高的薪水，才能招到男工。但另一方面，像纺织、电子、电器等新兴产业中，女性反而占了更高比重（约莫六比四）。这固然与女性细心、精确、耐心、温柔等特质有关，但更重要的可能是，她们一般的工作时期是六年，时间到了女性结婚回归家庭，企业主不必为她们担负任何保险费、退休金等，再换上一轮刚刚毕业的新劳动力，不是更便宜更有利吗？

因此，经济学家刘进庆在研究"亚洲新兴工业化地区"的时候，特别注意到台湾的女工现象。他认为，台湾经济奇迹的秘密，正是在年轻的女工。她们用自己的劳动，换来农村家庭经济的改善，让父母可以在农村没落的时候，有其他的收入维持生计，而家里的男性则可以出外打工或者创业。如此，工厂用了女工最有青春活力的劳动时光，且只付出最少的代价。不仅仅是中部地区的纺织厂如此，在高雄加工出口区成立的第二年，园区内总共有十一万名劳工，其中女性竟高达十万人！

一九七三年九月三日早上七点左右，高雄的旗津港外发生了一起船难。民营渡轮"高中六号"载满了准备到加工区去上班的女工。这些女工因为担心迟到被扣工资，所以拼命地挤上渡轮。这渡轮太老旧了，而且原本只能搭乘三十人的小船，却超载了七十人。再加上满船的机车、自行车，结果开到一半漏水了，船长把船开向岸边，不料人们挤着上岸，造成船体翻覆。最后有四十六人受伤，二十五人罹难。打捞上来的遗体为清一色女性，大部分都未满二十岁。最年轻的只有十三岁，最年长三十岁，还有一家三姐妹同时丧生。

当年台湾风气还很保守，女性一般结婚后都归葬到丈夫家，未婚的女性无法在父母家设立神主牌位。由于社会的同情，经请求高雄市政府为她们建了一座共同的墓，名之为"二十五淑女墓"。

这座墓后来经过三次改建，改名为"劳动女性纪念公园"，以追记她们为台湾成长的奉献。她们曾用自己的青春，建构了台湾经济繁荣的半边天，因此每每有人说起"亚洲经济奇迹"的时候，我总是回答：是的，那是"用青春建构起来的经济奇迹"。

二十世纪七十年代，台湾最流行的电影是琼瑶小说改编的"三厅电影"。那类电影的套路是，男女主角相遇，在咖啡厅谈心，在餐厅吃饭，在客厅和父母见面，再发生冲突，历经波折，最后有情人终成眷属。当时，这些电影被批判为逃避现实，却大受欢迎。

琼瑶电影中，有几部与女工有关的如《彩云飞》《秋歌》《心有千千结》等特别受欢迎。片中女主角全是来自下层或者生活困苦的家庭，她们为了家计出来工作，做的是护士、女秘书、歌厅的女歌手等。她们谈恋爱时都被认为是为了钱，但最后因为自尊的生活、自主的爱情，终于受到尊重。

其实，在这些套路里，暗含着当时台湾社会非常真实的、隐而未显的女性内心世界：那就是女性劳动者心中的梦想。女性从乡村出来工作，努力向上，想拥有美好的生活，希望拥有自己的家，小小的公寓，自己的客厅，自己的生活。还希望打破传统乡村封建的、被父母长辈和媒妁之言所决定的婚姻，打破阶级和金钱的隔阂，拥有自尊的、互相敬重的、真心而浪漫的爱情。

那是一个时代中女性自主自尊的愿望，只是披着浪漫爱情的外衣。

电影《心有千千结》里，当男主角重振父亲的纺织工厂时，可见几百个年轻女工在织布机前劳动的场景，那即是七十年代无数女工的写照。

七十年代年轻女工中最受欢迎的流行歌手是帽子歌后凤飞飞。她唱过一首《祝你幸福》，那时几乎是所有女工都会唱的。歌词道："人生的旅途，有甘有苦，要有坚强意志。发挥你的智慧，流下你的汗珠，创造你的幸福。"

这首歌，在二〇一五年最受欢迎的"励志疗愈歌曲"票选活动中，依然以过半的票数被选为第一名。

61

蒋经国的时代来临

一九七〇年春天,四月二十二日,基辛格跨过华盛顿的宾夕法尼亚大道,到布莱尔宾馆去和蒋经国会晤。两个人以英语密谈了半个多小时。当时担任基辛格中国事务助理的何志立说,这是非常少有的安排,因为蒋经国当时只是"行政院副院长",对他的接待超过一般的规格,美国早已清楚,蒋经国是台湾未来的接班人。

基辛格问了蒋经国一个问题:如果中美会谈由华沙易地到华盛顿或北京举行,台湾会有什么反应?他要试探蒋经国对这个问题的态度。事实上,中华人民共和国和美国所举行的华沙会谈已经举行了几十轮,它是双方未正式建交前的一个沟通渠道,如果变成在华盛顿或北京举行,那就意味着双边关系要有正式的改变了。这一点,蒋经国应该很清楚。事后,陪同会见的沈剑虹问蒋经国,基辛格是否传达了什么重要信息,蒋经国笑而不答。

其实,前一天蒋经国已经和美国总统尼克松在椭圆形办公室晤谈了七十五分钟。和一个"行政副首长"谈这么久,已超过礼貌性拜会。尼克松并不多说，他像蒋经国平时的作风一样，多问少说，他更想了解蒋经国的想法。

尼克松此时邀蒋经国访美应是缘于中、苏、美三方关系的变化。冷战时期美国发动朝鲜战争、越南战争，试图阻止共产主义的扩散。但斯大林死后，苏联赫鲁晓夫与中国逐渐开始产生分歧，珍宝岛事件导致的军事冲突，让双边关系更形紧张。当苏联入侵捷克时，中国加以批判"这是最公然无耻、典型的法西斯强权政治的样板"，此时中国外交政策正在改变。

美国也在改变。一九六三年十一月二十二日，美国总统肯尼迪被暗杀，一九六八年四月四日，马丁·路德·金被刺；而美国学生运动兴起，引起全美反战的声浪，对军方征兵的不满、对政府参战的抗议，升级为社会冲突。约翰逊之后继任的总统尼克松感受到此种压力，想逐步从越战中抽身，改变外交政策。此时的蒋经国心知肚明，在这个大局势下，台湾和美国的关系早晚会生变。

在美国方面，尼克松陆续宣布一连串的行动，包括：六类美国人可以观光身份去中国大陆、美国公司可以和中国进行非战略商品的交易、美国第七舰队在台湾海峡的巡逻由定期改为不定期、美国反对提供一中队 F-4D 型飞机给台湾等。这些都是非常重要的战略转变的迹象。

一九七〇年四月二十四日，蒋经国继续飞往纽约，准备向东亚美国工商协进会做演讲。一行人在美国保镖和纽约警察的保护下抵达富丽堂皇的广场大饭店，这时，门外有二十几个留学生举着抗议的标语，高呼口号。蒋经国从车上下来，步上台阶，推开旋转门的时候，门旁大理石柱子后面，突然跳出来两个持枪男子，朝着走入旋转门的蒋经国伸出手枪。纽约警察局一个便衣眼疾手快，立即把持枪人的手推开，子弹向上飞过蒋经国上方旋转门的空隙射在室内的墙壁上。便衣和安全人员随即制伏那两名男子。蒋经国当场停下，回头看看混乱的场面，即进入大厅，在众人保护下直接上了电梯，进入演讲会场。

几分钟后，纽约警方把从枪手那里获得的枪支带去给他看。他问："是否可以和枪手谈一谈？"纽约警方认为不妥，就作罢了。随后他照常演讲，一句未提差点儿被刺，回到旅馆才打电话告诉妻子蒋方良，叮咛她"不要担心"。

那两个枪手中有一个叫黄文雄，是在康奈尔大学攻读工业工程的台湾留学生，"台独"运动参与者。他和另一个枪手郑自才被逮捕后交保，随即弃保潜逃到瑞典。

结束美国之行回台时，国民党发动一万多人去机场迎接。此时的蒋经国已是台湾最具有实权的人物了。特别是蒋介石在一年前（一九六九年）在阳明山发生车祸，他的前列腺严重受伤，请来美国医生开刀也无法痊愈，导致许多时间都躺在病床上，已经很少去"总统府"上班；"副总统"严家淦是一个知道分寸的人，谦卑退让，把权力都交给了蒋经国。

事实上，蒋经国已经把权力场上可能的威胁差不多都清理干净了。一九六五年发生的"剥蕉案"，可能是他清除宋美龄势力的最后一击。

台湾香蕉外销日本，在六十年代后期达到鼎盛期。负责人是高雄青果合作社理事主席吴振瑞。他懂日语、人脉广阔，善于和日本人交际，因此得以占有日本香蕉进口的八成，每年赚取六千万美元的外汇。台湾南部的蕉农也因此发财，农村经济大有改善。可是这一笔大生意引起相关官员的觊觎。偏偏吴振瑞并不避讳，反而张扬其事，在青果合作社二十周年庆祝时，买了三十两黄金打造金盘、金碗等分送一些官员。此时蒋经国正在打击贪污、建立清廉执政形象，他所送的金碗就成了证据，被告到蒋经国那里。

蒋经国正在实行"政治革新"，肃贪清廉是他的核心任务，作为公务员而拿金碗送官员，触犯了蒋经国的大忌，乃下令清查，有十一个人同时被逮捕。但他们并无其他贪污事证，顶多就是买卖黄金。违反黄金买卖的法令必须是买卖金条，他们是向金饰店买的饰品，并未违法，但最后仍以此判刑。可惜的是台湾香蕉出口因此大受影响。后来日本市场被中南美洲与菲律宾抢占，再难恢复。

受此影响下台的人有两个：一个是徐柏园，他是"中央银行总裁"兼"外贸会主席"，青果外销问题他也被究责。另一个是李国鼎，坊间传言他的弟弟担任美国律顿公司的经理，此公司专门进口制作纸箱的机械设备，有人曾要求青果合作社将出口香蕉的包装由竹篓改成纸箱，但未为吴振瑞所接受，所以他得罪了当道，当时李国鼎是"经济部长"。徐柏园是宋美龄的人，徐柏园与吴振瑞等于是宋美龄的钱袋，除掉钱袋，宋美龄的势力彻底式微了。

至于李国鼎，他为人正直清廉，一九六九年六月从"经济部长"下台，立即转为"财政部长"，依然为蒋经国所重用，筹划了"十大建设"的财源，度过两次石油危机，为台湾的产业升级与科技发展做出了重要的贡献。

一九七〇年，蒋经国从美国回台后，进行了一连串的人事调整。特别是更换了军方的高阶主管，各军种的总司令都由他亲手拔擢，以强化军队的忠诚度。他更以严家淦的名义调整"内阁"人事，实行年轻化；此外，还在"原子能委员会"成立一个核能研究中心，表面上是研究和平用途，但实际上是为了发展核武器。核能一厂就在这一年核准兴建。但此时，美国中情局也暗中吸收了一个工程师张宪义，随时将台湾核能研究的进度向中情局密报。

一九七一年是台湾"外交"进入困境的转折点。一九七一年十月二十五日，经联合国大会表决，"中华民国"失去联合国代表权，由中华人民共和国取代。原本蒋介石还同意了美国曾提议的"一个中国，两个代表权"，以保住联合国的席位，但表决当天，基辛格飞到北京安排尼克松来年的北京之行，白宫态度如此，再怎么游说都无法改变了。

影响台湾命运最重大的关键，则是一九七二年尼克松的北京之行。出发前，尼克松曾派人向蒋经国打招呼，蒋经国表示台湾不会有"不寻常的活动"去触发事端。几天后，美国电视就播出了尼克松在北京机场和迎接的周恩来握手的画面。而尼克松和毛泽东见面时，毛泽东说的第一句话则是："我们共同的老朋友蒋介石委员长，可不赞成我们见面啊。"

经过八天的访问，《上海公报》在一九七二年二月二十八日尼克松离开上海前公布，其中对台湾最重要的是美国对两岸问题的表述："美国方面声明：美国认识到，在台湾海峡两边的所有中国人都认为只有一个中国，台湾是中国的一部分。美国政府对这一立场不提出异议。它重申它对由中国人自己和平解决台湾问题的关心。考虑到这一前景，它确认从台湾撤出全部美国武装力量和军事设施的最终目标。在此期间，它将随着这个地区紧张局势的缓和逐步减少它在台湾的武装力量和军事设施。"

而中国则表明："中国方面重申自己的立场：台湾问题是阻碍中美两国关系正常化的关键问题；中华人民共和国政府是中国的唯一合法政府；台湾是中国的一个省，早已归还祖国；解放台湾是中国内政，别国无权干涉；全部美国武装力量和军事设施必须从台湾撤走。中国政府坚决反对任何旨在制造'一中一台''一个中国、两个政府''两个中国''台湾独立'和鼓吹'台湾地位未定'的活动。"

尼克松离开上海飞回美国，而他的助理国务卿格林（Marshall Green）则衔命飞到台湾，和蒋经国见面，简报访问的经过，并重申美国对台湾的政治关系不会有所改变。然而，长期依赖美国军事与经济援助的台湾，则产生了被背叛的愤怒。开始有人提议，既然美国打中国牌，那台湾可不可以打苏联牌？台北的"外交部长"周书楷在被赫斯特集团的记者问到这个问题的时候，表示"台北和苏联之间，可以举行类似华沙会谈的接触"。这话一出，台北的媒体开始大做文章，各种谣言臆测四起。还有一个谣言说，蒋经国有意把澎湖出租给莫斯科，作为它的海军基地。蒋经国眼见事态严重，赶紧发表声明指出"台北不会打苏联牌"。而周书楷则在三个月后被撤换，以此断绝所有的谣传。

风雨飘摇中，一九七二年二月，"国民大会"呼吁蒋介石任命蒋经国为"行政院长"，任命在五月下旬通过，从此重担落在了蒋经国的肩上。

对蒋经国来说，联合国席位的失去、《上海公报》的发表，乃是蒋介石所借以建立的代表全中国的"法统"与"道统"都失去了正当性。所谓"反攻大陆"已成泡影，"国民政府"只剩下台澎金马，这才是最大的危机。

蒋经国要面对的是，首先得稳固台湾，而化解台湾内部的矛盾，特别是省籍矛盾是首要之务。他提出行政革新，扫除腐败，他任命谢东敏为"台湾省主席"，这是国民党接收台湾二十七年后，首度有台湾人当上"省主席"；加入"内阁"的台籍人士还有：徐庆钟任"副院长"，张丰绪为"内政部长"，"党外"人士高玉树为"交通部长"。此外，在中层的干部方面，也开始任用台湾青壮年一代为主要干部。

蒋经国任用台湾人的政策，对台湾政局起了作用。它让台湾政治人物看见国民党逐步走向"本土化"的趋势。后来有人用当时一个著名歌星的名字"崔苔菁"来形容蒋经国的政策，叫"吹台青"。即：台湾省籍、青年才俊。

风雨飘摇中，蒋经国时代正式来临。

62

隐隐轴线的源头——"保钓运动"

一九七〇年九月一日下午,基隆港口灰蒙蒙,一场暴雨刚刚下过,乌云依旧密布,天空阴沉沉的。港口停泊的许多大型商船正在上货卸货。

基隆水产试验所的船"海宪号"在大商船中间一点也不起眼,却已经悄悄发动。它正在等待《中国时报》四个记者登船。配备着完整摄像设备和长短镜头的记者一登上船,就立即出海了。

这是一次秘密行动。他们的目标:钓鱼岛。目的是登上岛,插上"青天白日旗",摄影存证,还要写上大字,证明这是中国人的土地,不是日本人的。因为七八月间,日本军舰不断驱逐台湾渔民,宣称岛是日本的。

此时的钓鱼岛已是极端敏感的地方。刚刚发现钓鱼岛海域的海底有蕴藏量丰富的石油,美国打算将它的行政管理权随同琉球一起交给日本,却未曾正视它的主权本属于中国,在台湾的行政区划上,它还划在宜兰县的管辖范围。而且,它也是台湾渔民捕鱼常常出入的海域,每年渔季从苏澳、基隆、贡寮、野柳去的渔船最少有三千艘。

然而，蒋介石很难表明立场。此时，台湾快要失去联合国的代表权，正需要得到日本的支持，如果与美、日交恶，将更加孤立。但如果不表示任何态度，等于默认，未来对历史将如何交代？唯一的办法就是诉诸民间。如果民间愿意出面去主张钓鱼岛的主权，再利用民族主义感情，变成全世界所有华人共同捍卫钓鱼岛，那日本、美国亦无可奈何。

此时，余纪忠所创办的《征信新闻报》刚改名为《中国时报》，正需要有新闻上的突破。更何况，余纪忠早年本是英国留学生，为了抗战而千里迢迢回国，他的爱国心与民族意识强烈，为保卫"国土"而采取冒险行动，他是愿意的。然而他也要非常审慎。台湾情况复杂，登上钓鱼岛，会得罪"外交部"，没有申请合法手续去钓鱼岛，一定会被"警备总部"追究，如果再有政治上的追究则更麻烦。所以他特别挑选了四名记者：宇业荧是抗日遗族，曾读过南京遗族学校，宋美龄是遗族学校的校长，安全上有保障；姚琢奇出身青年军，家族与国民党中央党部秘书长张宝树是世交；而刘永宁的父亲是资深"立法委员"，"安全"单位不会轻易动他，再加上他文笔快，有才华；第四个是基隆地方记者蔡笃胜，他和水产试验所熟识，可以通融安排渔船。

在"戒严时期"要出海非常困难，他们得先瞒过"海防"管理部门。通过蔡笃胜的安排，向水产试验所租用远洋渔船，再向"海防"部门申请，自称是要随船出海去采访海上打捞作业的情况，终于顺利出海。

从黄昏到夜晚，这一艘船穿过夜间的海域，终于在第二天清晨九点三十分在钓鱼岛靠岸并顺利登岛。一行人包括了船长和船员上了岸,插上"青天白日满地红"旗,拍过照后,才收拾离开。船又绕行了外围的小岛,南北两小岛中间的峡湾,是一处台湾渔民躲避暴风雨的狭长水域。他们在眺望南小岛的时候,看见一间工寮,那是曾来此打捞的台湾沉船公司员工暂时住所,可以证明这里曾有台湾船员和工人生活过的痕迹。

九月四日,《中国时报》以大篇幅刊登这一则消息,全台湾都震撼了。"外交部"也震惊了,这下要如何与日本交涉呢?"部长"沈昌焕拿着《中国时报》去向蒋介石报告说:"《中国时报》这一次冲过头了。"蒋介石看着照片,据说只淡然一笑说:"他们也是爱国嘛。"事情就这样过关了,连"警备总部"都没有追究。

经过《中国时报》的报道,台湾各媒体一起跟进。"保钓运动"之火从台湾开始向海外燃烧。美国几大城市举行大游行,人们办刊物、组织读书会,爱国热情高涨。香港也不落人后,举行了大游行。台北的台大学生到美日"大使馆"抗议。校园贴了海报,日本"大使"来台时,遭遇学生抛鸡蛋以示抗议。马英九就是抗议学生中的一个。他后来回忆:"彻夜地画海报,与志同道合的同学一边流眼泪一边工作,尔后,甚至还参与街头示威,拿起鸡蛋怒砸日本特使座车。"

然而,在联合国问题上有求于美、日的蒋经国只能沉默以对。执政当局的沉默,被学生视为软弱、无能。一而再,再而三,民间的愤怒终于从对美、日的抗议,转成为对执政者的不满与批判。

特别是在美国的台湾留学生。他们在台湾封闭的国民党教育体制下长大,接受的知识只是"党国教育"的教条,缺乏对世界局势的现实与台湾真实处境的认知。一如当时台大学生最流行的语言:"来,来,来,来台大;去,去,去,去美国。"学生留学只知节俭用功，尽量拿美国奖学金，或者找机会打工，赚一点美金，好寄回台湾给贫穷的家乡父母。那时美元对台币是1∶40，而美国的工资是台湾的十倍，一般家庭存有一点美金都是很不得了的事了。可是，"保钓运动"却让台湾留学生抬起了头，在美国，留学生可以阅读更多来自世界各地的文献，比对来自大陆的资料，他们才发现，在台湾接受的历史都是片面的、被改编过的、依照国民党的意识形态塑造改写的。人们开始看清国民党的愚民政策。他们也发现，台湾的困境来自更深远的根源：中国百年来的被欺侮，日本的侵略以及两岸的分裂……唯有一个强大的中国，才有真正的实力保卫钓鱼岛。此时正是中华人民共和国取得联合国代表权的前夕，有人开始对"红色中国"有了一种向往。

依据在美国主编《科学月刊》的林孝信分析，一九七一年九月，"保钓运动"成员经过大会的激烈辩论后正式分裂，分走三个不同路线："左派"将"保钓"寄望于正要与美国建交的中国大陆；"右派"成立"反共爱国联盟"，捍卫国民党政权；对国民党政权失望的"保钓"人士则把关注的重心放在台湾内部的改革，形成第三条路线。

"第三条路线"关怀台湾的民主及社会运动，关注台湾乡土文学，出版乡土文学专刊，成立"台湾民主运动支持会"，出版《民主台湾》。

海外"保钓"的"左派"后来有些人回到中国大陆，此时正是"文化大革命"后期，中国刚刚加入联合国，需要有人在联合国工作，于是一批人由中国政府推荐，进入联合国秘书处工作。还有更多人，在学业结束后，选择到中国大陆工作。

而"革新保台派"的学人则不少回到台湾，参与学术与政治活动，成为国民党的官员。他们的思想比保守派的国民党开明，在蒋经国所主导的政治环境下，推动渐进式的改革，马英九正是其中的一个。他的博士论文写的正是钓鱼岛的法律与主权问题。后来他成为蒋经国的秘书，在蒋经国晚年推动台湾改革时担任了重要的角色。

林孝信属于第三条路线，因参与"保钓运动"被国民党列入黑名单，取消了护照。他又不愿意申请绿卡，因此丧失了在芝加哥大学攻读博士的资格，成了一个黑户，靠朋友接济度日。但他坚持原则，为推动台湾的民主改革参与社会运动，奔波各地，终生无怨无悔，被视为苦行僧。

在台湾，"保钓"的抗议活动起初受到政治上的默许，也激起了校园里长久被冰封的社会关怀与政治的热情，"来来来，来台大，去去去，去美国"的逃避主义受到了批判，国民党虚假的民主谎言也逐渐破灭。改革的热情、思想的解放、政治的不满一旦被点燃，校园里开始出现了对立的两种声音。

台大学生王杏庆与王复苏提出"百万小时奉献运动"，希望以"回到民间，奉献社会"的精神，唤醒知识分子，而引为大学里的潮流。但国民党也警觉到，它可能会变成旧俄时代"回到民间"的社会运动，对国民党的统治不利，因此"救国团"也介入，试图以下乡做社会服务，替代社会运动。然而，思想的启蒙却已开始了。

这一段历史，对台湾非常重要，它对台湾后来的文化觉醒、民主运动有决定性的影响。只是因为"保钓运动"参与者之中，有不少人"回归大陆"，台湾有人就把"保钓运动"视为"统派运动"长期打压。所以它的影响力与历史定位，还未受到应有的重视。然而从长远看,它对台湾的影响是非常深远的。"保钓运动"召唤"回归现实,文化认同",终于引爆后来的文化觉醒,召唤一个变革时代的来临。

七十年代的台湾,有一条隐隐的轴线,那是从一九七〇年开始的保卫钓鱼岛运动开始,延伸到海外的"保钓运动",点燃起社会关怀的热情,随后是一九七二年的现代诗论战、民歌运动、乡土文学论战等,乃至于七十年代后期的"党外运动",都是从这个源头开始的。可惜那最初的源头,在大历史脉络中,未曾受到应有的评价。

63

唱自己的歌——台湾民歌运动

一九七三年，胡德夫读大学的时候，父亲生了重病需要开刀。那时还没有医疗保险，得支付非常高的医药费。胡德夫只好回到台北，去一家西餐厅驻唱。那是附属于哥伦比亚驻台北"大使馆"所设的西餐厅，位于中山北路和长春路口，一楼卖一些工艺品，楼上便是许多艺文界人士喜欢聚会的民歌餐厅。胡德夫以他浑厚的嗓音和擅长的爵士、蓝调钢琴演奏，很快成为薪水最高的驻唱歌手。

有一天，他要上台的时候，一头蓬松乱发的李双泽到他的身边说："德夫啊，你不是卑南族的吗？为什么不唱一首家乡的歌来听听。"当时西餐厅的歌手唱的都是西洋歌曲，以美国的爵士等热门歌曲为主，年轻人穿喇叭牛仔裤，喝可口可乐，算是一种时髦。胡德夫也不例外，但要唱家乡的歌，却让他当场蒙了。

胡德夫于是边弹琴边想，却怎么想也只能想起小时候听他父亲唱过的一首歌。他心想，反正是家乡卑南的歌，唱错了你们也听不懂，就一边即兴弹钢琴，一边唱出他记忆中的曲子。一唱完，竟赢得满堂的喝彩。他平时的歌唱只是零星的掌声，不料这歌竟是如此撼动人心。但他知道这歌只是靠记忆的旋律勉强拼凑出来的,有很多错误。他赶紧回家乡请教父亲,也去请教家乡长老,终于把这一首歌的完整词曲记录了下来。这首歌就是《美丽的稻穗》,是创作于一九五八年的歌。歌词是这样的:

> pasalaw bulay naniyam kalalumayan garem
> 非常美丽的　　我们今年的稻穗
> o-i-yan o-i-yan a-ru-ho-i-yan
> (欢呼呀!我们高声欢呼!)
> adaLep mi adaLep mi emareani yo-ho-i-yan
> 快了　　快了　　我们要割稻了
> o-i-yan o-i-yan a-ru-ho-i-yan i-ya-o-ho-yan
> (欢呼呀!我们高声欢呼!)
> patiyagami patiyagami kanbaLi etan i king-mong
> 我要写信　　寄信给哥哥　　在金门的哥哥
>
> pasalaw bulay naniyam kaongrayan garem
> 非常美丽的　　我们今年的菠萝
> o-i-yan o-i-yan a-ru-ho-i-yan
> (欢呼呀!我们高声欢呼!)
> adaLep mi adaLep mi epenaliDing yo-ho-i-yan
> 快了　　快了　　我们要搬运　了
> o-i-yan o-i-yan a-ru-ho-i-yan i-ya-o-ho-yan
> (欢呼呀!我们高声欢呼!)
> apaaatede apaaated kanbaLi etan i king-mong

我要寄送　　寄送给哥哥　　在金门的哥哥

pasalaw bulay naniyam kadadolingan garem
美丽茂盛呀　　我们今年造林的成果
o-i-yan o-i-yan a-ru-ho-iyan
（欢呼呀！我们高声欢呼！）
adadep mi adadep mi emarekawi yo-ho-i-yan
快了　　快了　　我们要伐木了
o-i-yan o-i-yan a-ru-ho-i-yan i-ya-o-ho-yan
（欢呼呀！我们高声欢呼！）
asasangaan asasangaan da sasudang puka i king-mung
我要打造　　打造船只　　送到金门

《美丽的稻穗》的创作者是陆森宝，卑南语名是 BaLiwakes，旋风的意思。陆森宝生于一九一〇年，从小就跑得飞快，像一阵旋风，受到日式教育后成为一名小学老师。一九四五年转为台东农校的老师，由于语言一时无法转过来，中文不好，他只负责教体育和音乐。他是一个非常热爱音乐的人，平时总是在口袋里带着小本子和笔，音乐灵感来了就记。

他太太农忙的时候找他一起去田里干活，平时做老师的他，没有干农活的体力，一边干活一边在胡思乱想，一次忽然想到了好的音乐，人就不见了。太太四下寻找，才在一个香蕉园里找到。他拿着笔正在小本子上写下密密麻麻的歌曲。

一九五八年，收割的季节到了，他在干农活的时候，看到满地金黄的美丽稻穗，想起家乡的青年，还在遥远的金门马祖当兵，就写下这一首歌。当时的歌名叫《丰收》。他写歌并不是为了当作曲家，只是想在家乡传唱。他总是把曲子写好了，誊在一张大大的白纸上，晚上找部落里的人，在聚会所教大家一起唱。只要大家都喜欢，愿意传唱，他就很开心了。这首歌就是胡德夫的父亲这样听来的。

传说因为台湾少数民族特别有力气，所以军队喜欢调少数民族青年去金门马祖当兵。他们吃苦耐劳，还耐得住寂寞。那一年，陆森宝还创作了另一首《思故乡》，也是献给在金门马祖当兵的孩子，想让故乡的人可以听到故乡的歌。陆森宝是故乡的文化瑰宝，他带领乡人唱歌的传统，延伸为故乡的文化，当地出了好几个著名的歌手。

胡德夫的父亲是卑南人，母亲是排湾人，只因父亲工作常常变动，离开了家乡，所以胡德夫中学就到淡水就读，在教会学会了弹钢琴唱圣歌，他的歌声也受到欢迎。没想到父亲的一场大病，让他走上驻唱之路，从而认识了李双泽。

李双泽的父亲是菲律宾的华侨，从小跟妈妈回台湾读书。读淡江大学数学系的时候，功课不怎么样，却非常喜欢建筑系的课程，也去上画家席德进的绘画课。平时弹吉他唱英文歌。他也没想到，他的一句话，改变了胡德夫的生命轨迹。

一九七四年，胡德夫在国际学舍举办了一场名为《美丽的稻穗》演唱会，发表了几首创作歌曲：《牛背上的小孩》《大武山美丽的妈妈》《匆匆》等。歌手杨弦在这一场演唱会里，也首度发表他的民歌创作《乡愁四韵》。这首歌用的歌词是余光中的诗。这种诗与音乐的结合，让台下的一个特别观众——余光中非常欣赏，鼓励他继续创作下去。杨弦于是用余光中的诗，又创作了七首歌。

一九七五年六月六日，中山堂举办了一场"现代民谣创作演唱会"，杨弦就是这一场演唱会的主办兼主要演唱人，发表了八支曲子。

"那一天台北下着微蒙蒙细雨，很有一点诗情画意的味道。"杨弦后来回忆说。台下的两千多名听众里，有电台节目主持人陶晓清，她大受感动，随即将演唱会实况在她主持的节目中播出，得到非常热烈的回响。台下还有一名听众是洪健全文教基金会执行长简静惠，她决定赞助出版一张专辑。一九七五年九月，《中国现代民歌集》出版了。它唱出完全不同于流行音乐的风格，在年轻人中造成一股热潮，虽然作品有些稚嫩，但作为大学生的杨弦，却让年轻人有认同感，觉得唱出了自己的心声。

陶晓清后来曾说道："这些曲子多半是对唱西洋歌曲的反省与认知，感觉介于西洋与中国之间，……目前只是一个开始，'让技巧走向现代，精神走向中国'是我们的目标。"

"中国现代民歌"于是成为特定的名词。虽然有一些音乐学者讨论用"民歌"一词是否恰当，也有人用"校园民歌"来取代。但"现代民歌"已经成为一个共识。

杨弦不是出身于音乐科班，他在台大念的是农业化学系，研究生读的是海洋化学，出国读的是中医。但他这一场演唱会却成为"中国现代民歌"的标志、民歌运动的起点。以至于后来台湾举办"民歌三十年"的演唱，都是以这一年为始。

而请胡德夫唱出《美丽的稻穗》的李双泽，则走向了与杨弦完全不同的道路。一九七六年，李双泽刚刚结束一年多的在西班牙和美国的流浪游学归来，作为异乡的游子，对家乡的文化有了完全不同的反省。

一九七六年十二月三日，淡江大学像许多校园一样，举办了民谣演唱会，节目的安排依惯例以西洋民谣和热门音乐为主。毕业于淡江大学的校园民歌重要推手杨祖珺当时是来宾之一。她在后台等待上场的时候，突然听到台上传来奇怪的声音。

本来应是胡德夫的演唱，但因他生病所以请李双泽代唱。李双泽带着一个可口可乐瓶子上台，用嘲讽的语气说："从国外回到自己的土地上，真令人高兴，但我现在喝的还是可口可乐。"接着他向刚唱完的黄华勤问道："你一个中国人唱洋歌，什么滋味？"

"只要是旋律好的歌，中国歌、外国歌都唱。"黄华勤这样回答。

李双泽接着问主持人："那我们请今天的主持人陶小姐回答这个问题，她主持节目十多年，一定可以给我们一个满意的答复。"

陶晓清于是笑着走上台前说："没想到我来主持节目，还要考试呢。"随即反问道："并不是我们不唱自己的歌，只是请问中国校园民歌在什么地方？"

李双泽说："黄春明在他的乡土组曲中说：'在我们还没有能力写自己的歌之前，应该一直唱前人的歌，唱到我们可以写自己的歌时为止。'"

"那就请你给我们唱几首吧。"陶晓清说。

李双泽于是唱起了四首台湾民谣：《补破网》《恒春之歌》《雨夜花》《望春风》，之后唱起了《国父纪念歌》，唱了第一段，他生气地问台下："你们为什么不跟我一起唱？"台下此时已经一片嘘声，有人站起来大喊道："我们要唱自己的歌！"

李双泽原本要下台了，却又回转，说："如果你们不满意的话，我也没有办法了。"接着再度背起吉他，拿着麦克风说："你们要听洋歌吗?洋歌也有好的。"接着唱起了鲍勃·迪伦的《答案在风中飘荡》(*Blowing in the wind*)。唱完下台前,他还挑衅地问:"你们为什么要花二十块钱,来听中国人唱洋歌?"

李双泽的问话像一枚重磅的炸弹,在淡江掀起讨论。《淡江周刊》为此做了专号。"唱自己的歌"自此成为一个文化自觉的响亮召唤,代表民歌时代的精神。事实上,这不是一次偶发的事件,而是有意的安排。事后,人们称之为"淡江可口可乐事件",但准确地说,是一次宣告、一次行动。

李双泽的愤怒不是没有原因的。台湾在国际孤立的环境下,产生了身份不明的认同焦虑,文学界已出现批判西化的声音。一九七二年,当时执教新加坡大学的关杰明在《中国时报》发表批判现代诗的文章,在台大做客座教授的唐文标也提出对现代诗的批判,从而引发论战。对自我认同危机的警示更让人反省,一如唐文标文章质问的:我生存在什么时代?什么地方?什么人?在异国他乡流浪了一年多的李双泽,回到台湾反而看不到自己的文化、自己的根,听的是西洋摇滚,喝的是可口可乐,他如何不困惑愤怒?

杨祖珺在后台听着这场对话,感到非常震撼。她从小爱听音乐,妈妈答应她如果考上大学就给她买一把吉他,她考上淡江文理学院(现在的淡江大学)后,就立即弹起吉他唱西洋民谣。此时,美国已经历了二十世纪六十年代的学生运动与民权运动,民谣音乐里充满反战、反体制、为弱小者歌唱的声音,台湾学生没有这些知识背景,只将它作为美国流行文化,未经思考地加以接受,鲍勃·迪伦,琼·贝兹,彼得、保罗和玛丽三人组等民谣歌手,就这样进来了。大学时代,杨祖珺最喜欢的歌手是琼·贝兹,因此当李双泽下台后,轮到她上场时,就唱了几首琼·贝兹的歌。

回到后台,一个年轻的老师神采奕奕地过来自我介绍说:"听说你也是英文系的,我是英文系的老师,我叫王津平。"王津平刚刚从美国留学回来,他经历了美国的学生运动和"保钓运动",一腔热血,希望在学生之中发挥影响,总是主动送书给学生,并向学生约稿,发表在《淡江周刊》上。杨祖珺接受《淡江周刊》社长王津平老师的邀约,写了一篇评论李双泽行动的文章《中国人唱外国歌的心情》:"人都是有自尊心有民族性的,我相信没有一个人当他手持吉他口唱洋文时,心中会得意洋洋地想:'这就是代表我民族的歌。'他顶多会陶醉于其中的境界,但绝不会自豪。试问这一代年轻人,我们可曾真正创出一条属于中国人的路走?(无论在文学上、音乐上,甚至于科学上?)我们与其问:'中国人为什么不唱中国歌?'不如自问:'中国人怎么唱不出中国歌?'……我们不妨自忖:我们可曾贡献出一丁点儿心力来,让中国人有现代的中国民谣唱呢?"她对李双泽也不是没有批评,因为李双泽也没有写出"现代中国民谣"。

不久,王津平与陈妙芬在淡江文理学院瀛苑草坪举行"草地婚礼",这在当时是很新潮的。据说这点子也是李双泽给出的,许多朋友都来了。杨祖珺就在此时认识了李双泽。

有一天,王津平带她去看李双泽,淡江大学老师梁景峰也在,带着他的孩子学唱新作的一首歌《我知道》。梁景峰有点腼腆地说:"那一天之后,你不是说,我们不是不唱自己的歌,而是没有自己的歌可唱,双泽受到刺激,就写了几首歌。"

李双泽总共写了九首。他用蒋勋的诗,写下《少年中国》《送别歌》;用杨逵的词,写下《愚公移山》;用梁景峰的词,写下

《美丽岛》《老鼓手》《我们的早晨》等。

一九七七年九月十日，杨祖珺接到王津平的电话："双泽死了，他在海边听到有人喊救命，把别人救上岸，他却被风浪卷走了！"王津平在电话那一头哭得非常伤心。原来李双泽为了救一个不熟悉淡水海域的美国籍游泳客，牺牲了。

丧礼的前一天，杨祖珺和胡德夫、徐力中在台湾大学前的西餐厅"木棉花"录音，把李双泽的九首歌整理出来。她与胡德夫拿到了李双泽的手稿，当时还不懂得"尊重版权"，自作主张地将唱得不顺的地方，自行更改。后来也发现，这也才符合当时李双泽与朋友们着重"集体创作"、着重"不要英雄主义"的精神。

她和胡德夫合唱的《美丽岛》与《少年中国》将在丧礼上播放——这竟然是李双泽首度发表他的创作。

他们先录《美丽岛》：

> 我们摇篮的美丽岛，是母亲温暖的怀抱
> 骄傲的祖先们正视着，正视着我们的脚步
> 他们一再重复地叮咛，不要忘记，不要忘记
> 他们一再重复地叮咛，筚路蓝缕，以启山林……

第二首录《少年中国》

> 我们隔着迢遥的山河　去看望祖国的土地
> 你用你的足迹　我用我游子的乡愁　你对我说
> 古老的中国没有乡愁　乡愁是给没有家的人
> 少年的中国也不要乡愁　乡愁是给不回家的人

我们隔着迢遥的山河　去看望祖国的土地
你用你的足迹　我用我游子的哀歌　你对我说
古老的中国没有哀歌　哀歌是给没家的人
少年的中国也不要哀歌　哀歌是给不回家的人

我们隔着迢遥的山河　去看望祖国的土地
你用你的足迹　我用我游子的哀歌　你对我说
少年的中国没有学校　她的学校是大地的山川
少年的中国也没有老师　她的老师是大地的人民

　　杨祖珺和胡德夫唱着唱着，随着音阶不断升高，忽然心中充满大欢喜——她终于明白，大陆—台湾，台湾—大陆，就在自己的脚下，这一片大地和山川，她的子民，那筚路蓝缕的先人，正是大陆与台湾交会的血脉。

　　他们送李双泽的遗体到火葬场，一边唱，一边哭。当棺木缓缓推进了焚化炉，胡德夫拍拍她的肩膀，暗示她走到屋外。

　　"你看，双泽在那里！"她一抬头，焚化炉的烟囱上正冒出一股浓浓的烟，在蓝蓝的天空下，向无边的天际缓缓飘去。

　　李双泽走了，但"唱自己的歌"却成为年轻一代的精神。校园里，有许多创作者相继出现，成为校园民歌手。再加上电视台趁着这个风潮举办《金韵奖》等节目，民歌成为新的流行。

　　李双泽的歌没有通过"检查"，《美丽岛》《少年中国》都被禁唱。但是在许多政治与社会运动的场合不断被传唱。直到现在——胡德夫被誉为"民歌之父"之后，每当有人访问他，他总是谈起那个遥远的夜晚,李双泽跟他说:德夫啊,你不是卑南族的吗?怎么不唱一首自己的歌来听听。

从哥伦比亚西餐厅里,胡德夫开始唱出家乡的歌、杨弦写下"中国现代民歌",到民歌风行一时,成为时代的旋律,以至于在海峡两岸交流。谁曾想到,在那艰难的七十年代,台湾开始自我觉醒、开始追寻的时代里,那一句"唱自己的歌",竟开出如此绚烂的时代繁花。

64

"办一份社会主义的杂志"

一九七六年四月,刚刚接办《夏潮》杂志的苏庆黎约了陈映真出来见面,她有重要的事想请教他。当时的台北还没有什么咖啡店,他们也不敢约在冰果室,只能满街散步,边走边谈,以避免被窃听。

陈映真刚出狱不久。他是知名的小说家,在文坛早有盛名,从一九五七年发表第一篇小说《面摊》之后迭有佳作。六十年代中期,他的小说逐渐从早期伤感的浪漫主义、失落的理想主义,趋向反讽的、写实的风格,他的思想也走向现实主义。一九六六年,得到一位日本友人的帮助,他得以大量阅读理论书籍和得知来自大陆的消息,产生了一种"必欲付诸行动"的愿望,他和朋友组织了读书会,最后竟因读书会中朋友的出卖,一九六八年被逮捕入狱。当时像他这样有"叛乱"罪名的人必然死刑,幸好一位难友与蒋家有亲戚关系,他因此幸免于死,一九七五年蒋介石过世,他才被特赦出狱。

他是一个随时被监视的人,苏庆黎找他要冒着很大的风险。

他们沿着大街小巷缓步而行,随时注意后面有没有跟踪的人。而苏庆黎提出来的计划则危险更高,她说:"我们来办一份社会主义的杂志。"

陈映真讶然问:"你神经有没有问题?"苏庆黎于是开始叙述自己的想法。

《夏潮》杂志原本是精神科医生郑泰安所创办,《读者文摘》式的风格,但办了两期就办不下去了,他就找了苏庆黎来接手。苏庆黎在大学曾办过校刊,为一份"党外"政论杂志《台湾政论》写过文章,一九七五年《台湾政论》被查禁后,台湾就没有政治性刊物了。苏庆黎是郑泰安的前妻,离婚了还维持着朋友的关系,她也有办杂志的理想,就决定接手。但她不想再继续政论刊物的模式,想创造一种新型的思想的、文艺的刊物,而背后的思想根底是社会主义,所以来找陈映真。

陈映真被说动了,决定全力协助。苏庆黎也找了陈明忠——一个参加过"二二八"的学生突击队队长、五十年代白色恐怖时期被逮捕的老政治犯。他和其他一些老政治犯有联络,他们出狱后散落各地,即使面临生活的困境,但只要"老同学"(老政治犯总是如此互相称呼,以纪念他们是"绿岛大学"的同学)有需要,每个人都愿意出钱出力赞助反抗运动。陈明忠向这些白色恐怖时代的老左派去募款,他们之中,即使有不少是像许金玉这样在屏东乡下制作咸蛋、艰难谋生的老同学,也尽量凑钱来支持苏庆黎。

陈映真则为苏庆黎介绍作家朋友,如尉天骢、黄春明、王拓、王祯和、蒋勋等。再通过正在收集台湾文学资料的李南衡介绍,认识了一批年轻的台湾文学研究者:林载爵、林瑞明等。而淡江大学的王津平则不仅自己常常来当志愿工作者,参与编辑校对，也介绍了李双泽、梁景峰。再结合《台湾政论》时认识的党外、学界朋友，写作队伍相当强大。一九七六年七月，在苏庆黎手上改版的《夏潮》可说集结了当时台湾文化界的精英。

苏庆黎，一九四六年生，她长得眉清目秀、白皙娇小，在国民党的教育体系下长大，读台湾大学哲学系，当时所有左派思想的书籍，早已在图书馆、校园里被清除到近乎绝迹，她怎么会有社会主义思想呢？

她的名字就是答案。她的父亲叫苏新，一九〇七年生，台南人，因抗日被台南师范学校开除，转赴东京读书时加入"台共"。一九二九年回台后，到宜兰做伐木工作，在林场和矿区从事工人运动。一九三一年日本逮捕全台共产党人时入狱，坐牢十二年。一九四三年出狱后，和狱中难友萧来福的妹妹萧不缠结婚。一九四五年台湾光复，他转到台北担任《人民导报》《政经报》等的编辑、记者。一九四六年生下女儿，为了纪念台湾光复的历史时刻，他为她取名"庆黎"，庆祝台湾的黎明。可惜不到一年"二二八事件"爆发，他被通缉，只得带着妻女流亡上海。但在上海国民党也在追捕，他又依组织的要求，去香港和谢雪红会合，组织"台湾民主自治同盟"。为了不让妻女受到牵累随着他亡命天涯，他请朋友带她们回到了台湾。

萧不缠带着苏庆黎回到台南，为了生存到医院继续以前的护士工作。为了让女儿有一个安定的环境，她把女儿托给妹妹一家照顾。妹妹非常疼爱苏庆黎，让她学钢琴、读艺术书，总是带着她去到处逛。有时在街上碰见穷困的人，她会接济。她总是告诉苏庆黎：世界上没有天生贫穷的人，唯有需要照顾的人。

长大后，苏庆黎总是说，是她的阿姨让她变成一个"朴素的"

社会主义者。但她从来不知道父亲的下落，直到上大学后，才知道父亲是苏新，在大陆，却从来也不曾联络过。直到一九八〇年，好朋友李黎去了北京，才代替她探望了苏新。而苏新望着李黎，看了再看，热切地问道："她长得像你吗？是不是有一点像？"他也不曾见过自己的女儿，只有一九四九年还能够通信时收到的一张女儿小照。李黎望着那热切的眼睛，只能点着头，差一点流下眼泪。

一九二九年加入"台共"的苏新、一九四七年参加谢雪红"二七部队"的陈明忠、一九六八年因为社会主义读书会而入狱的陈映真，和初生之犊不畏虎的苏庆黎，仿佛四代人秉持一脉相承的思想，决定共同办一份刊物。虽然他们都知道，这是比参加"党外运动"更危险的事。

苏庆黎虽然长得清秀娇小，个性却非常男子气，大剌剌地抽烟，一根接一根，她的办公室烟雾弥漫、笑声爽朗，隔壁皆听得到，催稿的时候，电话一通接一通。平辈的朋友都叫她苏婆子，年轻人叫她苏姐。在她的主持下，《夏潮》杂志集聚了思想文艺界的精英，带动了七十年代台湾的新思潮。《夏潮》开启了台湾史的研究；重新刊载日据时期台湾作家如杨逵、吕赫若、黄师樵、赖和、钟理和等人的小说，开启了台湾文学的研究；也开启了国民党历史的研究，如讨论孙中山联俄容共时的左派如廖仲恺等，并利用孙中山思想中的社会主义以冲淡左派色彩。

她也参与社会活动：举办了民歌座谈会，找来李双泽、杨祖珺等谈民歌运动；找年轻人到农村、山地、工厂采访，写报告文学。

这是《美丽岛》杂志之前，唯一的一份"党外"杂志，当然非常敏感,备受特务机关的瞩目。最重要的是它所标举的宗旨"乡土的、文艺的、社会的",对当时的年轻人有很大的影响。特别是乡土文学论战,对台湾的文艺思潮、社会思想与文化觉醒,有着标志性的意义。

65

自我认同的追寻——乡土文学论战

在谈乡土文学论战之前,必须先了解台湾在"保钓运动"之后所面对的最大问题:自我认同的危机。

在国际孤立、"外交"困境下,台湾被迫自问:"我是谁?我存在的意义何在?我的未来在哪里?"

五十年代后期,政治上的"反共"意识形态已经被现代主义思潮所取代。六十年代的现代文学则以其虚无主义、反工业文明、反礼法体制、存在主义等否定现实存在的意义,以达到对"戒严体制"的反抗。

然而,历经"保钓运动"、国际孤立的现实后,蒋介石所主张的"反攻大陆"意识形态陷入困境,他那一套代表中国"法统""道统"的论述也失去正当性,台湾内部陷入苦闷、彷徨、寻找出路的沉闷局面。

另一方面,台湾社会也有了结构性的改变。六十年代的"进口替代"经济政策,成为民间中小企业崛起的契机;而农工部门之间的不等价交换,迫使年轻农民无法在农村生存而进入工厂成为工人；加工出口型经济则为劳工带来大量工作机会；石油危机之后，蒋经国以"十大建设"投资公共建设，为民间注入资金；再加上充满活力的民间中小企业的崛起，一九七〇年代的台湾成为工业化全面启动的年代。

孤立的"外交"、没落的农村、崛起的民间企业、转型的社会——失去对现实解释能力的"党国思想"已告破产，在这样巨变的氛围里，人们不正视现实也难。七十年代的台湾，仿佛一个少年要转型到青年阶段，必然产生自我认同危机（self-identity crisis）。

心理学上的所谓"个人的自我认同"（self-identity）是指"对于自己的一种持续且一贯的自我了解，以及对于自己的一种再认感，拥有自我认同可以使我们在不同的环境扮演不同角色时，了解自己其实还是同一个人。在婴儿期过后，自我认同都一直存在，但是在青少年时，个人的自我认同会有强烈的改变，此即许多书中常提到的认同危机；青少年的认同危机是一种积极的探寻自我价值以及作人生决定的过程"。

七十年代的台湾正是在经历一种"再认"的过程。它逼使人们不得不正视现实，从过去被教育灌输的框架中挣脱而出，再认自我存在的真实与意义。

乡土文学运动，也唯有在这样的大脉络下加以反省，才能理析出它完整的意义。

在"戒严时期"，对政治现实的直接批判既敏感又容易获罪，最容易突破的反而是边缘的领域，那就是文学。

在这场乡土文学运动中，首先发难的是新加坡学者关杰明。一九七二年，关杰明写出《中国现代诗的困境》与《中国现代诗的幻境》二文,在当时影响力较大的《中国时报·人间副刊》上发表,引起轰动。他所批判的不仅是某一个诗派,而是台湾现代诗的共同点:脱离现实,一味向西方学舌,失去民族特色,根本看不出它是中国人所写的诗。

下一年,唐文标在《龙族》诗刊发表《什么时代?什么地方?什么人?——论传统诗与现代诗》。这个标题,直接点出了台湾自我认同的最大困惑:什么时代?什么地方?什么人?随后他在《中外文学》《文季》等刊出《僵毙的现代诗》《诗的没落》和《日之夕矣》,短时间内集中火力且炮火猛烈,被台湾文坛称为"唐文标事件"。或者把他和关杰明合起来,叫"关唐事件"。

当然,台湾诗界不是没有回应的。洛夫、余光中、颜元叔都出来反击,甚至直指唐文标是"社会运动家""是从社会看文学,而不是从文学看社会"。虽然各种讨论最后仍不免回到"为人生而艺术"或"为艺术而艺术"的问题,但这一把火已点燃了乡土文学论战的前哨战。

于认同危机下寻找自我存在与创作意义的意识,在其他领域也同时出现。特别是经历过一九六八年美国、法国学生运动以及海外"保钓运动"的留学生的归来,开始了新一波的文化浪潮。

林怀民在一九七三年回到台湾,创办"云门舞集",这是台湾创办的第一个舞团,标举的宗旨是:"中国人作曲,中国人编舞,中国人跳舞给中国人看。"而最初的舞剧即是《白蛇传》。一九七八年,他创作的《薪传》表现台湾人祖先渡海来台,经过台湾海峡的黑水沟,历尽千辛万苦、生死挣扎,终于抵达的艰难旅程。他使用的音乐是陈达的弹唱。陈达当时已七八十岁,他是一个朴素的恒春老歌手,用一把老月琴和自己即兴编唱的词,唱出台湾先民渡海的苦难史。

林怀民带着这一支舞，在各地的庙口、校园、民间的广场上巡演。有些老人家带着全家老小来看，看得眼泪直流。那一段历史，是所有台湾人共同的生命经历，却从未被正视过、呈现过。

不仅是林怀民，蒋勋也在流浪欧洲游学后回到台湾进入《雄狮美术》，也让美术开始介入现实。他整理台湾美术史，发掘台湾以往艺术家有过的奋斗，也请陈映真采访现实主义画家吴耀忠，让坐过牢的年轻艺术家自述创作与思想的历程。而同时，在唱着西洋流行音乐的西餐厅，李双泽笑问胡德夫："你是卑南人，为什么不唱一首自己的歌？"

事实上，在乡土文学论战前，反映台湾现实的优秀文学作品早已出现了。《文季》《台湾文艺》以及其他文学副刊都曾刊载过不少优秀的小说：陈映真、尉天骢、黄春明、王祯和、王拓、钟肇政、李乔、宋泽莱、杨青矗、洪醒夫等的作品皆是。他们的作品面貌多样，刻画的主题从农村到渔村、从社会边缘到城市生活，这些作品敏锐地掌握了台湾社会与人心的脉动。其实，无待乡土文学论战，他们早已是一九七〇年代具有代表性的声音。

论战起于王健壮主编的《仙人掌》杂志。一九七七年四月，杂志刊出王拓、银正雄、朱西宁的文章，分别讨论乡土文学。王拓文章标题为《是"现实主义"文学，不是"乡土文学"》，因为文学作品反映的不仅是农村，还有城市社会生活，而银正雄则认为，一些作品"有变成表达仇恨、憎恶等意识的工具的危机"。真正点燃战火的是《中央日报》总主笔彭歌发表在《联合报》的文章《不谈人性，何有文学》。他直接点名王拓、陈映真、尉天骢三人"不辨善恶，只讲阶级"，扣上了"左派"的帽子。这引起了尉天聪的反击,认为他们在"戴帽子"。但更惊心动魄的是余光中的《狼来了》一文。

余光中直接表明:目前台湾"提倡'工农兵文艺'的人,如果竟然不明白它背后的意义,是为天真无知;如果明白了它背后的意义而竟然公开提倡,就不仅是天真无知了"。针对文坛有人批评"戴帽子",他干脆明言:"问题不在于帽子,在头。如果帽子合头,就不叫'戴帽子',叫'抓头'。在大嚷'戴帽子'之前,那些'工农兵文艺工作者',还是先检查自己的头吧。"文章杀气腾腾,而且"抓头"的比喻明显是要国民党抓人的意思,一时之间,台湾文化界风声鹤唳。在白色恐怖时代,这种文章可以变成大兴文字狱的开端。多年后,相关的作家们都还能背出余光中这一段文字。

恐怖的气氛让作家不得不写文章自清。尉天骢、黄春明、王拓、杨青矗、叶石涛等纷纷为文应战,试图化解这种肃杀。但真正对国民党起作用的反而是《中华杂志》的胡秋原,以及新儒家学者徐复观。徐复观点明:"关于后者之所谓'狼',是指这些年轻人所写的是工农兵文学,是毛泽东所说的文学……写此文的先生,也感到这是在给这些年轻人戴帽子,但他认为自己已给人戴了不少帽子,则现在还他们一顶,也无伤大雅。不过,这里有两个问题:一是这位给年轻人所戴的恐怕不是普通的帽子,而可能是武侠片中的血滴子。血滴子一抛到头上,便会人头落地;二是'反共'的方法问题。毛泽东说一切为人民……难道我们便要一切反人民,才算'反共'吗?这类的做法,只会增加外省人与本省人的界线,增加年长的与年轻人的隔阂,其后果是不堪设想的。"

胡、徐二人的文章一出,才让论战开始平息。

但论战的影响却余波荡漾。台湾从国民党的"法统""道统"之中挣脱而出，开启了写实主义文学，也有了正视本土的认知，新一波的对台湾历史、文化、艺术的寻根旅程，自此展开。

放在更宽广的历史视野上，乡土文学论战只是台湾整个"追寻自我认同"的一环，包含了乡土文学、民歌运动、艺术自觉、现实主义、社会运动等，从而带来总体的变革。加上中产阶级的崛起、大量劳工的出现、农村经济的没落、都市文明的兴起等等，整个台湾社会结构在转变，它标志着台湾文化的觉醒。

到了七十年代后期，《夏潮》杂志被查禁停刊后，出现以《美丽岛》党外杂志结合政治人物而形成的"党外运动"，就不是意外的事了。

66

蒋介石逝世后的风云激荡

一九七五年四月五日是台湾清明节假期，白天天气晴朗炎热，扫完了墓的人们在家中休息。晚上，突然雷声大作，各地都雷雨交加。

这一天晚上，蒋介石的主治医生熊丸正要准备休息，十点二十分突然接到蒋介石官邸值班医生的紧急电话，告知蒋介石忽然停止心跳。他赶到蒋介石的卧室，先打一剂强心针，让他的心跳暂时恢复。此时，宋美龄也闻讯赶到了。蒋介石的心跳二度停止，熊丸打了第二针，没有反应，正准备打第三针的时候，宋美龄望着心脏监视器上那一条长长的线，长叹一口气："不用打了！"

这时，时钟落在十一点五十分，距离午夜还有十分钟。

这一天，蒋经国日记写着："忆晨父亲请安之时，父亲已起身坐于轮椅。见儿至，父亲面带笑容，儿心甚安。因儿已久未见父亲笑容矣。父亲并问及清明节以及张伯苓先生百岁寿诞之事。当儿辞退时，父嘱曰：'你应好好多休息。'儿聆此言心中忽然有说不出的感触。谁知这就是对儿之最后叮咛。余竟日有不安之感，傍晚再探父病情形，似无变化，唯觉得烦躁。六时许，稍事休息。八时半三探父病，时已开始恶化，在睡眠中心跳微弱，开始停止呼吸，经数小时之急救无甚效果。"

从那一刻开始，台湾进入"特殊状态"。电视画面变成黑白，节目全面停止，电视上反复播放着蒋介石纪念歌，以及他一生的各种行谊。电影院停止放映一个月，学生的手臂戴上黑纱。他的灵位移到台北中山纪念馆，许多老兵前去哭灵。许多学校也动员学生去"瞻仰遗容"。

当时，我就读的台中一中是以自由风气闻名的中学，学校租了游览车，带着愿意参加的学生搭夜车北上，在一大清早，加入长达数公里的瞻仰遗容行列。等待几小时后，人们鱼贯而入，蒋介石的遗体安放在远远的地方，一室鲜花包围着一个略带浮肿面容和一身黑色长袍的老人。

聚在纪念馆外路边的许多老兵哭道："你走了，谁带我们回大陆啊？你怎么可以走？谁带我们回大陆啊？"经历抗战、经历内战，把一百二十多万军民带来台湾的人走了，这些随之流离一生的老兵的哭声在清晨的风中回荡。

蒋介石去世的隔日，严家淦接任"总统"，国民党立即通过蒋经国为党主席。蒋经国运用这个机会大赦减刑，有六千多人受惠，其中两百多人是"政治犯"。陈映真便是在这大赦的名单里。

九月十六日，宋美龄搭机赴美，行前发表一篇三千字长文《书勉全体"国人"》，提到她的兄弟宋子文、宋子安，姐姐宋霭龄相继辞世，心中神伤，如今蒋介石去世，更感"身心俱疲，憬觉确已罹疾，亟需医理"。自此长居纽约，只偶尔回台参加活动，短暂停留。属于蒋介石和她的时代,那战争与烽火、国事与人情,都宣告结束了。

蒋经国很清楚,接续大位虽然经过蒋介石长期而细心的安排,但他还是有危机的。蒋介石本身连了五任"总统",根本违背了"得连任一次"的"宪法"规定,但他以"动员戡乱时期特别条例"一再连任。为了取得"国民大会代表"及"立委"的支持,他甚至在"总统"选举前,为在内战时期所选出的"国大代表""立法委员"等建别墅小区,新店中央新村、内湖大湖山庄即是。

台湾反对派甚至暗中流传着他的笑话:蒋介石过世后,去见了孙中山。孙中山问他,有无依照总理遗言,实施民主宪政?他回答:"有啊。"孙中山问:"那第一任总统是谁?"蒋介石回答:"是学生我。"孙中山再问:"那第二任呢?"蒋介石不好意思说是自己,于是答:"是于右任('余又任'谐音)。""那第三任呢?"蒋介石只好答:"是吴三连('吾三连'谐音)。""那第四任呢?"蒋介石答:"是赵丽莲('照例连'谐音)。""那第五任呢?"蒋介石答:"是赵元任('照原任'谐音)。"

蒋经国喜欢在民间到处走,他比别人更清楚统治的危机。所以,他从"行政院长"时期就开始树立开明亲民的形象。他在台湾各地有许多民间友人,贩夫走卒、老兵工人,在所不忌;他在小吃摊闲话家常,坐出租车探访民情,与青年知识分子、新兴中产阶级对话,了解新一代的想法。

此时,台湾的局势依学者陈鼓应的说法,有四类趋向:一、新保守主义派的关中、魏镛、丘宏达、施启扬、李钟桂等,有的被当局吸收,有的则纳入党政上层机构。二、学院式的自由派杨国枢、金神保、王文兴、张润书等,参与《联合报》主办的《中国论坛》

等刊物，其言论表现了学院式自由主义思想的基本面貌。三、地方政治派张俊宏、许信良，与地方政治人物黄信介、康宁祥结合，创办《台湾政论》。四、社会民主派王拓、王晓波、陈鼓应、王杏庆、高准，后来参与苏庆黎办的《夏潮》杂志。

一九七五年八月，黄信介、康宁祥申请的《台湾政论》得到核准出版。这份杂志与过去最大的不同是：组成者全部为台湾籍政治人物。内容上大胆批评国民党，要求"中央民意代表"全面改选，高普考不应以省籍分配，必须公平；政治上的权力分配更应平均。他们将政治权力分配提上台面，这是一个突破。即使这些都是敏感的话题，但真正让杂志在第五期被查禁的文章，却是澳大利亚昆士兰大学邱垂亮的一篇访问稿《两种心向——和傅聪、柳教授一夕谈》。

邱垂亮在文中转述钢琴家傅聪的话："一九四九年前的国民党专制腐败，太多的国民党员骑在人民头上只想当皇帝。现在，国民党在台湾，恐怕还有不少党员紧紧抓住孔子的帝皇思想，争权夺利。"接着又转述柳教授的谈话，说明两种心向之所指："他相信，台湾人民要想'当家做主'只有两条路可走，第一是在台湾本土人民武装起义推翻国民党的独裁政权，第二是台湾人民团结起来奋斗争取早日和祖国和平统一。"

《两种心向》已经逾越国民党的言论尺度，蒋经国同意"警备总部"的看法，以"煽动叛乱"勒令停刊。副总编辑黄华和张金策被逮捕，分别被判处十年刑期。

除了台湾的改革问题，蒋经国在核子武器的发展上也碰到困境。一九七五年，中山科学院派出十五名工程师赴麻省理工学院做惯性导航的高级训练，佯称是研制商用导航器材之所需。蒋经国向"立法院"报告时,还说台湾早已有能力制造核子武器,但蒋介石否决了此案,因为"坚决不用核子武器伤害自己的同胞"。

然而,国际原子能总署依据线索,发现五百克铀的十桶废燃料失踪,《华盛顿邮报》更报道台湾已经秘密提炼浓缩铀有一段时间了。这逼使蒋经国向美国送了一份"外交"备忘录,保证台湾"从来没有意图发展核子武器或核爆设施,也没有进行任何与提炼过程有关之活动"。他虽然下令提炼计划暂停,但研究工作照常进行。

一九七六年一月,周恩来去世。九月九日,毛泽东去世。中国大陆的政局一时混沌不明。那时"美国大使"安克志去看蒋经国。蒋对他说,邓小平极有可能复出。如果邓小平复出,美中关系全面正常化的机会势必大增。当时邓小平还在软禁中,而曾和邓小平当过同学的蒋经国做出了这个判断。他的判断正确。几个月后,邓小平的时代将正式开启。

一九七七年,台湾五项"地方公职选举",要选出二十名县市长,八五七名县市议员,三一三名乡镇市长,七十七名台湾省议员,五十一名台北市议员。黄信介、康宁祥合作,南北串联助讲,把全台湾各地的无党无派的人士联合起来,首度喊出"党外"的名称,成为一个共同的符号。而原本在杂志中写文章探讨改革的青年知识分子,也纷纷投入选战,成为助选的主力。

国民党大为紧张,为了胜选,用了各种手段,而最紧张的是桃园县长许信良的选举。许信良本是国民党省议员,不被党部提名,他愤而脱党竞选。投票之日的上午,投票所有一对七十几岁的夫妇投票,由于动作比较慢,主任监察员就进入投票处看。他发现票是投给了许信良,就用涂了红色印泥的手指按在上面,让它变成废票。两个老人回去跟人一说，知道了缘由，就回来要求监察员重新投票，结果起了争执，闹上对面的警察局。可检察官并不处理。

事情一经传开，群众开始聚集包围了警察局。到了下午三点多，数百群众与警方爆发冲突，有人率先丢出石块，随后石块如雨般落下。傍晚的时候，又有人推翻警车，情势更加不可收拾。冲突中，警方开来镇暴车，丢催泪瓦斯，还有人在高处开枪，一名"中央大学"的学生中弹身亡，另一名青年受伤不治。一直到半夜，所有投票所都开出了结果，宣告许信良当选，封锁的现场才渐渐散去。

由于这次暴动，其他投票所都不敢再有作弊的行为。"党外"选上四席县市长，二十一席省议员，一百四十六席县市议员，二十一席乡镇市长。较诸以往，可谓大胜。

而最重要的改变即是：青年知识分子和都市中产阶级的出现，他们或明或暗地出钱出力，参与选举，写稿采访办杂志，成为改革的磐石。这是《自由中国》时代所没有的。

一九七八年，"中央民意代表"补选，应选"立法委员"有三十八席，"国大代表"有五十六席。选举的名额虽然有限，但"党外"人士推出四十余名候选人，组成联合助选团，挟着前一年胜选的气势，参与选举的人就更多了。学者陈鼓应与《中国时报》记者陈婉真结盟，作家王拓、杨青矗也参与选举。陈鼓应与陈婉真特别在台大校门口设置了"民主墙"，由学生发表批评言论。国民党为了反制，在旁边也设了"爱国墙"。两边打擂台，相当热闹。大学校园因此兴起一股政治参与的热潮。

然而，就在民众听着康宁祥沙哑而磁性的嗓音、黄信介幽默比喻的演讲而陶醉时，大的变化却悄悄逼近了。

十二月十五日晚上十点，台北"美国大使馆"接到电话，指示安克志去通知蒋经国：美国自一九七九年一月一日起，和中华人民共和国建交，同时与台湾断绝"外交"关系。安克志联络了钱复和宋楚瑜，赶到蒋经国七海官邸，那时是凌晨四点多了。从睡梦中被叫醒的蒋经国反应相当镇定，立即召集相关官员来开会，指示即将发表的声明以及应变措施：立即停止选举，等情势稳定再决定何时恢复选举。

十二月二十七日，美国副国务卿克里斯多夫（Warren Christopher）抵达台湾，拟就双边的非官方关系展开谈判，刚一出机场大门，就遭到人群的包围，有人对车子投掷油漆、鸡蛋和石头，有人用石块打破车窗，有一个人甚至伸进拳头，克里斯多夫的眼镜被打破。此时有一些便衣人员赶紧过来挡住攻击。半个小时之后，攻击突然停止，现场人群散开。车队迅速驶离现场。这一场抗议冲突显然经过精心策划，否则不可能如此进退有序。美国人心知肚明。

两天后，蒋经国会见了克里斯多夫，但被攻击过后的他，态度冷淡，不做任何让步。蒋经国的要求落空。最后，经过各方的斡旋，包括宋美龄的努力，以及各方在美国游说，美国国会才通过了一个"与台湾关系法"。

然而，台湾的政治起了大的变化。台湾在军事安全、经济贸易上，长期依赖美国，社会心理上早已养成依赖心理，美国撒手，让台湾人心惶惶，特别是一些有过内战经验的家庭，开始移民海外。但民间却有更多人感到焦虑，参与政治的热情更为高涨。

一九七九年一月，《夏潮》杂志被勒令停刊后，党外助选团随即成立《美丽岛》杂志。虽然是以杂志为名,但成员却非常多,将当时的党外政治人物都纳入编辑委员。它更像是一个政治社团,或者是政党的雏形。更明确地说,它是为准备成立政党而披上的外衣。

随着《美丽岛》杂志在各地举办演讲活动,政治紧张日益升高。十二月十日,终于爆发了冲突。事件起因于演讲游行活动并未通过申请,警方最后准许在《美丽岛》杂志社高雄办事处前举办演讲,不许游行。

此时,情治单位已由台北调集大批军警、镇暴部队,集结在会场四周,形成包围之势。演讲到最后,本已平静的会场突然出现强烈灯光,新型镇暴车打出催泪瓦斯,群众本已散开,但不甘心,再度集结,对镇暴警察展开反击,全面的流血冲突就此开始。棍棒、石块、警棍齐飞,直到凌晨一时,才慢慢散去。

隔日的媒体来不及报道,但十二月十二日开始,媒体一片肃杀,大肆地谴责暴力分子,准备开始抓人了。蒋经国约见台湾省主席林洋港,指示:"非办人不可。"林洋港知道情势不可逆转,求情道:"这些带头的人,大部分也是我们国民党栽培出来的,执法的同时,请考虑爱惜人才。"而这一天所有情治人员早已在各地全面跟监,每一个名单里的人住家附近,都有人二十四小时监视。

十三日拂晓时分,天蒙蒙亮的时候,大逮捕开始,有的从正门,有的从阳台,有的破窗而入,同时行动。苏庆黎也被逮捕,带到景美军法看守所。她并未去高雄参加演讲,"调查局"特务劈头就说:"苏小姐啊,现在是年终,要算总账了,我们根本不是因为'美丽岛事件'把你抓进来,你的账本已经够厚了,我们只是借这个机会把你抓进来。"她开始感觉到,这一次可能是一网打尽的行动。

每个人都是疲劳审讯,有人七天七夜没休息,只给睡一个小时,还有坐老虎凳、坐飞机、烧胡须、烤肉(香烟烫脸)等,受尽各种精神与肉体的折磨,就为了得到认罪口供。二十世纪七十年代的最后一个月,用黑暗关上了它的门。

七十年代,波谲云诡的年代、飘摇探索的年代,从"保钓运动"的觉醒,历经失去国际身份的孤立,再经自我认同的追寻,在回归现实的社会关怀中,开始了社会改革的梦想,终于变成激烈的政治对抗,而以牢狱告终。

一九七九年十二月,台湾风声鹤唳、众声沉寂。一场台湾岛的世纪大审判正在开启。

那一场审判所显露的真相,最终变成人心觉醒的钟声,敲开风云激荡的未来之门。

67

陈若曦对话蒋经国·台湾的"世纪大审判"

一九八〇年一月七日,作家陈若曦回到她暌违十八年的家乡,她得到"吴三连文学奖",名义上是要回来补领奖项,然而她的使命不止于此。她带着一封二十七位海外学人、作家的联署信,要去面见蒋经国,为"美丽岛事件"求情。

她还记得回来之前,对自己能起到作用并没有信心。毕竟她从未参与政治,只是安静地写小说,而且她自认口才也不是非常好,实在不敢承担这个任务。但主持"艾奥瓦国际作家工作坊"的聂华苓告诉她:"以前雷震被捕后,美国的华人都希望胡适回台见蒋介石,帮雷震求情,他没有答应。我们到今天都不原谅他。"(作者按:事实上,胡适曾当面向蒋介石求情,碰了软钉子。)

陈若曦,一九三八年生,台北县人,毕业于台湾大学外文系,大学时与白先勇、王文兴等人一起创办《现代文学》,发表过不少小说,一九六二年出版英文小说《收魂》后,即随丈夫出国读书。一九六六年,再随丈夫段世尧赴大陆定居,想到自己祖上三代都是贫穷的木匠和佃农,就希望以自己所学,贡献给劳苦的人。然而大陆正逢"文化大革命",时局动荡。所幸她是归国学人,少吃了一些苦头儿,但她也深受震撼。

一九七三年她离开大陆,到香港暂居,写下小说《尹县长》《耿尔在北京》等。《尹县长》出版后,得到"吴三连文学奖",或许是这个缘由,蒋经国才愿意见她。

见面那一天,是由台湾政治家吴三连陪同,台湾政界的重要人士蒋彦士作陪的。陈若曦以前曾见过蒋经国,没想到十八年后再见,他已经是一个糖尿病缠身、行动迟缓的老人。她不知道该说什么,就先递上学人的联署信,表达海外学人的共同意见。蒋经国当场看了,不动声色地说:"一切会依法行事。"她随即强调,这不是叛乱,他们也不是军人,不应该交由军法审判,应该交由司法审判。这其中最大的差别在于:军法审判叛乱罪是唯一死刑,而司法至少不会。

但蒋经国问:"陈女士,如果不是'叛乱',那是什么?"

陈若曦没有准备,就答道:"不是叛乱,是严重的交通事故。"

蒋经国不疾不徐地说:"是群众集会,引起暴动,才招致警方的镇压。"

陈若曦辩解说:"那是警方过度反应,他们本来只是集会,是警察先镇压,才引起民众的反抗。是未暴先镇,镇而后暴。"这一句话,后来被大量引用为对"美丽岛事件"的总结。

最后,两边谁也没有说服对方。

几天后,她南下高雄旅游,忽然接到吴三连电话,要她北上,蒋经国再度约见。她马上赶去台北,吴三连带着她赶去"总统府"。蒋经国见面即向她解释"高雄事件",是群众集会先有"暴动",警方万不得已才有"镇压"举动。

蒋经国说，他读了学者的联署信，很重视大家的意见，"高雄事件"的审判，会依法处理。

蒋经国的最后决策是：为首者黄信介、张俊宏、林义雄、姚嘉文、施明德、陈菊、吕秀莲、林弘宣等八人以叛乱罪送交军法审判，次要的送司法审判，其他参与者则从轻处置。二月一日，"警备总部"将五十名扣押者交保释放，四十一名交保候传，另有六十一名在押嫌犯，最后三十二名送交普通法院。

有关军事审判的部分，分别判处：施明德无期徒刑，黄信介十四年徒刑，其他六人十二年徒刑。

然而最重要的不在结果，而是审判的过程。台北的媒体将这一场审判当作"世纪大审"来报道。各大报派出许多政治记者在现场做记录，法庭不许录音，记者只能速记。作家南方朔就是当时《中国时报》记者之一。他语言慢，但思维快，书写快，文笔好，唯一的缺点是，他的字写得越快，就变得越小，根本不管稿纸的格子，一行字写下来，几乎连成一串。当时还是铅字印刷的时代，排字工人为了尽快处理南方朔的长稿，特别派出专属的检字工人，好辨认他的字。大审的内容，就这样通过各报记者的文笔，呈现在读者面前。

从三月十八日起，连续九天的"美丽岛事件"大审，变成台湾最重要的大事。报纸天天以两三个版面刊登详细的法庭辩论内容。事件的真相一点一滴慢慢呈现，而被告理念的陈述，对台湾民主改革的主张，通过法庭辩论，也一一呈现。

法庭成为一场场公开的辩论会。由于这一场大审，"美丽岛事件"在台湾人的心中因此改观，成为二十世纪八十年代台湾民主运动的新起点。

这一年,"党外新生代"的出现,标志着已经与《自由中国》时代有着全然不同的社会基础。一九六〇年《自由中国》被镇压时,台湾仍处在农业社会向工业社会转型的初期,民间对白色恐怖余悸犹存,因而缺乏后续的支持。但此时战后的一代人已经成长,他们成为学者、知识分子、中产阶级、自主的中小企业主等,社会基础改变了。而经历"保钓运动"、国际孤立困境、乡土文学论战等思想启蒙的年轻知识分子,更有讨论批判的能力,他们成为改革的新动力。

68

小书摊·尘封的作品·"阅读"电影

如果你走在八十年代的台北重庆南路，会有许多惊喜，因为这里藏着许多被查禁的书刊。这是一条书店街。最多的时候有上百家书店，销售着古典文学、现代文艺、美术书法、政治法律、实用科技、漫画以及高考普考、学生参考书、职业教育用书等，可谓应有尽有。

这些书店的门口都有骑楼，骑楼下便是一家一家的小书摊。摊子上主要卖报纸、杂志、香烟、打火机等。这些东西除了摆在摊子上还挂在骑楼柱子边，五颜六色，琳琅满目。

如果你是一个读者，站在摊边翻看一些政论杂志，过一会儿，老板就会从摊子的下方，拿出一本杂志，问道："这一本是刚刚查禁的，你要不要？"不能拿出来翻阅，因为这是禁书，被看到会有麻烦，但封面上耸动的标题激起好奇心，会让你想掏钱。于是老板就火速拿一个塑料袋子，把书包起来。你可以问："还有其他的吗？"于是陆陆续续，老板悄悄拿出几种不同封面的杂志，说："这些都是被禁的。"有新的有旧的。没得讲价钱，买到就算好运了。于是挑一挑，包起来带走。

靠着这些小摊子，八十年代的"党外"杂志打开了一个新的出路。这出路当然与市场的需要有关，有太多人愿意看那些火辣辣的批判嘲讽以及"政坛内幕"。那么，这些被查禁的杂志是如何进入市场的，在"戒严体制"的严密监视下，又是怎么运作的呢？

二十世纪八十年代，在大审判后的沉寂中，年轻一代继续挑战国民党当局。林正杰率先开始办《前进》杂志，虽然出了一期就被查禁停刊，但接着的是《深耕》和康宁祥的《八十年代》，都取得杂志登记出版。这些杂志虽然常常被查禁，但民间的阅读者众。在重庆南路、台湾大学乃至于台湾中南部各地的书报摊上，虽然不敢公然把书摆出来卖，但只要有熟悉的读者来，摊主们就会把杂志悄悄出售。就这样，被查禁的杂志反而卖得非常好。因为书报摊有利可图，这些杂志打开了营销的市场，愈办愈火热。从最早的月刊，转变为半月刊，再转为周刊。

而刊物的出版与查禁也展开"猫鼠之间"的游戏。

依照台湾出版方面的规定，书刊出版后查到内容有问题，才能加以查禁。事实上，"警备总部""调查局"早就在监视、监听这些杂志社的电话与进出人员，甚至会派人去渗透，以取得杂志内容与作者的名单。因此，杂志内容如果很敏感，就得特别保密。但杂志的美术编辑一旦设计完成，送到印刷厂进入制版阶段（这还需要一天时间），就很难保密了。所以，"警备总部"要查禁某一本杂志，往往不等到上市就直接堵在印刷厂门口，等杂志印好当场全部查扣。

眼看辛辛苦苦编辑印好的杂志，就这样被带走销毁，杂志社实在太不甘心了。因此，有些杂志就想办法找小而偏远的印刷厂悄悄印制，再出来销售。而"警备总部"那边以为数量太小又麻烦，也没什么绩效，反正该有的查禁成绩已经有了，可以向上级交代，就这么让它出售了。

久而久之，杂志社摸透了这一套，于是改用双轨制。一边在电话中联系印刷厂，把稿子送去，另一边把制好的版送去另一个地方印刷。于是，"警备总部"的人可以名正言顺地去印刷厂查扣一批数量有限的杂志，另一面，地下印刷厂早已开工大量印行。等到报纸上说：某某杂志第几期因刊登什么内容，遭到查禁，地下书摊反而更好卖。

因为查禁反而大发利市，这是查禁者未曾想到的。

由于有利可图，一些媒体人也出来办杂志。特别是一些跑党政新闻的记者，知道一些政治内幕，没法在报纸上刊登，就匿名到"党外"杂志发表。一时间，这类杂志风起云涌。

为了避免杂志被查禁后停刊一年，各杂志社都尽量去申请几个新杂志的名称。例如郑南榕就申请了几个"某某时代"的杂志名，一旦某一个被停刊，另一个立即上场，不怕停刊的危机。

过去被查禁的书，特别是一九四九年后留在大陆的作家、学者的书，早已全面查禁，连图书馆都清理一空，乃至于不管是供研究或者介绍之用都找不到，此时相继出现在地下书摊上了。沈从文、巴金、丁玲、钱锺书、鲁迅、周作人等人的书，都被地下书商翻印出版。这些书纸质粗糙，封面简单，全无设计，但也照常在地下市场上卖得极好。大学生像补课一般，去买这些传说中的三十年代的文学作品，看见了一个和国民党的宣传完全不同的世界。

随之而来的是社会科学的书，例如，斯诺的《西行漫记》、费孝通的《乡土重建》与《乡土中国》、冯友兰的《中国哲学史》、劳思光的《中国哲学史》等书都相继出来了。

这些书在台大前面卖得最好。重庆南路还有一家书店是位于地下室的"地下书城",也卖西方新马克思主义者如马尔库塞、阿尔都塞、卢卡契等的英文书。

在市场的竞争下,书越出越火。蒋家的秘辛如《宋氏三姐妹》一出来,即大卖,查禁当然是查禁的,但卖得仍极好,于是,国民党历史内幕的书不断出现。没人有机会去研究它的真实性,即使是谣言也都变成街谈巷议的话题。过去这些历史都是禁忌,当人们不再相信国民党的宣传,对它另一面的描述就更有人阅读甚至接受。这种逆反的心理,恐怕是灌输教育的后遗症吧。

阅读的禁忌逐渐打破之后,电影"阅读"也出现新的契机。那时有一个小小的空间,叫"影庐",在台大附近一幢公寓的楼上,里头专门播放艺术电影,包括法国新浪潮的、意大利新写实主义的,乃至影坛传说突破禁忌的电影,这里都看得到。你只要付一张门票钱,泡一杯茶,就可以在里面窝着看电影史上传说的经典,在"戒严时期"不可能出现的狄西嘉的电影《向日葵》、放着《国际歌》的费里尼电影《阿玛柯德》,都看得到。有如在补"戒严时期"荒废掉的功课,年轻一代在这里看见一个更宽广的电影世界。

后来,重庆南路的一些书店可能看到了商机,卖起了拷贝的电影录像带。这些录像带里,还有大陆三四十年代的老电影,如《马路天使》等。

禁忌一步一步解除,台湾正在朝着开放的路上走,再也无法回头。

69

最后一批"老政治犯"

台中市乐群街的小巷狭长曲折,两排陈旧的矮小平房,盖着铅灰的屋瓦,屋前总是伴有一株榕树或者万年青盆栽,薄暮的微光打在灰瓦上,使得窄巷更显幽微。我们询问了几家住户,才终于在巷子底找到那一间幽暗的屋子。

客厅不大,没有放沙发和茶几的空间,只有供奉祖先牌位的神龛前点着一盏红色小灯,照着一张旧色昏黄的观世音菩萨画像和一尊小小的佛像。借着薄暮的幽光,只见空荡荡的四壁被香火熏染成苍黄色,上面挂着一家杂货行的日历,那种每过一日便撕去一张的传统日历显示着今天的日期。

无声的沉静中,我轻轻地呼唤:"有人在吗?请问,有人在吗?"

几声呼唤之后,终于从室内走出来一位矮小的老妇人,老而瘦的躯体,微微伛偻的背脊,灰白的头发绑在脑后,面孔小小的,戴着一副老花眼镜。或许是突然见到两个陌生人站在她的厅堂内,她有些疑虑地望着我们说:"啊?你们是……"

听取了我们的来意，她双手合十，连连说："啊，佛祖会保佑你们的，你们年纪轻轻就这么有爱心、这么善良，佛祖一定会保佑你们。"

她从神龛的前方拉出一方小桌子，大约也就是她平时写字、吃饭、拜神的桌子吧，虽然老旧，但擦拭得干干净净。这也就是她唯一可以和客人坐下说话的地方了。她找来几只圆木凳子，让我们坐下来。倒了一杯开水，才从神龛前方的小抽屉里，拿出几张发黄的纸，说："我们刘贞松被抓走啊，都是我的错，是我害他的啊。"她的声音低微，仿佛这是一句在心中喃喃了几十年的心语。

我会找到这个地方，信息来自一个被关了二十四年的政治犯。而这个政治犯的信息，又来自另一个被关了十年的政治犯的介绍。

故事起源于一九八二年，高雄市新当选的"党外立委"苏秋镇首度在"立法院"质询时指出："我们不能只是关注'美丽岛事件'，而忘了我们前辈们受苦受难的'良心犯'所遭受的困苦，台湾还有关了三十几年的'良心犯'，他们是'二二八事件'后，在兵荒马乱的状况下良心的受难者。"他的质询，引起社会的关注。但警备总部当场否认。

质询过后，一个曾被关了十年的徐代德先生，带着报纸来找我，那时，我正在一份接续《夏潮》杂志之后创刊的《大地生活》杂志担任主编，徐代德先生是我们的作者。他在一九五〇年，因"台湾省工委"的案子入狱，关了十年，出狱后靠写作、翻译为生，曾翻译过不少重要的经典，为人正直热心，经常鼓励年轻后进。看我们过着有一餐没一餐的编辑生活，总是邀约我们去他家里吃饭聊天，指点我们读书。

徐代德先生为我介绍了另一位关了超过二十四年的政治犯——卢兆麟先生。他们一起在绿岛监狱里度过二十几年，对每一个被关押人的情况都很熟悉，可以为我列出名单。"有名单，有证据，他们就没办法抵赖。"徐代德先生说。

卢兆麟先生一九二九年生，一九四九年曾被逮捕后释放。一九五〇年，由于借给朋友三本书，那朋友又将书转借给军中的朋友，结果被检举，判定为有意发展军中共产党地下组织，判无期徒刑。一九七五年蒋介石去世才假释出狱。他在任职的国泰信托公司会客厅和我见面。宽大的会客厅里，只有我们两个，他选择一个可以看见全场的位置坐下，眼神安静但偶尔警觉地抬眼扫视四周，仿佛随时在提防着什么。这样的眼神我已熟悉，在老"政治犯"的身上常能见到。即使出狱一二十年，他们的住家和工作场所都有人长期监视，每每政治上有风吹草动，就会有人来关切探视，或明或暗地警告。所以提防成为他们一种生存的本能。

卢兆麟先生从口袋里拿出一张写着人名的便条纸，简洁地说："这是我先拟出来的名单，就我所知道的，有二十一个人。他们的情况，我一个一个来说给你听。"

他一个一个说着，每说一个姓名，便先停顿一下，仿佛在回忆那个人的模样，毕竟他们相处了二十四年。

每一个人的案情不同，家庭状况不同，本省外省都有。但三十几年被隔绝在"绿岛"，妻离子散，千里思念，那是什么感觉呢？

卢兆麟先生给了仍在狱中的刘贞松的母亲的地址。我怕被监听，不敢用电话联络，只能按着地址试着找找看，却真的在这黄昏的长巷里找到了。

刘贞松母亲七十五岁,一想起她的这个孩子,就痛心得眼泪直流:"都是我害了他啊,他真的太冤枉了。"

由于孩子的父亲早逝,刘贞松的母亲靠着帮人洗衣服、做衣服,缝缝补补,一手把孩子抚养长大。他考上了台中高等商业学校。当时台中"高商"把一半名额留给日本人,台湾人几千人去考,才取几十个,是很难考的。他的身体非常健康结实,在学校里参加了野球队(棒球队)。母亲怕他常要外出比赛,希望他可以多在家作伴,就劝他说:"参加野球队不如参加水泳部(即游泳队),学会了游泳,不但可以保护自己的生命,还可以救人生命。"刘贞松孝顺地听了母亲的话,转入水泳部。没想到水泳部的同学出了事,有人被控"匪谍",整个水泳部的人都被牵连,刘贞松就这样被抓走,再也不曾回来。

"都是我害了他啊,不然也不会被抓走。"母亲哀伤地说。

刘贞松被逮捕到台北,母亲独自一人去台北找工作,希望可以每天去看他。可是人生地不熟,何况到处在抓人,谁敢租房子给一个犯人的母亲呢?后来好不容易找到做裁缝的工作才安顿下来,但过不到几个月,刘贞松就被移送绿岛了。

不死心的母亲,又跑到绿岛去想找工作,却不料当时的绿岛一片荒凉,只有农户,没有工作可做。她只好回到台中,可还是常常从台中坐一整天的车,转到台东过一夜,再搭船去绿岛看他。

"你们想想啊,三十几年过去,我都七十五岁了,身体常生病,实在跑不动了,贞松也从一个青年,变成五十八岁的老人,身体也不好,为什么不放他回来治病呢?"母亲望着小佛像说。

"五六年前吧,有一天,我们的管区警察曾连续来找过我两次,那么热心地告诉我,说贞松后天就要释放回来了,要把他先送回台中这儿的警察局,我们真是高兴啊,买了许多猪脚面线,要拜拜谢神。那一天,我们去警察局等着接他,没想到——没想到,没有。警察说,送回来的名单上有他的名字,但事实上没有,他们也不知道为什么。大家都劝我死了这条心吧,可我不死心。我上书给当时的'行政院长'蒋经国先生,过了几个月之后,才回信说,事属'国防部','行政院'无法过问。后来我遇到那个好心的管区警察,他却连招呼都不打一声,装作没看见。后来我才知道,因为我上书'行政院'的内容里写到他曾来通知我,害得他被调查。真是遗憾啊,那么好心善良的一个人,都被我们连累到。"

她望了一眼日历,说:"五六年又过去了。我还不死心,就再写信给'行政院'司法组,可没有回音。"

我跟着望了一眼那便宜的日历,微黄的粗质纸张,一页一页地撕去,便是一夜一夜的等待、一分一分的思念。三十几年了,母亲都白了头 当年被抓走的那个青年还没回来。

那一年八月,我将这一份名单连同刘贞松母亲的访问刊登在《大地生活》杂志上,为了避免杂志在印刷厂被查扣,我预先把完稿的内容影印,转给《八十年代》的司马文武,好保存留底。万一被查扣,请他们继续接力发出去。

杂志出版以后虽然被查禁,但"立法委员"拿着名单,在"立法院"质询。这下"行政院"无法抵赖了,只好开始想办法。那一年的年底,终于第一批释放关了三十几年的"政治犯"。隔了几个月再放第二批。所有人都陆续释放以后,只有两个人未放:林书扬和李国民。绿岛"老同学"告诉我,李国民已经精神失常了，放出来会让当局难堪；林书扬是政治犯的领袖，思想深刻，理论造诣深厚，不敢放他出来。

在老政治犯的奔走和国际组织的"关注"下，他们终于在一九八四年被释放了。林书扬被关了三十四年又七个月，他可能是历史上关押时间最长的犯人吧。

在士林一间简朴的公寓里，我终于见到林书扬先生。他的头发灰白，脸色白皙，眼神沉静。一张木质书桌上，几本新书和日文、英文杂志整齐地放在旁边。"隔离在社会之外太久了，要重新认识这个世界，得好好用功读书呢。"老先生笑着说。

我望着他的脸，想起一个爱读书的孩子，一入狱中，便是三十几年失去自由，再出来已是六十岁的老人。我问他：这三十几年岁月，是如何度过的？

他沉思着，安静地说："在狱中，总是时时逼问自己：'生命啊，应该是怎样的一种活法？'让自己一刻也不敢松懈。因为，人的一生如果不能追求精神的提升，为追寻的理想奉献，而只是追求物质的欲望，那和动物有什么不同？那样的活法，怎能算真正地活过？但如果可以为理想而献身，即使牺牲了生命，甚至在狱中过一辈子，才算是真正地活过。"

我想起一个老政治犯说过的故事，一位政治犯在被害前夕还在读书，有人问他："你就要枪决了，读书有什么用？"

"朝闻道，夕死可矣！人活着，就是追求真理的旅程。"那个"死刑犯"说。

"你会恨国民党吗？"

"这不是爱与恨的问题。"他沉静地说，"我们得了解这个世界，要知道，苦难不是一个人造成的，而是一个结构。国民党在一九五〇年代抓了许多政治犯，监狱里面都关不下了。可是法官还不敢判死刑，他们担心，万一哪天共产党打到台湾，他们就无路可逃，会死无葬身之地。可是等到朝鲜战争爆发，美军第七舰队巡防台湾，他们就肆无忌惮地大开杀戒了。所以我不会怪国民党，我们是要换'国旗'的人。被判死刑，是我们要起来革命，就要有觉悟的。但是我们也要觉悟到，杀我们的不是国民党，而是这个冷战下两个体制对立的结构。国民党只是它的附庸而已。真正压迫台湾的，也是这个冷战结构。恨是不必要的，最重要的是了解它、改变它。"

林书扬的释放，宣告台湾最后一个五十年代白色恐怖时期的政治犯终于出狱。属于"冷战"时代的政治犯虽然释放了，但在一九八四年，"戒严时代"还未结束，两岸的内战状态也未改变，冷战的思维依旧。

林书扬后来继续读书写作，出版过几本台湾史和台湾社会性质分析的著作。他参与政治犯组成的"政治受难者互助会"，关注劳动人权、农民权益等。他参与工党与劳动党的组党，带领学生读《资本论》，讨论马克思主义，也翻译过日据时期很重要的书《台湾社会运动史》。

无论在什么处境中，他的一生，仿佛在不断向后人提问："生命该是一种什么样的活法，才有真正的意义？"

70
转型的阵痛

一九八二年,罗大佑在《之乎者也》专辑中唱出《鹿港小镇》的时候,怎么也没想到四年后,鹿港小镇会爆发出台湾最大的环境抗争运动,并改变了台湾社会。

社会的脉动是非常微妙的。它不是由单一因素造成的,而是多种复杂因素交错互动、融合激荡而爆发出动力,引发了新一波脉动,再相激相荡,螺旋式地前进。从《鹿港小镇》到社会运动,这过程是整个台湾社会内部各种社会力量不断激荡互动导致的。

一九七九年,罗大佑到台中去修理摩托车,修车的小徒弟是一个"黑手",因为修车更换零件,手上粘满机油,脸上有黑色污痕,他对罗大佑说:"唉!好久没回去鹿港了。"言下有一种没有成就,就无颜回去见家乡父老的感觉。罗大佑心想,这个离开家乡的年轻人,怀着梦想出来,想象都市里的黄金天堂,如今却失望了,但事实上他的家乡也已改变。他于是写下《鹿港小镇》,引起台湾社会很大的震撼。这首歌不仅摇滚曲风远远超越民歌那种朴素的民谣风,为过去所无,更动人的是它直指人心中那个失落的故乡记忆。

假如你先生回到鹿港小镇　　请问你是否告诉我的爹娘
台北不是我想象的黄金天堂　　都市里没有当初我的梦想

在梦里我再度回到鹿港小镇　　庙里膜拜的人们依然虔诚
岁月掩不住爹娘纯朴的笑容　　梦中的姑娘依然长发迎空

台北不是我的家　　我的家乡没有霓虹灯
鹿港的街道　　鹿港的渔村　　妈祖庙里烧香的人们

台北不是我的家　　我的家乡没有霓虹灯
鹿港的清晨　　鹿港的黄昏　　徘徊在文明里的人们

这一首歌和早期陈芬兰唱的《孤女的愿望》不同，更和凤飞飞的《祝你幸福》《奔向彩虹》不同。陈芬兰的歌是一个离开农村的孩子，对工业文明和都市生活的渴望；凤飞飞的歌，则是在经济起飞时期，对未来和幸福的期望。但罗大佑的歌已经对都市文明开始质疑、批判。都市里的霓虹灯、都市里的文明，不再是当初的梦想。他怀念着鹿港妈祖庙里膜拜的人们，怀念当年长发迎空的姑娘；然而，"听说他们挖走了家乡的红砖，砌上了水泥墙／家乡的人们得到他们想要的／却又失去他们拥有的／门上的一块斑驳的木板，刻着这么几句话／子子孙孙永保佑，世世代代传香火。"

歌里透露了家乡的改变，现代文明取代了古老的记忆。六十年代《孤女的愿望》、七十年代《祝你幸福》、八十年代《鹿港小镇》，代表了台湾三个时代的社会急剧变迁。

欧洲现代化过程是从圈地运动、工业革命到资本主义社会，以三四百年的时间缓慢转变的；台湾却在三十年时间内，以十倍的速度挤压着向前飞奔，它必然有急剧转型的阵痛。

台湾的现代化包括工业化与都市化。工业化在一九六○年代开始实施，在一九七○年代取得飞跃的进展：吸引外资、运用台湾便宜的劳动力、解决农村劳动力过剩和就业问题，同时，外汇储备迅速增长。

然而，工业化的黑暗面也相继出现：知识与管理能力明显欠缺，法令规章尚未制订，环境污染、安全管理、劳动环境保障、劳动条件保护、劳工健康保险等，都付诸阙如。其后更演变为各种食品安全卫生的严重问题。

在都市化问题上更为严重。由于都市的规划观念尚未形成，例如交通建设不足，窄小的道路无法应付大量人口涌入的需求，交通堵塞。一些工业厂区的运输交通要道，有大卡车频繁出入，正好与工人上班的交通重叠，再加上许多交通号志的设备还未设置，有些地方根本没红绿灯，人车争道，互相争吵还是小事。有时大车欺负小车，小车欺负摩托车，摩托车欺负自行车，自行车欺负行人，一言不合，就在路中间停车争吵起来。人们基本靠"强欺弱、众暴寡"的丛林法则生存。而且各种车祸频频发生。特别是工人为了赶时间上班，喜欢骑着摩托车穿梭在堵车的车阵中，从卡车的夹缝中穿过，当时还没戴安全帽的规定，严重车祸与死亡事故的比率非常高。

偏偏都市的医院根本不够，没办法应付大量涌入的病患，所以有许多车祸的受伤者（特别是大量离乡打工而在城市举目无亲的工人）因医药费用不足，在医院无法得到治疗。这又形成医院要先收医药保证金才给予治疗的现象，而医生收红包更是一种潜规则。

都市的住房更无法应付大量涌入的人口，于是便宜公寓大量兴建，可是由于建筑法规与安全检查往往靠人事、送红包来通过，安全上大有问题，因此会发生公寓的火灾，死者都是蜗居在小隔间里的小工。

罗大佑在《现象七十二变》里唱出：

> 随着都市现代化的程度　每个人多少追求一点幸福
> 是个什么样的心理因素　每年要吃掉一条高速公路
> 在西门町的天桥上面闲逛　有多少文明人在人行道上
> 就像我看那文明车辆横冲直撞　我不懂大家心中做何感想

急速的经济发展，也带出农业社会中未曾有过的物质欲望。

八十年代，工业用地需求高，不少人到乡下买地皮、建工厂，于是出现了一大批"田侨仔"。所谓"田侨仔"是指因为卖了地，所以有钱得像海外回台的华侨一样（当年这是有钱人的象征）。他们缺乏运用资本的现代知识，只知道买跑车、买金首饰，穿金戴银地去酒店叫人陪酒，等到钱一用光，生存都成了问题。

那时还没有 KTV 包厢，只有卡拉 OK，一支麦克风在台上，来宾轮流点唱。有一次，我在高雄的卡拉 OK 店与朋友聚会，点了一首《港都夜雨》，请一位邻桌的客人一起合唱。唱完了他很高兴，找我去他们那一桌喝酒，基于礼貌，干了几杯之后，我正想走，他要我去他的腰后摸一下。我一摸，是一把枪。他得意地说:"我看你这个兄弟很有义气,以后来高雄,有什么事,报我的名号就可以了。"

高雄,当时是台湾枪支走私的大本营。因为这里是当年台湾进出口贸易的最大港。船只进出,上货卸货靠码头工人,操纵码头工人的很多是黑道,走私枪支容易。港口还有一个拆船厂区,拆船速度世界第一,拆船工人在毫无防护设备的条件下工作,只求速度,不讲安全,一不小心,就被钢铁船板给压死,或压成残废。拆船工人一边受着企业主的压榨,一边又有黑道的威胁。

黑道靠枪,白道靠钱,没枪没钱,就只能靠关系。而关系说到底还是钱。当时KTV最流行的一首方瑞娥唱的闽南语歌《为钱赌生命》直白地说出了这一点:

> 有钱人说话大声　凡事都占赢
> 无钱人活在世间　说话无人听
>
> 歹命人就要打拼　不通给人惊
> 啊~　啊~　世间的
> 世间的歹命人　为钱赌生命　为钱赌生命

在巨变的二十世纪八十年代,在价值观混乱、社会崩解重组的时代里,这些歌曲中有生命故事、有活力、有拼斗、有浮躁、有苦难,它仿佛透露出了从农业文明向工业文明急剧转型过程中的阵痛。

71

妈祖庙里烧香的人们

一九八六年一月十一日,是鹿港一年一度的盛会,端午节划龙舟大赛要在此举办,电视台要来转播,与此同时举办的还有各种表演,如书画展、肚兜大展、民俗表演、小学生绘画比赛等。整个小镇热闹非凡,流动着观光的人潮。

然而这一年的小镇有一种不同的风情:走入古老的街巷,穿过斑驳的围墙,会发现贴在墙壁上儿童绘画比赛作品里,竟然都是和环境保护有关的内容。童趣的笔法,拙稚的文字写着:"我们只有一个地球""我爱鹿港,不要杜邦"……虽然图画不同,表达的内容则一致。

罗大佑歌里唱过的"妈祖庙里烧香的人们",聚集在妈祖庙前的小庭院里,坐在木头的大泡茶桌旁,议论"杜邦""二氧化钛"是什么东西。有人说,如果"杜邦"来了,我们的牡蛎就会被污染成有毒的绿牡蛎,不能吃了;也有人说,河水也会污染,鱼不能吃,吃了会得痛痛病;还有人说,那是很毒的化学生产工厂,人吸了空气,都会中毒死掉,印度都死了好几千人哪。……恐慌的心理在扩散着。

而在三百多年的古迹龙山寺前，古老的广场上正在排演晚上要出场的"肚兜大展"。漂亮的女模特儿上身只着宝蓝、锦红、亮绿小肚兜，下身着短裙，又性感又古老，风情万种地走过T型台。台前立着的几张海报上，漂亮的毛笔楷书字写着八个大字："只要肚兜，不要杜邦。"

我站在寺庙里拍照，黄昏的金光突破云层，从龙山寺后方照射过来，照在古色古香的建筑上。斑驳的龙柱、缭绕的香烟、三百年的庄严古迹与展示的肚兜和抗议"杜邦"的标语，形成强烈对比。于是我连续按下快门，在夕阳的光即将消失之前，我想记录这奇异的景象。如果"杜邦"真的来了，这些还能存在吗？这会是龙山寺最后的黄昏、最后的容颜吗？

我把这一张照片和深度报道发表在当时的《时报新闻周刊》上，做了跨页的大照片。或许照片传达了人们共同的感情，也或许照片中所传达的鹿港小镇古迹即将消逝的危机刺激了大众，社会上开始对"反杜邦运动"有了热切关注。

一九七九年四月，台中惠明盲人学校的师生发生了集体的怪病：皮肤变黑，在颈部、腋下甚至私处长出像癞蛤蟆般的疙瘩，看起来像是长满了青春痘。这些冒出的痘痘排出散发着恶臭的油性分泌物，且又痛又痒。起初医生认为只是一般皮肤病，后来连指甲、眼眶也变黑。当人数从十人迅速上升到一百人时，皮肤科医师与校方才惊觉到可能是食物中毒。校长陈淑静当机立断，封存所有食材及食用油，一方面向地方政府请求查明原因，一方面通过担任医师的丈夫及友人多方探询病因。

当时台湾有关公共卫生、环保公害的信息严重不足，卫生单位也没有足够的仪器设备来检验油与食物。几个月后，发现彰化附近也有一些工厂的工人生了相同的病，他们把食物来源一比对，才发现都是向同一家食品行彰化油品公司购买了米糠油。

与此同时，校长的张姓医师友人想起十余年前他在日本九州岛行医时，曾经看过极为类似的中毒症状，当地卫生局官员翻阅文献，才发现一九六八年日本就发生过多氯联苯污染食油的大型公害事件。但卫生单位不敢查封工厂，也不敢发布米糠油受污染的消息。直到十月，日本九州岛大学检验惠明盲校的食用油及师生们的血液样本，证实米糠油内的多氯联苯确是造成中毒的主因，卫生局才正式查封彰化油品公司及它的经销商。这时受害的人数已经增加到二千零二十五人。主要受害的地方集中在彰化、台中、苗栗。也因为米糠油较便宜，受害者多是弱势的家庭。

油被污染是因为生产过程中使用多氯联苯作为热媒，因热媒管腐蚀而导致多氯联苯渗入米糠油中，民众在长期食用这种米糠油后中毒。

彰化受害的地区是福兴乡，与鹿港相邻，当时消息震撼整个台湾，受害者的惨状更让人不忍，而且这个病症无法根治，它会在人体内积存一辈子，甚至影响到下一代。有患者不知道它会遗传，结婚后生下孩子，才发现是一个皮肤黑色的"黑娃娃"，当场痛哭。即使事过三十几年后，这些受害者和家人仍在痛苦中生活。

一九八五年，台中发生三晃农药厂污染事件。三晃农药厂于一九七三年设厂于台中县大里乡和太平市交界处。一开始就产生空气与水源的污染。居民食用的地下水有农药的恶臭，从水沟排出的废水也污染农田的灌溉水源，让生长出来的稻米都有农药味。附近的居民生活生计受到破坏，不断向卫生局主管单位陈情求救。但卫生局以"目前无农药工厂废弃标准"推托。

他们陈情了两百多次无效，觉悟到这是官商勾结，遂决定成立"吾爱吾村公害防卫会"，维护自己的生活环境。他们开始去包围工厂、堵住道路，逼迫工厂改善防污设备，但仍无效。一九八五年四五月间，农药厂因连续机械故障，毒臭气体大量外泄造成严重污染，民众忍无可忍，最后终于迫使卫生单位出面协调，定下一九八六年七月停止生产农药的协议。然而居民这些年所受的污染伤害，却再难追究。

"三晃"的经验，让鹿港的居民觉悟到，如果设了厂，无论多么严重的污染，在官商勾结下，根本不可能赶走，与其天天被污染，不如一开始就拒绝。

此外，还有桃园县大潭村的镉污染。这是一家美商公司，生产电子产品，含镉、铅等重金属的废水直接排到农田的灌溉沟渠里，稻米全部受污染。日本在六十年代早已经历重金属污染，全世界都知道，而这样的污染却输出到台湾。

不仅是外商，台湾民众因为无知而污染河川、林野的事也不少。台南的二仁溪，有宽广的河滩地，民众为了赚取微薄的利润，在这里燃烧美日等国不要的废五金。六十年代，二仁溪北岸的湾里，开始进口各式各样的机械、电子、通信、汽车等废弃物，一般称为废五金，回收业者从中分离出有价值的金属如金、银、铜、铁、锌、铅等。这个产业，在八十年代达到高峰。当时，二仁溪两岸的村庄有好几万人投入废五金产业。

洗废五金要使用液体硝酸，它能溶解铜、铅等金属，却无法溶解金、银。废五金业者于是运用硝酸的特性，酸洗出金银等贵金属。在极盛时期，仅仅台南湾里一个村庄就日产黄金千两。那时民众没有环保意识，没有废水处理的知识，所有的废液直接倒掉。酸洗后的废液含有高浓度的铅、铜、锌等金属，全部排入二仁溪。一条干净的河流吸纳了所有的毒物，吸纳不下的就随着河水流向海洋。出海口本来是渔民在河海交界处养殖牡蛎的所在，被这些排出的重金属天天浸润，牡蛎吸收后全部变成铜绿色。

二仁溪从此禁止养殖牡蛎，直到今天，都还无法恢复。

受害的不仅于此。除了酸洗、人力拆解废五金，许多人还把不容易处理的废电缆线，用卡车载着，带到河滩高处露天燃烧。那些塑料化学制品烧得黑烟漫天，二仁溪也因此受到多氯联苯的污染。

一页一页惊心动魄的事实，让台湾警觉环境已经破坏到无以复加的地步。在这样的大环境下，鹿港民众反对美国跨国公司"杜邦"来鹿港设厂，就是所有惨痛教训的总结。

尤其是在一九八四年十二月，印度又发生"博帕尔事件"，即美国联合碳化物（Union Carbide）属下的公司设于印度博帕尔贫民区附近的农药厂发生氰化物泄漏。瞬间死亡人数达二千二百五十九人，还有大约八千人在接下来的两个星期内丧命，另外还有大约八千人因为气体泄露而死亡。事件震惊了全世界。这更加深了鹿港民众的恐慌。

在鹿港妈祖庙的街谈巷议里，民众谈起"博帕尔事件"，虽然还说不清楚地名，却会说：那美国公司在印度设厂排了毒气，一下就害死了好几千人，他们都把自己不要的农药公司拿去国外设厂，如果来到鹿港，我们全鹿港人不是一下子全都死光光了？

鹿港，有过古老辉煌的历史。它的直线距离与泉州最近，清朝时大量泉州移民来此做生意、开商埠，最繁华的时候，被称为"一府二鹿三艋舺"。一府指的是台南，开发最早；二鹿是鹿港，商业活动兴盛；第三才是台北的艋舺。可见鹿港历史的久远。

鹿港的龙山寺建于一六四七年，相传是从泉州安海龙山寺迎请观音菩萨像，于鹿港旧河道边结庐为寺，经历数百年历史变迁。虽由于纵贯线铁路没有经过，鹿港逐渐变成滨海的小镇，但它绵长的人文底蕴、古老的精神传承，早已超出鹿港一地，影响着彰化乃至于全台湾的文化。因此，鹿港"反杜邦运动"一起，一呼百应，参与者有企业家、政治人物、书法家，地方上更有教师、渔民、农民等。一九八六年六月，反对杜邦公司来台设厂联署陈情书有上万人签名，和以往公害的陈情，完全不同。

随着罗大佑的《鹿港小镇》歌声风靡全台，人们对鹿港小镇有一种特殊的情感，仿佛它是台湾历史文化的象征，在急速变迁的社会里，连这样的地方都被污染，连龙山寺都走向黄昏，那是无法被接受的。是以，全台湾的反对声浪四起。

此时，台湾各地有志于社会运动的青年也都来到这里。鹿港"反杜邦运动"的核心人物是李栋梁。他家里真的像歌里唱的：开了一家"卖着香火的小杂货店"，他生性豁达，有包容的胸襟，更有承担风险和压力的勇气。当时南区"警备总部"的人天天来监视，有活动的时候，更直接派人毫不避讳地尾随，李栋梁不畏惧地一肩承担下来。

"反杜邦运动"的群体也正如歌声里唱的，是"妈祖庙里烧香的人们"，也就是鹿港天后宫的信徒。他们都是鹿港退休的老师、公教人员、农民、渔民。他们愿意无条件地"为子孙留一块净土"

而付出。他们也有的是时间,可以陪着李栋梁四处陈情抗议。对情治单位的压力,老人家反而显得毫不在乎。

我还记得有一次鹿港举行大游行,宣传车上有麦克风在演讲,李栋梁带着人走上街头。但在街道的另一端,"警备总部"出动的保安大队已有数百人形成一条围堵线,不让群众通过。人群慢慢接近,警察也紧张起来。李栋梁走在前方,警察把他堵上了。此时有几个老人家走上前来,一个老人对着一个年轻的警察说:"咦,你不是×家的孩子吗?"

那年轻警察一下愣住了,有礼貌地招呼说:"阿伯!"

"啊,你不要挡着啦。"阿伯笑着拉开年轻警察的手。那警察没有抵挡,一松手,整个游行的队伍有了一个缺口,就这样走过去了。

看起来场面没冲突,老人家们也非常平和,不会给对方压力感,游行的队伍欢欢喜喜地走在街上,喊着"我们只有一个地球""我爱鹿港,不要杜邦"的口号。鹿港子弟站在镇暴警察中间,面露微笑没有冲突的迹象。

可是,这一场游行却是"美丽岛事件"后,第一次民众走上街头的大游行。它不是政治性的群众运动,却成为突破禁忌的历史性的行为。

谁会想到,那些"妈祖庙里烧香的人们",竟是突破历史禁忌的人!

李栋梁后来带着鹿港的乡亲做全省的串联,他带着乡亲坐游览车北上,去了解"李长荣化工厂"的污染,和当地居民座谈,对当地环境运动起了很大的推动作用,几个月后,"李长荣化工厂"的反污染运动开始了。他们也去大潭村探望受到镉污染的居民，看到被污染土地的惨状，这更加强了鹿港"反杜邦"的决心。

一九八六年十二月十三日，李栋梁带着鹿港的三百多名民众，分乘多辆游览车北上，他告诉地方的"警备总部"，要到台北观光。情治单位不放心，派了两辆车尾随监视。李栋梁在半路上打电话给在台北的我，电话中只说："你×点到台北中正纪念堂会合。我们会去那里。"他的电话当然被监听，什么也不多说。

我依约到达了。只见三百多位乡亲包括一些老人家下了车，快快乐乐合影留念。随后，很自然地走到北一女中旁边的公园里，这里几个那里几个的拍照。最后，人们走到"总统府"前，以那老建筑为背景，准备开始拍照。

等到队伍都排好了、准备合照的前一刻，李栋梁一声令下："把我们的标语拿出来。"所有人一起从衣服里抽出一张黑底白字一尺见方的纸，下面只写着一个"怨"字。人们把纸举高，一起安静地站着。

"总统府"前的警卫吓坏了。在"戒严时期"，谁敢去碰蒋经国的虎须呢？"总统府"马上有人出来处理。李栋梁很有礼貌地说："我们很平和、很理性，我们只是想来表达我们爱鹿港，不要污染公害到鹿港来的决心。"接受李栋梁的陈情书后，来人要求他们尽快散去。李栋梁请乡亲们把地上的烟蒂垃圾收拾干净，不留下任何污染，就安安静静地离开。走之前他只说："我一定要平平安安把你们都带回家。"

这一次突击行动，对当局造成震撼。鹿港老人家的诉求，让当局无法抹黑。四个月后，美国杜邦公司宣布：放弃在鹿港设厂。

"反杜邦运动"成为战后台湾民间第一个拒绝污染工业投资

的成功案例。"反杜邦运动"成功后,后劲地方"反五轻"、新竹"反李长荣化工"、宜兰"反台塑六轻"、兰屿"反核废料"、贡寮"反核四"等环境运动相继爆发。在环境意识高涨的氛围里,来年,"卫生署环保局"就从"卫生署"之下的一个局,升格为"环保署"。台湾的环境运动终于改变体制,让环保变成必要的政策。

"反杜邦运动"点燃第一支火把,开启"自力救济"的浪潮,为后来的社会运动打开大门。影响所及,各种"自力救济"事件相继出现。在"戒严时期"被压制的社会潜力,得到释放。群众走上街头要求合法权益、社会正义。

一九八六年九月二十八日,民进党宣告成立。蒋经国没有取缔,也没有宣告合法,变成一个事实的存在。一九八六年十月七日,蒋经国接受《华盛顿邮报》专访,宣告解除"戒严",终于解开台湾长年的禁忌。

谁会想到,在"美丽岛事件"后的闷局中,在"戒严体制"的强压下,打开时代窗口的,竟是最古老小镇里、最温和慈祥的"妈祖庙里烧香的人们"。

72

疯狂"大家乐",住者无其屋

就在鹿港"反杜邦运动"热烈展开的同时,如果走在台湾中部一带的大街小巷里,一定会听到人们热烈讨论的话题中总是有着数字。菜市场的摊子、夜市的小吃店也流行两个字:明牌。人人都在问:"这一期明牌是几号?"这俨然成为全民娱乐或全民运动。

一九八六年间,包括台中、彰化、云林一带,兴起一种全民参与的地下经济活动,民间名之为"大家乐"。每一次输赢的总资金在五十亿元台币以上。明知这个是非法的赌博游戏,却无法禁绝,因为它依附在台湾省政府所举办的"爱国奖券"上。

台湾省政府开办"爱国奖券"始于五十年代,蒋介石刚到台湾时财政困窘,吴国桢当省主席的时候,"财政部长"任显群是著名才子,蒋介石有什么军事财政需要,常找他要钱。他东挪西借,筹措财源,苦不堪言。有一天,他突然想起美国有一种福利彩券,可以筹措财源,于是兴办起"爱国奖券"。想不到民间反应热烈,"爱国奖券"成为贫穷时代穷人的发财梦,就这样一直办下来了。

这个八十年代突然兴起的"大家乐"是依照"爱国奖券"的中奖号码来兑奖的赌局。民间自己组织一个个小组,名之为组头,以00至99为号码,做几十张号码牌,让大众来签注。每一张号码牌有五十个以上的人来签注,这一组就算成立,没过半的签注,那一张就退钱,签的号码不能重复,所以每一个人都不同。等到"爱国奖券"开奖,依"特奖"的最后两个号码数字对奖。谁签中了,就拿走奖金。扣除主持签赌者抽走的一成工本费,中奖者可以得到百分之九十的利益。

这和"爱国奖券"最大的不同是:"爱国奖券"的期望值是百分之十九点八,即你买了一百元,若平均分摊,每人的期望值只有近二十元。但"大家乐"却有九十元的期望值。谁还愿意去买"爱国奖券"呢?

为什么这种赌局一时间会如此风行?这得从中部地区的特殊条件来看。我们在讨论中小企业时说过,台湾中小企业为了吸收便宜劳动力,集中在中南部,靠近农村容易找到工人。而中小企业又以结盟的方式外销,因此世界经济形势会直接影响中小企业的生存。

八十年代恰逢世界经济在石油危机后的复苏阶段,台湾出口畅旺,经济增长率每年都在百分之七至百分之十二左右,外汇大增。但台湾又是一个管制外汇的地区,民间若无申请外汇的证明,不许汇出。如此,民间中小企业赚进来的外汇就全部存在口袋里,变成游资。游资泛滥,要不做怪也难。

看看这样的统计数字会更清楚。一九八三年以后,台湾的外汇储备快速增加。一九八三年:四十七亿美元;一九八四年:八十六亿美元;一九八五年:二百二十五亿美元;一九八六年:

四百六十三亿美元；一九八九年：七百三十二亿美元。每年翻倍增长。这时的台湾，仅次于日本，是世界第二高的外汇储备地区。可以设想，有多少外汇储备，就有相对比例的新台币在台湾流通。而台湾此时又在经济管制下，没有什么投资渠道，民间口袋里的钱就开始作怪了。

"大家乐"说起来很简单，就是借由"爱国奖券"，大家来对赌，如此而已。可是最值得观察的不是赌博本身，而是民间的赌博行为里显现的文化，也就是人们脑袋里的思维方式。

由于赌博有太多不确定性，人们总是希冀签一个有希望的号码，所以各种神鬼通灵的故事传说开来。例如这一期的号码是依某一间小庙通灵的暗示，下一期那小庙前就充满等待接受天启的信徒。人们围在庙前，不分昼夜地等待某神某鬼会给出一种暗示。甚至在荒山野岭的孤坟旁半夜都会挤满了人。

更荒谬的是，彼时计算机刚刚出现，乡村的人们还不了解计算机的功能乃是靠人来操作，竟传言有一种计算机的公式可以算出明牌，于是每一期都有新的明牌公式。

这种现象显示了在经济急速增长的过程中，人的思维方式依然局限在古老的信仰、传统的迷信中，现代化之最难者，终究不是在生产方式、交易模式，而是文化。它也预示着：台湾再不开放，而一味管制，不让资本自由流通，这些闷在台湾的钱，早晚会变成灾难。当省政府发现"爱国奖券"已变质为民间赌博的依凭下令停止时，民间赌性已被撩起停不下来了，"大家乐"改为去对香港六合彩的号码，不过改名叫"六合乐"。

同时，民间的游资也随即流向股票、房地产。股票的指数，从一九八六年的六百多点，一路狂飙，直到一九九〇年二月，上升到一万两千多点。狂涨二十倍。房地产也一样，从一九八六年开始疯狂上涨。有些热门地产一日数市，只要买上就赚了。有人早上打电话去预订，还来不及去提钱交订金，到晚上房子已经卖出去了，还涨了一成。上市企业眼见房地产投机可为，纷纷把生产用的土地转为房地产，转眼间股票涨得更高了。

这种现象，导致当时的公务员、工薪阶层大感不平，喊出："三十年薪水，只能买三十坪房子。"而刚刚到台北的年轻人更不可能有房子住。一九八九年，股票飙上万点的时候，终于爆发了"无壳蜗牛运动"。

运动起始于一个板桥新埔小学的老师李幸长。他不甘一生做小学老师，总是怀抱着要考上研究所的理想，白天教书，晚上拼命苦读。可考运不佳，连续两年落榜。第三年，他心想这一次希望很高，一定要专心准备，遂卖掉了大房子准备找小房子住，因为反正以后读书也需要钱。自此白天教书，晚上在图书馆拼命专心读书。想不到半年后，他一抬起头，想找小房子买的时候，房价已经飙涨了一倍。他不仅没了大房子，连小房子都买不起了。

一气之下，他和其他小学老师谈起来，遂倡议组织一个"无住屋者救援会"，帮弱小的小学老师、小公务员、都市就业者等呼吁一下。他简单地想，反正五月到八月间放暑假，闲着也没事，自助助人，行行善也好。想不到这个地方性新闻一出来，竟引起大轰动。一个小学老师的不满，说出了民众集体的心声，一时间声势浩大，他们只好把原来的组织调整为"无住屋者团结组织"，把目标定为："团结民众，打击房价房租。"

在天天接不完的支持电话中，许多学者专家也加入进来了。李幸长热血上涌，决定办一次更大的活动。"既然我们买不起房子,也租不起房子,那只好睡街头了。既然要睡街头,那不如去睡最贵的街头。"他对外宣布:"举办万人夜宿忠孝东路。"

一九八九年八月二十六日,五万人齐集当时房价最高的忠孝东路,有乐团参加演唱,有人送饮料,有人演讲,和平欢乐,像一场嘉年华会。直到隔日早晨,为了不影响一般人的生活,活动宣告结束。

九月二十八日,他们又在台北举办一场"百对无屋佳偶结婚典礼",以喜庆方式,反讽夫妻无屋可栖的悲哀。三天后,结缡三十年的无屋佳偶崔妈妈因癌症过世,为了纪念她,把即将成立的租屋服务机构,命名为"崔妈妈服务中心"。另外,也成立一个"专业者都市改革组织"(Organization of Urban Reforms,OURs),推动都市议题的住宅政策出台以及促进城市的历史、文化、空间、小区为主的建筑规划专业服务等。

在股市、房价狂飙的一九八九年,"无壳蜗牛运动"像一声弱势者的呐喊,呼唤房屋政策最终要回到"住者有其屋"。然而,房价是一个依照资本逻辑运作的市场,如果经济不开放、股市再狂飙,如果税制、建筑政策不改变,靠群众的道德呼吁效果终究有限。经济奇迹,终于走到该转型的时候了。

73

呼吁"重新互相关怀"的《人间》杂志

在台北市新生北路一带,猬集着从南部来台北谋生的人。这里有出租的小套房,专门租给在附近酒店上班的女子。这里也有隔成极小的房间,再分成上下铺,以便宜的价格出租给刚来台北的劳动者。

八十年代,这里流动着富裕后膨胀起来的欲望,也流动着底层劳动者的汗水和心酸。交错在这些窄小空间里的,是想在台北赚钱找出路的梦想,以及漂泊在外的游子的孤独。

阿里山上的少数民族青年汤英伸是其中的一个。他刚满十八岁就离开家乡,进入一家洗衣店工作,他不是住在小公寓的房间里,而是在洗衣店里,老板给他在孩子的卧房角落拉一条布帘子,他早上九点上工,工作到夜里一两点,躺下就睡。

一九八六年一月二十五日凌晨,这一间洗衣店发生命案,洗衣店主人夫妇和三岁的女儿同时丧命。大人被重器殴击头部致死,小女孩则窒息而亡,店里的洗衣工汤英伸不见了。报纸以斗大的新闻标题写着"灭门血案"。

当天的黄昏六点，汤英伸在哥哥的陪同下，到警察局投案。他自称是凶手。

他供称，因为被职业介绍所欺骗，付了三千五百元的介绍费去洗衣店打工。他本想工作八天，欠的费用应该可以还清了，要辞职。不料，老板说他欠下的钱没还完，他想要回身份证，老板不仅不给，还骂他是"番仔，你只会破坏我的生意！"。

双方争执中，老板推打他，他还手后被推到门旁，就随手拿起一把起钉锤，朝老板下巴打去，流了血的老板更生气，他又在还手时打在老板后脑上。老板的妻子拿椅子砸他，双方打起来，也被他打死了。此时小女孩醒来，大声哭叫，他怕被发现，就去捂她的嘴巴，她跌在床下，然后被他捂住嘴，窒息而死。

一月二十六日，陈映真创办的《人间》杂志里挤了好几个关心这个案子的朋友：黄春明、莫那能、音乐家邱晨等。少数民族盲诗人莫那能说："汤英伸碰到的事，我十三年前就碰过啊，怎么十三年后，他还碰到一样的问题，发生这样的悲剧啊？！"莫那能流下眼泪。

了解台湾八十年代的人都知道，当时有许多来自台湾中南部的青年到台北找工作，他们人生地不熟，只能根据报纸上的小广告、贴在路边的招工广告，去打电话探问。台北火车站附近有许多职业介绍所。他们派人站在火车站前的广场、天桥上。看着衣着朴素、眼神彷徨的人，就会上前搭讪："阿尼基（兄弟之意），要找工作吗？我这里有老板要找工人，餐厅的服务生，一个月一万五千，包吃住，不必专长，条件很好。"

莫那能就那样被骗到职业介绍所，先交介绍费、身份证，但答应的工作却没有了，说是要等工厂三个月后开工。他不甘心，竟被关在厕所里,一边骂他"番仔,不听话",一边警告他不许逃跑。他没有了身份证,在一个陌生的社会,无法证明自己是谁,更没办法生存。最后只好听任安排,去淡水河边当苦力。

汤英伸也一样。他被报纸小广告骗去职业介绍所,对方让他先拿身份证来填就业资料,就把身份证没收了。等到他掏出身上所有的钱,交了部分介绍费,才说那广告上的餐厅要三个月后才开张,要他先去一家洗衣店工作,欠下的介绍费,就在洗衣店扣。他身无分文,只好听从了。不料洗衣店工作时间超长,早晨九点工作到晚上一两点,承诺的五百元日薪不仅没有给,还不断超时工作。直到八天后,他觉得可以还清职业介绍所的钱了,想辞职更想拿回身份证,但老板扣着身份证不放。任何一个城里生活的人都知道可以再申请一张身份证。可对一个身处陌生都市的少数民族青年来说,那是唯一的证件,如今老板剥夺了他的"身份",还咒骂他,终于爆发了这场冲突。

了解这种文化差异的人,对汤英伸莫不抱以深深的同情。安慰他的信件雪片般飞入狱中。但他自责不已,在狱中写下愿意捐出遗体的遗书,打破眼镜用镜片割腕自杀,被监狱看守发现才挽回一命。

陈映真为了深度报道,特别派了记者去阿里山采访汤英伸的邻居和家人,也去他读过书的嘉义师专采访他的同学,了解到他的父亲汤保富为家乡筑路铺桥,改善阿里山的经济,受到地方人士的敬爱。而他的叔公汤守仁则是白色恐怖时代的受难者。汤英伸自小是一个乖巧的孩子,在师范学校读书,热爱音乐,曾写歌送给同学。因在学校抽烟被记大过,加上他又犯了其他小错办了休学。他为母亲生病需要医疗费用,离乡到台北找工作,不料碰上的竟是陷阱。在他家里的桌上，还放着那一张登有骗人小广告的报纸。

《人间》杂志的报道《不肖儿英伸》刊出后，引起巨大的反响。有许多律师愿意义务为他辩护，也有宗教界人士依据汤英伸是自己去警察局投案，希望援引自首要件，免于一死。陈映真联络宗教界人士联署，向蒋经国陈情，希望即使三审定谳，也请蒋经国特赦。文化界也出钱出力，在《自立晚报》刊登全版的广告，希望"枪下留人"。

然而，据郝柏村的日记记载："山地曹族青年汤英伸去年杀死雇主一家三口，死刑确定，有党外人士及部分宗教人士向'总统'（蒋经国）陈情，请求暂缓执行，触犯了蒋经国的忌讳，让他深为不满。此完全为一司法案件，必须依法处理。"

我还记得，汤英伸三审定谳即将执行的那一天，《人间》杂志的几位同人在我家彻夜长谈，心痛无比。未眠的清晨，噩耗传来，大家只能强忍悲痛，协助家属处理后事。陈映真一路陪同汤保富，在医院办遗体捐赠，处理所有后事。

汤英伸案件后，少数民族问题终于引起社会的重视。当时，不仅有职业介绍所的欺骗，更有少数民族少女被骗入火坑、强迫卖淫的雏妓问题以及少数民族渔民在海外工作被扣留的诸种问题，一一浮现。

《人间》杂志不断追踪报道以唤醒社会关怀，还参与抢救雏妓、维护少数民族人权的游行；在一九八〇年代，他们参与环境运动，报道受污染的台湾大地，也做大规模的浊水溪全面报道，让人们注视生态的保育；同时参与报道了远东化纤厂的劳工运动，为弱势的劳动者发声。这个杂志成为社会良知的一盏灯火。

它不断提醒人们，在一个消费社会中，人要回归到"人"的本身，寻求更高的价值，而不要成为物质的奴隶。

然而可惜的是，它是一本摄影杂志，因为只有高质量的印刷才能精准传达照片中细致的人文风貌，所以每一期都得赔不少钱。由于长期的赔累，陈映真在办了四十七期后，于一九八九年九月停刊。在股票飙上万点的时代里，一本人文杂志的停刊，像是一声悲哀的叹息，台湾自此向着消费社会一路狂奔，再没有反省与批判的杂志了。

《人间》是台湾八十年代最让人怀念也最有影响力的杂志。它的理想主义和人道主义情怀，影响了那一代的年轻人、大学生，使他们相继投入台湾的社会运动之中。到了二十一世纪，《人间》杂志已是一个时代精神的传说。它的旧杂志成为爱书人的热门收藏品。

陈映真写在《人间》发刊词里的话，仍时时会被引用，犹如一个永恒的叮咛：

> 我们盼望透过《人间》，使彼此陌生的人重新热络起来；使彼此冷漠的社会，重新互相关怀；使相互生疏的人，重新建立对彼此生活与情感的理解；使尘封的心，能够重新去相信、希望、爱和感动；共同为了重新建造更适合人所居住的世界，为了再造一个新的、优美的、崇高的精神文明，和睦团结，热情地生活。

74

想家的老兵打开两岸的大门

一九八二年四月二十一日,也就是罗大佑发行第一张专辑《之乎者也》的七天以前,发生了第一宗震撼全台湾的银行抢劫案。

抢银行,这在美国电影中才看得到的情节,真的在台湾出现了。那一天下午三点二十分,台北市土地银行古亭分行要关门的前十分钟,一个戴鸭舌帽、眼镜和口罩,留着长头发的矮小身影,持枪闯入银行,他跳进柜台,对空开了一枪,大喊道:"钱是国家的,命是自己的,我只要一千万,你们不要过来!"

银行经理试图阻挡,中枪受伤。行员随即拿出一包一包的钱,放进他带来的袋子。他提起钱冲出门外,消失在曲曲折折的小巷里。银行被抢走五百三十一万元。警方立即在电视上发布了银行的录像,悬赏两百万元通缉那个戴鸭舌帽、留长发、身影矮小的人。民间沸沸扬扬,议论纷纷。

由于蒋经国震怒并限时破案,警方成立了层级极高的项目小组。五月四日,警方逮捕了王迎先——一个当天也经过土地银行,开着黄色出租车的外省老兵。由于口音、外形、姿态都像抢匪,他女儿的男朋友贪图两百万赏金，向警方检举。警方逮捕他后严刑逼供，三天三夜之后屈打成招，但交代不出枪支和钱的流向。警方已经发出了快破案的消息，却没有证据，急得下了重手，可能是把人打死后又丢入新店溪桥下，对外宣称"破获抢案，抢匪畏罪自杀"。王迎先被丢下的时间是五月七日凌晨三时。却不料一个小时后，真正的抢匪在他的家中被抓到了，名叫李师科。

一案双破，这也是台湾警方的"奇迹"。

李师科，山东人，抗日时期在山东国民党部队里打游击，也曾出生入死；一九四九年，国民党军队兵败如山倒，百万大军被围歼，他九死一生来到台湾；一九五九年因为生病被强迫退役，只能靠着军中学到的修车修电器技能维生。存了一点钱之后，他买了一辆出租车，在大街小巷穿梭讨生活，经济依然非常拮据，住在一间租来的三坪大房间里。他无亲无故，孤身一人，只有邻居的一个小女儿，正在读小学，李师科把她当女儿看待，她也喜欢和李师科一起说话。

当时台湾社会正在经济起飞，一些人靠着银行借钱放高利贷、搞地下钱庄，过着奢靡的生活，有钱人在酒店一掷千金，没钱人在城市的边缘艰难生存。李师科开出租车，看尽人世间的不平，内心开始不满。他曾在酒后向邻居透露：要有钱还不简单，去抢银行就有了。没想到，他自此开始筹划。

他先买到一把改造的土制手枪，但这种枪一次只能击发一颗子弹，杀伤力太小。一九八〇年六月，他利用开出租车的方便四处观察，寻找下手的地方。最后发现金华街的一处哨所里只有单独一个卫兵，他以问路为借口，近距离开枪射杀，抢走了配枪和子弹。案发后风声正紧，他把枪藏在床底下，蛰伏不动。这一藏就是两年。这期间他开着出租车,用以前抗日打游击的敏锐,观察台北市的每一家银行有多少警力、什么时间换班、什么时候适合下手、逃走路线等。最后他选定土地银行古亭分行。原因是它的警卫人员较少,且要配合银行去护送运钞车;银行一出门就有小巷子,容易穿梭逃逸。

一九八二年四月十四日,他在银行下班前十分钟,戴上伪装的口罩、帽子、假发等,持枪冲入抢劫。

他个性沉着,抢劫后没有出去花天酒地,只把钱分装成一百万一袋,一袋放家里,其他四百多万存放在邻居朋友家。

李师科的这位邻居看过电视里的报道后,开始对存在他那里的纸袋子产生怀疑,就打开来看,一看惊呆了,里面四百多万元票子上竟有土地银行的戳记。经过内心的交战,他终于还是报了警。

当警方冲入李师科那破破小小的租房时,他神情平静,只说:"我对不起社会。"至于犯罪动机,他说:暴发户可以到银行搬钱不用还,而穷人却借不到钱;他也对"国家"非常失望,老兵一生出生入死,只换得这孤独的下场。他犯罪动机中最让人心酸的,却是把钱留在朋友那里,是希望让他的小女儿可以从小学到大学都不必再担心学费。

他的朋友痛心无比,至此才知道这个孤身独居的退役军人,是如此疼爱他的女儿。而这样的境遇难道不是所有老兵的写照吗?李师科被执行死刑后,许多老兵纪念他,把他当作英雄。因为他说出他们孤独、无依、悲哀、无助、忧愤的心声。还有人为他立一座金身的塑像,供在新店无天禅寺的门口。

一年后的一九八三年,导演虞戡平导演了一部以老兵为题材的电影《搭错车》。影片讲述一个哑巴老兵在垃圾堆里捡回一个小女孩，从小抚养她长大。女孩成人后成为一个知名的歌星，在东南亚大获成功，为了星途，经纪人叫她不要说出自己的身世。直到她回台演出，才唱出《酒干倘卖无》，怀念那个靠捡破烂将他养大的老兵养父。那一部电影赢得观众的热泪，也感动了无数人。片中的主题曲，由苏芮演唱，侯德健作曲，侯德健和罗大佑作词；《请跟我来》是梁弘志作词作曲；《是否》则是由罗大佑作词作曲。这些歌都已成为两岸传唱的经典歌曲，但背后老兵的故事，却很少有人去探问了。

四年后，随着社会运动的兴起，蒋经国在一九八六年十月宣布解除"戒严"，然而他也跟着说，要制订"国家安全法"，两岸的"三不政策"（不接触、不谈判、不妥协）没有改变。这就意味着，老兵返乡遥遥无期。然而，大陆在一九七九年发表《告台湾同胞书》后，开启了一条道路，台湾民众可以赴大陆访问探亲，来去自由。有办法的人逐渐从香港、美国、日本等地与大陆通信，希望了解家乡亲人的情况。隔绝了三十几年，其情之殷切，实不是外人可以想见的。

画家刘国松是抗日遗族的孩子，一九四九后随着遗族子弟学校来台湾，他为了早日可以见到母亲一面，到香港教书，悄悄和家乡联络，终于联络上母亲，请她到香港一聚。他也曾到大陆与画家交流，结识了吴冠中等，却也因此被列上"黑名单"不许回到台湾。

国民党的高层人物可以通过"唐光华信箱"代为转信给大陆的亲属，每一封信毫无疑问都经过检查，但已经是一种特别的通融了。而对大多数的老兵、公教人员来说，仍然不可能通信通消息。他们只能在岁月里渐生华发，想念亲人、想念家乡。

一九八七年，民进党"立委"许国泰开始推动"自由返乡运动"，这其实是为了让民进党许多上了海外"黑名单"的人可以回台湾，出于策略上的考虑，也把外省人的返乡权拉上。当年三月，他们在台北市举行了一场演讲，来的人约有两三千，并不热烈。来参加的一个老兵正是要谈返乡的问题。老兵们虽然支持返乡运动，但民进党的"台独党纲"，让他们无法认同。基于此，退伍老兵何文德等人决定成立"外省人返乡探亲促进会"，由何文德任会长，也请了许多专家学者参与，请胡秋原担任名誉会长，重新展开返乡运动。这一年的母亲节，老兵们在台北中山纪念馆举行母亲节的活动，一边是带着孩子的母亲，一边是想念母亲却回不了家的"老孩子"，他们身上写着"想家"两个字。这两个字，打动了无数人的心。

六月二十八日，在台北市金华中学举办"想回家怎么办"的演讲活动。为了这一场活动，许多老兵都动员起来。他们到车站、到各地的"荣民服务中心"发传单。连国民党中央党部前面也没放过。那里正是最多外省公教人员工作的所在。破旧的宣传车就停在国民党中央党部旁的马路边发传单。

老兵们面容黧黑、布满皱纹，衣着老旧，有些脚上还穿着军用老布鞋，上衣罩着一件前面写了"想家"两个大字的长袖衫，背上则让老兵各自写上自己的心声。有的写着"少小离家，老大不能回"，还有人写着抗战歌曲《松花江上》的歌词。苍老的面孔、热切的眼睛，他们想家的诉求，任谁看了都不忍心。

当时我在现场采访，只记得一个中午时分，国民党中央党部的人出来吃饭，他们衣着光鲜，接过传单都只能摇头叹息，不敢表示什么。但老兵们不死心，仍不断地发传单。一会儿，一辆小车停了下来,两个老兵模样的人从小车上搬来一大笼山东大馒头,就像在军队里一样,一人一个发给在场的老兵;还有一个人跟在后头,捧着一小罐豆腐乳发放。衣着老旧的老兵,就那样站在路边,在滚滚车流中,在国民党华美的大楼前啃着大馒头。

据说,那个晚上国民党曾派人来现场观察,作为蒋经国下决策的参考。十一月一日,蒋经国正式宣布开放民众赴大陆探亲。

随着探亲的开放,两岸的观光也开始了。随之而来的,即是原本从香港转口的贸易也大为兴盛。两岸的小门一经开启,台湾探亲、观光、投资的民众,就把它挤成了大门,自此两岸走出了一条新的大道。

一九八八年一月十四日早晨,第一个两岸探亲团,在长达三十八年的等待之后,终于从台北出发。而前一天,即一月十三日晚间,电视上才刚刚宣布蒋经国去世的消息。在这个敏感时刻,参加的团员忐忑不安地搭上飞机,从香港转广州,进了北京,再去西安黄帝陵,共同完成返乡祭祖的心愿。

这一趟的行程,是老兵的首度返乡,却也是蒋经国最后的遗愿吧?

75

蒋经国开启了一段历史

八十年代,是台湾社会运动风起云涌的狂飙时代,作为一个动荡时代的领导者,蒋经国如何回应这个巨变的时代呢?

从农业社会到工业社会,从政治、经济、文化到社会福利等该如何建构,并没有一条既成的道路可遵循。最多就是以欧美日本模式为参考,但社会发展阶段不同,不可能照抄。

当时,台湾的交通设施、重化工业、电力事业、港口等已完成建设;作为下一个阶段经济发展的动力——电子产业也已完成布局,开始投产。但是台湾牺牲农业扶植工业,对农民该有所补偿;牺牲劳动权益扶持经济成长,造成劳资的不平衡,也该有所改变;而环境所受的污染、民众健康所受的损害,更必须改变。最难改造的是国民党本身。它有蒋介石留下的巨大包袱,包括"万年国会"和国民党内老人政治遗留的影响力。再加上特务系统一贯由蒋经国自己掌握,早已自成一个神秘的系统,如何让它受到监督节制,不要滥权横行等,都是大难题,也都没有现成的模式可以搬用。

一九八〇年代，台湾面临的挑战无疑是巨大的。然而，蒋经国最大的危机却是来自他的健康。一九八〇年，七十岁的他检查出患有前列腺癌，他很快去做了手术并把身体健康检查的状况公布。他的医生姜必宁曾观察到，以前蒋经国还偶尔与朋友聚会聊天说笑，曾留学苏联的他，爱喝一点小酒，但手术后的蒋经国变得安静了。有一次搭飞机去金门，他例外地未看公文，只望着窗外的白云，陷入深深的沉思，但他从未透露过自己的心事。

蒋经国最担心的毋宁是他的接班问题。这一点，当时的"党外"杂志最喜欢以渲染机密内幕的方式来报道，也的确非常有市场。此时的蒋经国应该比谁都清楚，他的三个儿子并不足以接班。长子蒋孝文自幼受蒋介石宠爱，变得无法无天：带枪横行，喝酒闹事，喜欢玩儿女人。那些希望拉近与蒋家关系的人，拼了命地侍候他吃喝玩乐，甚至带他去"何秀子"——一个专门介绍高级三陪女子的地方——找女人。他三十五岁就曾因遗传的糖尿病和饮酒过量而昏迷，不到四十岁就染上国际梅毒，且病毒已进入脑神经，长期躺在病床上，等于一个废人。

另一个儿子蒋孝武早年也恃权横行，后被送去德国慕尼黑政治学院读书，稍好了一点儿。但回台湾后故态复萌。蒋经国有意培养他，依照蒋介石的培养方式，让他在"国家安全会议"磨炼，希望逐步了解并掌握特务系统，再加以行政训练。此时蒋孝武还担任"中央广播电台"总经理，平时喜欢与电影明星、社会名流交际；特务情治系统与影视界、黑道本就熟悉，也想借他的关系接近权力核心，所以关系复杂交错。直到一九八四年发生了"江南命案"，才完全打破了蒋经国的这一个构想。

话说国民党的特务系统自戴笠时期以降，就与黑帮结下不解之缘。国民党内部曾传说唯有加入青帮,才能进入特务系统的核心。八十年代,情治系统想利用外省的黑帮势力,于是竹联帮的帮主陈启礼与"情报局"局长汪希苓拉上了关系。汪希苓约陈启礼见面,交代下属加以吸收,并有了派他赴美国暗杀江南的构想,为此,还特别将陈启礼带至"情报局"受训一星期。

江南是《台湾日报》前驻美记者,长居美国,为华文报纸写专栏和传记。"情报局"知道他写了《蒋经国传》,曾通过人给他钱让其修改《蒋经国传》。

一九八四年九月,陈启礼奉命从台北出发至美国加州,但因江南去北京参加国庆节延误了动手时间。十月十五日,陈启礼在跟踪几天后,与两名手下在江南的车库里射击江南,一枪正中眉心,另两枪打中腹部与胸口,江南当场死亡。陈启礼在美国的公用电话亭打给台北"情报局"的处长陈虎门,说:"买卖已成,送去了三包礼物!"意指江南身中三枪而亡。却不料当时美国即使公用电话也有录音,发现了这一通打到台湾"情报局"的神秘电话,证据遂告确立。十月二十一日,陈启礼等三人回到台北,"情报局"人员还去机场迎接,陈虎门告诉他们"大老板"很感谢。后来,杀手之一的董桂森问陈启礼,"大老板"是谁?陈启礼告诉他:大老板是蒋孝武。

谁知十一月十二日后,由"安全局局长"汪敬煦直接领导的小组发动"一清扫黑",陈启礼也在逮捕之列。他大惊失色,为了保命,直接向警方交代他是"情报局"的地下工作人员,他的资料中有机密,不要随便乱来。但没有用,在他家中搜出记载了赴美国刺杀行动的笔记本,其中有代号、联络办法、行动方案等,证据确凿。至此,台湾赶紧向美国通报。起初,"情报局"

还希望把责任推给陈启礼，但没想到陈启礼是江湖混久了的人，他怕回台湾被杀人灭口，在美国留下保命的录音带。如此整个事件的内幕才曝光。

蒋经国大为震怒，下令查办。显然最后是汪希苓自己担起了所有的责任，未曾把更上层的"大老板"供出来。事实上，海内外所有媒体都指向蒋孝武。他插手情治单位、图谋大位的传言，早已沸沸扬扬。蒋经国只好在接受《时代周刊》专访时表明："从未考虑由蒋家的人继任'总统'。"为了杜绝外界揣测，蒋孝武外放驻新加坡商务副代表，形同放逐。和蒋经国交情匪浅的李光耀则答应会帮忙"看管"蒋孝武。

蒋经国的健康状态一日比一日恶化。一九八五年夏天，医生发现他的视网膜退化，必须再次开刀。手术后身体大受影响，脚部神经痛得无法走路，即使有副官扶持，也走不上国民党三楼的会议厅。

他知道自己的时日不多了，即加紧培养李登辉成为接班人。关于台湾未来的方向，蒋经国在一九八一年就曾向他的美国友人表示，在台湾提升民众所得与生活水平之后，将是推动民主化、在地化以及与大陆改善关系的良好时机。一九八五年，蒋经国曾把马英九找去，问他："戒严的英文怎么讲？""英文是 martial law，意思是军事管制。"马英九回答说。蒋经国要他回去再查一查。马英九查了五种国际著名的参考书，回报："戒严的意思就是全面军事管制，有的还说：Martial law means no law at all. 戒严就是没有法律。"

马英九自此知道蒋经国心中正在考虑解除"戒严"的问题，当《华盛顿邮报》发行人葛雷厄姆女士访问蒋经国，他直接说出

"我们决定在制定'国家安全法'后,解除戒严"时,马英九心中虽有准备,但他一字一句传译后,内心仍"感觉犹如遭电流通过般的震撼"。他告诉自己:"我们正在改写台湾的历史。"

一九八七年三月间,马英九向蒋经国报告说:"有几个'立法委员'质询,要求开放老兵返乡探亲,其实现在每年有一两万人经过香港返回赴大陆探亲,但也有一些老兵不愿意'违法',穿写着'想家'字样的长袍游街请愿,很令人同情。"过不久,两岸探亲即宣告开放。此门一开,也不管是不是老兵或有没有大陆亲人,台湾人人都可以赴大陆观光了。

一九八七年的圣诞节是宋美龄离开台湾十年后第一次回来,整个家族都到蒋介石以前的士林官邸聚会。蒋经国夫妇、蒋孝文夫妇和孩子、蒋孝勇全家、蒋纬国全家都到齐了,在十几年来难得聚会的气氛中,蒋经国悄悄对医生姜必宁说:"我身体非常不舒服,你帮我找个专家检查一下。"

本来姜必宁安排他在第二天住院,但蒋经国第二天一早还得去"国民大会"参加大会。第二天早晨,三千名群众围住阳明山中山楼,举着"老贼下台""万年国会改选"的布条呼喊口号。国民党秘书长李焕劝他不要去,蒋经国说:"你们怕他们打我是吧?没关系,他们要打就让他们打好了。一切照常来做。"

会场里,民进党"国大代表"拿着"老贼下台"的布条在正中央抗议。副官推着轮椅,把蒋经国推到了台上。此时台下掌声和抗议声交杂。蒋经国只简短地问候之后,请人朗读他的演讲稿。致辞结束,副官推着轮椅要离开,蒋经国缓缓回头,深深地看了一眼,望着抗争的人,也望着整个会场。那一眼,让马英九印象深刻:那是他对"国会"的最后一次凝望。

一九八八年一月十二日下午,马英九拟好了"国会改革方案",准备在第二天的"中常会"中向蒋经国报告,却不料十三日上午蒋经国没有来参加"中常会"。下午一点多就传来他大量吐血的消息。到了晚上,蒋经国过世的消息正式公布。

蒋经国晚年所进行的一系列改革,改变了台湾社会。解除"戒严"、开放两岸探亲,仿佛历史的一扇门打开了。历史将会如何评价他呢?一个靠独裁父亲取得政权,"戒严"三十八年、靠镇压维持威权政治的皇帝?然而,他最后的改革,让他站上历史高点。民间没有遗忘,在历任台湾领导人声望的民意调查中,他一直是最高的。

76

"爱拼才会赢"的消费时代来临

像一句藏在心里很久的话被说出来了,叶启田的《爱拼才会赢》在一九八八年刚一发片,就唱遍了大街小巷。这一年,二十四岁的林强在台北的木船民歌西餐厅参加歌唱决赛,他唱了一首自己做的闽南语歌《茫·惘·梦》,没得奖;不过两年后他发行唱片《向前行》红遍大街小巷。

这两首歌,成了"解严"后台湾社会心理的写照。

叶启田是一个嘉义乡下长大的孩子,家中有九个兄弟姐妹,他排行老三。父亲看他瘦小,不能耕田,也无意放牛,却很能唱歌,就答应他去台北奋斗。家中穷困,只给了他二十五元。他到台北住在一间合租房的木板通铺上,白天去果菜市场打零工,但没多久钱就快用光了,只好打道回府。在家乡实在无事可为,几个月后他再度北上,碰上卖白花油的小贩,就结伴去市场卖唱。

那时市场不发达,夜市、菜市场总是有打拳、唱歌的小贩,借此招来人群,叶启田因此在各地流浪走唱。趁着空当,他也常常去西门町、大稻埕一带的歌厅找演出机会。十五岁那一年,他拿着歌本在练唱时，突然发现歌本后面写有歌星的名字，就依地址找到郭大城。他带着乡下人的纯朴和崇拜之情，向郭大城说：我想要来拜师学艺，请老师栽培，希望有一天可以成为歌星。

郭大城看他长得纯真可爱，于是让他先唱两首歌来听。听完后，一字一句地指点他歌唱的技巧。自此他常常去请教。在他回到嘉义后的一天，郭大城打电话要他北上，给了他自写的两首歌谱《内山小姑娘》和《墓仔埔也敢去》让他带回去好好练唱。他带回嘉义唱了不下一千遍，不久郭大城要他北上进录音间，和其他人一起出唱片。这两首歌让他初尝做歌星的滋味。随后他再出"内山"系列，如《内山姑娘要出嫁》更让他红透全台。

七十年代，因着加工出口和中小企业增长而开始富裕起来的台湾社会，开始流行歌厅秀场，叶启田从台北唱到台中、高雄，发现大有市场，于是决定自己也开一个秀场。不料歌厅秀场是一个是非之地，各地黑道都会来闹事勒索保护费。他不甘心好不容易赚来的钱不断被勒索，就从嘉义找来一帮兄弟。一天黑道来勒索时，就在歌厅里大打出手。一个小弟用土制手枪将对手打死了。他也因教唆杀人被通缉。逃了几年，演出没了，生活也困难。最后投案，关了三年半，再复出已是一九八五年，三十八岁了。他录制了一张名为《忍》的专辑，告诉自己要多忍耐。专辑仍得到听众的喜爱。他再录《干一杯》《男儿的本领》都卖了二三十万张。

一九八八年，他出《爱拼才会赢》，在蒋经国过世、社会运动风起云涌的时代氛围里，这首歌迅速成为民间人人朗朗上口的"国民之歌"。当时台湾正流行卡拉OK，这首歌在几乎每一家卡拉OK厅的点唱率都是第一名。

《爱拼才会赢》不仅在台湾走红，还被改编成粤语、潮州语、客家语、上海话等各种版本。后来还有泰语、马来语版,甚至美国、英国等地,只要是华人所在,几乎无人不会唱。一九九〇年代,在大陆经济发展的大潮中,这首歌也非常受欢迎。

歌词:"人生可比是海上的波浪/有时起有时落/好运歹运/总嘛要照起工来行/三分天注定/七分靠打拼/爱拼才会赢。"成了奋斗进取、打拼努力的励志之歌。

也正是在这样的时代氛围里,林强从台中来到台北,用最便宜的价格,在林森北路一处小公寓里和人合租上下铺,白天在小店打工,同时寻找唱歌、出唱片的机会。一九八八年,在木船民歌西餐厅歌唱决赛中,虽然落选,但他是比赛者中唯一唱闽南语歌的人,因此被有"摇滚教父"之称的倪重华看上了,他把林强带在身边,先是当助理,熟悉唱片这个行业,找好自己的定位,再准备唱片的录音。倪重华找来陈升和李宗盛协助,终于完成闽南语摇滚专辑。和罗大佑那年代的人不同,他不再唱《台北不是我的家》,而认为台北是奋斗的所在。

> 台北车站到啦,欲下车的旅客请赶紧下车
> 头前是现在的台北车头,我的理想和希望拢在这
> 一栋一栋的高楼大厦,不知有住多少像我这款的憨子
> 卡早听人唱台北不是我的家,但是我一点拢无感觉
> OH!啥咪拢不惊(什么都不怕)!OH!向前走

林强的歌与过去闽南语歌的不同在于:它是第一张闽南语摇滚,代表了一九九〇年代人对未来的希望,期待着改变也期待到

大城市去奋斗,更反映了走出禁忌时代的精神面貌。

一九九〇年代的台湾,的确有非常大的改变。

一九九一年四月三十日,公告自即日零时起,废止"动员戡乱时期临时条款",此一"临时条款"始于一九四八年五月,本是作为战时的紧急应变之用,却不料蒋介石将之常态化,变成实施"特别法"的太上法律。蒋介石得连五任"总统",就是拜此条文之赐。而依此"法",平民会受到军法审判。更重要的是两岸关系的根本改变。此"法"将中华人民共和国视为"叛乱团体",因此两岸所有交流根本不可能。"临时条款"停止后,对对岸的称呼才有所改变,可说是一次善意的释出。

当时两岸刚刚开放,"汪辜会谈"在新加坡举行,民间和平交流的景象、台商投资的热情、大陆民众的善意,让民间对两岸前景有更美好的期待。在那样的氛围里,台湾开了一场前所未有的四万人演唱会。

一九九三年,几十年从事西洋音乐传播的余光,以一亿五千万的天价,签下迈克·杰克逊的"战栗之旅"台北演唱会。九月,麦克在伊丽莎白·泰勒等巨星的陪同下,抵达台湾。他的随行人员之多、演唱设备之现代乃至于节目安排之紧凑精彩,都是台湾未曾有过的。许多歌迷前一天就开始排队,很多台湾知名歌星都是他的粉丝,一样在现场等候他的降临。

《联合报》记者蓝祖蔚在报道中写道:

> 四万多歌迷们以让人无法置信的高分贝呐喊声、红肿疼痛的双掌、随乐起舞的摆浪节奏,向这位流行音乐教主顶礼

膜拜，致上最高敬意！

　　现场风起云涌的巨大感染气息，曾让二十六位歌迷缺氧晕厥，但对多数歌迷而言，昨夜的震撼是一次集体朝圣的音乐洗礼，你只要在现场，你就无法忘怀，更不会为自己身为狂人城的子民而觉得羞惭！

　　昨夜，迈克·杰克逊是以天衣无缝的节日设计，高度戏剧化的情绪渲染和无法以任何文字形容的神妙舞姿，同他的音乐子民展示王者之风。很少有机会亲眼目睹天王巨星现场演唱的台湾歌迷，面对台湾流行音乐史上最庞大的一场盛会，根本别无选择地，只有迎风而倒！

　　迈克其实是一个善良的人。有一对夫妻想去看演唱会，但他们有双胞胎的女儿，售票人员怕他们被人潮挤倒，不敢卖票给他们。他们写了传真到迈克住的酒店，希望他帮忙。想不到迈克回了信，通过他的秘书寄来后台的入场证，还邀请他们演唱会后去他的总统套房聚。

　　迈克住的酒店外包围了大批粉丝，半夜还在高叫"迈克我爱你"。这对夫妻带着双胞胎女儿进酒店的行踪立即被记者发觉，跟了上去。却见迈克微笑看着小孩在他房间里爬来爬去，最后把他的 CD 随身听拿起来咬。迈克笑了说："不要咬哦，会受伤。"

　　后来迈克邀请这对夫妻参加了六次他的全球巡回演唱会，为他们出了机票钱，并邀请去他美国的"梦幻庄园"参观。

　　迈克的演唱会有如一个象征：四万人集体呐喊，一起狂欢、一起尖叫，这是台湾未曾有过的体验。

　　台湾，经过现代化的阵痛之后，向消费社会狂奔而去的时代来临了。

77

台湾"经济奇迹"的背后

一九九五年初,加州斯坦福大学的校园里,正在热议着保罗·克鲁曼(Paul Krugman)发表于《外交季刊》的文章《亚洲奇迹的神话》(*The Myth of Asia's Miracle*)。当时美国经济学界受到世界银行出版的《东亚的奇迹:经济增长与公共政策》的影响,对亚洲的经济高速增长深感兴趣。特别是美国的不景气与经济低迷,让相关的研究书籍一时蔚为风潮,校园里开了不少这样的课程,大受学生的欢迎。当时算是一门新兴的显学。

克鲁曼的说法等于给这个显学泼了一盆冷水,免不了招惹争议。

当时对东亚经济奇迹的研究,对象主要是日本和台湾地区、香港地区及新加坡、韩国"四小龙"。当年日本泡沫经济正在发飙,拿着大把钞票在纽约买大楼、收购公司、投资影音市场等,让美国人瞠目结舌。而"四小龙"的高速增长,也让学界感到惊异。从一个农业社会急速转型到工业社会,这在欧洲需要百年的现代化历程,这四条小龙竟在短短三十年之内做到了。当时美国经济正陷入低迷,学界希望从这些国家的政策中找到解决的方案。

对东亚奇迹的研究，有些是就个别地区的政策做研究，也有就产业与环境背景做比较，还有综合起来分析东亚这些地区是否有文化上的共同特质及彼此的连带关系，才足以构成整个区域的高速发展。

结论中最常见的是：政治上都是威权政府，建立一个稳定的投资环境带动外资投入，压抑西方常见的劳资争议，以便宜劳动力带动工业生产。此外，政府以大量公共投资带动经济增长。

最重要的是从深层的文化思想着眼，认为这些地区都是"儒家文化圈"。一如马克斯·韦伯所说的，欧美资本主义发展的文化基础是新教伦理，而东亚经济发展的背后思想，即是儒家精神。儒家精神强调"天地君亲师"的等级观念，在经济发展的社会分化过程中，不至于产生太大矛盾，也在管理上有稳定的作用。而浓厚的家族意识则有助于劳资关系的稳定（很多中小企业都是家族企业，企业主也以家族精神管理劳工，很少产生欧美常见的劳资纠纷），不至于爆发剧烈冲突。还有儒家传统勤俭的美德，带来远比欧美更高的储蓄率，而储蓄的金钱又成为银行再投资的资本。当然，其他还有对便宜的土地资源与生产成本等的探讨。

基于此，发展经济学者研究东亚国家的经济模式与产业结构变迁，提出"雁行理论"。大雁的飞行为V字形，由一只大雁带头，其他雁跟随两翼集体飞行。他们认为东亚的发展模式是以日本为带头大雁，当日本的某一种产业技术成熟后，生产的环境与要素改变，在本土生产的竞争力转弱，就往其他较落后的地区——台湾、香港、韩国等地转移，而日本则进行产业升级。待到台湾、韩国、香港、新加坡等地区的环境改变、生产力转弱，再往其他经济更落后的地方投资转移。如印度尼西亚、马来西亚、菲律宾、泰国。这四者当时还被学者称为"四小虎",是接"四小龙"而加入雁行的国家。

尤其有些学者喜欢拿美国的储蓄率、劳动参与率、劳动条件、公共投资等,和这些东亚地区作对比,仿佛在批判美国的提前消费习惯、浪费、劳动参与意愿太低等。一时间,东亚奇迹被举得高高的,仿佛是一个值得研究的新兴模式。经济学者称之为"新兴工业化国家"(NICS)。

那一年,因在《中国时报》长期担任台湾社会运动与大陆的采访工作,我奉派到美国斯坦福大学进修一段时间。

斯坦福学费贵,学生素质高,来自其他国家或地区的学生也有不少,但大多来自经济较优渥的家庭。校园有古老的建筑、漂亮的草坪、非常齐全的图书数据乃至于当时刚兴起的网络。可能因为硅谷,网络也早于其他学校开始使用,应用在数据查询、校园内租房、联络等。先进的查询系统让我惊异与佩服。如此的数据系统,对研究者、信息收集者简直太方便了。这是一种知识的力量,远远超出台湾太多了。

望着有这么先进科技的校园,在讨论着自己遥远的岛屿家乡,作为东亚被研究对象的一员,我有一种"恍如隔世""不敢置信"的感觉。我感到的不是光荣,而是不真实。

我作为一个社会运动的采访者,见过桃园大潭村的镉污染,那里满园青翠的稻米都不能食用;在台中三晃农药厂旁的朋友家里,闻过日本化工公司飘出来的浓重农药气味;在高雄林园石化工业区,目睹石化工厂为了燃烧废气,半夜从燃烧塔冲出的大火柱,照亮整个农村的天空,而渔民的养殖鱼因为污染而死去;在台南二仁溪，为了洗出先进工业国家废弃物中所遗留的贵金属，整个出海口的牡蛎都被污染得不能食用；更不必说，工厂的废水，早已把我家乡那一条农业用的灌溉小溪，染成了五颜六色的一条死水，根本容不下鱼虾的生存……

我想起自己的母亲。我那小学毕业的农民父亲，在农村没有出路，把几分农地拿来做了工厂，却因为不懂得如何跟银行融资借钱，被高利贷捆绑得透不过气，最后用母亲的支票去支应，害得母亲被法院通缉，最后去坐牢。而她在牢中碰到的好几个女囚犯，竟也和她一样，都是为了丈夫的"金融诈骗"来坐牢。我则差点辍学沦落街头。这些，不仅是一人一家，而是多少人的生命，多少家庭的流离失所，怎么是这样的理论所可以解释的？

我坐在斯坦福漂亮的草坪上，看着那些年轻学子在冬日的阳光下，躺在草坪上享受日光浴、呼吸清新的空气，就想起台北那拥挤的车潮、被污染的空气以及缺乏绿树的街道，再翻阅着这些新出版的分析着自己家乡的书籍，预言并指引着东亚的未来，竟感到难以言说的反讽和悲哀。因为你明明知道，那"东亚奇迹"是用环境的破坏、农村的没落、民众健康的损害为代价换来的。

便是在那时，我决定无论如何一定要写出父母亲的生命史，因为他们的经历正印证了在东亚奇迹的背后，我们付出了多大的代价。

所谓"雁行理论"，对在公害现场采访过的我来说，并不是"大雁带小雁"提升台湾经济竞争力的过程，而是明明白白的公害输出。日本是在七十年代劳动力成本增加、公害问题严重以后，开始将工厂外移至台湾。而给台湾带来公害的，不是只有日本，还有美国。正是我离开台湾前不久的一九九四年，有"立法委员"提出质询：台湾美国无线电公司（英文简称RCA）桃园厂因三氯乙烯及四氯乙烯等有机溶剂处理不当，严重污染土壤及地下水。

一九六七年，RCA来台设厂，主要生产电视及电器产品，总厂设于桃园市，并在新竹市、台北市、宜兰县设有分厂。可以想象，在电视机刚刚普及起来的台湾，一家先进的美国公司在台湾设厂，是多么受到当局的欢迎，在土地取得、资金运用与申请手续上会有多大的方便。民间也一样。一些高中毕业的女生，把进入这个跨国公司工作当成无上的光荣。为了方便加班，RCA盖了几幢员工宿舍，"有粉红色的墙壁、白色的地板，床单是白色的，被单是淡蓝色的，全部都是公司统一提供，每两个星期统一送洗，连浴室都是一间一间分开"。从农村里出来的员工黄碧琦后来回忆说："像住饭店一样。我们还说以后如果RCA宿舍要卖，我们就买下来一起住。"

怀着喜悦的女孩子们却未曾料到，RCA来台投资是因为台湾的人工薪水只有美国的十分之一，而环境保护更没有人注意。电子厂里有许多电机制品需要用三氯乙烯及四氯乙烯等有机溶剂去洗涤，它会冒出一种白色烟雾和臭味，起初员工都认为是正常的，总是忍受着，为了掩盖空气中的臭味，还有人在口罩上涂绿油精。

事实上有机溶剂的危害早在一九七二年发生过。美商淡水"飞歌"电子厂、日商高雄"三美"电子厂及其姊妹厂"美之美"电子厂，连续爆发多起女工因吸入接触三氯乙烯、四氯乙烯中毒，致患肝病死亡。消息经媒体曝光后，立即有数百名电子业女工辞职。

当时处于"戒严时期"，电子产业又是政策上鼓励的劳力密集产业,当局立即下令"内政部卫生局"展开全省的电子业工安检查,要求增强通风设备,以避免劳工吸入有机溶剂的毒气,随后并公布"空气中有害物质容许浓度标准""有机溶剂中毒预防规则",催生"劳工安全卫生法",以显示对"工安改革"的决心。然而,法令归法令,电子产业毒害员工健康与环境的事实,却在有意的掩盖下发生了。RCA就是最好的印证。

RCA的有机溶剂废水并未经过处理,而是直接排在地面,后来发现有问题,就挖一口井,把有机溶剂废水排入井中。日积月累,有机溶剂渗入地下水。工厂用水直接取用地下水。员工的饮用水、宿舍的生活用水,都已经被有毒溶剂污染,发出异味。员工没办法,只好用泡速溶咖啡或者泡茶来压下那异味。随后员工发现,工厂的管理层都不饮用工厂的水,而是自带矿泉水。废水最先造成影响的是员工的健康。有多位女性作业员在怀孕期间,总是不明原因地流产,还有一位女性二十九岁就罹患乳腺癌。谁会想到这样先进的跨国公司,竟如此狠心呢?

一九九二年RCA关厂从台湾撤出,转往劳动力更便宜的地方。两年后因有员工爆料,整个污染内情才真正曝光。卫生单位调查出污染已进入地下水层,连附近居民的水井都被污染了。受害最深的当然是员工。不完整的数据显示,有几千人罹患各式各样的癌症,数百人已经死亡。为了索赔,一场持久的诉讼已经打了二十几年,还未索取到任何赔偿,受害员工却在这过程中陆续死亡。

奇迹?奇迹?经济奇迹的背后是这样?杜甫有诗"国破山河在,城春草木深"。那些年却是"国在山河破,城春草木枯"。

作为研究亚洲现代化模式的"雁行理论",只看见经济发展之利,却未见其害。但"雁行理论"在大陆却产生完全不同的结果。主要原因在于,大陆的人口与土地的体量太大。大陆庞大的市场加十三亿人口所形成的劳动力,特别是农村的剩余劳动力,根本不是"四小龙"可以比拟的,而广大的土地以及东西部与南北所形成的差距,乃至于重工业、军工业的基础,让大陆的发展形成一个自己的模式。如果勉强用"雁行理论"来比喻,则这一次不是带出一只跟在雁阵后面飞行的小雁,而是一条大龙。大龙一出,雁阵就完全改观了。亚洲的领航者,变成这一条大龙。整个世界的格局也改变了。

但纵观两岸的现代化之路,却仍有着类似的经历,特别在工业化、都市化与环境污染、农村没落、劳工保护等相关的问题上,仍有可互相借镜之处。

78

开放的两岸,崭新的一页

那个纸片一般单薄的女人,像游魂一样飘进了我们所在的渔民家里。她天灰色长裤下的腿细瘦得青筋暴露,紫底白花的短袖上衣穿在身上,愈发显得身体单薄;双手环抱在胸前,手臂上的肤色不知是因为海风长年的吹蚀或者日光的曝晒,暗淡而没有光泽;头发短而粗直披覆额前,脸上是瘦削的双颊、突出的颧骨、微向前突的嘴唇,两只眼睛或许因为不断流泪有着血丝和红肿。

她什么都没说,只是像游魂一般跟随着我们的足迹,不断问:"我的丈夫呢?我的丈夫呢?他的名字叫林圣由,林圣由。他还活着吗?他在哪里啊?"

她已经跟了一个上午,打从我们来到福建平潭采访,她一听到有台湾记者来了,就一路跟随,重复地发问。"不要问了,他不知道啊。"屋子的主人安慰她说。可她不走。主人拿出一碗鱼汤、两碟本地的小卷、章鱼,又盛情地拿出啤酒招待我说:"吃午餐吧。"

可我怎么也无法举起筷子。昨天早晨我从台北出发的时候,带了一份新出的报纸,上面有"闽平渔5202号"渔船沉没后,生还者与死者的名单，可我不敢拿出来当着他们的面公布消息，这是生死攸关的事！不只是她，还有许多家属追在我的身后探听。

这是一九九〇年八月二十二日中午，在福建平潭县白青乡。

在"闽平渔事件"的连串风暴中，我前赴福建平潭岛采访。

"闽平渔5540号"是一艘福建平潭的渔船，船上有二十六名船员，他们在海上与台湾渔民交易的时候被当作偷渡客逮捕，收容在靖庐，准备遣返。

当时两岸刚刚开放，经济的差距还很大，不少大陆工人为了赚钱，私自来台湾打工，也有大陆渔民在海上捕鱼，抓到鱼货就与台湾渔民交易，换得较高的售价；也时不时带一些台湾人感兴趣的大陆产品，如中药、茅台酒、五粮液、干货等，来台湾沿海作小额交易。由于偷渡客来得太多，台湾专门收容非法入境的靖庐人满为患，就在未经两岸协商的情况下强行遣返。台湾的某些军警单位为了便宜行事，竟将逮捕的这些私下交易船只变成遣返船，把偷渡客塞进船舱中，再用木板盖住用铁钉钉死以防逃出。然后由军警监视着，用船拖到福建外海约五至十海里处，将船放开，任其漂流。台湾军警的说法是：防止私渡。

一九九〇年七月二十二日，平潭岛的一位渔民在退潮后的海边发现一艘搁浅的船，船上空无一人，只有被钉上的新钉子闪着银光。他费了九牛二虎之力，打开一个船舱，发现里面是十几具尸体。死者脸孔青紫肿胀，身上没有暴力打斗的痕迹。公安人员打开了所有船舱后，发现共有二十五具尸体，只有一个幸存者，他是唯一一个靠着木板的一丝缝隙，勉强呼吸生存下来的。他说："我们是被用一寸多宽的透明胶纸绑住双手，一群全副武装的台湾军警用木棒把我们一个个硬赶下舱,一个身背冲锋枪的台湾军警,拿来一大包崭新的铁钉,强令船工把舱盖钉死。"闽平渔5540号"渔船就这样被拉到福建外海。船中两个船舱关押的三十五名渔民中,有二十五人相继被闷死,一名陷入昏迷。

惨祸引起两岸媒体的抨击。为了避免悲剧再度发生,八月十三日,台湾军方特别邀请"立法委员"、新闻媒体一起见证,将大陆渔船"闽平渔5202号"装载五十名偷渡客,由海军近岸侦巡船两艘护航,从苏澳启航。不料船至基隆北方十三海里处,闽平渔船突然大角度左转,"海军文山舰"除以信号灯照射及广播警告外,立即左转停航避让,但舰首仍撞上渔船的左舷船中部位。渔船当场断裂成两截沉没。虽然全力搜救,但仅救起二十九人,失踪二十一人。那个游魂一般的女人的丈夫,正是在这一艘船上。

马祖和平潭只有一水之隔,一九四九年以前,一家人住两边,都靠海谋生,亲戚们时常往来。国民党政府到台湾后两地分隔,几十年不得见面。一水之隔,生离死别,即使在两岸开放后,要探亲也只能辗转到台北搭飞机,到了福州再转福清,最后搭船回乡。而事实上,平潭和马祖只有一海之隔。

在平潭采访时,这里的景象使我震惊。那是一个典型的渔村,海边是礁石和土坯建成的旧房子,破旧的屋瓦带着海风留下的暗黑色泽,农民大多只有靠海为生。街巷的道路用碎石子铺成,起伏不平。海边的一块空地上,有几个孩子在两座高大的石雕马上玩耍。一间新建的房子前有几块大石板,那是盖房子用的。

"那都是靠了去台湾做买卖赚了钱回来,才能盖起来的新房子,"平潭朋友说,"那马的石雕,也是准备要运去台湾卖的,只是太大了,得找机会搭上大一点的船。"

一九八八年两岸开放探亲后,平潭从一个边缘的小渔村,变成两岸"交易"的新据点。大陆各地的货源滚滚而来:烟酒、中药材、大蒜、食品干货,甚至瓜子、香菇都有。这些货物通过台湾的渔船在海上交易,或者干脆进入台湾海域交易。但如果出了事,就是一个家族的悲剧。

我终于在台北带来的报纸刊载的沉船死者名单上看见林圣由。老天,想到她那薄如纸片的身影,那游魂般挂念着丈夫的呼唤,我怎么也没有勇气把死亡的名单交给她。最后,我只能交给当地的负责人,请他找时间慢慢安慰她们。

怀着无由言说的悲痛,我回台湾后,将平潭的现状和两岸民间交往、签署协议的需要,做了深度报道。

二十天之后,一九九〇年九月十一日至十二日,海峡两岸的有关协议讨论会终于在金门召开。由两岸红十字会主要负责人韩长林、乐美真、陈长文等人,签署了两岸历史性的《金门协议》。此后两岸官方通过红十字会组织,正式合作办理遣返事宜。自此未有任何人员伤亡的事件发生。

《金门协议》是两岸历史性的转折点。虽然它只是一份基于人道精神的遣返协议,但它是两岸商谈的起点,为两岸后来的商谈建立一种模式。最重要的是:它的精神是建立在为两岸人民谋求福祉、以人道精神为原则的基础上,这是最珍贵的。

《金门协议》签订之后,两岸相继成立民间组织。一九九〇年十一月二十一日,台湾成立"海峡交流基金会"(简称"海基会"),辜振甫任董事长,副董事长兼秘书长陈长文将"综理会务"。一九九一年十二月十六日，以"促进海峡两岸交往，发展两岸关系，实现祖国和平统一"为宗旨的民间团体——海峡两岸关系协会（简称"海协会"）在北京人民大会堂宣告成立。两岸以民间团体进行谈判交流的新模式正式建立。

在这样的背景下，终于促成了一九九三年在新加坡举行的历史性的"汪辜会谈"。

然而，两岸交流并非一帆风顺。

一九九六年，由于台湾"大选"，发生台海危机。

一九九九年，因李登辉提出"两国论"，两岸两会的交流宣告中断。

二〇〇〇年，台湾政权轮替，由民进党执政，两会交流完全中断。

二〇〇五年，连战率团访问大陆，与中共中央总书记胡锦涛会面，这是一九四九年之后，国共两党最高领导人的会面，双方并签署五点共识。

二〇〇八年，国民党恢复执政，两岸迅速展开直航谈判，并恢复两会协商机制。

二〇一五年十一月七日，习近平与马英九在新加坡进行历史性会面。这是两岸最高领导人的首度会面。

二〇一六年，因新任"总统"蔡英文不承认"九二共识"，两岸协商渠道宣告再度中断。

从这一简单的大事记，即可看出虽然两岸交流从民间团体开始，中间几度波折，但整体趋势是：

一、从民间团体，走向官方接触。从民间的两会负责人，到共产党、国民党两党领导人，再到双方两岸事务主管部门负责人，再到两岸领导人。

二、涉及的交流范围更为广泛深入。

而在两岸的经济关系上更为明显。

二〇一六年，台湾第一大出口市场为大陆包括香港，占整体出口比重百分之四十；进口方面，二〇一六年台湾第一大进口来源为大陆包括香港，占整体进口比重百分之十九点六。至于台商在大陆投资方面，按台湾的统计，至二〇一六年底的历年累计核准家数为四万二千零九家，累计历年核准投资金额为一千六百四十五点九亿美元。再就工作来说，台湾人赴大陆工作的比例相当惊人。根据台北"行政院主计处"公布的统计，二〇一五年台湾人赴外工作人数为七十二点四万人，其中以前往大陆工作者最多，共有四十二万人，占百分之五十八；但这些并不包括工作者的家属。因此台湾人有超过一百万在大陆生活，并不是一个过高的统计。

相较于一九九〇年，我在福建平潭的采访，当时是大陆民众想来台湾工作，如今是台湾民众赴大陆工作。两岸经济情势已经逆转。而当年落后的平潭，如今已成为"综合实验区"，更划定为台湾经济特区，高楼林立，海滨风景宜人，经济发展迅速，成为两岸邮轮的旅游景点。

二十几年间，历史已翻到崭新的一页。

79

大地震,大重建

一九九九年九月二十一日深夜一时四十七分十五点九秒(台湾当地时间),一阵剧烈的山摇地动,里氏规模七点六的大地震,持续摇晃一百零二秒,震撼了全台湾。由于地震感应的延迟,台北是先停电,随即黑暗中一阵地动山摇。全台湾陷入停电的黑暗。惊叫、哭泣、奔逃、错愕、茫然、呼喊、求救……所有的形容词都无法表达那一瞬间千般恐惧、万般无助、毁天灭地的绝望。

地震的震中在台湾中部的集集镇。地震肇因于"车笼埔断层"的错动,在地表造成长达八十五公里的破裂带,断层过处地表上下的断裂最高达到十一米。在断层带上的农田裂为两层,房屋倒塌、水库破裂。长达八十五公里的断层,如一条切开的伤口,重创了中部。

大地震造成二千四百一十五人死亡,二十九人失踪,一万一千三百零五人受伤,五万一千七百一十一间房屋全倒,五万三千七百六十八间房屋半倒。不但人员伤亡惨重,也震毁许多道路、桥梁等交通设施和堰坝及堤防等水利设施以及电力设备、维生管线、工业、医院、学校等公共设施，更引发大规模的山崩与土壤液化灾害。

地震两天后，我按捺不住，决定南下中部灾区。沿路所见惊人：断层处，原本平坦的道路断裂，上下差距有的到一两米；一块平坦的水田，竟然硬生生断为上下两块坡面；而房子如果盖在断层上，在地震中上下震荡、左右摇动，必然会倒塌。

这是台湾的宿命。菲律宾板块年年西移八点二厘米，不断挤压欧亚板块，在东部花东纵谷、中央山脉和西部麓山带以及平原区形成一系列的断层，造成地震不断。有时只是小型地震，但这一次确实是太严重了。

在埔里，我特地去探望回乡定居的前《人间》杂志编辑廖嘉展。路边所见，房子全倒，车辆也压垮。嘉展的房子也倒了，和许多人一样，暂住在公园搭起的帐篷内，他无奈地说："现在这里最需要的是水。水源没有了，比较困难。"不只是他住帐篷，即使房屋未倒的人也不敢住在房子里，不断的余震高达六级，原本结构脆弱的房子都可能倒塌。

而台湾在急速现代化过程中，特别是在经济快速增长的七十年代，房市一日数变，为了快建好快赚钱而匆匆忙忙建起来的房子，一些俗称"贩厝"的公寓，耐不住强震，难免断裂破损、管线失灵，严重的甚至倒塌，所造成的伤亡，其实是非常冤枉的。地震也彻底检验了"经济奇迹"的背后，是一条急速却不健康的道路。

地震之后，台湾各界发动救灾。民间参与者不畏余震的危险，带着救援物资、帐篷食物饮水等，自动自发进入集集、南投一带，拥挤在曲折艰难的道途上。政府的救援行动也展开了。

紧急救援之后，最辛苦的工作莫过于灾后的重建。两千多人死亡，多少家庭破碎、亲人丧生，多少心灵遭遇一夕巨变的伤痛。那一年的冬天，春节之前，一些受难者家属，面对残破的家园和失去亲人的孤独与痛苦，竟有多人自杀。人们终于惊觉到心灵重建和家园重建一样的重要。

台中县的客家村落石冈有一位名叫月霞的母亲，她在失去亲人之后，紧张、麻木而压抑地过着日子，几乎没有时间掉下一滴眼泪。此时有一个名为"差事剧团"的戏剧团体来到这个小镇，开始民间文化重建。他们邀请石冈的妈妈们聚会，让她们先讲出自己的故事。当一个石冈妈妈开始讲自己如何嫁入这个小村时，压抑已久的情感忽然释放，所有的妈妈们一起哭了出来。那一个晚上，月霞走在回家的路上，忽然想起了自己家的电话号码。她终于知道，记忆和感觉真的回来了。

后来"差事剧团"的负责人钟乔将她们的故事编为剧本，在二〇〇〇年演出，获得好评。"石冈妈妈剧团"就因此成立了。她们平时是种梨子的果农，而闲时则参与排练，曾获邀参加国外的演出。

地震后，许多青年人主动投入灾后的重建。建筑师谢英俊那年四十岁，在新竹有一个著名的建筑事务所，在朋友的力邀下，他投入日月潭邵人的重建工作。他看到邵人有自己的建筑传统、独特的美感，于是设计出一套可以防震的钢材结构，再请邵人青年回乡，一起参与祖屋的重建。离家的年轻人回到故乡，以自己的双手建设家园。谢英俊因此设计出他的建筑工法，即提供简易的钢材结构，以最便宜的价格，结合当地的传统建材重建灾区的房子。

他曾参与过大陆几个农村的重建工作，二〇〇八年汶川大地震的时候也参与了重建，在尊重传统文化的原则下，倡导让灾民用自己的双手参与重建家园。他认为维持朴素、自主、参与的精神才是最重要的。

"九二一"地震为台湾带来灾难，却也带来一波青年返乡的热潮。许多青年原本只是为了协助灾后重建而返乡，却因为投入工作而落地生根，在家乡开启新的人生。他们有新的活力、新的网络知识，为老化的农村注入新的生命力，为地方上解决许多过去无法解决的问题。例如"九二一"之后，因为地质的改变，水梨在那一年冬天盛产，面对大盘商刻意压低价格，农民一筹莫展。但年轻人却联络新竹科学园区的朋友，以团购的方式，大量批购，解决产销的困难。又例如日月潭的红茶，过去在外国便宜红茶的倾销之下，早已奄奄一息，许多茶园荒废了。在青年人协助重建的过程中，发现了日月潭红茶有一种特殊香味，借助重新包装，在企业界协助与营销宣传下，重建了日月潭红茶的名声。地方经济也因此有了新的生机。

青年返乡的关键是：原本因高龄化而没落的农村有了新的活力。年轻人懂得现代的宣传，可以跨界经营，将原本的农场、旧宅、三合院等，结合有机生态概念、餐饮民宿服务以及网络的营销，配合观光旅游，成为新的热点。

为了让农村旅游有文化底蕴，不少青年成为小区的文史工作者，配合地方政府的建设，推出各种旅游步道、自行车步道、地方特色美食等。这些都为农村带来新的生命力。

基于此，各县市政府后来推出各种"青年返乡创业计划"补助方案，对台湾的农村重建起了相当大的作用。

二〇〇八年汶川发生大地震，刚经历过"九二一"大地震的台湾人感受特别强烈。特别是中部地震灾区的朋友都非常希望可以做一点什么，用自己的经验，给汶川的受难者打打气。

曾参与过台湾重建的我，明知距离遥远，而且四川受灾地区实在太大了，远远超出台湾经验。但在文化工作上总应有可以帮忙的地方。我想到那一年冬天，台湾灾区受难者面对春节时的忧伤，深深忧心汶川的受难者的心理，于是请朋友联络四川电视台，来台湾做纪录片，介绍"九二一"后台湾灾区重建的情况。

四川电视台的朋友来到台湾，在中部灾区受到热情的接待，台湾的地方工作者尽心尽力介绍重建的规划与后续活动，特别是对人的照顾，包括为失去家人的老人送餐、为儿童做课后辅导、为失散的家庭建立互助的系统等。着重说明灾后重建不仅是重建家园，也要重建心灵，重建人与人之间的感情与信任，让新的家园不只是住的地方，更有繁荣的经济，有人与人之间的温情和互助的友爱。

相隔九年的灾难，让两岸地震的受难者互相扶持、互相打气。

一九九九年的"九二一"大地震带给台湾死亡和灾难，却也在千禧年的前夕，一夕之间震醒了台湾，让人们看到台湾的脆弱、生命的渺小。当人们在消费社会的感官刺激、金钱游戏、声色娱乐之中沉沦时，一场天灾巨变让一切在瞬间消失。所有外在的物质都变得不重要了。人们开始自问：人生，什么才是最重要的？

苦难，带来伤害，也带来反省，反省带来力量，带来新的希望：年轻人回归家乡，重建家园；文化工作者回头省视，重建地方文史记忆、记录灾难后重建的过程。一九九九年是苦难之年，却也是百劫回归，台湾浴火重生、走向下一个千禧年的开始。

80

终章：在亚细亚的风中

一

从遥远的星系回看，地球星图下的台湾，如同一粒微尘。再拉近一点看，它是倚靠着亚欧大陆板块的一个小小的岛屿。岛屿呈弯曲状，像一个熟睡中的小孩侧弯着身子、背靠大陆、面向蔚蓝无垠的大海。

六百万年前，当太平洋板块碰撞亚欧大陆板块，使它逐渐隆起形成台湾岛屿的时候，仿佛就已预示了它的命运。

地形决定地缘，地缘决定命运。

这是一块站在亚欧大陆最前沿的土地，面对太平洋的海浪，不断承受着来自太平洋板块移动的冲击。日复一日，地震年年不断。有时造成巨大的苦难，有时却因为苦难而诞生新的生命力。一如每年肆虐的台风却带来丰沛的雨水，台湾才不会干旱。

风浪与地震，苦难与回应，让台湾有了再生的能力，更有了走向远方的生命力。八千多年前，南岛语系人就是从亚欧板块的边缘、大陆的东南沿海,经过马祖,历经两三千年的光阴来到台湾,再历经几千年的时光,从台湾散布到太平洋上的许多小岛,远至复活节岛和新西兰。

台湾是亚欧大陆面向大海的前沿,也是走向大海的中转站。

汉族人继南岛人之后来到台湾。他们交易开垦、和平共存。虽然有东南沿海的海商(盗)集团把台湾当避风港,但仍相安无事。直到十七世纪,欧洲大航海时代来临,李旦集团和荷兰同时把台湾当成贸易的中转站,台湾才成为兵家相争之地。继而成为亚欧大陆承受西方冲击的前沿,也是亚欧大陆有灾荒战乱时平民的避风港。自十七世纪以降,历经荷兰、西班牙侵占和郑成功、清廷统治,大体如此。到了蒸汽机时代,欧洲国家在攻打中国时,总想乘机攻占台湾为海上基地。鸦片战争、中法战争皆然。虽然台湾两次都没有输掉战争。可惜清廷太弱,台湾终究在中日甲午战争后被割让了。

台湾人民在日本殖民统治下,当了五十年的二等公民,各方面受到歧视,因此日据五十年间,有三十几年反抗不断。在此期间,日本为了掠夺台湾的物产,建立了现代化的基础。但殖民政策的"工业日本、农业台湾",使台湾工商业贫乏。工业建设乃是在一九五〇年后,国民党当局靠着"美援"和几位具有忧患意识的财经官员,如尹仲容、李国鼎等,才建设起来的。

一九四九年,蒋介石的大撤退带来故宫的文物和黄金,更重要的是带来大陆的知识分子。这些学有专精的教授、学者、文化人、艺术家、技术专家给台湾孩子带来高质量的教育,成为一代保存了中华文化血脉传承的渡海传灯人。

在"冷战"体制下,台湾被划入与亚欧大陆对立的一方,既承受着太平洋上现代化风浪的撞击,也承受亚欧战乱的苦难、断裂与分离。从长远历史来看,台湾岛屿的地理位置,构成它的地缘政治地位,也构成它命运的主轴。是幸还是不幸,得看它如何响应每一个阶段的挑战。

二

史学家黄仁宇先生以大历史观探讨中国现代化课题,总结出"数目字管理"的观点。他的大历史观抛开政治与历史恩怨,从大视野着眼,观察冲突的双方如何面对"大历史使命"。可惜为生命所限,他所谈的中国现代化只有大架构,而未能看到中国大陆现在的现代化过程,也未能叙述台湾现代化进程中非常曲折的一面。

一九四九年后的台湾,是蒋介石借由日本殖民统治时期所建立起来的数目字管理基础,通过美国的军事经济援助以及美国专家的协助监管,才得以建立起来的工业化基础。美苏"冷战"体制,使台湾进入美日军事同盟的阵线,台湾借由日本在六十年代后期的资本输出,发展加工出口型工业,走上迅速工业化之路,三十年间从一个农业社会转型到工业社会。是无数底层的劳动者、黑手、女工、中小企业家、失去土地的农民、在建筑工地辗转却未曾住过大厦的建筑工、流浪在海上打鱼的少数民族渔工等,无数渺小如微尘、集合起来重如大山的生命,共同建构起台湾现代化的奇迹。

然而台湾的现代化进程也付出沉重的代价。在两蒋的"戒严体制"下，没有劳工权益、缺乏生态保护、牺牲农业成全工业、都市化缺乏规划、社会秩序混乱、价值观扭曲、传统文化崩解、政治不民主……经过七十年代的急速发展，到了八十年代，台湾的不平衡发展已经危机毕露。

蒋介石所建立的"戒严体制"与权力的垄断，在起初固然为经济快速发展带来助力，但都市化与工业化，让台湾产生新的社会矛盾，旧的权力结构逐渐无法掌握新的社会脉动，于是过去被牺牲的劳工、被伤害的农民、土地被污染的居民等，纷纷走上街头。八十年代下半叶变成台湾社会运动最兴盛的年代。

这个时期的各种社会运动，正是为了召唤应有的社会正义与平衡发展而发动的。从经济发展到社会抗争，从破坏环境到生态保护，从劳工被剥削到劳动保障，这互相矛盾的、抗争的力量，却辩证地共同推动了台湾现代化转型的进程。也就是说，所有的民主运动与抗争，包括了底层劳动者、农村、环境的所有牺牲，共同完成了台湾的现代化。

所有的小生命，都是大历史的一部分。

三

在这个过程中，我们的先辈每一代曾走过的路、唱过的歌、流过的泪水，所经历的欢喜与悲伤，都是台湾历史的一部分。

邓雨贤的《望春风》和许石的《台湾小调》，周蓝萍的《绿岛小夜曲》和罗大佑的《鹿港小镇》，邓丽君的《小城故事》和叶启田的《爱拼才会赢》，哪一首不是台湾人共同的记忆？吕赫若的

《牛车》和黄春明的《锣》，赖和的《一杆秤仔》和陈映真的《夜行货车》相隔几十年，可笔下的人物却仍然动人。

虽然，人的记忆有各自的特殊性，每一个人的生命故事都不同，但我们也一定有共同经历过的时代故事：我们曾在半夜，为上台北读书的学费担心；我们从农村走出来，曾在都市里为寻找第一份工作而茫然于街头；我们曾在民歌声中，带着吉他追女生；我们曾在城市的失落中自我怀疑；我们也曾在重庆南路、台大地下道的书报摊上买禁书；我们也曾为了保护森林而走上街头……

是的，每个小生命，连接起来，就是一个大时代。

每一个人的故事，连接起来，就是一部大历史。

以此史观为主轴，本书的写作做了一个新尝试：将个人命运、生命故事，连接到历史脉络中，重新书写民众的社会生活史。在大历史的观照下，每一个人的生命都不是孤独的，也不是无端无依的。甚至每一首歌的背后，都有一个故事、一段历史。如《港都夜雨》和《绿岛小夜曲》，即连接着冷战时代的大背景，也融会着小人物的悲欣交集。历史也因为这样的生命、这样的歌，鲜活了起来。唯有从人的生命故事着手，历史才会有人性、有温度、有感情。

四

台湾的命运既独特又清晰。它的地形决定了地缘，地缘决定了命运。恰恰是站在了一个矛盾而冲突的位置，才让台湾成为大陆与海洋的缓冲点、中转站；既是面向海洋寻求突破的前哨站，也是迎受外来风浪冲击的接受站。有幸运的机遇，也有苦难的遭遇；有突破的喜悦，也有冲击的疼痛。成长，就存在其中。

而这也正是台湾作为亚欧大陆板块前沿才有的优势。一如我们从遥远的卫星俯瞰，岛屿的形状如一个侧睡的孩子，背靠大陆，卧在太平洋的边上，感受着太平洋的风，迎浪而活，遇劫而生，

海浪，轻拍着岛屿的背脊，如同母亲。